林安梧访谈录

—— 后新儒家的焦思与苦索

林安梧 讲述　山东大学尼山学堂 采访整理

山东人民出版社·济南

国家一级出版社 全国百佳图书出版单位

图书在版编目（CIP）数据

　　林安梧访谈录：后新儒家的焦思与苦索 / 林安梧
讲述；山东大学尼山学堂采访整理. -- 济南：山东
人民出版社，2017.7（2020.7重印）
　　ISBN 978-7-209-10571-2

　　Ⅰ．①林…　Ⅱ．①林…　②山…　Ⅲ．①林安梧－
访问记　Ⅳ．①K825.1

　　中国版本图书馆CIP数据核字(2017)第092066号

林安梧访谈录

——后新儒家的焦思与苦索

LIN ANWU FANGTAN LU HOU XINRUJIA DE JIAOSI YU KUSUO

林安梧 讲述　山东大学尼山学堂 采访整理

主管单位　山东出版传媒股份有限公司
出版发行　山东人民出版社
社　　址　济南市英雄山路165号
邮　　编　250001
电　　话　总编室 (0531) 82098914
　　　　　市场部 (0531) 82098027
网　　址　http://www.sd-book.com.cn
印　　装　山东省东营市新华印刷厂
经　　销　新华书店

规　　格　16开 (170mm×240mm)
印　　张　28.75
字　　数　380千字
版　　次　2017年7月第1版
印　　次　2020年7月第3次
ISBN 978-7-209-10571-2
定　　价　48.00元
　　　　　如有印装质量问题，请与出版社总编室联系调换。

说　明

　　2016年10月初，林安梧教授应邀来山东大学做为期一年的访问学者，职位是儒家文明协同创新中心杰出访问学者、儒学高等研究院客座教授。林教授在儒学高等研究院开设了《儒佛道三家思想与二十一世纪的人类文明》系列讲座。该讲座共十讲，听者云集，多次更换报告厅，仍有不少学生站着听讲。山东大学本科生院特别安排录制慕课，以满足更多师生需求。

　　儒家文明协同创新中心提出对林安梧教授做全面采访的计划，得到林教授的大力支持。采访工作得到山东大学尼山学堂古典班同学的积极响应，共有18名同学报名参与采访和整理工作。协同创新中心委托孔维鑫同学拟定提纲，主持采访和整理工作，提纲经林教授同意。参与采访的同学分为五个组：

　　第一组：宋怡心，付英超，黄笑赧。采访内容为家庭与求学历程。

　　第二组：王世杰，宋子蘅，沈珍妮。采访内容为工作与访学经历。

　　第三组：酆子翔，万良，胥纯潇，崔翔。采访内容为学术思想。

　　第四组：涂嘉敏，江旻欣，刘国强，陈秀琳。采访内容为学术评论。

　　第五组：赵婷婷，苏秋红，梁艺馨。采访内容为社会关怀。

　　各组第一位为组长。采访工作从2016年11月9日开始，到11月13日结束。各组分工对采访录音进行文字整理，12月9日完成初稿整理，12月12日各组组长完成初步统稿，12月25日孔维鑫完成全书统稿工作，形成《林安梧访谈录》整理稿二十一万余字。该整理稿经协同创新中心交付

一组采访工作照。左起：付英超、黄笑赧、宋怡心、林安梧教授

二组采访工作照。左起：王世杰、宋子蘅、沈珍妮、林安梧教授

三组采访工作照。左起：崔翔、鄢子翔、万良、林安梧教授、胥纯潇

四组采访工作照。左起：陈秀琳、江旻欣、涂嘉敏、林安梧教授、刘国强

五组采访工作照。左起：赵婷婷、梁艺馨、苏秋红、林安梧教授

《林安梧访谈录》采访组全体成员合影。后排左起：孔维鑫、鄢子翔、王世杰、万良、崔翔、刘国强、付英超、胥纯潇、宋子蘅、江旻欣。前排左起：赵婷婷、宋怡心、梁艺馨、涂嘉敏、林安梧教授、苏秋红、黄笑赧、沈珍妮、陈秀琳

林安梧教授审订，于2017年3月，初步完成。再附录五篇专题访问，总共三十一万余字（含附录）。协同创新中心与山东人民出版社协商出版事宜，得到该社大力支持，将此访谈录作为精品图书编辑出版，使这部访谈录得以顺利问世。

访谈录的主要内容有以下五个部分：家庭与求学历程部分，从出生谈起，涵盖从早期家庭状况直到博士学习研究的整个历程；工作与访学经历部分，从大学阶段担任《鹅湖》编辑谈起，涉及历任的正式职务、兼任教职和访学交流经历；学术思想部分，是林教授学术研究的成果与理论建树，涉及传统中国哲学研究与中国哲学建成问题、后新儒学、意义治疗与宗教思想、诠释学等方面内容；学术评论部分，是林教授对近现代学术思潮与师辈、同辈学者的认识及评论，其中重点讲述了与导师牟宗三、蔡仁厚两位先生的关系及学术渊源；社会关怀部分，涉及民间读经、宗教状况、生死学教育、台湾的历史与文化等现实问题。

《林安梧访谈录》是儒家文明协同创新中心聘请访问学者工作的成果之一，该项采访工作将继续进行下去。相信这种方式对保存学术数据，发表学术新见，传播学术思想，都有非同寻常的意义。尼山学堂古典班为此做出的努力，应当受到表扬和鼓励。特此说明。

儒家文明协同创新中心

2017年3月25日

序　言

　　生命似长河，一直向前流淌、奔赴，永不停歇。那光影，倏忽其来，倏忽其去，似有若无，似无又有，有无相间，还真似幻，似幻还真，真有其不可以已者，真有其不可以知之者。

　　古希腊哲学家赫拉克利图斯（Heraclitus）说"抽足入水，已非前流"，佛陀指出"刹那生灭，当体即空"。孔夫子也曾慨叹"逝者如斯夫，不舍昼夜"。这三位圣哲，或言其变动性，或言其空无性，或言其永续性。他们对时间都有其洞见，却又有各自不同的理解。

　　时间，或是变动，或是空无，于我而言，都是生生不息的永续，这是我得自孔夫子的信仰。时或偶然，却又必然，之所以必然，实乃不离人之所思所想也。来山东，偶然耶！必然耶！真乃偶然而必然也。

　　一九九八年我第一次来山东，那年在舜耕山庄参加当代新儒学国际学术会议，是《鹅湖》月刊与山东大学合办的。之后，我们到业师牟宗三先生的故乡栖霞参访。我记得在牟氏庄园，对方请我们题字，我写下了"仁义为栖，照雨成霞"的句子。后来，一伙人又去青岛参访，记得就在路边，一位街头的速描画家，为我留下了一帧画像。当然，更不能忘怀的是济南的大明湖。"家家泉水，户户垂杨""四面荷花三面柳，一城山色半城湖"，济南风情，实乃佳绝。

　　与山东同道、山东大学的交流，二十年来，像涓涓细流，虽不算太繁密，但确有着汇流成河的趋势。就这样一年年增加着。山东，我来了，我的学生也来了；山东大学的朋友来了台湾，老师来了，他们的学生也来了。不用数，也数不清，自自然然，很是自在。只觉得这齐鲁大地果真是圣贤之乡。宽广平坦，厚德载物。朴质刚健，自强不息。这方天地，虽然免不了仍有些雾霾，但人情的温润、四时的运化，都令人欣悦、欢喜。

课堂上讲论，饭桌上饮酒，或是议辩，或是长谈，或是酣饮，或是高歌，觥筹交错中，却不离儒道文明，不离哲学诠释，不离东西对话，不离宗教交谈。这里有着家常般的温润，有着天地间的豪情，有着朴质的深情，有着真挚的厚义。

二十一世纪初，老友陈炎副校长希望我考虑来山大任教，我因父母年迈，家又远在台湾，实有不便，说只能短期访问。之后，应傅永军兄之邀，我来文史哲研究院访问，也在刘杰院长主持下，在哲学与社会发展学院讲学多次。哲学诠释学的会议，是东西方哲学交会的好场域，洪汉鼎老师、傅永军兄、傅有德兄、黄玉顺兄、颜炳罡兄、王学典兄，或先或后，除了老壮一代，还有中青一辈的师友，宋开玉、陈治国、张晓梅，大家熟稔如兄弟、如家人。这些朋友来自全国各地，不一定是山东人，但对于山东的厚实与稳健，对于齐鲁大地的圣贤气息，都是认同的。

时序往前延展。二○一六年六月间，我应尼山书院与明伦书院之邀到大明湖畔的奎虚楼讲学，周锦院长邀来一群朋友，欢宴畅叙。李西宁、王学典、颜炳罡、傅永军、黄玉顺，一大伙人在一起，谈古论今，讲到了中国文化复兴及东西文明对话种种。我正逢慈济大学学术休假，也想到祖国大陆来访问，就这样做出了决定。我就这样来了，来到了齐鲁大地，来到了圣贤之乡。开启了我一年的访问生涯。

孔夫子、曾子、子思、孟子，还有我的老师牟宗三先生都是山东圣贤。我少时除了喜读四书五经外，也特别喜读章回小说，特别是《水浒传》，水泊梁山、水浒好汉就在山东。在我生命中，一直认为水浒好汉，也不离圣贤。他们都信奉天理，直契本心，都不离"孝、悌、慈"这三个字，而这三个字正是中国文明永生的奥秘。我总觉得现代的学者，落在学术体制里，条条框框太多了，于生命的真实多有不契，往往就只是将学术做成职业而已，这与我理想中的志业，相隔远矣！我总以为学术训练本须严格，但更重要的是不离生活世界，不离历史社会总体，不离家国天下；而面对过度的科层体制的框限，多少要有一点水泊梁山水浒好汉的精神，突破格局，开启新猷。

从"存在的觉知"，到"概念的反思"，到"理论的建构"；又从所阅读到的理论之建构，回到概念的反思，进一步回溯到存在的觉知；如此往复循环，相互察验，这样的学问，才能既接地气，又通天道。有着宽广厚实的具体生长，有着高明而普遍的理想追求，两两相应，通天接地，人者居于其中，生长之、贯通之，其学乃可成也，其道乃可通也。

这是我第二次较长时间的外访学习、研究讲学，第一次是一九九三年到一九九四年间，我到美国威斯康辛大学麦迪逊校区（University of Wisconsin-Madison）访问。当时，我应富布莱特基金会（Fulbright Foundation）之邀，主要做《儒学与中国传统社会之哲学省察》的研究。而这回来到山东大学儒学高等研究院儒家文明协同创新中心，自二〇一六年十月起，访期也是一年，主要任务是做一系列的讲座，并且将这讲座制成慕课（MOOC）的课程，课程名称是《儒道佛三教经典智慧与二十一世纪的人类文明》。除此课程外，还要完成一个带有学术生命历程的专访，从我的出身、学习、任教谈起，讲我的从师问学、访问研究以及学问的生长与变迁，还有如何面对文明的危机，焦思苦索，提出后新儒学，构造"存有三态论"，主张"公民儒学"，等等。

这一系列访谈，伴着学生的热情，引出深层记忆，唤起生命的动能。穿越时空，来去古今，何其乐也。说着说着，访谈结束了。没多久，稿子整理完毕，有二十多万字，又加上另外几篇专访，也都是这一年来在山东大学访问的点滴，字数超过了三十万字。就这样，这本访问录，按原定计划准备出版了。心里满是感谢，要不是王学典兄、杜泽逊兄的安排，要不是办公室秘书于晓雨的协助，要不是孔维鑫率领尼山学堂的工作团队，努力工作，这部访问录不会如此顺利地诞生。

摩挲着厚厚的访问录稿本，想尼山学堂，念当时情景，怵然而动，感恩满怀。怀我生养，感恩父母；思我长育，感恩师友；俯仰天地，念之悠悠。想着年青，十有五而志于学，如在昨日，现竟已年过六十，还历回甲，传薪志业，刻不容缓，惟黾勉勠力，不可已也！不可已也！

林安梧

丁酉之夏　二〇一七年六月廿日清晨写于北境哈尔滨旅次

目 录

一、家庭与求学历程

（一）祖上与家庭

1.寻根

尼山学堂问：林老师，您家是什么时候搬到台湾的？

林安梧答：1751年。到我是第八代。祖先1751年从福建迁到台中。那时候应该叫彰化，因为先有彰化，后有台中。

尼山学堂问：您记得这么清楚，是家里面有族谱吗？

林安梧答：基本上我们是从一个大的断代来说了，并不是说我们家的一本家谱明确告诉我们是哪年来，因为我们从第八代往前推，推到第一代，现在根据学者所做的研究推断第一代祖来的时候是那一年。

然后说到族谱，我们家也有，但是遭逢火灾被烧掉了。（烧掉了？）1946年雾峰甲寅里发生大火灾，就是在那场大火灾里整个都被烧掉了。（好可惜！）烧掉之后，他们有一些有重修，但是，因为我们那时候已经算比较没落，支系已经都慢慢到外头来了，我们就自由发展。如果再寻宗，整体来讲是知道的，来自什么地方也很清楚，因为一代传一代的过程中都说了。像我父亲，在我们小时候就告诉我们，我们的祖先，来自漳州平和县浦平那个地方。

因为台中人主要来自福建漳州平和林姓，我们的祖先多半是武人出身。我们是广义的雾峰林家，雾峰林家出了很多武人，武人起先没什么文化，后来也有文人。你们看中央电视台《沧海百年》①雾峰林家，大概就讲前四代。那个前四代是我们同族的前四代的某一个系。因为我们跟这个系是一起来的，最早的祖先是一样的。我看了那个电视剧也很感动，因为你都可以看到自己的影子，你的性情的影子。这些人基本上是农人开垦者，后来就是传统文化的读书人、武人，这几个概念是连在一块儿的。在传统概念上，读书人如果是开垦者，是耕读世家出来的，而那个地方又因为要抵御外侮而习武，那么他们大多刚强，性情也比较质朴，多半是这样。

然后就是自力更生，因为开垦者必须要自力更生。我们以前呢，很厉害，乡下基本上家家都有刀枪。到我懂事的时候，家里都还有刀枪。（那个刀枪放在哪里？）就门一进来这里，这里可以放长枪。你可以保卫自己，因为可能会跟先来开垦土地的人发生冲突什么的。还有一起来开垦的人，也可能发生械斗，所以要习武。你很难想象的，到我懂事的时候都还有刀枪，我是1957年生，所以20世纪60年代都还有残存的。那时候都不知道爱护那些东西，现在应该都是古董了，现在都不见了。那时候家家都有，很多人就摆在那里。所以每一个村落都有武馆，而且每一个村落都有宫庙、寺院，宫庙是道教的，寺院是佛教的。刚开始道教宫庙居多，但后来寺院逐渐增多。再就是因为要唱戏，所以有戏班子。还有学堂和私塾。基本上一个村子就是这些东西，自给自足，不是官方出钱。所以这就是民间之广大的体现，这是民间非常重要的，你当局怎么做是你的事，我们怎么活是我们的事。那谁帮我们做呢？有神明，还有地方士绅。这背后的依据就是儒道佛三教的道理。探究生活理念，那是最好的学习。

---

① 《沧海百年》是由陈家林执导，归亚蕾、刘文治等领衔主演的历史剧。剧集以台湾雾峰林家的故事为主要线索，表现台湾从1787年（清乾隆五十二年）林爽文农民起义，到1885年（清光绪十一年）台湾建省近一百年的历史，跨越四代人。整部作品也折射了祖国大陆移居台湾的垦民一百年间开垦台湾、建设台湾的垦荒史、创业史和爱国史。

2.家庭生活及父母的影响

尼山学堂问：据您之前所说，您来自农民家庭，您曾经将从事的教育事业与农人生产进行比拟。请问这样的农业生活对您有什么影响，尤其是在学术上的影响？

林安梧答：我一直觉得学术很像农作生产，不像工业。因为我们以前在乡下，乡下大概所有的农作我都跟着父亲母亲参与过。我父亲是一个很好的农夫，他也读过一点书，所以他也很懂得把农作物的生长之理告知我，操作的程序也会很清楚地告诉我。从他告诉我的过程里面，我觉得对于生命之理，他是很有体悟的；对于做事，他是很有次序的。这两者，我认为是为人处世很基本的东西。所以自然而然，我就学会了这些东西。

我们几代人都务农，应该这么说吧，我们祖先到台湾去以后，一直到父亲这一代，可能都在务农。当然，中间可能有因为读书而断断续续。我的曾祖父到我祖父那一代，家道中落，已经到了家徒四壁的地步。我祖父又很早过世，我父亲十一岁时他就过世了。我父亲是养子，这牵涉到我的家族故事，这是很有传奇性的。我们家的风水被败了，到我的祖父那一代，下一代一个男丁都没有。我的祖父有四个兄弟，都没有出任何男丁。我的父亲是同族同宗抱养过来的，我们家才得以继续传下去，所以我们的家业基本上是从我的祖母跟我的父亲开始的。当然，之前有很辉煌的家业，大概就是到台湾去的第二代、第三代的时候。到我父亲是第七代，我是第八代。

如果你们是从农村来的，就应该很清楚，农人想问题跟商人一定不同。商人是从交换中得到利益，农人是从实体耕作中取得利益。这跟学术很像，你一定要从实体耕作中取得利益，你不能从交换中取得利益。所以，"利者，义之和也"，它一定跟义密切结合在一起。所以我觉得学问是生长之力，觉悟是从小就养成的。

尼山学堂问：您在课堂上曾具体地提及烘烟叶对您把握时间等问题有所帮助，这个问题可以再为我们谈一谈吗？

林安梧答：上课的时候我提到过种烟草。我家几乎所有可以种的农作物，我都种过；所有可以耕的活，我都耕过。只是我的农技比较笨拙一点，比如插秧我就比较慢，锄草也比较慢。拿笔还快一点，拿锄头就不行了。家里种烟草，烟草属于专卖品，当局是有专责单位来收购的。种烟草要根据地方土质、气候等各方面条件，来许可你能够种多少。我们那个地方那时候还算不错，有雾气，可以种烟草，现在大概都没有了。其实也不算很适合，种植的烟草质量不是很好。种植烟草的过程，中间有一个环节是烤烟，我以前特别提到过烤烟。烤烟的话，以前是用木材烧火烤烟。有一个很大很大的干燥室，在干燥室里面有层层叠叠的架子，把架子一层一层地叠加上去就成了烟楼，底下有铁管来烧火。烧火的话需要控制温度，控制温度当然需要有一个温度计。控制温度需要夜以继日，烘焙一次大概需要五个晚上六个白天，有时需要六个晚上七个白天。第一天晚上，因为才放进去，大概不太需要照看，只要保持自然温度高一点点就好。关键点在第三天、第四天、第五天，你需要看着温度，控制在几度，这就需要烧火。久了之后，你当然就可以了解这个柴性如何；你放进去，大概就可以判断，这个火能够烈到什么程度，温度大概如何，这都要拿捏。刚开始做要想多久来添一次火。我白天上学，晚上回来帮忙。帮忙时就需要控制，久了就慢慢知道，大概半小时后我要起来，把柴火添好，可能只需要五分钟，之后睡着，半个小时之后又会醒过来。我常说人的身心有很多可锻炼处，这种锻炼对我来讲慢慢成为自然。我现在有时想要休息半个小时，眼睛一闭我就睡着了。也不会说有那么快，但是两分钟左右我一定睡着了。所以就睡眠来讲，我可以随遇而安，这个也是一种练习。

当然还有其他，譬如我常提到的，你们读书读了很多很多，如果没有问题感，那么读那么多是无效的。就像农人种丝瓜，丝瓜藤、丝瓜叶非常茂盛，但是就是不长丝瓜，这是因为你没有让它有一种生命的渴欲和创造的动能出现。生命的渴欲、创造的动能出来了，那么，这时候你的肥料、养分，就会让它长出非常茂盛的果实。如果没有生命的渴欲、创造的动能，有太多养分到最后还是被浪费了。我从哪个地方认识到生命的渴欲跟创造的动能的重要性呢？是我父亲在种植的时候讲给我们听的，但是这些道理是我用比较哲学性的话说出来的。有一次我回家看他，在菜园里，我看到丝瓜藤和叶很茂盛，就说今年一定会长很多丝瓜。他说我错了，今年就是因为下肥下错了，忘了已经下过，又多下了一次，所以这个肥料太多了、太肥了，丝瓜就猛长藤和叶，生命的渴欲被破坏了。生命在什么时候才会有渴欲？生命有一点贫乏感才会有渴欲。如果它的肥料太丰盛，它就不长了。所以那时我父亲在做一件事情，就是破坏丝瓜根部的组织。水分、养分要通过根部进入一个管道。破坏根部的组织，等于说从根部的地方给它阻断了一些，于是水分和养分上不去。上不去，它就生出一种生命的渴欲，就有匮乏感。他说："这样的话，看能不能再挽回一些，这个丝瓜可能还会再长。"也就是说再出现生命的渴欲、创造的动能，就能长出丝瓜。这很有趣，我觉得这对我是当头一棒。

还有一次就是我要北上求学。因为以前我们都在中部。那我要到台北来求学，因为以前交通不像现在这样方便，一出来，一回去，大概都是大半年了。父亲就把我找去，叮咛我，他说："你无论做什么事，包括读书，都要像掘井一样。"因为我们这个乡下，那时候有一些水污染，河川的水不太能灌溉，所以很多地方靠凿井。他说："你看，有些井凿得深了，这一口井，就可以灌溉几十公顷、几百公顷。凿井的时候，有的井凿得不够深，即使凿了好多，都不如一口井。做学问也是，你凿一凿，看不到水，就心灰意冷，又换了另外一个井，凿了几个都是没水的井，没用。"后来我在大二的时候读《孟子》，孟子就讲到这个，"掘井九轫而不及泉，犹为弃井也"。我父亲肯定没读过《孟子》，他们那个年代的人，最多读到差不多《幼学琼林》这个程度吧。所以我觉得，很多农作之理，基本上跟文学之理、生命之理是合一的。

另外，因为农村的家庭是中国传统农业经济的组织模式，聚村而居，聚族而居。这样生长出的人伦，离不开礼之三本：天地者，生之本也；先祖者，类之本也；君师者，治之本也。所以在农村我这种体会很深，很自然而然。在农村的这些人，不管男男女女，只要按照这样的生活步调走，走着走着，到了一定年纪，这些就全部印脑子里面。村民即使没有读多少书，行事也会合乎那套东西了。我从乡下看到的都是这样的，主要跟他们劳动的方式、整个社会的组织和构造的方式以及整个生活的形态有密切关联。

尼山学堂问：您之前说过，您家里面有六个孩子，这种大家庭的环境是不是给您较深的传统文化情结呢？

林安梧答：就像我刚刚说的，其实乡下都是这样，家庭成员非常多。像我的家，虽然家庭成员多，但是我们后来建了一个新房，整个搬出了原先大家族聚居的那个地方。离老家有一段路，大概有几百米。所以我们几个孩子的生长，可以说是既独立又联合，我们并没有在嘈杂的大家庭氛围里。整个村落的家庭基本上都是在村落里面，而我们在村落旁边，因此还是有一点距离感。这个距离感，我常得比较好，这样我们的生活就不是一直在那个大的院落里面。我们可以跑到那个地方去玩，去做其他事；但是我们回家的时候，就可以离开这个大院落。

这个带来一点不同，也就是说，有一段时间我们的生活是跟那个大的院落分开的。假设全部在那大的院落里面，就是另外一种生活状态。那个大的院落如果是一个很好的大院落，就觉得还不错；如果是不好的，就很难往上提升。聚族而居、聚村而居有它的优点，同时有它的缺点。以前在大的家庭里面思考问题，一定会非常传统，因为它所教所学一定是忠孝两全、敬天法祖、礼拜圣贤这些东西，我们绕不开这些东西。所以对我们来讲，传统文化是很平常的，因为它连着节庆、节气。你端午节怎么过？中元节怎么过？中秋节怎么过？九月重阳节怎么过？十月半怎么过？然后接下来十二月，腊八怎么过？十六尾牙怎么过？月底就过年了，怎么过呢？正月元宵怎么过？然后三月清明了该怎么过？它有一个随着生命之气的节度，一步一步来，所以你当然要这么过。它是连着整个天地、连着整个农作、连着整个人的休养生息。真是"天何言哉，四时行焉，百物生焉！天何言哉！"

现在我们的家乡传统因为都市化大概都被破坏了，以前我们真的就是这样过的。那个年代不觉得特别，因为很小；现在回想，我觉得人生这样是很幸福的，当时不知道这样子就是幸福。家家户户想做什么、要做什么，都有一个节度。所以城市化本身来讲是把人从乡土那里拔出来，然后成为一个个个体、一个个原子式的存在，再放到另外一个地方去组构。这真的不一样，它是另外一套。我常说现代社会是强控制系统，我们以前的农村是弱控制系统，弱控制系统是自然生成，强控制系统是人为构造。这个人为构造跟自然生成不同，所以我们的道德、我们的人伦基本上是自然生成的，而现在社会的法律、社会的伦理等，基本上是强控制，是由人为控制、人为构造而成的。当然，它可以去追本溯源，去强调人的主体性、法则的客观性。但是在以前不是，道德和人伦就活在一块儿：人在天地之间生长，在气的感通之中生长。所以我才用这个语汇做对比——"气的感通"跟"话语的论定"，因为我们是以农作为主，聚村而居、聚族而居。我们以家庭为核心，扩大为一个家族、宗族。所以我也会给你们提到，读一读费孝通的《乡土中国》，可以帮你们理解这些东西，它是很有意思的。

尼山学堂问： 兄弟姐妹共同成长的经历对您的影响是不是也很大？

林安梧答： 是很大的。我家兄弟姐妹六个，我排行老大，是哥哥，底下三个妹妹一个弟弟，再一个妹妹。我的兄弟姐妹基本上都从事教职或公职。以前我们都是要帮助农作的。我小妹小我十二岁。小妹说过，人家都说最小的幺妹应该是被疼爱最多的，但她不是，她很早就参与工作了。为什么？因为她跟着哥哥姐姐，然后我们在做事的时候，她活动一会儿就开始加入劳动行列了。但是她劳动的时候是带有一种游戏性质的，当然这也不错。

我们跟农村的生活是密切结合的，劳作的时候在旷野唱歌，这个我们都有体验。每年春天在烟楼修整烟叶时，就会听广播。那时候就在这样的地方，听广播、听戏曲。像我第二个妹妹，她很厉害，听了就会唱。她现在是个歌唱家，还是小学老师，她有那个天分。因为我们听的传统戏曲的七字调，都是诗歌。传统戏曲，差不多七个字一句，平平仄仄，刚好就是二二三、二二三，它有一个韵律。所以对古诗歌韵律的把握其实都从那里来。因此我们家基本上都会写古诗，分写得好或者写得不好而已。我们念中文系的，也都会写。现在家里写古诗写得最多的是我三妹，她是中学的中文老师，但原来是学历史的。她一写就可以写下几百行。有一次，饮酒过后，颇来灵感，她居然把他们学校所有老师的名字，都嵌了进去，做成几百句的长诗，真的蛮不容易的。所以我们以前虽然在农村里帮助爸爸妈妈做事，其实我们学了很多东西。

尼山学堂问： 您说到农村生活的体验，使得您对古代人的生活意境产生了共鸣，能为我们详细谈一谈吗？

林安梧答： 在年纪很小的时候，它是自然融合在一块儿的。那时候古人的东西，你也懂得不多。但是当我们后来读人文的时候，做对比，就觉得这是一笔无比难得的资产。你有这个生活经验，再来读中国古代人文，马上就通的。那么中国古代人文的问题出在哪里呢？聚族而居、聚村而居，就会有三姑六婆之类的，对不对？然后有各种麻烦，人的复杂关系，种种非常不合理的东西全部都在里面。东家长、西家短全部在里面，权力的事也全部在里面。有温馨，有包容，有关怀，有爱，但是同时也有那些乱七八糟的东西，那些是你每天都可以听到的。那个就是最好的人类学的体会。你说我们需要做人类学调查吗？不需要。我只要想一下，一个场景出现，就可以写一个人类学的报告。

尼山学堂问：您曾提到过父亲对自己的教导和鼓励，能不能详细谈一谈父亲对您的影响？

林安梧答：我的父母跟我的祖母对我影响很大，没有谈到祖父，是因为我的祖父去世很早。我父母都是农人。我母亲原来是不识字的，但是她后来读佛经，现在佛经大概的字她应该识得，其他的字，她不一定识得。

我父亲命硬，克了他三个父亲（生父、养父、继父）。在他两岁多不到三岁的时候，父亲的生父病得很严重，相命先生说父亲命硬，会克父，说一定要给人家，要不然他的生父会渡不过这个关。因为他是小儿子，父母都很疼爱他，就不愿意给人家。结果，年初送养父这边了，年尾他的生父还是过世了。然后养父抚养他，养到十一岁的时候，养父又过世了。后来他十三岁的时候有了继父，在他十五岁的时候，继父又过世了。

我父亲基本上是从很贫苦的状况中长大的。父亲受过一些教育，他虽然读书不多，但我觉得他的脑子非常好。日据时代他在农村私塾读汉文、学古汉语，读了三年吧，那三年也都不是很认真的，但是，他也学到了一些知识。譬如说，基本算术这些东西他都会。你想，他可以把甲子、乙丑这六十甲子，从第一个背到第六十个，你问我，我都背不了。甲子、乙丑背到最后癸亥，又来甲子，就不容易了。虽然他算学没学多少，但是他会背所谓的算学上的"九归"，因为他们那个年代有些运用需要背这个口诀。他也可以看懂罗盘，可以跟你谈地理风水。这些东西，那个年代一般的中等资质的人，到一定程度就学会了。而且像看皇历啊，必然会用到这些知识。最重要的，我父亲做事很有条理，很有次序和方法，这个影响了我。他思维逻辑非常好，而且他算术很好，不过他现在头脑不如以前了。我父亲性情比较刚强，我记得他七八十岁时，都还要跟我们比心算。他一直认为他在心算方面，比我们都强。我父亲今年已经八十五岁了，去年我们兄弟姊妹决议将他这一生所写的诗歌及警句箴言搜集出版，由我的大妹林惠珠老师担任主编，经过一番折腾，现已出版，名曰《天地庆荣：万全老农的台湾汉语诗歌》。父母一辈子伴着田土，从少至老，在田野中，到现在，他们已经是老农了。父亲不是文学家、不是哲学家，他是老农，是"素"人，是"朴"人，是"素朴"之人。他是有原初性、有本真性的田野老农。老农有的是自然的铎音、无垢的诗唱，乡野的俚直，自成天籁。①

尼山学堂问：您的母亲信仰佛教，这对您有什么影响吗？

林安梧答：这方面我其实是受祖母影响比较大。因为我是长子，对祖父母来讲就是长孙，第一个孙子一定跟祖父祖母更亲。我祖父很早过世，我就跟着祖母。我祖母是很虔诚的佛教徒，我经常跟着她上佛寺去拜佛。其实我也不懂，反正就拜，佛祖会庇佑你。乡下的庇佑有传统，也是很有意思的。像这个文化，我也写过一些记录和一些相关的文章。譬如台中有一个台中莲社，就是净土宗那个莲社，那是我祖母跟母亲信仰的一个宗派。我曾给他们写过一个纪念文章②。我听过李炳南老居士的一堂课，这让我很敬佩这个人，读过他很多书，然后特别写了一篇纪念文章。

---

① 林万全：《天地庆荣：万全老农的台湾汉语诗歌》，台湾元亨书院，2016年。又请参看林安梧：《农夫、素人、哲学、诗歌：吾父〈林万全先生诗歌集〉读后》，台湾"《国文天地》"2016年第32卷第3期（总号375）。

② 这篇文章叫《"纯朴"与"老实"的力量：记一段与台中佛教莲社的因缘》，台湾"《国文天地》"2016年第31卷第12期（总号372）。

尼山学堂问：所以说，您主张通天接地、安身立命，是不是跟您早期家庭生活有着很大的联系？

林安梧答：应该可以这么说，这些东西我们以前不知不觉就学了，后来去读中文系，攻读哲学博士，往中国哲学方面走，才发觉中国哲学已经在我生活周遭了。所以我对于什么"儒学游魂说"这种思考就觉得不可思议，有什么游魂？儒学怎会是游魂？生活里面都是啊，我生活周遭的人都是啊。以前我小时候是这样，后来到马来西亚一看，这更是啊，马来西亚还保存很多啊。他们没有接触，他们以为这是游魂，其实儒学还活着。你到祖国大陆，到比如说山区、乡下去，也都是这样的。

（二）小学与中学求学历程

1. 小学求学经历

尼山学堂问：请问一下您小学的情况？

林安梧答：我大概六岁半入小学。因为我是一月生的，我们是九月上学，所以我都六岁八个月了才进小学读书。进小学是1963年9月1日，其实我是从这一天才学我现在讲的话，以前在乡下都是讲闽南话的。

我读的是台中县大里乡的草湖小学，住在大里乡西湖村，这与名声很响的杭州西湖，名字居然一样。小时候，从戏曲知道有个杭州西湖，就很向往。我们家那里以前有一个湖，有很多草围绕着那个湖，所以叫草湖；又因为它分东边和西边，所以叫"东湖"和"西湖"。中国有很多东湖西湖，比如杭州有个西湖，武汉有个东湖。我们那个地方现在已经没有湖了，湖已经干涸了。我们班上的同学基本上都是草湖的，来自东湖村、西湖村。

读书的时候有很多很有趣的事情。我是家里第一个孩子，我去读书的时候也很奇怪，就是我算孩子里面很会读书的。我小学名次都很靠前，常常维持在第一名。到了五六年级比较喜欢玩，但依然是前三名、前五名。我还是班级"领导"。虽然我们在农村，但是祖母给我们穿戴得很整齐，我的第一个老师赖智老师，就让我当班长，而且我成绩也不错，所以就一直当下去，这一当就当了六年。虽然其他科也挺好的，但是数学特别好。我很少失误，几乎都是满分，我特别喜欢算术。我们那是乡下的一个学校，很小，但是很有趣，数学有考一百分的，考两分、五分、七分、八分的也有。但班上的同学都一样和乐，很有趣啊。老师常常要我们去教他们，有的人教也教不会，可他现在是大公司老板，所以我常举这个例子，其实这个不要太在乎，不要认为如何如何人生就没希望了，其实不是，天生我材必有用。我父母，还有我的祖母，对于教师特别尊敬，我也因此养成了习惯，我一直都能记得许多教过我的先生的名字，像我现在马上可以念出我在小学一直到高中的班导师名字。就拿小学来说好了，一二年级是女老师赖智先生，三年级是吴登万老师，四年级是褚逢时老师，五六年级是江升平老师。印象很深刻的是赖智老师，她当时刚从台北女子师范毕业，就来这里教书，后来就成为草湖的媳妇。我们六个兄弟姊妹，她教过三个。我的普通话就是入学时她教我的。入学前，我一句普通话都不会，现在还算是字正腔圆，其实，都得力于赖老师。她对教育的热诚也是我常常念及的，这是我的启蒙老师啊！可惜，她不到六十岁就患癌症，仙逝了。

2. 初中求学经历

尼山学堂问：请问一下您初中时候的经历？

林安梧答：我读小学五年级时，台湾开启了所谓的"九年义务教育"（1968年开始）。本来义务教育是六年小学，从那时起，就加到了九年。我是1969年进入初中。但是刚开始办这个中学的时候，学生素质良莠不齐。其实我的父亲也没有关心这个事，但是刚好有一种很随机的因缘，我就报考了"私立卫道中学"。

那随机因缘，随机到什么程度呢？在学校里面，有个老师说："你们班上有谁说去考什么卫道中学，你要不要去啊？"我说："为什么要考？"他说："那个中学很好啊，你要去考，那很难考的，我猜你一定可以考上，他们其他人未必能考上，你一定要去考，考上为我们学校争光。"跟我讲这个的是林哲庸林老师，他不是教我的，但是他认得我，当时我是我们学校的大队长，学校的老师大概都认得我。那天，我的导师从办公室走出来，他正与我说着话，就转头与我导师江昇平说："叫林安梧去考，他一定可以考上。"那我就去了，结果就考上了卫道中学。卫道中学是一个天主教学校，"天主教卫道会"办的，现在转成"天主教兄弟会"办了。

这个学校非常好，我觉得我生命的蜕变在这是一个起点。卫道中学让我知道天主教信仰本身彰显出来的那种风格，跟我们儒道信仰彰显的这种为人处事的风格所达到的高度是一样的。也就是说，他跟你不同信仰，但是他做出来的风范，跟你在乡下所知道的那些有人格风范的人，是一致的，这是我第一个强烈的体会。第二点体会就是，他们甚至比乡下这些我所知道的有人格风范的人还好，因为他们有知识。另外，学校没有强力传教，很自由开放。它虽然是天主教办的一个中学，叫"卫道中学"，但是它也是一般的中学，大概一个礼拜有一堂课会自由地给你传教。你可以去看一些圣经的故事、影片，等等。我们去看最主要是因为可以获得石膏像，诱之以利，然后给我们以前没见过的邮票。我们看着看着就睡着了，但是看一看，没关系的。

初中期间比较平常，就一直在读书。我们是乡下来的，读的东西真的是太少太少了，我们只知道教科书里面的东西。卫道中学算是一所贵族学校，班上的同学家里多半都很富裕，他们的父母在社会上很多是有头有脸的，而我们的父母是在田里种田的，这个差别很大。虽然我不信天主教，但那三年对宗教氛围的体认很深。

那时候我已经离开家，到外头去上学，特别是最后一个学期，我是住校的。我还记得，第一天住校就很不习惯，那时候已经十五岁了，还是不习惯，很强烈地想家。过了一个月不到，大概两三个礼拜就好了。因为那时候要过整天的团体生活，学校也管得很严格，我觉得那些都是学习。以前我们在乡村里面很自由，到了都市，体会到现代化的生活，进入一个教会学校，这里面有神父、修士、外国人，感觉不一样了。我觉得这个学校有一种神圣感，焕发出一种神圣的人文关怀，充满了爱的关怀。

在卫道中学的三年让我真正感受到了这种神圣的人文关怀。因为卫道中学就在台中市的城里，而我就从农村走出来，那个体会完全不同。而且它是一个贵族学校，这里面有社会阶层的方方面面，来自城市的多，来自农村的非常少。一个班级有六十三个人，我们班上来自农村的可能只有两三个人。入校考试时只考两科，一科语文，一科数学。然后三千多人报考，录取三百多人，在那个年代，算很不容易考上的学校，录取率只有百分之十。我觉得这个挺厉害的，学生对小学语文跟数学的分辨大概已经到达一个程度了。我在卫道中学的这一班，出了十二个医生，台湾的医生职务算是很高的；然后有多位大学知名教授，还有律师，有会计师，有其他各行各业，都很不错。这是中部很精英的一个初中。

3. 高中求学经历

尼山学堂问：关于您高中的求学经历可否为我们讲讲？您曾经提过您擅长理科，但是后来走上了哲学研究的道路。您能与我们分享一下这段心路历程吗？

林安梧答：高中我念的是台中一中，台中一中当然是非常好的一个中学了。这个中学具有非常强的民族意识，因为它是日据时代台湾人自己建的中学，是我们的乡先辈，林烈堂、林献堂、辜显荣、林熊征、蔡莲舫等，与日本人周旋而建立的。他们本来打算建一个私立的中学，但是由于各方面因素，最后还是办成了一个公立的中学。当时其他地方的一中都是给日本人念的，二中才是给台湾人念的，唯独台中一中是给台湾人念的。譬如台北"建国中学"就是以前台北市的一中，那是给日本人念的；成功中学是二中，这

一、家庭与求学历程

是给台湾人念的。那台中一中是给台湾人念的，所以我们的创校纪念碑写着"吾台人初无中学，有则自本校始"，这很令人感动。以前我们的外套挂着一个龙牌，龙是整个中国的象征，读这个学校让人有一种光荣感[①]。

杨德英老师是高一的时候教我的，那时候她给我们上语文课，主要讲《论语》，我受到了很大的启发。她常常说："台中一中的学生素质很好，为什么每个都去读理工呢？应该有一些读文科啊。"但我们还是觉得，"我可以当陈之藩啊"。陈之藩是个科学家，但是也会写散文，文科也很好。每个人都这样想。我其实当时有一点想去读文科，但是整个学校认为你数理好了，就一定要去读理工，你可以自己再去读一点文科。所以我高二刚开始选的是自然组，但是以前我们那个科目的安排是高二学化学，高三学物理，不过我不喜欢化学，因为化学要背很多方程式，很讨厌。那时候我对中国古文已经非常感兴趣了，我高一已经读过很多书了。高二时，像什么《史记精华》《汉书精华》，那些书都买了，就背啊！读啊！都很喜欢。时间不够分，化学成绩就不太好，对文科的喜欢有增无减，两方拉扯，心里颇为痛苦。

高二有一个转折机会，高二上学期结束，要做最后一次抉择。如果要转组，可以转到社会组，学社会人文，以后读文科，可以选法科、商科。后来我就决定转组。但我这个人做什么决定，一般会跟别人咨商一下，我就去请教老师们。请教了当时高二的语文老师，是个男老师，我记得他姓赖，赖老师。他不是杨德英老师那样的，杨老师是女老师，讲民族大义，很有志向。这个赖老师就是很一般的老师，他跟我说："读文科做什么啦？读文科也只不过像我一样啊！做个语文老师而已。读理工，较有出息！"我又问我舅舅，我舅舅是高中老师，他教三民主义，他说："现在还是要读理工啊，你数理也好。"我问我父亲，我父亲说："其实我最喜欢你当医生。"因为台湾当医生的社会地位最高，而且一般来讲，日据时代以来，医

---

① 请参见台中一中创校纪念碑文及其解说，详见台中一中网页，http://w2.tcfsh.tc.edu.tw/zh_tw/about_tcfsh/tcfsh_history/founding。

生广受重视。台湾第一流头脑的人，如果性情适合的话，有很多都学医，这一点可能跟大陆不太一样。还有就是因为当医生是要考生物的，我当时生物也很好。但我不喜欢当医生。我说我这个人若当了医生会太担心我的病人。我会想着他，他今天怎么样、他以后会怎么样，这样我就会受不了，我觉得我不行。我父亲想了想，说："雾峰街上的医生馆（就是医院，医生自己开馆）有人潮汹涌的，也有门可罗雀的，我看就随自己兴趣，你看兴趣是什么就决定什么吧！"

父亲要交给我做决定了，我反而不知道该怎么办。我觉得这个决定很重大。我问了那么多人，问到最后还是要我自己做决定。明天转组的申请表就要交出去了，再不交就没机会转了。记得那天晚上，深夜已近子时，我跑到自家的晒谷场。因为乡下拜神明，四合院都有一个广场。我就行步到晒谷场最外缘的地方，晚上没人看见，我开始与上苍密谈。一般乡下礼拜，请神问卜总要执筊，执筊有两片，一正一反就代表允许。我慢步行到礼拜神明的地方，准备去拿，却又不敢拿，觉得太神圣了。于是我改拿了两个铜板作为替代，那时候台湾的铜板一块钱还蛮大的。

祈祷啊，祭祀啊，这些都是不学而能的，因为你每天会看着父母、祖母礼拜。我家里以前是每天都礼拜的，早上起来梳洗完毕之后，第一件事情就是烧三炷馨香，礼拜天地、礼拜神明、礼拜祖先，然后才开始今天的生活。晚上吃完饭呢，洗漱完毕了，一样要礼拜天地、礼拜神明，然后礼拜祖先。因为经常看着，再加上过年过节的这些，所以自然而然就会了。这就是生活，生活中有着神圣的参与，有着文化的生长，这就成了自然而然的教养。

我那天就跪在那儿跟天祈祷，一样念念有词。我与老天爷密谈，如果应该转组的话，那就要得三个圣筊，三个圣筊，要一正一反，结果我一下子连续三次一正一反。这么一来，第二天我就很笃定地去转组，从此就走向了文史之路。很有趣，这个地方好像有天命焉的那种感觉。所以，后来读到中国古代的那些卜筮，其实也就觉得格外亲切，原来我与他们一样，是这样做的。

尼山学堂问：还想问一下，原先理工科、数理的学习，对您后来的治学有没有什么帮助呢？

林安梧答：学数理所重视的逻辑，就是次序与结构。有次序，有结构，那逻辑推理，也就在次序结构里面。这应该是我从小就从我父亲身上学会的。我父亲是一个能够把很多事物，化成可操作程序的人。另外，我的算术一向都好。以前我们在小学的时候呢，这个叫算术，不叫数学或者代数。算术有很多很有趣的内容，什么和差问题、鸡兔同笼问题、植树问题……很奇怪的一些问题，老师解不了，我统统能解，我五年级就开始解六年级的问题了，那种东西太有趣了。所以我就觉得，数学是非常纯粹的。这个东西我觉得对我是有影响的。而且我觉得这个构造力很重要——次序的构造。这也是使我走向哲学的一个非常重要的动能。

我对文献虽然重视，但是我的重点基本上不在文献。我大学的时候受的训练，很多是文献的训练——文字、声韵、训诂。台湾师大中文系是章黄学派的大本营。我们的许多老师大概是章黄学派的第三代、第四代，我们大概就是第四代、第五代。在受这些训练时，有点苦，有点枯燥，但几年下来，我们所学的东西，已经进到脑子，甚至进到身心里面去了，因此有时候上课讲到，你看这个字的字形、字义怎么样，训诂该怎么解，虽然我已经忘记原理是什么，但都会用。而且我会和着我的母语，闽南话，一起来理解和解决。但我关心的并不在训诂考据，我很喜欢做哲学系统的构造。我后来到台湾大学攻读硕博士，以哲学为主要方向，花很多功夫做理论系统性的构造，其实，在大学本科时，甚至早在读台中一中时，已有端倪。

尼山学堂问：您在高中时期都读什么书呢？

林安梧答：高一的时候已经读了一些古书了，我读《老子》《论语》《孟子》，读《淮南子》《史记精华》《汉书精华》，还读了很多课外书，包括《西洋哲学史》《存在主义》以及尼采的《查拉图斯特拉如是说》，还有很多很多。时日已久，很多记不起来了，但是经典的还能记起来。高一的时候把熊十力的《新唯识论》从图书馆借出来读，根本读不懂。也借牟先生的《认识心之批判》，也看不懂。当时看不懂，但心里想着以后一定要看懂它。

高二的时候，我又去把《新唯识论》借出来，第一次就是高一的时候，借出来看并没有看几页，因为看不懂。高二继续努力地看，看了十七页还是不行。到大一的时候，熊十力的书已经读了很多了，暑假的时候努力地把熊十力的《新唯识论》读了一遍，虽然读不懂，但是总算是把它读完了。真正读懂应该是在我写博士论文的时候，不敢说全懂，但是懂到相当程度了。

尼山学堂问：所以说这本书（熊十力《新唯识论》）大概算是贯穿您学术很长一段历程了？

林安梧答：熊先生对我的影响是很深的。我高三的时候，还读了很多课外书。那时候，我们常在台中一中图书馆借书，不只台中一中的图书馆，我们在台中图书馆也办了借书证。当时，借书的激情真的无与伦比。另外，台中有一著名的书局叫"中央书局"，我们一些好读课外书的同学在"中央书局"买了很多书，包括很多台湾"商务印书馆"的书也是在那里买的。那时候喜欢买书，读了很多课外书。以前台湾"商务印书馆"人人文库有种本子很便宜，本子分三种，最小本的五块钱台币，再稍大的是七块，再大一些就是十块，就是长方形那种。那有很多好书，比旧书摊卖得还便宜。我因此读了很多的书，包括西方的书，比如《存在主义》《西洋哲学史》。因为你要展开中西文化的论辩，就要读很多书。然后每个礼拜都要来论辩，所以就兴起了这个风气。

尼山学堂问：那到高三的时候会比较紧张吗？就是不太有时间去读这些？

林安梧答：有些紧张，但是还是不改旧习气，好读课外书。而且对文学思想兴趣很高，当时我们跟很多大学生已经展开了座谈，包括静宜大学、中兴大学、东海大学的。座谈是我们社里几个比较疯的人组织的。因为当时我们是高三，高三学生去组织社团就算是比较疯了。我不是最主要的那个人，而是四个人中的一个。有两个最主要的，那一年都没考上大学，因为都在玩这个事，他们不可能认真读课内书，不可能认真准备考试。其实，我当时也没有认真地读课内的书，后来因为受到班上一个同学的激励。为什么呢？因为他与我算是同乡，每天跟我一起坐车上学下学，他是属于那种规规矩矩读书的人，他不胡思乱想，也不爱写文章，也不参加什么活动。我们这些人参加很多活动又写很多文章，外面的活动很多。他不是，他就是一心一意要考上大学，而且他要考商科。我们那时候文科、法科、商科都放在社会组，考试都考一样的，只有你在考的时候才分。社会组分乙组和丁组，乙组是文科，丁组是法科和商科，甲组是理工科，丙组是农科跟医科。文科很少，大概不到四分之一，主要是考法科和商科。

尼山学堂问：您提到您在台中一中的班级气氛非常活跃，您曾组织社团并和台中的大学生进行学术辩论，这种共同学习探讨的经历对您后来的学术有什么影响呢？

林安梧答：最近我们高中同学在一块儿聊天，大家都在回忆那时候谁跟谁的辩论。我在高二从自然组转社会组，当时社会组的同学常常被认为是那些学数理学不好的。可是其实并不是这样的，我们这班偏偏就有很多数理很好的，却转了社会组。当时有一个课叫"公民与道德"，上这个课的老师是蓝式恕老师。这个课有一半是谈中西文化，蓝老师很开放，说：

"你们就讨论吧。"班上的这群人喜欢说话，也喜欢论辩，这种风气非常非常盛。可以说每个礼拜的那两堂课是大家最期待的。为什么期待？因为期待中西文化论战。当时就有西化派和传统派，我是传统派，我们双方后来成为很好的朋友。一个西化派的同学姓翁，后来念台大政治系，再后来是政大政治学的博士，他是我高中同班同学。后来他政治学博士论文写新儒家跟台湾政治发展的关系，这篇论文就是我指导的，我成为他的博士生导师。最近网上有同学在说，有人不知道他是我的博士生，我说是真的啊，这个很有趣。所以这场论辩应该是我方赢了，因为敌方成为我方的学生。

为了与他们论辩，我非常认真地读了台中一中图书馆的书。台中一中的图书馆可能算是中部很不错的，但对我们来说那个还不够。我们还去台中图书馆借书，因为离台中一中很近。附近还有其他地方有书，我们也去借。反正就想尽办法，讨论下一次出什么奇招，说什么、做什么。胡适的整部文存，都被我那个同学翁志宗借出来了。《胡适文存》四大册，他也不管，就在上面划重点。后来我说："你看台中一中图书馆，有很多画红线的地方就是当年他画的。"现在再在书上画线不行了。我有个说法，其实学校应该鼓励资深教授来学校借书，并且在上面写眉批，这些眉批可不得了，应该给予奖励。以后常存在图书馆里面，就可以看了，对不对？我们台中一中的图书算是中部非常好的，中学图书馆有熊先生的《新唯识论》，有牟先生的《认识心之批判》等，在藏书上是相当完备的。那时候辩论之风非常浓厚。这个风气一直到我们上高三，还是一样。

高三准备大学联考（大陆叫高考），压力很大。结果我们高三学生组织了一个文学性社团，叫"Muse"，缪思社，是一个现代诗、现代文学社团。我们知道文学包括古代文学、现代文学，古代文学这边我负责，因为我会写一点古诗，其他人负责现代文学。然后我们就邀请中兴大学、静宜大学、东海大学的这些大哥哥、大姐姐们来给我们开座谈会。开座谈会的时候，我们几个当中很会辩论的就会跟他们论，论完了以后他们就说：

"噢，你们太厉害了。"这个过程我觉得非常好，就是你学会了很多东西，而且锻炼了胆识。

记得讨论中西文化的问题，高二就讨论到宗教，班上有基督教徒，我记得应该是陈宏炫，他真的很热诚，他联络我们去上教会。陈宏炫还送我一本《圣经》，上面写着"敬畏耶和华是智慧的开端"，这部圣经到现在我还保存着。我与翁志宗等人当时去教会，虽说是去听讲道，却怀着踢馆的意思，就是要问牧师。有时候问的问题牧师也不知道该怎么回答，牧师就说："我们再找时间去班上谈。"那牧师很好。我记得有一次，那个牧师跟我们约好，到我们班上跟我们聊，我们聊了很多。那个牧师姓潘，叫潘衡。我现在回想这个牧师，会觉得很感动。但是他所讲的，我们还是没办法信，因为台湾以前的传统文化太深厚了，基督教入不了。

我还记得一件事。那时候的台湾教育学院，也就是现在的彰化师范大学，有一个老师应台中一中学生会的邀请来开讲座。他讲什么？就讲有关基督教的东西。其实学生们原本请他讲一个中学生到大学应该怎么做。但是由于他是基督徒，他就在中间谈了很多基督教的道理。他很热情，我们问他的联系方式，他就留下了一个联系的地址。我觉得他讲的内容有的不对，我就写了一封信给他。这个老师姓彭，叫彭国梁，我们后来成为朋友。我给他写了信，他就很认真地给我回了信。他字写得很大，写了厚厚一叠。那个信我现在找不到了，因为我家遭遇了1999年的"九二一"大地震。现在如果在的话，这些都是很值得回顾的，我现在想一想都觉得很感动。宗教只要有真诚的信仰，人就是真诚的，就是能感动他人的。一般说来，人并不会局限在自己的信仰里。尽管是基督徒，他也不会一味排他。偶尔有排他，但是你真诚的话，就可以打破。这个部分，我觉得在高中已经碰触到。现在，想起来觉得格外可贵。

另外，因为转了组，受杨德英老师影响，而杨老师的先生是蔡仁厚先生，我们也就认识了他，我们也请蔡仁厚先生到我们班上来做过好多次讲座。高中生请老师来做讲座，老师都无偿地来做讲座。讲座结束，还跟老师回家，在老师家吃一顿。这很有趣，那个过程很好，所以台中一中到现在为止都是让我们很怀念的。

尼山学堂问：那台中一中的学风跟卫道中学有什么区别呢？

林安梧答：台中一中的学风跟我以前初中卫道中学完全不同，卫道中学是神圣的、庄严的，学校精致，属于小而美的类型，贵族气重，讲究次序、条理。记得我进台中一中的第一天，看到学生的表现，就觉得，这个学校怎么是这样，我很不满意。我看学长们戴的帽子——军训帽、大盘帽，他不是往下压，就是往上翘；那个书包带啊，要不就拖很长，要不就很短；走路也是拖着、拖着。我们晨会升旗，教官在上面讲话，底下人在窃窃私语。如果训导主任讲太久了，底下就开始有嘘声，再不下台，底下就鼓掌。这个学校的学生也太过分了吧。可是这个学校又很奇怪，它有一股很独特的生命的动能。外界有要求的时候，它反应速度就很快，譬如我们在那个中学运动会表演大会操，整齐划一，秩序分明，获得极高评价。

我到台中一中，过了一个月以后，才发觉她的好，这个学校真的很好，很自由，很开放。到了高二、高三的时候呢，有许多学生不上课。风气传统使然，老师基本上放宽了，学生不上课无所谓，但是你不能离开学校。我们都跑到图书馆去。李敖是我们更早的学长，听说他很少在教室上课，都跑到图书馆去读书。所以台中一中有一个跟李敖有关的插曲。台中一中的图书后面都有签书卡，签书卡常写有"李敖"两字。我们去借书时，要是借到一本书，发现我居然是第一个，前面没李敖，就觉得我们比较厉害啦，很有趣。所以有些故事也是一代人一代人传，其实都是很有趣的，形成了一种文化资产。回想起来，我算是很幸运的，念了这两个中学，风格迥异，但这两个中学我觉得都非常好。卫道中学，神圣庄严而温雅润泽，台中一中，豪放壮阔而具有源泉滚滚沛然莫之能御的动能。

|

（三）台湾师范大学求学历程

1. 师大中文系学习经历

尼山学堂问：您是1975年下半年去的师大？

林安梧答：1974年秋天，我们才办这个缪思社团，1975年考大学，我考上台湾师大中文系。我本来以为可以考上台大哲学系的，结果没考上，没考上是上苍成就了我。因为你考上台湾师大是完全公费的，而且出来又有书教，薪水也不错。相对于我的出身家庭，我可以确然无忧，努力读书，继续深造，去追求我的哲学志业。

尼山学堂问：大学本科时期对您影响比较大的老师有哪几位？另外您读了哪些重要的书呢？

林安梧答：那太多了，主要是受牟先生和唐先生的影响。我是跟着《鹅湖》月刊社一起成长的。《鹅湖》月刊创刊于1975年7月，王邦雄、曾昭旭、袁保新、潘柏世，他们像是我们的大哥哥一样带着我们读书，他们既是我们的朋友，也是我们的老师，因为他们已经在教书了，虽然没有实际教我们，但是有讨论会。当时，讨论会、读书会一直很多。读书并不限于儒学，但读得最多的，还是新儒家熊、马、方、唐、牟、徐诸位先生所写的书。有一些直接听课，不只是读而已。牟先生、唐先生的书我读了很多，熊十力最多，我感受最深。对我最有影响的应该是熊十力、牟宗三和唐君毅先生。熊十力先生的书，在当时我基本上是没有一天不读的。

尼山学堂问：您在大学阶段与唐君毅先生、牟宗三先生的接触有哪些？

林安梧答：1975年，我大一的时候，唐君毅先生应聘到台湾大学来讲学。这是当代新儒家第一次来到自由主义的大本营讲学。台大长期以来被自由主义者与乾嘉学派把持，确切地说应该是被自由主义者跟历史语言学派把持。另外就是国民党的意识形态，这是另外一说。1975年，唐君毅先生到台大讲宋明理学，他很认真，苦口婆心，你可以看到一个谦谦君子，真的如《论语》所慨叹的，"德之不修，学之不讲，闻义不能徙，不善不能改，是吾忧也"，那个忧怀天下的君子，真是令人感动。但唐先生讲东西，一方面乡音重，另一方面关联太多，照顾太多。关联太广，对于我们初学者来讲，就摸不着门径，摸不着门径的话，就很辛苦。

他教了一个多学期，因为身体不好，他那时候后来检查患了cancer（肺癌），后来就没再来，就改由牟宗三先生来。牟先生讲课非常有条理、有次序，像一首乐章一样，主旋律清清楚楚。大概一堂课下来，那几个最核心的概念一定交代得清清楚楚，其他的东西或是烘托，或是衍申，或是论辩，有逻辑，有结构，条理整然。这一点他跟唐先生不同，唐先生是关联多，一种辩证式的思考，和合者多，牟先生则是超越的分解多，辩证的和合少，两个风格迥然不同。牟先生的乡音也重，但是我个人觉得，牟先生的课不管是对于初学者，还是对于已经很饱学的人，都是很有帮助的。他条理缜密，析理透辟，能够把最重要的问题感、问题意识突显出来。我觉得到目前为止很少有人能够与他相比，甚至可以说无人能及。有些课我也没听过，不敢说，但到目前为止那一辈人，我听过的，牟先生是讲课最好的。真是太幸运了，从我大二至大四，牟先生全都在台大文学院上课。我出去实习教书那一年，牟先生也还在台大上课。接下来我就考上台湾大学的哲学硕士，牟先生还在上课。想起来，真是因缘殊胜啊！

有人说，牟先生这一生最快乐的时光，大概就是他晚年在台湾大学上课的时候。十多年的时间，他一直在台湾上课，虽然每年台湾、香港两地跑，有一段时间在香港，但他喜欢在台湾，因为在台湾的学生比香港学生多，素质也比较整齐，尤其台大、台师大，这两个大学是文科的龙头。香港基本上是很文明的地方，但是有文明，文化不怎么样。台湾在文明方面可能不如香港，但是她文化比较深厚。因为文化跟农村是有关系的，跟农业的生产有密切关系。我常说，香港的地面都被水泥及柏油覆盖了，很难长育出植物来，文明高，而文化的生长就缓了。整个过程下来，牟先生的课，除了逻辑学这方面的课我们没听过以外，其他几乎都听过，受益极大。另外，《鹅湖》月刊从1975年的7月1号创办，那时候我刚好大学一年级，所以我从那时就参与了这个社团，我的大学可以说与《鹅湖》相伴而得成长。

尼山学堂问：您在师大中文系读书求学时，也关注着台湾师大教育系、台大哲学系、历史系的课程。在那段时间，您是如何协调学习，又是如何调整自己的学术理想和方向的呢？

林安梧答：我进师大中文系的时候是不满意的，甚至可以说是非常不满意。第一，就是我认为我一定可以考上台大哲学系，怎么就没考好呢，少考了两分。进入师大中文系，师大中文系里女生特别好，男生不行。女生都是出身名校，而且往往就是最好的名校。男生有名校的，也有非名校的，名校呢还是可以的，那非名校也有一些很不错，但是有一些人没志气，认为就当中学老师就行了，进来就开始混了。即使要当中学老师，也是要有才华的，但他们的志向就是做他们认为的中学老师。我认为中学老师也是很神圣的，可以做很多事，教很多书，影响很多人。他们不是这样想，他们就是认为要过日子。唉，也有些女生是这样想的。师大中文系的老师，我觉得学问不错，但是志向不高。其实后来我才知道大学里很多老师学问不错，但志向都不高。但后来我知道，其实志向很难有多高，因为有时代的限制。但因为我当时中学时读了很多书，正在上升期，所以当时很不满意。

到了师大中文系，后来发觉有一些学长挺好。学长有多种类型。其中有一个人爱好写古诗，这个人很有趣，穿着长袍，还戴个斗笠，认为自己是杜甫再世，他诗写得也挺好的。还有一个南庐吟社的社长，那时候他已经退下来了，读四年级，我还记得他叫简锦松①。他到我们课堂上宣传古诗的重要性，要我们加入。他讲的我觉得也不错，但是我对他一些观念不太认可。他要走的时候，我就写了一首诗酬答。他没想到这小学弟才进来就可以写一首诗送给他，就对我格外感兴趣，就来找我，但他这个人属于"山水诗人"，很喜欢悠游，要邀我去游哪里哪里。我是属于那种狂飙苦闷而忧国忧民的人，觉得大丈夫怎么可以一天到晚都去悠游，所以后来就没有参加，跟他来往不多。

另外一个学长，叫蔡英俊，来往很多。这几位学长现在都是大学教授。蔡英俊当时编《文风》。我们常说，这个学生刊物里面有很多好的学生论文都超过老师。当然这个说法呢，是我们说的。然后我就投稿，因为我从高中起就习惯写稿，在台中一中校刊也投稿，参与这个校刊，然后在师大也写稿，所以《文风》每一期都有我的稿子。我大学四个年级八个学期，一共在《文风》有八篇或者九篇的稿子，大概一个学期一篇。有一篇叫《论文化架构及其觉醒》，我记得讨论了当时的一些问题，蔡英俊学长看了之后对我有兴趣，就来找我。我当时对古代的东西很感兴趣，正在注解老子《道德经》，我拿给他看，他不太满意，他觉得应该多读一点西方的东西，因为他是学文学理论的。后来我们就一直有来往。在师大时，除了蔡英俊，还有李正治、龚鹏程、王文进、颜昆阳、蔡秀女、郑志明、陈

---

① 简锦松，后来获取台湾大学中文系博士，在台湾中山大学中文系任教。

文章等，我们都常往来。这些人后来多数成为知名学者、教授、作家。①当然，往来最多的还是鹅湖社的诸位老师朋友。

师大本身社团非常丰富，有南庐吟社，有现代诗社，有中道社（是佛学社团），有昆仑社，那是一个思想性的社团，也有人文学社。我在昆仑社发表过几篇文章，在人文学社跟很多同学是很好的朋友。像王明珂现在是"中央研究院"的院士；黄克武是"中央研究院"的研究员、中国近代史的专家，当时他是人文学社的社长；著名的惠空法师，俗名周稚，当时是中道社的社长：他们三个都是我们当时的同学。

虽然文科男生比较少，而且有一些也比较混，但是基本上还是有程度不错的。能够考上台湾师大文科的，有些比台湾大学的文科还好。因为台湾师大是免学费的，而且出来一定有书教，不只免学费，还免书本费，还提供生活费、置装费，对于我们这些农村的孩子，那是非常优厚的待遇。当时台湾师大有一些学生来自富裕家庭，但是还有许多学生来自农村、渔村、矿工地区，但他们极为优秀。乡村的优秀人才有的甚至就直接到师专去了。初中毕业能考的叫"师专"，高中毕业可以考的叫"师大"。这群人里有的不一定有多大志向，但是基本训练很好，规矩的掌握都达到一定程度。尽管你说他混，他也不会混过头。这个构成里面还是有一些出类拔萃的人才的，像老友杜忠诰、王财贵，他们都是师专毕业，后来又来台湾师大进修，并取得博士学位，他们都是很有成就的学者、书法家、文化人。

---

① 蔡英俊，台湾大学中文系硕士、英国华威克大学比较文学理论博士，在台湾清华大学中文系任教。李正治，台湾大学中文系博士，在台湾淡江大学任教。龚鹏程，台湾师范大学中文系博士，两岸著名学者，曾担任佛光大学校长。王文进，台湾大学中文系博士，在台湾东华大学任教。严昆阳，台湾师范大学中文系博士，台湾东华大学中文系教授。蔡秀女，著名作家。郑志明，台湾师范大学中文系博士，台湾辅仁大学宗教系教授。陈文章，台湾大学三民主义研究所硕士，屏东科技大学教授。

尼山学堂问：老师本科毕业论文做的是什么题目？本科过程中写了哪些文章呢？

林安梧答：本科那时候并没有特别要求毕业论文是什么，但是我在大学习惯写文章，比如说已经在《鹅湖》月刊发表很多文章，其中有一些比较接近散文的。我在《鹅湖》发表的第一篇文章叫作《十字架的边缘——〈严子与妻〉观后》[1]。台湾有个文学家叫张晓风，写了《严子与妻》，就是所谓"庄周试妻"的故事（严子就是庄子，因为汉明帝刘庄而避讳，改庄为严），上演舞台剧，极为轰动。剧的主旨主要是讲人性的脆弱，隐含的意思是讲人是容易犯罪的，须要上帝的拯救，张晓风是基督徒。看了以后，我写了一篇文章，用散文式的笔法批评了基督教，这篇文章就在《鹅湖》登了。

我每一个学期都写几篇论文，大学一年级上写《论文化架构及其觉醒》（1975），从思考的问题可以看出我对文化、历史很感兴趣，写得很松，因为是大一。我的学长蔡英俊先生当主编，他看到我的文章觉得很不错，然后来找我，说要刊登出来，指导我要多读些什么书。大一下我就写了《王阳明"四句教"臆解》（1976），对王阳明的"四句教"用文言文写了诠释。大二上又写荀子《从"天生人成"到"化性起伪"》（1976），大二下写《孟子心学的义理结构》（1977）。大三写了几篇关于墨子的文章，其中《墨子的宗教性格与实用性格》（1977）刊登在师大的中文系校刊《文风》上。大三下写《历史与人性的疏通》，在《文风》发表的时候叫作《疏通历史的本源》（1978）。那时候我对历史哲学、历史人性学极有兴趣，那篇文章在《鹅湖》月刊登的时候，曾昭旭老师建议改成《历史与人性的疏通》[2]，这应该算是我对历史与人性的关联开始留意的时候。直

---

[1] 林安梧：《十字架的边缘——〈严子与妻〉观后》（艺文录），《鹅湖》月刊1977年第20期。

[2] 林安梧：《历史与人性的疏通》，《鹅湖》月刊1979年第46期。

到后来我的硕士论文写王夫之《王船山人性史哲学之研究》①，还在关注人性跟历史。

我大三这篇文章获得了几个前辈的欣赏与鼓励，如史作柽先生②、陆达诚先生，还有曾昭旭老师。他们都大我十多岁，有的二十多岁，这鼓励似乎是说我已经开始有能力独立地论问题了。大四上写《熊十力及柏格森之哲学之比较》（1978），这时候就涉及比较哲学，大四下写《中国政治传统中的主智、超智与反智的纠结》（1979），基本上是对余英时讲的反智论与中国政治传统提出的批评，在《文风》发表了。③除了《文风》以外还在学校刊物有一些小文章，记不得了。另外还有《昆仑》，这主要是由教育系的师生所主导的，我也是昆仑社的社员之一，我在上面发表了很多文章，主要是哲学笔记。我在上面发表过我对哲学的看法，就是《哲学手记一》；然后我对宗教的看法、对艺术的看法、对历史的看法等，共发表了四篇《哲学手记》。很可惜这些东西现在已经尸骨无存了。学校当时也没有保存的意识，我觉得很可惜，我自己留在家里的因为"九二一"大地震都不见了，本来文章我是会保存的。

我写哲学手记其实是受史作柽先生的影响，那时候他的《哲学手记》都在《鹅湖》月刊发表。那个年代《鹅湖》月刊是比较宽松的，你可以写《哲学手记》这些东西发表。因为我们要校对，所以每一期我们都能先读到，读到都觉得很好。后来史作柽先生的笔记文章，有一些集结成书发行，在市面上销售得很好。那时候我们喜欢读他的书，读得非常多，他的《三月的哲思》《九卷》，还有其他很多书都很好，我觉得我在哲学的成长过程里面深受他启发。我大二的时候，与我的学长李正治到文化大学去

---

① 林安梧：《王船山人性史哲学之研究》，东大图书公司，1987年。该书曾获台湾新闻主管部门首届著作奖助。

② 史作柽，著名哲学家，有《存在的绝对与真实》等多部著作，曾讲学于文化大学哲学系。陆达诚，神父，著名宗教学家，台湾辅仁大学宗教学系创系主任。

③ 这两篇文章都收录在林安梧最早的文集《现代儒学论衡》，业强出版社，1986年。

旁听他形而上学的课。他那时候也在新竹中学教书，每两个礼拜到文化大学来教一门课——形而上学，一次来一个下午。因为他那个课一个礼拜只有两节课，来一个下午就讲四节课，讲完了还会去吃饭聊天。夜里，从阳明山看下去很漂亮。那时候很有哲思，回来就奋笔疾书写很多东西，非常有意思。史作柽先生对我启发很大，哲学笔记我到现在都一直在写。（那您跟史作柽先生的初次交往就是大二的这门课吗？）对，这门课我大二上了一年，老实说不太懂，但是很喜欢那个气氛。我常说学问就是从不懂到懂，如果一个学问你一听就懂，大概这个学问你就可以自修了，你听得不太懂也可以自修，但是你一定要培育自己到一定能力而且要有耐性才可以。但是有些东西是没办法自修的，需要人口授心传，很多东西虽然它就在那里，但是讲授过程中人跟人之间有一种生命的力量，那是不同的。有一些事比如说唱戏，没有口授心传你学不来，你说自己网上学就好了，那你怎么学都学不到最根本的东西。还有像画符，那个自己学不来，那个符有好几层，所以符影印是无效的，因为它可能叠了六层，你影印只是一个表象。

尼山学堂问：那您应该是1979年毕业的？

林安梧答：对，1979年。1979年毕业的时候，我对教育非常感兴趣，写了很多对教育反思的文章，所以准备来年去考师大的教育研究所，专研教育，以后想改革教育。但当时师大教育系的朋友告诉我你考不上，它会考教育统计，它跟你想得不一样，你对教育哲学、教育思想很感兴趣，可是现在很多人不是这样想的。有个办法是你以后念了哲学硕士，再念它的博士，因为它的博士也会招收哲学系的硕士。我说："那好吧，我去念台大的哲学系的硕士好了，师大的中文系是绝对不念了。"我对师大中文系有很多批评，想不到二十多年后，会回来教书。

2. 师大中文系各类活动经历

尼山学堂问：老师在师大有参加一些社团吗？

林安梧答：我是参加过一些社团的。我1975年进入师大，就参加《鹅湖》月刊社，是校外的。再有就是大一大二参加了很多社团，比如说南庐吟社、喷泉诗社、人文学社、昆仑社，还有中道社。大一，大概就是南庐吟社、中道社吧。大二就加了喷泉诗社、人文学社、昆仑社。大二我又接中文系学生会的会长。这个是系学生会，中文系学生会的学生很多，有两千人。我们有系运动会、班际合唱比赛、班际辩论比赛，各种比赛都有，当时很兴盛。另外，大三我们串联了各大学里的一些人，就是我以前的高中同学，然后继续扩大，认识了一些朋友，成立"新少年中国学会"，简称"新少中"。这"新少中"，可是当时的精英，可惜的是，后来不久就垮了。

尼山学堂问：后来您在调整专业方向之际，为什么会去选学生会会长，最后又留在了中文系？

林安梧答：我太不满意师大中文系了，读完一年就准备转系。想转什么？因为台湾的教育问题太严重了，就想转教育系。转教育系很容易，也不会说转不成，但中间出了一个插曲。因为大一，1976年春夏间，中文系学生会要选举的时候，每一班推举两个人做代表，四年级十六个班，总共有三十二个代表，从这些代表里面选出一个人来当会长。我们当时是一年级升二年级，虽然是各个年级一起去选，但多半这个学生会的理事长是二年级升三年级的学生来当，而且学校都已经安排好大概要哪一位来担当。因为我对师大中文系太不满意了，常常发议论，就被推举去做代表。去了之后，就慷慨陈词，把这个系批评了一顿。奇怪，结果大家竟然把我选上去了。我本来想走，去教育系，现在当了学生会会长，不能够说，这个学生在教育系当中文系的会长，这很奇怪啊，你就不能走了。那好，我说："那我干完一年以后再走。"因为二年级做完了，三年级再转教育系也可以，那时候师大有这个制度。

因为以前都是到了三年级才干这个会长，但我从二年级就开始干了。台师大中文系学生会是一个什么样的概念呢？这个会有两千名学生，包括日间部、夜间部、代办中文系。什么叫"代办中文系"？就是有些警察等人退下来，年纪并不大，他们要转当语文老师，就来念这个代办中文系。起先先念两年，叫"中文专科"，后来成为四年制，就叫"代办中文系"。中文系日间部是整个学生会活动的主体，大概只占总数的五分之二，夜间部大概占了另外五分之二，代办中文系占了五分之一。总共有两千人，当时号称"全世界最大的大学本科系"。

尼山学堂问：您担任学生会会长需要负责哪些工作？

林安梧答：我当学生会会长，在学校里面办很多活动。有班际的合唱比赛，班际的辩论比赛，还有系的运动会，一个系都可以办一个运动会。我是大二的学生，要去领导拥有两千人的系学生会，要开始去经营这些事，这真是一项很巨大的磨炼。那一年的磨炼很有意思，真的学会很多东西，非常好。到办完了，我还是对教育系不死心，想转。但是学校政策变了，就是说你大二课程结束，不能平转，只能降转，你转过去不能读大三，只能读大二，这样你就得慢一年毕业，我想师大也不是那么好，算了吧，准备以后再读教育研究所。我对教学、教育一直很感兴趣。昆仑社很多是师大教育系的，学生很不错。后来我在昆仑社听教育系的同学跟我说，师大教育系比你们中文系还糟，哪位老师怎么怎么样，我们那时候年纪很轻，对老师有很多批评，自己当老师了就知道不是那么简单。所以同学劝我不

一、家庭与求学历程

要转，"你转来，来再读一堆什么教育统计没用"。好吧，那我就这样继续念了中文系的大三、大四。

还有加入国民党的故事。加入国民党是我在高中三年级的时候，因为我对思想有兴趣。我也读三民主义，读了之后很感动。那时候有教官到我们学校，让我们入党，这党当然是国民党，我说好，我是1975年的4月，应该是21号加入国民党。入党这一天对我来讲算特殊的日子，对其他人未必，因为我是真的。很多人加入国民党是假的，他们的意思是希望以后做事方便。我记得要去受证，唱党歌，我还潸然泪下。结果到了大学，发现不是这回事。大学的校党部组织的学长们、辅导员可以说大部分是功利之徒。讲的一些话，都是强调你加入之后会得到什么。我虽然觉得这个党还不错，蒋经国这么努力，但是那时候我们思想上受自由主义影响，对此有很多批评。区委学生党部主任委员选举，候选人由教官提名提一半，另外一半，由小组自己提名。我干了那么多事，每个人都说我很好，我应该被提名的，但我也不知道为什么，我居然没有被提名。我们班上小组长来跟我说："这个教官太过分了，你居然没有在榜上，我们自己提。"我就这样被提名了，我记得是班上的张王顺小组长提的，我又最高票当选了。当选以后我就成为区委成员，区委之后要选一个常委，那个教官就在那里做手脚，我当然就没有当选那个主任委员了，我是党委成员之一，主要负责吸收党员。大一新生进来，我就跟他们讲："我们入党，不是为了功利，而是为了一种民族之义，我们要努力！如果你们以前入党，是为了现实的功利，不是因为爱党，那么现在把它改过来；如果改不过来，那应该退党！"人家叫我去招收党员，我居然跟他们讲怎么样退党。我们以为这样可以感召更多人来入党，结果没有。没有更多人入党，当然也没有人退党。教官听了觉得莫名其妙。年轻的那种道德理想主义的精神，很有趣。那应该是1977年的秋天，刚开学时发生的事。

尼山学堂问：能否谈一谈您参与组织"新少中"学会的经历？

林安梧答：大学生活多彩多姿。我们当时有《鹅湖》月刊，还有其他的一些，因为我的高中同学到了各个地方的大学，大家来往频繁，慢慢地就有气氛了。有一个因缘非常有趣。1978年左右，我离开台湾师范大学宿舍，在外头住了大约一年。主要是这样，我有个以前高中的同学钟政莹，也就是诗人钟乔，在中兴大学外文系读书，他认识中文系的学生黄崇宪。黄崇宪非常有才华，但是完全不守规矩，他从高中起就不守规矩了，高中读的是"建国中学"，之后被退学了，被退学之后他考上中兴大学，在中兴大学又被退学了。然后我同学介绍他来找我，那时候是在大二暑假，我就跟他喝啤酒，他讲他的理想，就潸然泪下，很痛苦。第二天他就要去考台大的"插班考"，退学的那些人要参加插班考试，要不然你就没地方去了。结果他考上了台大，他父亲很高兴，他家境很好，就去租房子。我带他去找房子，但没有找到，他说："那算了，我们干脆买一个房子好了。"他就这样在台北买了房子。买的房子很大，他自己一个人住实在太无聊了，就让我搬过去跟他住。我们两个大男生，住在接近两百平方米的房子，很大。

大家都有朋友，就常常在那边开沙龙，几乎每个礼拜都开读书会、讨论会。当时台湾处于"白色恐怖"时期，我们不知天高地厚，反正就开吧。结果几个人商量成立了"新少年中国学会"——"新少中"。"新少中"几乎网罗了当时我们同辈中的佼佼者，主要的发起人是蔡灼明、黄崇宪、翁志宗、林安梧，我们开始研究书院、少年中国学会这些事。王光祈提议的少年中国学会，毛泽东、方东美等很多人都有参加。他们后来因为意识形态分歧而分裂。所以我们"新少年中国学会"主张，我们的思考无论如何不能为政治意识形态所捆绑，要为文化传播与教养的落实而努力。

但是没多久，意识形态的分歧就出现了，有"统""独"两派，无形中你是可以看到的。当然那是民进党都还没建立的年代，后来加入民进党的一些人士还在我们那里跟我们辩论过，那时候是"党外年代"。有时候不以这个名义，陈鼓应也在那里跟我们讨论过。我觉得那时候陈鼓应谈的东西太偏了，他谈儒家，把儒家骂一顿，我觉得他根本不懂。他把儒家与国民党的意识形态混在一起。后来我跟陈先生也成了很好的朋友。但是，我对他所说的思想，包括"道家主干说"，一直持不以为然的态度。但是我对他还蛮敬佩的，因为在那不合理的年代，他秉承着大无畏的精神反抗威权。

可以这么说，这个"新少年中国学会"之后就无疾而终了。因为在那个年代，台湾结社还是不自由的，是威权统治的年代。后来"新少年中国学会"就不存在了，主要原因是内部裂解，还有一些属于个人的小事。记得第一次大会在台北"故宫博物院"后面一个瓦房里举行，有些朋友租住在那儿，我们号称"挥戈山庄"，挥鲁阳之戈。那时候真有热情，很多学校都有我们的朋友，他们都来了，大家谈文化道统的兴替问题，谈有关书院制度什么的，这样一谈一整天，现在想一想，都很动人。当然，那时候很年轻，常常彻夜长聊，当然一定是杯盘狼藉的。我常跟台湾现在的年轻朋友说，我们那个年代都有比较恢宏的志向，想的是全中国，现在的年轻人很少这么想了，想的很多都是小事，这只是些小问题。

另外，我还参加了一些活动。我在台湾师大当学生会理事长时，办了生命哲学讲座，那个讲座算是非常有特色的。后来我还写了一个《生命哲学讲座二年记》，收在我最早的一本文集里，书名叫《现代儒学论衡》①。我们请了那个时代很多非常好的先生来做讲座，这样持续了两三年，后来一直有这个传统，现在大概也断了。这都是学长学弟彼此之间的互动、学习。《鹅湖》月刊里面，很多是我们台湾师范大学的学长，也有其他各方面原因，慢慢就这样参与到学术界里面，这个学习挺多的。

---

① 林安梧：《现代儒学论衡》，业强出版社，1987年。

尼山学堂问：想问一下您跟师母是什么时候相识的？

林安梧答：大学期间，1976年春夏之交。然后爱情长跑，谈了六年，1982年11月才结婚。家庭的话我们就是一般的状况，你们师母在小学教书，现在已经退休。她对艺术史及美学有较深的理解，对语文也很感兴趣，也写诗缀句的。（现在您膝下是？）两个儿子、两个孙女。两个儿子，一个是1983年生的，另一个是1986年。大儿子结婚了；小儿子还在读书，其中有一些波折，硕士还没有毕业，够老了。（是在台湾吗？）是在台湾。你看现在不是都应该博士毕业了，不过没关系，台湾很多人很晚才去读的。大儿子当年是学哲学和经济学，现在在做摄影，他不只是做摄影，自己还跟朋友合伙开公司。他做的事比较多，很能干，包括养孩子。因为儿媳在网络购物公司上班，已经是资深经理，那个工作不能离开，她生了一对双胞胎，所以这两个孙女基本上是儿子带，这应该是新时代的一个很好的表征。有出版社跟我儿子预约，让他写一本书谈谈养育双胞胎的经验，真是有趣得很。现代性的现代挑战，生命也是生生不息的。

3.师大中文系学习训练的影响

尼山学堂问：师大中文系这种朴学学风，对您的哲学研究、治学方法产生了什么样的影响呢？

林安梧答：朴学学风，我们凭良心讲，在受训练的时候都不喜欢。直到真正出来教书、做学问，才知道它的好。所以我后来回师大任教，七年的时间，也常跟学生们说，以前我们认为自己很会思考，都瞧不起这些东西，其实后来就知道它的好。后来我做中国哲学，觉得这些最基础的训练，是哲学系不能给的，你想学都学不来的。我在大学本科时，有很实在的小学训练，我就觉得非常好，文字、声韵、训诂这些训练非常实用。其实最重要的就是朴学的训练，这个字音、字形、字义，你怎么能深入；然后你对整个章法、整个结构的把握；这些工具类书怎么用，自然就会了，因为它要你去做，你已经实际操作过了。

然后又练习写古文、写对子、作诗、填词，这些你都做过了。所以到现在你说写写绝句、律诗，写写古诗，写写古文，甚至还带有一些骈体，对我们来讲都不是难事了。我觉得我对这些有兴趣，然后师大在这方面提供了教育，我很感恩这一点。那时候，对于写写古诗，你还是喜欢的，但是做声韵学的作业，谁会喜欢呢？声韵学作业是很细的，我们常常来不及做，有时不免抄同学的，但抄还是有用的。我们在声韵学方面有一些天生的优越，因为我们有自己的母语——闽南话，这可以和古代汉语做对比，所以像什么是入声字，这对我们来讲太简单了，一念就出来了，不必去记规则。不然你要记很多规则来判断它是不是入声字。这些规则我都用不着，因为我一念我就知道了，而且一定是对的。所以我常跟很多年轻朋友说，基本功年轻的时候一定要有。那么像哲学也要求一些基本功，要有逻辑运算的基本功，那些东西其实不一定时时有用，但是它有一种潜在的作用，毕竟你的脑子是要接受训练的。

还有一些，因为我最近刚从武汉开会回来，是谈我们中国经典的一些术语翻译的问题，不只是白话翻译，还有英文翻译的问题。其实这会也开得挺好，我很关注这个问题，古文怎么翻译？翻译跟诠释有什么不同呢？以前我在读师大中文系时也会想这个问题。后来我到台大哲学系去读书了，读硕士，读博士，因为我们学习西方哲学，接触很多英文的教科书、英文的原著，当然有一些也有中文翻译，但中文翻译有时候不是很准，我们也练习翻译。我在练习翻译过程中学了很多，很多都是学习，但有一大半我都是到研究生阶段才学到。其实从大学起我就很喜欢历史哲学，所以读了R.G. Collingwood（柯林伍德）的 *The Idea of History*（《历史的理念》），那时候中文本的翻译不太好，我们就读英文本，也不太懂，但是慢慢就可以读懂。所以很多东西都有一个过程，那个历程很重要，最重要的是磨炼。磨炼就是学两个东西——基本上就是条理次序和结构。我觉得这两个东西学好了，就会做事，会读书。因为不管为人处事还是做学问，就是条理跟结构，其他就是你的意志而已，你意志坚定，然后训练，有条理，有结构，就可以了。

尼山学堂问：那您是1979年下半年直接去的台大吗？

林安梧答：1979年6月份我们毕业，因为我念的是台湾师范大学，四年课程完成了，必须要去实习一年，我就去了竹南高中任教。从1979年开始教书，到现在为止，从未间断过。我最早教的那一班学生还不错，竹南高中不是那个地方最好的学校，也不是三流学校，是"二点五流"。我最早教的学生才小我五六岁，那一年的学生现在有两个当了大学教授，有一个高中校长，所以那班学生也还不错。

（四）台湾大学哲学研究所求学历程

1. 台大哲学研究所学习经历

尼山学堂问： 您进入台大哲学研究所后，学术研究是如何起始、如何展开的？有哪些成果？以及有哪些老师对您影响较大？

林安梧答： 其实在还没进台大哲学系念硕士的时候，我就已经发表了很多论文了。所以你问我说你写作论文、研究学问是怎么学来的，其实都是在帮忙编辑《鹅湖》月刊的时候自然而然就学会了，问题意识也由此培养起来。我在师大中文系时，在《鹅湖》月刊也接触到一些学哲学出身的人，就觉得西洋哲学的训练是很重要的。我进台大哲学系，除了在中国哲学方面继续受到牟宗三先生的教导之外，中国哲学方面还有张永俊老师教的宋明理学，但主要是学西洋哲学。教我西洋哲学的几位老师，其中最重要的是郭博文先生、林正弘先生和黄振华先生，另外还有一位关永中先生，他其实是我的学长，但他也是我的老师。

我修课修得最多的是郭博文先生的课，比较可惜的是，跟郭先生的来往并不是非常多，主要是因为他对于哲学的理解跟我不太一样，他认为中国哲学不是哲学，中国哲学应该在中文系、在历史系、在东亚系里面，而我一直觉得中国哲学也很重要。他后来在台湾清华大学办哲学研究所的时候，办了一个西洋哲学研究所，而且是比较偏的，我要求参加，而他认为我这个应该在中文系或者历史系，我就很不以为然，后来我就离开了台湾清华大学。这是人生的一件有点遗憾的事，但是我对郭先生的教导、有关西洋哲学的引领，还是很感恩的。

还有其他的像接触到了史作柽先生，我以前也在很多地方提到过，史作柽先生是我们老师辈的学长。在台湾那一代人中，我认为他是最具有创造力的哲学家，但是他在学界的活动很少，因为他后来都在中学教书。他也在文化大学兼任过形而上学这个课，我当时跟我的学长李正治去听他这个课，受他启发很大。像写哲学笔记，做哲学思考，还有很多东西，我是从史作柽先生身上学来的。

我还受到陆达诚神父的启发，他对存在主义、马赛尔都非常熟悉，他留学法国，也是唐君毅先生的学生。

这些东西加在一起，丰富了我以前在师大没接触过的学习领域。因为台大哲学系最好的还是西洋哲学。台大哲学系原先的训练是全面的，所以我们考试的时候要考中国哲学史、西洋哲学史、印度哲学史、知识论、形而上学、各种专题，等等，从英文到中文，几乎都考了。

其实考台大哲学系的人不是太多，但是每年录取很少，只录取七位。我进去时应该是第二位，第一位也是社会系进来的。而且很有趣的就是，这七位里面有四位还是五位，不是台大哲学系的。所以我们会想，台大哲学系很多学生到哪去了？有一些出国去了，有一些是对哲学没兴趣的，走到别的地方了，反而一些对哲学有兴趣，以前可能被迫不能念哲学的，后来到了研究生阶段，有了选择，就来了。那时候我的体会就是，认真，非常认真。我感觉进步最快的时段就是念台大硕士一直到博士的前三年，或者说整个博士阶段进步都很快，这段时间应该是我知识累积跟思考进步、视野放宽最好的时段。在台大读硕士生博士生这九年的进步当然不限于台大哲学系所给我的，但是台大哲学系这个场域，无疑是一个非常好的地方。我觉得主要是西方哲学给我带来的"冲击"，像郭博文先生的"19世纪的欧洲哲学""社会科学哲学"让我很受启发。我还到历史系修了徐先尧教授的"德国史学史专题研究",像"科学哲学"我就跟林正弘先生读Karl Popper（卡尔·波普尔），还有黄振华先生开设的"康德哲学课程"，包括像跟关永中读Merleau Ponty（梅洛·庞蒂）的"知觉现象学"，这些学习对我整个思维体系的形成、对我之后中国哲学的研究，很有帮助。这个是慢慢渗透、慢慢理解的过程。当然，像牟宗三先生的"中西哲学比较""中国哲学的涵蕴及发展"，这些课程，可以说是最有力量的。

当然我也读了一些日本的东西，因为我学过三年日文。我还修读了叶阿月教授的"哲学日文名著选读"课程。我现在日文荒疏很久，但是大致还能看。所以对于日本的京都学派，有一些东西我也理解、也感兴趣。这些加在一块儿，慢慢地，就觉得哲学太有趣了、哲学太好了。哲学本身就是你自己在思维的天地里面，可以没有任何限制地驰骋，去构造自己的想法——对宇宙人生的价值、对万物一切的看法。哲学是一门很适合我的学问，我就这样一步一步读下来了。当然，这个过程应该从大学就开始了——大二，像翻译柯林伍德（R.G. Collingwood）的 *The Idea of History*（《历史的理念》）；大三，还翻译了一些其他相关的文章，大三、大四就有部分在《鹅湖》发表；还有写作论文，从那时候慢慢累积。

像余英时先生的《反智论与中国政治传统》，当时我已经有一些不同的想法。我就写了一篇《中国政治传统中主智、超智与反智的纠结》，这个文章现在我还把它放在《道的错置》的附录。我觉得余先生的论法太简单，那儒家是主智论，道家是反智论，后来儒学法家化，那我就谈先秦的。我说："这个儒家是主智而又超智，又引来反智，道家是超智而引来反智。那我就谈这个中国政治传统中主智、超智、反智的纠结，以先秦儒道两家为一个核心来展开。"我还写了熊十力与柏格森（H.Bergson）的比较。因为思考这些问题，我到硕士班时，已经处于每天思维都很澎湃的状态，所以我一直准备着一个本子记录。到现在我都还保留着这个习惯，虽然现在没有以前认真。以前是每天带着，每天写，现在就不一定。但是现在还是会写的，我觉得书写出来，才会清楚。

我硕士读了四年，我们那时候台大还没有博士班，我们把硕士当博士念，念了很久，所以我们大部分是四年才毕业。从有博士班之后慢慢变成三年毕业。有的还读了五年、六年，还有人没毕业。所以我们常常开玩笑说台湾大学的硕士水平超过了文化大学的博士，因为是文化大学先有的博士。

起先我还想做西洋的、做历史哲学这方面的东西，但是因为对中国哲学一直忘怀不了，另外就是我英文也没有学得很好，其他的东西我觉得装备不足，于是就选了王夫之。因为那时候牟先生已经不在台大客座，他转到师大那里。另外一方面，我虽然一直听牟先生的课，但是我对牟先生的一些论点，还是有些不太一样的想法。我自己的学问方向，不一定是继承牟先生这个方向。我写《当代新儒家述评》的时候，那是1981年，而我是1982年到台湾大学念的硕士，所以在我进入硕士阶段之前，其实已经对当代新儒学有一些不同看法了。在我正式成为牟先生的弟子之前，其实我对我的老师已经有点"大逆不道"，已经有批评了。

所以我硕士阶段找了郭博文先生。郭先生说，因为他做的是西洋哲学，没有指导过中国哲学论文，所以他希望有一位中国哲学的先生来配合，我就请了张永俊先生。在这一点上，台湾的制度跟大陆不同。在台湾，我们是考进去以后再选择老师，考进去之后到了要写论文的时候，才有论文指导教授。跟你们现在说你是谁的硕士生、谁的博士生，意义不太一样。有的指导教授就只是挂了名，但有的指导教授就是真的，是有参与的。

你如果看我的《王船山人性史哲学之研究》这本书，包括书后面引注的东西、相关的东西，就可以看出我当时涉猎的西方哲学已经不少。我用日文书、西文书和中文书，构造王夫之的人性论跟历史哲学的关系，写成了《王船山人性史哲学之研究》。这本书应该算是我进入学界的敲门砖之作。这本书当时得到了台湾新闻主管部门首届的著作奖助，哲学类只有两本书获奖，一本就是我这本，另外一本是旅居在美国的资深哲学研究专家黄秀玑①教授所著的《张载》一书。所以这算是我到达了一定的高度。那时候我才刚满三十岁，这对我来讲是一个很大的鼓励，我也凭借这个进入台湾清华大学，因为在申请的时候就刚好得了这个奖，就进去了。

除此之外，当时让我很关心的一个议题就是中国哲学、中国儒学跟政治的问题。我申请的台大哲学博士的议题是谈中国儒学跟政治的问题，包括后来做的《道的错置》那一系列的文章。但是我进了博士班以后，对形而上学的探索更有兴趣。后来又因为各种因缘，就选了熊十力的《新唯识论》来做题目，那这个题目当然就跟整个学脉有关系了。牟先生当时在师大上课，我去听了；他也有一段时间又回台大上课，后来想请他当指导教授，牟先生也答应了，我就正式成为牟先生的学生。

牟先生并没有那么肯定熊先生的《新唯识论》的重要性，他觉得这虽然是一个开创之作，但是他认为其中一些地方写得不足，牟先生进一步发展得更好了。但是我读的时候，体会和感受不太一样。我觉得熊先生的系统跟牟先生的系统不太一样，所以我还是写了一个《熊十力体用哲学之诠释与重建》，以他的《新唯识论》为核心，后来这个书出版出来就叫《存有·意识与实践：熊十力体用哲学之诠释与重建》。这个应该算是我的整个学问系统的方向性确立的一本书，"存有三态论"的谈论等，都是那个时候在那里发掘出来的，然后在1991年完成。

尼山学堂问：您曾提到您在研究生阶段参与过《观念史大辞典》的翻译。您也提及您懂得英语、日语。后来您非常重视翻译对学习、研究的作用。想请您就此谈一下。

林安梧答：我日语不好，日语懂得很少。我太太日语可以跟日本人沟

---

① 黄秀玑，美国宾夕法尼亚大学哲学博士，美国毕法耳文理学院哲学教授兼系主任，夏威夷大学、厦门大学、复旦大学哲学系访问教授。

通。她是自学的都行，我就不行，因为我这个听跟说的能力太差了，读的话还可以。因为我会害羞，说不出来啊，我想了半天，希望讲准确，就错过机会了。学习语言就要敢胡说，这样就学会了，但我不行。我觉得我的普通话跟我的闽南话都是不错的，但是英文和日文怎么学不好呢？大概我太喜欢自己的民族了。

但是英文，我觉得最重要的过程就是练习翻译。练习翻译给我很大的帮助。刚好有一个因缘，就是《观念史大辞典》的翻译，找了很多研究生，是幼狮出版社出版的，四大册。我负责翻译了四五个条目，一个条目都是好几万字。我翻译的几个条目，包括"神学的预定论""历史因果性""必然性""存有的次序"等，这些文章我也都在《鹅湖》月刊发表。①这几篇我翻译得很辛苦，因为英文不够好，又有交稿的压力。所以我读硕士时有一年，基本上除了在师大附中教书，很多时间都在做这个翻译。翻译，然后又校对，花了好久的时间。翻译的困难，就是这个语汇要翻译成什么，我前面这么翻译，翻译到后面，发现不对啊，因为用前面的语汇翻译不通了，就去查，查多了，慢慢就能够准确了。这个过程需要很多很多时间，结果我交稿了之后，过了两年，这个书还没出版，因为有人还拖着。这么一年的锻炼，我觉得很有帮助。

后来我在台湾南华大学担任哲学所所长的时候，我定了个规矩，说应该让学生有两个经验，一个是古文翻译成白话，另一个是英文或者其他外文翻译成中文的经验。翻译是最好的思维训练，而且锻炼学习准确度。以前读英文都飘着，但是你做了翻译以后，它就下去了，就是你能真正懂它是什么。另外有一点很有趣，就是翻译带来的好结果，因为你做过翻译，

---

① 这些文章在收入书册前，也都在《鹅湖》月刊发表，序次如下：Lia Formigari《存有的系列》，林安梧译，《鹅湖》月刊，1986年3，4月（总号129，总号130）。Patrick Gardiner《历史中的因果》，林安梧译，《鹅湖》月刊，1986年9月（总号135）。Robert M. Kingdon《神学中的决定论：预定论》，林安梧译，《鹅湖》月刊，1987年12月（总号150）。Stephan Korner《必然性》（上、下），林安梧译，《鹅湖》月刊，1989年5，6月（总号167，总号168）。

你以前读翻译的书，也是有时候飘着，现在读翻译的书你可能不敢确定对应的是哪一个句子，但是你的感觉是比较扎实的，因为你做过这个事。所以我主张一定要练习操作，包括你的古文，你练习过写古文，你读古文时就不一样，真的是要操作。

但是这个很惭愧，英语、日语自己都没学好，其实都是看书还可以，其他方面凑合凑合，我常说我的英文如果跟我的闽南话一样好的话呢，那我一定会忙不过来，幸亏也因为不太好，所以一些对外交流机会就砍掉了。所以我觉得翻译特别重要，口译人才特别重要。现在中国强盛起来，口译人才更重要。最近我去武汉参加这个会非常有意思，他们在谈论口译，谈到翻译局为国家领导人做翻译的时候，他讲了什么话，翻译的时候你是不能照搬的。比如说"这秋高气爽的时候"，当时在俄罗斯，哪有秋高气爽了？你就不能照着他的翻，要转一下，很有趣。所以很多东西在翻译的过程里面有体验，翻译是一个特别的训练。经过那么精细的佛教经典翻译工作，佛教在中国逐渐成为一个中国化的宗教，所以鸠摩罗什、玄奘这些大翻译家真的很了不起。

2. 研究生阶段各种活动经历

尼山学堂问：能否为我们谈谈研究生阶段的同学交往和各种活动呢？

林安梧答：这一过程的交往很多，我当时参加了好几个读书会，其中有一个科学史读书会，还有一个夏学会，还有东方宗教讨论会、《鹅湖》月刊读书会。

夏学会其实是我跟刘君祖、吕学海、罗财荣四个人发起的。[①] 刘君祖现

---

① 刘君祖，湖北宁县人，1952年出生于台湾台中，台大环境工程系硕士，以《易经》讲学闻名于海峡两岸。吕学海，1956年出生于台湾新竹，东海大学政治系毕业。罗财荣，1956年生，中兴大学中文系毕业，中学教师，善书法。

在是讲《易经》的专家，他是爱新觉罗·毓鋆的学生。夏学会大概在1980年、1981年以后才开始有活动，一直到20世纪末，差不多到2000年之后就很少有活动了。这里面来往的人后来很多成为学者，现在很多在"中央研究院"及各个高校，或者自己在民间讲学。像刘君祖他们没有在高校教书，但民间讲学非常盛。

另外一个是科学史。现在台湾的历史系有一个科学史的研究，科学史在台湾还未被正式列入研究之前，这个读书会就成立了。这群人有科学家，有史学家，还有像我是学哲学的。我们那时候读书就会读巴特·菲尔德《近代科学的起源》（*The Origin of Modern Science*），是英文本。有像我们这样英文不是很好的，没关系，大家轮着读。他们有些英文很好的，因为是留学回来的，是最好的帮手，你哪个地方讲错了他们会告诉你，这是一个练习。一个人负责一个章节，一般来讲，我们习惯把那一章翻译出来，做成一个简单提纲，然后再讲和讨论。

我还参加了《鹅湖》月刊的讨论会，另外还有很多。在这个过程里面，我觉得其实主要是读书。然后是师友之间的交往，老师就是朋友，朋友就是老师。在台大哲学系那一段时间，应该算是对知识性、对学问性的讲求要求非常高的年代，老师们也很有向心力。我们有门课叫"哲学基本问题讨论"，一个礼拜学生报告，一个礼拜老师报告。老师报告是要求系里所有的研究生跟老师都要来的，那系里面的老师其实是自由要求，但基本上大家都会来。这里面有自由派、有天主教派，有各个不同的学派，讲话都很直接的。有位刘福增先生，他是最喜欢发问的，他是做分析哲学、数理哲学的，只要老师讲了，他第一个举手，"我记了一下，现在我这里一共有十几个问题，先提三个问题！"对我们学生来说是一种启发吧。老师都直来直往，大家也不错，讨论的风气非常盛，然后我们学生也问，也都很直接。我觉得体会到了享受知识盛宴的美好、快乐，真的是这样的，非常美好，非常快乐，就在这个过程里面学学学，慢慢就成长了。当然外面的人来讲学的也有，但不会太多，学生都很珍惜，听的人还蛮热烈的，大概这个过程一直是这样的。

当然，牟先生一直在讲学，因为牟先生跟《鹅湖》的关系很密切，所以很自然而然地，我们感觉有一个方向在指引着我们。《鹅湖》月刊里面的成员年纪很接近，但是彼此想法不太一样，已经开始有些意见上的不同了。我对新儒学也已经有很多不同意见，所以《鹅湖》创刊十年的时候，我就感怀写了一段感言。创刊二十年时我又写了一段，一方面表达关心，一方面表达不满，就是对自己这个群体的不满意。这些都在这个发展过程里面，大概情况是这样，因为《鹅湖》仍然脱不掉中国文化父权、排序这些阴影。

二、工作与访学经历

（一）《鹅湖》月刊工作

尼山学堂问：《鹅湖》月刊在 1975 年创刊，您是这个月刊的第一代参与者，当时是怎样的一个契机使您参与到《鹅湖》月刊编辑工作中的呢？

林安梧答：《鹅湖》月刊其实也算是一个很有趣的事情，我常说《鹅湖》月刊的存在算是台湾奇迹之一。台湾是有一些奇迹的，譬如说《鹅湖》月刊，譬如说《思与言》①，还有艺术方面的"云门舞集"。我也当过《思与言》的主编，而《思与言》也算是一个台湾奇迹。因为这些都是民间自己办的刊物，而到现在为止都还健在。《鹅湖》是月刊，《思与言》是双月刊，现在变成季刊，变成季刊也很多年了。一般来讲《鹅湖》月刊在学派上是属于保守主义的，也就是新传统主义者。而这个《思与言》应该是属于自由主义的。所以说我曾经当过这两个民间主要刊物的主编，还当过社长，像我这样跨了两边的这种情况也是比较少见的。这个也可以看到，其实我作为自由主义学派的一员，对这个新传统主义基本上还是兼容并蓄的。

我大学一年级的时候，也就是《鹅湖》刚创刊的时候。我当时考上了台湾师范大学中文系嘛，就跟你们现在尼山学堂很像的，我们有很多课程跟你们也很像，所以这一次来这里就感到特别的亲切。我当时考上以后就去拜访杨德英老师和蔡仁厚老师，他们就跟我说："有一个新的刊物，叫《鹅湖》月刊，是刚创刊的。你到台北去上学以后，可以在你们师大中文系

---

① 《思与言》人文社会科学杂志，创刊于 1963 年。

问一问。"我去问了以后结果人家说师大中文系没有这个刊物啊。我才知道原来中文系本身是没有的，它是民间自己办的。后来我认识一个当时的执行编辑，他是我们大学三年级的学长，是香港同学，叫叶伟平，认识了之后其实这还不算什么。后来真正认识《鹅湖》是因为当时有一个老师给我们上《韩非子》，叫张素贞老师，她很能启发我们年轻人。我有很多想法提出来，她就说有想法很好，但是我不一定能教你，不过我有一个学长可以教你，你去找他吧。然后她就介绍我去见他所谓的学长，就是王邦雄老师。王邦雄老师当时已经是《鹅湖》月刊的一个非常重要的成员了，之后他就成为《鹅湖》月刊的社长。第一年社长不是他，但之后就一直是他当社长，当了很久。第一年的社长好像是袁保新。那我就从这里了解到了《鹅湖》月刊。

　　《鹅湖》月刊其实是这样的，大概是台湾师范大学中文系当时毕业的一些学长，就是1975年毕业的一些学长，他们跟台湾辅仁大学哲学系毕业的一些学长一起，在1975年的时候创办了这个杂志。我因为蔡仁厚老师、杨德英老师的因素，就参与到这里面，之后很自然而然地就开始义务地帮忙了。因为这个刊物基本上是属于民间的刊物，它没有什么经费，基本上是靠着微薄的订户的经费维系着。还靠一些老师和学生们的捐款来维系，当然主要是老师们的捐款。所以我们基本上都是在义务做事。我就这样开始慢慢地参与了。

　　我正式参与大概是到1976年的夏天，那时候就参与得更多了。1976年的夏天之后，我已经成为正式的执行编辑。我在这里面的主要工作就是帮忙校对，然后还有出刊的时候去帮忙处理一些事情。另外还有很重要的事情就是《鹅湖》月刊当时有举办读书会，并且办得非常盛。我现在都还记得当时读Bochenski（波亨斯基）的《哲学讲话》①，是一个欧洲的哲学家，

---

① 波亨斯基（J. M. Bochenski）著：《哲学讲话》，王弘五译，《鹅湖》月刊社印行，1977年。

我们读这个作品，然后讨论。最主要的形式就是学长带学弟。后来我们读牟先生的《现象与物自身》（1975年版，学生书局），那就比较深了，我们不一定能读懂，但是我们慢慢地就在这个过程里面被带出来了。因为你要校对嘛，每一期都有很多非常好的文章，就在这个过程里面慢慢慢慢地开始进入哲学的氛围。

我当时就只是认真地学习，这里面有涉及西方哲学、中国哲学，有时候还有佛学、印度哲学等。一年十二期，几乎每个月你都会觉得过得好快，怎么一下子就一个月，一下子又一个月。因为我们做编辑的其实很辛苦，要校对，校对完后叫印刷厂印刷，然后就发行。当时我也发觉《鹅湖》里面有一些朋友们的想法并不是完全跟牟先生一样，因为《鹅湖》起先构成的分子基本上就是广义的"为中国文化而奋斗"的一批人，不仅限于牟先生这个门派。所以大家还是蛮自由的。因为《鹅湖》月刊之所以取"鹅湖"这个名字，就是取朱陆鹅湖之会，也就是说它是一个学术论辩之所。

《鹅湖》月刊从我参加一直到现在为止，基本上一直是大家轮着帮忙做这个事情，现在我还是《鹅湖》里面的资深编委、社务委员。所以大概很多人都做过《鹅湖》的主编，很多人也都做过社长。其实当《鹅湖》的主编或者是社长应该是很平常的事情，就是你觉得到了这个地步，你就要去担这个重责大任，是一种非常公开、非常好的事情。因为当社长、主编其实是有责任而没什么大的权力。但是我觉得这个过程让我真正参与到一个活生生的刊物里面去，你会深深感受到这东西是活着的，而且它是参与到整个人类文明的进程中的。

那时候老一辈的先生像唐君毅先生、牟宗三先生，都有在上面写文章。高我们半辈以上的有王邦雄先生、曾昭旭先生。曾昭旭先生当时是主编，我们当时是编辑。曾先生是灵魂人物，他在《鹅湖》里是非常重要的，因为他当主编当了很久。做这个事儿的时候他是很仔细的，我们也就跟老师们学习。曾先生大我十多岁，他的思维很缜密，表达非常清楚。他是一个文人，也是一个思想家，字也写得非常好，我和他交往也非常多。像王邦雄、曾昭旭两位先生，虽然他们都没教过我，但是我们都称他们老师。他们把我们当兄弟一样，所以那个感觉非常好，就一直是这样的一种状态。

尼山学堂问：您觉得《鹅湖》在创刊时候的设想和思路，和它后来发展之间有什么关系吗？

林安梧答：《鹅湖》月刊在原先1975年创刊的时候，基本上是继承着中国文化的本根的一种发展。当时大概唐君毅先生有一个说法就是"中华民族之花果飘零"，然后就是在寻求"灵根自植"。而既然要灵根自植，它在各个地方都要灵根自植。在台湾，《鹅湖》月刊代表着整个中国文化传统的灵根自植，而参与者大概主要是香港的一些朋友跟台湾的一些朋友。所以大概可以说《鹅湖》后来就慢慢成为港台新儒家的一个"机关刊物"。总的来说，与此密切相关而受学于牟宗三先生的学者，被称为"鹅湖学派"。像河北大学著名教授程志华就著有《台湾鹅湖学派研究：牟宗三弟子的哲学思想》[①]一书。

尼山学堂问：您今天仍然是《鹅湖》的成员吧，您对它的发展有什么展望吗？

林安梧答：我曾经担任过两次《鹅湖》的主编，一次社长。而我的想法基本上是"接着讲、对着讲"，就是根据前辈先生像牟先生、唐先生的思想，继续接着讲、对着讲，这就与所谓的"跟着讲、照着讲"不太一样。也就是说在当代新儒学里面，《鹅湖》在后来的发展中变成两派了。因为一直以来《鹅湖》月刊内部的观点就有很大的不同，一派比较倾向于原教旨主义，也就是希望照着牟先生、唐先生意思讲，其实主要是依着牟先生，

---

① 程志华：《台湾鹅湖学派研究：牟宗三弟子的哲学思想》，人民出版社，2015年。

这一派就是我后来在1996年左右提到的所谓"护教的新儒学",而我自己一般来讲就归到所谓"批判的新儒学"里面,而这个"护教的新儒学"基本上护教的力量就比较强了。①所以我觉得《鹅湖》月刊后来比较坚持走护教的路,虽然说批判继承的声音也还是有的,但就比较弱了。

所以大概从我第二回当主编到2005年,《鹅湖》基本上就处在这个过程里面。现在我已经退下来十一年了,2005年之后,《鹅湖》月刊基本上护教的立场更浓厚,其他的参与者就有一点松了。慢慢地,后来这个地方就有一点学派之争。这应该是学派发展的常态。后来我在2008年成立了元亨书院,元亨书院是我跟我的学生们成立的一个书院。其实这个书院跟《鹅湖》月刊原先的主旨是蛮接近的。所以说大家都还是很好的朋友,只是分头并进而已,就是这个意思。

其实到现在为止《鹅湖》月刊还是台湾很重要的一个学术刊物。大概到20世纪80年代末,又从《鹅湖》月刊中分出了一个《鹅湖学志》,其实都是广义的《鹅湖》月刊的一部分,大家也是一起做这个事情的。

然后又举办了很多学术会议,起先是自己私下里办的,到后来这个学术会议第一次公开举办,成为很重要又很有力道的会议,大概是从1982年开始,办得非常好。从1982年的年初开始办这个哲学会议,到现在为止,大概每隔两年都会办一次大型的学术会议。所以《鹅湖》月刊其实是培育了非常多的中国哲学人才,因为大家都在这个过程里面学习到很多东西。尽管大家的意见不一定一样,但是道并行而不相悖。这一点都还挺好的。(再现曾经的鹅湖之会)当时也就是这个想法,能够呈现鹅湖之会的景象。就是意见不同嘛,朱熹和陆象山意见不同,但朱熹还请陆象山到白鹿洞书院去演讲。

总的来说,当代新儒学一直强调要从传统迈向现代化,《鹅湖》的创刊

---

① 请参看林安梧:《儒学革命论:后新儒家哲学的问题向度》第二章《牟宗三先生之后:"护教的新儒学"与"批判的新儒学"》,台湾学生书局,1998年。

能继续延续超过四十年以上，靠的是师友的道义。但它的组织结构，严格地说，并没有走向真正的现代化，它的发展当然也就受到原先传统的限制。我这种感觉极为强烈，想要改革却力有未逮，我真的感受到中国传统文化那种保守而拖滞的氛围，我为此痛苦惋惜，但也无可奈何。

（二）教育与研究工作

1.早期授课经历

尼山学堂问：您提过您在早期有过一些兼课经历。您之前说过您觉得这些经历很可贵，它让您做了一些该做的事情。我们想问一问您觉得这些经历中哪些事情是比较有意义的？

林安梧答：上次提及我1979年6月份师大中文系毕业，然后去实习一年，我就去了竹南高中教书。与我同时去的有陈燕贞、陈文章两位同学。燕贞是文学爱好者、写作者，也是评论者，十分有才气，她也是学校昆曲社的社长，曾演出《白蛇传》《游园惊梦》等。陈文章与我一样，喜欢义理思想，是《鹅湖》最早期成员、执行编辑，义务帮忙《鹅湖》的工作。我们三人一起到竹南高中教书，那真是一段美好的日子。燕贞更是我的红粉知己，像兄弟一样，无话不说，说志业、说身世、说人生，说种种，包括个人的感情史。我与若蕙结婚时，她还特别从韩国拎了厚厚的毯子回来作为我们的礼物。我们生了小孩，她也来探视，后来她与夫婿去了美国，但后来患了乳癌，竟以三十七岁之英年逝世。真是红颜薄命，思之，令人伤感。那时竹南高中的校长叫栾泽秋，也喜欢昆曲、京戏，偶尔也客串演出。竹南高中，虽不算什么好学校，但学校还是很有朝气，学生还是很向学。

1982年，我在师大附中教书，师大附中的学生总的来讲是挺不错的，我觉得不亚于师大。虽然他们当时还是中学生，但是他们也是很自由的，社团各方面活动都是很多的。这些学生有的到现在都还跟我有联系，他们都已经出去做事很多年了，有些还做得很好。师大附中是著名的高中，著名高中的学生未来发展一般会很好。我自己在讲课的时候主要是上语文课，虽然那个课有的跟中国经典不一定相关，但是还是有很多跟中国经典相关的，譬如讲《论语》、讲《孟子》，还有其他古文，有一些还是跟中国哲学义理密切相关的。我有时候在那个课堂上也会很自由地谈到很多文化，包括文化形态学比较，关于政治社会的评论以及人文学术等，那些学生也很乐于听这些东西。后来他们有的上了大学以后就说："其实我们高一高二的时候就已经享受到大学生活了，老师像在大学一样讲学。"

尼山学堂问：您在师大附中教书的具体经过是怎样的？

林安梧答：我在师大附中教了五年书，这五年里是两年教初中，三年教高中，我还担任学校校刊社的指导老师。刚进去的时候教初中，我这五年教的分别是初二、初三、高一、高二、高三，所以有人在附中被我教过五年，就是从初二、初三带上去，然后又考上了，再高一、高二、高三带上去。不过高一到高二的时候因为又重新分组，所以有断开的。但是高二、高三一定是连续的，高一到高二到高三都是我教的学生也有，有一个学生高一、高二、高三都是我教的，然后去台湾清华大学的时候又是我教的。因为他去台湾清华大学我又教他

1984年，林安梧在附中教书

们大一的语文嘛，我那时候去兼课，后来我就去当正式讲师了，我教"通识课程""哲学概论"之类的，所以教了五六年，好有意思的。有时候人生就是有很多有趣的缘分。这叫因缘不可思议。

附中的学生很好，校长黄振球先生也非常好，鼓励我们同仁去进修，为我们承担了不少责任。[①]我教的学生一直到现在还与我有联系。我以前和他们讲方孝孺《深虑论》的情景，他们还把相片传了给我。附中学生有高度的向心力，就好像我以前的台中一中一样。我虽然不是附中毕业的，但我在附中教过五年书，当然也可以算是附中的。

尼山学堂问：您教课都是教语文这一科吗？

林安梧答：我在中学是做正式的老师，做正式老师的时候我都是教语文。在师大附中都教语文，有些学校会搭配教"公民与道德"。但是我们那时候我记忆中都是教语文，因为兼导师。兼导师的话只需要教两个班嘛。导师就是大陆这边的"班主任"。一般来讲语文老师要兼导师的，因为语文老师的课比较多，所以跟学生相处也比较多。另外通过教语文可以培养很多教养，可以教他们很多做人的道理，甚至还可以涉及更多的人文学问。语文老师在我们的中学里面其实蛮重要的。

我开始念博士时，我还在师大附中教书，从1986年开始，我到文化大学哲学系兼职，那时我真正开始在大学教书，开中国当代哲学课，文化大学大概是台湾最早开中国当代哲学课程的。我一共教了四年，到台湾清华大学专任以后我还继续在文化大学兼课。当时，我对学生很严厉，曾经第一学期就当掉了班上十八个学生，判他们成绩不及格。

---

① 请参见林安梧：《履仁端礼，丕振寰球——敬悼教育家黄校长振球先生》，《联合报》副刊，2012年2月27日。

二、工作与访学经历

2.台湾清华大学工作经历

尼山学堂问：您后来到了台湾清华大学，而台湾清华大学是比较重理轻文的，那您作为一个哲学教师，怎样来处理这种状况？而从学生到教师，您怎样来应对这种转变并开展工作？

林安梧答：人生的因缘不可思议，我就没想过会到台湾清华大学教书。大概1987年的8月底，台湾清华大学中文系的系主任陈万益给我打电话说："我们这边的大一语文需要有人教，刚好有一位先生临时不能来教，系里面的几位教授推荐你，你能不能来？"我听了很高兴，我当时还在念博士，人家就主动找我去兼职，我就去了。那一年我刚离开师大附中，到铭传商专任教。我到台湾清华大学兼职教大一语文，那时主要讲《史记》，当古文来教，但是也教得很有意思。因为当时我写的《王船山人性史哲学之研究》那本书获得了一个奖项，后来有人鼓励我说你看看有机会的话去申请一下台湾清华大学的教职，刚好台湾清华大学通识教育中心正在征聘教师，我就申请了。算很幸运，因为有好几个留欧的博士也去了，但他们选择了我，没有选择留欧的博士，我就进台湾清华大学教书了。

当时也没想过在台湾清华大学教书会是什么滋味，台湾清华大学在台湾是挺好的大学，跟大陆一样，去了才知道这个学校以理工见长，人文领域较缺，但是我担任通识教育的教师，当然我就格外重视通识教育。刚开始我开的课有"哲学概论""中国哲学名著选读"，这两个课对我的帮助很大。"哲学概论"就必须让大学本科生懂得什么叫哲学，使他们能够从事哲学思考。我讲了一套，主要糅合了自己所学的东西。我讲得跟哲学系讲"哲学概论"不同，哲学系的"哲学概论"有六个学分，上个学期三个学分，下个学期三个学分，一般的通识课程就两个学分，两个学分要教会学生什么叫哲学,怎么做哲学思考。我当时设计的是:第一章,什么是哲学;第二章,感知与概念;第三章,观念与时在;第四章,知识与实践;第五章,真理与意识形态;第六章,政治与社会;第七章,历史与理解;第八章,宗教、连续与断裂。原来设计了八章,后来讲不完八章,就讲六章。有时会省略第五章、第七章,这个“哲学概论”的讲学过程,我觉得对我非常有帮助,把我当时读的东西,不管东方西方,我把它们融入一块儿去讲,这些东西就慢慢发荣滋长,我的学问系统性的脉络也就逐渐出来了。另一个课“中国哲学名著选读”也是这样的,我强调要回到经典、进入生活,展开诠释与实践。

我在台湾清华大学教书一共教了十三年,如果连着前后的兼职,加起来前前后后差不多二十年。我培育了很多学生,有些学生原来不是哲学系的,台湾清华大学没有哲学系,这些学生大学本科时对此有兴趣,后来念硕士研究生的时候去念哲学,有到美国的,有到法国的,有到德国的,都很优秀,现在有好几位已经是正教授了,也算是我引他们上了船,终于航向了目的地,很有趣。

台湾清华大学的学风很自由。当时我们有两个读书会,一个叫“星期三俱乐部”,晚上大家一起读书,这里面参与的有心理系的,有经济系的,有文学系的,有念哲学的,还有念社会学的,每个人把他所学的东西提出一篇论文来讨论,可能是他自己的,也可能是别人的,还可能是一本书的介绍,参与以后,觉得自己一直都在进步,感觉每个礼拜的学问都在增长。还有一个叫“boundary zero”,零界线,没有界线,每个月一次,有一个召集人征集这个月愿意来讲的人,讲一次,任何人都可能应邀来听,我们主要成员都在。或者一些访问学者来了,我们就邀请他来讲一次,讲完了大家去喝酒聊天,非常愉快。我一直觉得台湾清华大学是个很好的学校,贵族气比较重,跟外面的学校比起来台湾清华大学一直认为自己很不错。但台湾清华大学的校领导方面真的是重理工轻人文。

尼山学堂问：您说通识课拉同学上船，在大陆上通识课很少有要被拉上船的感觉。

林安梧答：我看其实两岸差不多，因人而异而已。台湾通识课能拉人上船的不会太多，很多人都不在意这个课，觉得这个课不重要。有一些人是真有兴趣。我刚才讲的其中一个到美国留学的同学，他还不是台湾清华大学的，是台湾交通大学土木系的，这两个学校紧挨着，有些学分可以互修，他就跑来修我的课，修得最勤，后来到美国纽约市立大学念博士，现在已经是正教授了，当了院长了。后来他念的专业跟我也不一样了，我做中国哲学，他做认知哲学，很有意思。这样的例子还蛮多的，像现在在武汉大学任教的金志谦，也曾经是这样而转上哲学之途的。

尼山学堂问：您去台湾清华大学任的是通识教育中心的教职？请您说说关于通识教育的事。

林安梧答：对，就是叫"通识教育中心"。我刚开始当讲师，从1988年到1991年担任讲师，1991年到1996年担任副教授，1996年之后就担任教授。这个学校其实是一个很有意思的学校。我现在回想一下在台湾清华大学一共十三年，这段时间我读了许多书，完成的作品也算是最多的，特别是我在台湾清华大学教课的任务不多，那里研究风气很浓，我能接触各种不同的人，其实很像我的博士后。（台湾清华大学后来建哲学系了吗？）没有，到现在为止没有哲学系。后来我就离开了台湾清华大学。

尼山学堂问：为什么离开台湾清华大学？还有离开前后的经历大概是怎样的？

林安梧答：我在没离开以前，就先到了台湾南华大学，去办哲学研究所。研究所1995年开始筹备，我1996年去台湾南华大学，台湾南华大学是星云大师办的一个大学，我是借调去的。一年之后，我回台湾清华大学继续教书，但台湾南华大学我还是兼课兼了三年才离开，所以在台湾南华大学也培育了一些学生。

我从台湾南华大学回来以后担任台湾清华大学通识教育中心主任，那段日子也算是我为台湾清华大学做了一些贡献的时候。通识教育中心迁了馆，我设置了一个很具中国文化氛围的地方，那里摆着一些明式的家具，挂着孔老夫子的像，还有我写的一副对联，"观明夷一心争剥复，震中孚双掌握乾坤"，那是我在大学四年级修读《易经》课程时写的，有船山哲学的影子。这个空间，应该是台湾清华大学最具中国文化气息的地方了，其他地方都洋气得很。1997年到2000年我担任通识教育中心主任。2000年7月开始我就去师大兼职教书，我当时还没有离开台湾清华大学，基本上还拖了半年，半年之后也就是2001年2月1日，正式的教职就转到台湾师大，台湾清华大学转为兼职，从2001年的2月起都一直兼职，现在台湾清华大学的网站上兼职教师可能还有我的名字。但是我在台湾清华大学通识教育中心兼职到2007年，然后就彻底离开了，因为后来我的事越来越多。

担任主任这段时间，我办了通艺讲座，其实是通识教育中心跟艺术中心合办的，所以合称"通艺讲座"，但我做了追本溯源的创造性诠释，我们对外讲这是"通六艺之文"，所以叫"通艺讲座"。我们找了很多人来演讲，包括李敖、陈文茜、施明德、林洋港、星云、刘兆玄、胡因梦等很多当时的名人，还有宋楚瑜，都去讲过，宋楚瑜来时，当时台湾地区三大报报纸都放在第一版报道。起先我们请李敖来讲，没想到李敖有意要来踢馆，李敖的讲题是"台湾清华大学人错在哪里？"陈文茜讲"被诅咒的岛屿"，林洋港讲"中华自治邦的可能"，我们这个通艺讲座在当时很兴盛。

台湾清华大学在20世纪90年代中叶以后成立了哲学研究所，我并没有参加这个哲学研究所，因为它基本上做西方哲学，我就一再地交涉，我认为叫作哲学研究所就应该有中国哲学，要不然你改名叫西洋哲学研究所，它不改名，又不愿意变成一个真正的哲学研究所，我很生气，后来我就离开了。我很早就参与哲学文化方面的活动，算做得不错，所以哲学研究所起先在筹备的时候，就有很多人问我是不是我在筹备，但因为它很狭隘，主持其事的人认为中国哲学不是哲学，中国哲学应该放在中文系，放在国学，放在历史系里面，怎么讲都讲不通，我觉得很挫败。我就离开了，离开后就回到台湾师范大学。我本来2000年春夏通过手续，准备回来师大教书，后来台湾清华大学留我，我难以骤下决定，就这样拖了一阵子，刚好那年冬天，我去日本参加一个学术会议，遇见师大的黄锦铉老师，他一直鼓励我赶快回来，师大人事较复杂，当时师大中文系的系主任傅武光兄说要赶紧找我回来，要是再拖半年，也可能有变化。希望我快下决定。

我为什么一定要离开台湾清华大学？对一个学究型的学者来说台湾清华大学很不错：第一，它的课程负担轻；第二，它条件不错，待遇虽然一般，但是它有额外的好处，比如说有房子；还有就是它基本上名声还不错。不同的就是没有那种传承感，台湾清华大学以前虽然号称"国学院"，但是台湾清华大学以理工为主，没有传承感，我就感觉不行。走人文的路跟做自然科学研究不同，自然科学这个东西就在那里不会变，而人文的东西没有传承、没有学生是不行的。虽然我教通识教育中心，有些学生跟我很近，但是那不一样。我一再地跟郭博文先生说："我需要有弟子，需要有学生。"他跟我说："'牟宗三'三个字在什么地方都是可以的，不一定要什么单位。"我说："我会谨记老师的教诲，您讲的是真实的。"但我心里在流血。从那一次见面后我们来往就比较少了，因为他已经彻底地拒绝了我的要求，我那时候才决意要离开台湾清华大学，但是我还是很不愿意。当时的副教务长黄一农，一直跟我说不要走，他会帮我解决一些问题，结果解决了半年都没动静，台湾清华大学山头主义太厉害，我就决意离开。我看黄锦铉老师跟我讲的那段话，我一定要回来，然后我心里想到了，我如果把这个机会放弃了，一直在台湾清华大学待下去，我可能会抑郁以终，会不舒服，太痛苦。我决意走了，归返台湾师范大学吧！

台湾清华大学的人来往较疏，看情感较淡，人与人之间，平易自由，有点无味，大家都努力研究工作去了。人文社会学院同辈人竞争厉害，来往疏离，跟学生关系也不密切。甚至，有人跟我说："台湾清华大学的人一心一意搞研究，你在台湾清华大学死了，是不会有人哭的，你这个人死掉了，人家就当作你死掉了。死掉就是个事实而已。"台湾清华大学常有些意外，有被下毒的，有自己跳楼的，有老师过劳死的，还有学生间争夺情人的情杀。据说有两个研究生为了抢男朋友，一个研究生把另外一个研究生用化学药品杀掉了，还焚烧了！结果学生开追悼会的时候，连着老师、家长、学生，去的人只有十几个，这件事这么重大，但就好像死了一只猫一只狗一样。天呐，对我来讲太震撼了。也可能办这个事的人没有做好，但是学校正视这个事的话，就不能这么处理。那个研究生后来被判了无期徒刑，校长还去看她，她后来也有反悔，现在已经被假释出来了，大概换名字了。校长显示出他那种宽怀，那种慈悲，但是我觉得对于过世的人来说，如何安慰？该做的事情做得太少了，太令人心寒了。校园出现这种不寻常的事，但是我觉得台湾清华大学并没有好好正视这个事，他就觉得这个事只是一件事，体现了价值的漠然，从价值的中立变成价值的漠然，这是我最不能忍受的。现在做学问的人有一大半是这样的，价值中立的意思是不要涉入价值，价值漠然指的是心中毫无价值。好可怕，这是我感受最深最痛的一次。你问我对学界有什么厌恶的，就是这个部分。如果这个部分发生在理工领域也就罢了，但是发生在人文领域，那这个太可怕了，真的是漠然。

　　我现在回想一下，我还是很喜欢台湾清华大学的，因为台湾清华大学很自由、开放，当然我在那里并没有让我的志向好好伸展出来，但是也因为这样，加上年纪很轻，一直想往外发展，我就到很多别的学校去指导学生。还好台湾的学校比较灵活，我在很多学校兼课，在台湾很多学校指导了博士生、硕士生，现在有很多年轻教授是我指导的博士。有几位都做了教授，当了系主任，"中央大学"中文系系主任杨自平，实践大学应用中文系系主任李宗定，都是我指导的博士。

3.参与通识教育

尼山学堂问：我看到台湾清华大学通识教育中心主页的抬头上有一句话："通古今之变，识天人之际。"那您在担任通识教育中心主任时是通过哪些实践来实现这一理念的？

林安梧答：对，我看到司马迁的"通古今之变，究天人之际"，觉得它非常好，很符合我对通识教育这个现代名词的理解，就把它转下来，变成"通古今之变，识天人之际"，也算是一种蛮中国化的表达方式。在这里，因为当时面对台湾清华大学的通识教育，所以我要去教养台湾清华大学的学生。

"通识"是先"通"而后"识"，做事情、做学问什么的，各种为人处世，都有一个根源之道，这个根源之道都是一样的、没有分别的，它触及整个人存在的价值、智能。通识教育要的就是这个根源之道，然后再落实到各种有分别的知识当中去。"教育"是生长，是引导，是育成，是在具体的生活世界之中认识不同的事物，但实际上，它们的根源是同样的。所以说换言之，所有的教育必然含着通识的特质；而所谓的通识，它必然含着教育的活动。这么说来，通识教育可以说是一个生命的养成过程，我们做通识教育就是要去养成一个学生，让他能够从这个根源之道出发，然后再去做他想做的各种事情，根源是不能丢掉的。而且这个养成是多元的、互动的，不是说学了一个什么专业就埋头去做，这个养成不是在科学范围下所能定义的。

我对于通识教育有两个倾向性的想法。一个是台湾现在主流的通识教育方式，就是一般性的，类似导论的、引导性、导览式的课程，几个学科交错在一块儿形成一门课程。另一种，我认为应该还有发展的另一个层面，也就是"经典教育"，这个经典可以被视为大学教育的源头活水。

而我当时，根据在师大念书的经历，认为师大在这方面的活动是很有借鉴意义的，虽然他们可能并不是非常有意识地在往通识教育的方向考虑。我最早是从师大中文系毕业的，大学在那边念，硕士、博士才到台大哲学研究所念，在这个过程里面，我感受到师大中文系里有一个深涵的、深湛的中国文化传统。师大中文系，如果就它的内容来说，包括义理、辞章、考据，一直到整个中国文化的研究以及整个文化教养。基本上，师大中文系是在陶冶这样的知识分子，陶冶他们成为中学的师资，而中学教师，总的来讲，是很需要这种教养的。所以我常跟师大中文系的朋友，包括年轻的朋友们说："师大中文系其实就等同一个人文学院，包括它的课程、它的方向，它的种种，都是广的，所以如果用以前的话来讲，称它为'国学系'其实是很恰当的。"其实国学是一个非常好的词，它是华夏文化经典教养的养成学问。而我要为通识教育做一些工作，也是要从国学里面入手，我想给同学们创造一个关于传统文化的基本氛围，来熏陶他们，让他们有一个比较基本的素养。我给各个院系的，甚至是不同学校的同学，讲"哲学概论"，还有"哲学名著选读"。因为我以前在师大受过这种教养，觉得它非常不错，非常有必要，所以想要用这种教养来教育我的学生，不管是不是学哲学的、学中文的。像台湾清华大学重理轻文，理科生也应该有这种教养，这是基础。

对于通识，过去常被误解成普"通"常"识"，在这种认知下，许多大学的通识教育内容都被设计成专门学科之概述性、入门性的理论介绍。如此一来，通识教育往往就变成专业教育的预科，教通识的老师也等而次之地成为教授团队中的二军，这实在是大大扭曲了通识教育应有的意思。我有些同事，也是在台湾清华大学通识教育工作的同事，跟我的观点是一样的，我们都认为通识的本义和理想应该是"通达的智慧"。我常说儒家讲"通天地人"，这完全可以作为我们通识教育理论理想的一种参考。

二、工作与访学经历

在著作方面，从取得博士到博士后研究，再到我成为正教授，到我借调、休假、讲学，这一段过程，算了一下，我完成了五部通识教育方面的著作，九部正式的、专门的学术著作。数一数，大概有《问心——我读孟子》，这是一个比较通俗地讲《孟子》的（这个书今年刚刚在大陆出版了，是商务印书馆出的）；《论语——走向生活世界的儒学》，讲《论语》；《台湾文化治疗：通识教育现象学引论》；《老子道德经新译》，这个讲《老子》；《台湾·解咒：克服"主奴意识"建立"公民社会"》，这个会涉及一些关于我对公民社会的构想。①后来还出了一些书，讲老子、讲《道德经》的会比较多一些，其他也有，算是关于通识教育著作的一些新的进展、新增加的想法吧。所以说，我在通识教育的工作里面，还是主张从经典入手，对经典做一个相对通俗的解释，又不失去它的原貌、原意，讲给非专业的同学，我觉得这是进行熏陶的一个非常有效的，而且很实用的方法。关于通识教育的哲学基础，我在《台湾文化治疗》这本书里讲到，这个书是搜集了六十四篇我以前在报上发表过的，或者在其他杂志所写的文章，我的副标题就是"通识教育现象学引论"。也就是通过现实的事项、现象，即《易经》所谓的"现乃谓之象"，并且通过"即事言理"的方式，去彰显它背后的本质，并且隐含批判跟治疗的活动。

我在台湾清华大学的时候曾经试着用王阳明的《传习录》作为课本，这就跟别人直接去讲概论，去灌输一些基本知识不一样了，我要使我的学生对经典有一个直接的、直观的认识，这里面的话是很体贴的，它一直都

---

① 相关的通识教育著作如下：

1.林安梧：《问心——我读孟子》，汉艺色研，1991年。

2.林安梧：《论语——走向生活世界的儒学》，明文书局，1995年。

3.林安梧：《台湾文化治疗：通识教育现象学引论》，黎明文化事业公司，1999年。

4.林安梧：《老子道德经新译》，读册文化事业公司，2000年。

5.林安梧：《台湾·解咒：克服"主奴意识"建立"公民社会"》，黎明文化事业公司，2004年。

是一种经典，一个不变的东西。我对自己的这个实践还是很满意的。

现在的大学教育变成了职业训练的场所。以前在台湾清华大学，人家常常开玩笑："台湾清华大学算是不错的，但是这台湾清华'大学'，我看是'工专'吧。"我从事通识教育很多年，担任过通识教育协会的理事，还是台湾有关教育主管部门通识教育的评审委员。我认为台湾的通识教育从一定程度上来说是失败的。为什么是失败的呢？这很难嘛，它的难处就在于大家都想着职业训练。

尼山学堂问：您认为大陆和台湾的通识教育有什么比较大的区别，以及值得相互学习的地方？

林安梧答：我参与台湾的通识教育算很深了，一直是台湾地区通识教育学会的理事。我一直参与学会，直到去年，因为有些人希望年轻人多参加，我才从理事退下来。我做了很多任理事，台湾的通识教育我是很了解的，也在帮忙推动。台湾清华大学建了台湾第一个通识教育中心，通识课以前叫"共同课"，很像你们的政治课。台湾清华大学的通识课在建了通识教育中心以后就变了，它是正式的通识教育。

我1988年到台湾清华大学任教，蒋经国1987年解除戒严，解严以后整个台湾基本上朝民主方向发展，台湾清华大学自由派的声音很盛，那通识教育该怎么办呢？我还是认为要回到中国传统文化来做一些事。一般来讲，通识教育在台湾的大学里面至少28个学分，这是一定的，包括了人文课程、社会科学课程、生命科学课程、自然科学课程四个部分，这四个部分加起来至少要28个学分，可以增加不能减少。一个学生必须跨这四个领域，从原先的共同课改变成通识教育，慢慢走向正常化，重视通识教育，总体来讲还是有些成绩的。但是，台湾清华大学的一个缺点在于，全校太注重研究成果。我们在通识教育中心，没有研究生、博士生，你总希望你的学问能往下传，大学本科当然也可以，我也因此认识一些学生，对我很好，到现在为止也都还来往，但你总觉得你做的东西要往下传，我就决定要离开了。后来我就到了台湾师范大学。

再有就是我说过的，台湾清华大学和台湾交通大学的课程可以互修，学分可以互修，这个我觉得非常好。大陆这边我不知道有没有，但是它确实是一种可以开阔学生眼界的方式，对于大学资源的整合确实大有裨益。其实打破不同学校之间的壁垒，不如先打破本校内的院系之间的壁垒。其实台湾地区有关教育主管部门也在鼓励学校创造新的资源整合的可能性，我觉得这个就很积极，很有意义。

尼山学堂问：您编过一册通识教育的论文集，叫作《一九九九海峡两岸通识教育与公民养成学术研讨会论文集》。

林安梧答：那是我编的海峡两岸暨香港的一个论文集[1]，1999年我们办了一个通识教育和公民教育的学术发表会，那一次对大陆的学者也是高规格接待，因为那时候我们募到了不少款。台湾办一个会是要跟外面募很多款的，当局给我们的钱很有限，我们都跟外面机构合作。我那时候关系也多，另外那是大地震之前，台湾经济还不错。会议结束之后一群人出去参观，结果大地震后我们参观过的那些建筑就垮了，我说这真是做了最后巡礼。

4. 创办台湾南华大学哲学所

尼山学堂问：您在台湾清华大学任教的过程中有一段时间是被借调去创建台湾南华大学哲学所的。那应该是您真正"展开手脚"去做您自己想做的事情吧，当时是怎样的经过呢？

---

① 林安梧主编：《一九九九海峡两岸通识教育与公民养成学术研讨会论文集》，台湾清华大学，1999年。

林安梧答：实际上这个台湾南华大学是佛光山办的，龚鹏程担任第一任校长。龚先生和我是交往很久的朋友了，从大学时代就认识了。他要去当校长，他就来找我们这些朋友，游说我去，希望我整个放弃台湾清华大学去台湾南华大学。我当时也有一点迟疑，所以我后来是借调过去的。我都还记得他来找我，送给我一副对联，写的是："名士何妨茅屋小，英雄总是布衣多。"意思就是劝说我去："我们虽然是茅屋，但是'名士何妨茅屋小，英雄总是布衣多'。"我回赠他一副对联，叫作"圣贤养德乾坤厚，君子读书日月长"。他说："你这个是在讽刺我啊。"我说："不是，你看，这是藏头对联，上面写的是'圣''君'，圣贤君子嘛，希望你去了以后当'圣君'。"后来我还是去了。

1995年的时候开始筹备，正式去了一年。我们那个哲学研究所刚开始的时候是非常有朝气的，像傅伟勋教授就应邀回来担任我们的讲座教授。不过非常不幸的是他没有在我们所里上过课，因为他1996年10月就过世了。我们是1996年的9月底开学，他10月中旬就过世了，那时候他还在美国，病重了，就没回来，后来不久就过世了。但是傅伟勋先生的一些理想，包括生死学的概念，都是那时候提出来的，而且后来就落实在台湾南华大学。台湾南华大学成立了生死学系、生死学研究所。有关生死学的研究，我们当时的哲学所都是很重视的。所以虽然那时候我们只有哲学研究所，但是我们当时也是独树一帜的，也算是非常生气勃勃的。

我们还做中西哲学比较，所以第二年我们就办了一个很大的比较哲学的会议，然后发行了《揭谛学刊》。《揭谛学刊》的发刊词是我写的，那个发刊词就是后来我放在我的书《道的错置》①的第一章的简单版。《道的错置》的导论就是原来《揭谛学刊》发刊词的扩大。台湾南华大学当时希望办成一个像以前的书院一样的学校，所以我们是学校最早成立的一个哲学

---

① 林安梧：《道的错置——中国政治哲学的根本困结》，台湾学生书局，2003年。

　　　　　　　　　　　　　　　　　　二、工作与访学经历

研究所，另外还有两个系。学校很小，刚开始的时候在嘉义的一个山坡上，非常幽雅。一群人年纪很轻，三四十岁的年纪。我那时候三十九岁，所以我跟傅伟勋喝酒，他都称我为"少年头家"（闽南话，指的就是年轻老板的意思），傅先生是一个非常豪放的人。

因为那个机会我们也接触到很多学界的朋友。我现在虽然已经离开，但是有一些事是以前我们就谈妥了的，包括"国际中国哲学学会"在台湾举办的时候，有一个分会场就在那个学校，我们台湾南华大学也成为参与的承办单位之一。其他著名学者到我们那里去开讲座的也很多，像叶秀山①教授也去过。我只去了一年就回台湾清华大学了，最主要的原因就是做事的方式不太一样。我是比较讲究程序的，龚鹏程认为这个无所谓，但是我发觉你这个无所谓到最后会导致一些问题，就是说你这样很难把这个学校办成最好的。我从1997到1999年继续在台湾南华大学兼课，当然里面发生过一些故事。不过虽然我后来离开了，但是还是维持着很好的关系。我当时创刊的那个《揭谛学刊》现在还是台湾科技主管部门认定的人文学刊里的核心期刊。

尼山学堂问：您在创办台湾南华大学哲学所的时候应该有一些自己的理念，可以简单地谈一谈吗？

林安梧答：有。当时我们把那个理念作为我写的一篇文章在台湾的汉学研究中心发表了。②我们当时希望办的是一个"活的哲学"，就是说这个哲学既是传统的，又是当代的。然后能够经由当代人的理解把传统的经典诠释，放在当代社会里面展开诠释，并且面对当代问题。而且一定要跟西

---

① 叶秀山，毕业于北京大学哲学系，中国社科院学部委员，著名哲学家，1996年至1997年曾在台湾讲学，应邀到台湾南华大学讲学两次。

② 林安梧：《不离"生活世界""社会总体"的终极关怀——南华管理学院哲学研究所》，《汉学研究通讯》1996年第3期。

方的学术进行交流。所以我们非常注重像所谓"生活世界"这个概念，比较注重"理解、诠释"这样的概念，这个是跟诠释学有密切关系的。①我当时有一个设计就是强调学生要读古典，要读懂英文，如果你做的是中国哲学，那么你必须把中国哲学经典翻译三万字，如果你做的是西方的，那就把西方的语文的、哲学的著作，不一定非得是经典，也要翻译两万字，就是把西方的作品翻译成中文，然后把我们古代的经典翻译成白话文，进行这样的交互训练。但是后来学生们底子不足，觉得受不了，太苦了。因为我只当了一年的所长嘛，后来就回台湾清华大学担任通识教育中心主任了，所以第一届的学生大概还比较认真，第二届、第三届就觉得不行了，受不了了，后来这个事儿也就放松了，慢慢减半，然后到最后就荒废了。我觉得很可惜。其实最主要是因为台湾南华大学招到的学生，第一届还不错，第二届以后招生就比较困难了。因为整个台湾处在"少子化"的过程里面，文科学科，特别是哲学，招到的好学生较少，这个有点可惜。所以我的这个理想其实并没有被好好地落实发挥。

5. 回到台湾师大

尼山学堂问：您从台湾清华大学离开后回到台湾师大的中文系，而您本科就是师大毕业的，您重回母校母系，有什么新的感受？

林安梧答：我回师大中文系是愿力，也是业力。大四的时候我对师大很不满意，我学生时代当过师大中文系学生会的会长，中文系的老师也都认得我，最后谢师宴的时候我喝醉了就狂言，把师大中文系批评了一顿，认为师大中文系要改革，我绝对不念师大中文系的硕士与博士，十年后我

---

① 请参看林安梧：《迈向"新哲学"的诞生——"佛光大学哲学研究所"成立专访》，《鹅湖》月刊，1996年10月（总号256）。

二、工作与访学经历

要回来教书。结果不是十年后，是二十二年后，我才回到师大中文系教书。我也是第一个已经在外面当过系所主任，成为正教授、知名学者以后，才回到师大教书的人。因为师大中文系比较保守，培养的教师，往往从助教到讲师，要在师大里教书、培养，最后才成为教授，像我这样在外面已经成为正教授的，能再回师大，也代表了一个时代的变迁过程。进来师大就很好了，气氛也不错，学生也很好，我教书也教得很快乐。

接下去因为有些人要退休，我们就想征聘一些更好的学者来任教，因而引发了斗争，老一辈认为这些年轻人现在都是台湾很不错的知名学者，来了以后怎么办呢？中文系就以投票方式决定是否征聘，投票结果少了一两票，这事就没成。那一年如果说按照我们这些革新派的主张，师大中文系招这批人进来，现在师大中文系一定跑在最前面了，但它现在排在后面，这跟我们那时候的革新失败有密切的关系。之后师大中文系还继续进人，这些人也还不错，但就不是知名学者了，是年轻博士，中间有了断层，有了断层，薪火不足，就难以大放光明，真是可惜。

其实我觉得当时如果是良性竞争的话，那也非常好。但基本上我觉得这不太可能。我一直主张回到学界，或者说进到学界，重点就在于对真理的追求，对智慧的追寻。它跟权、跟名、跟利的关系，都应该摆到后头。我常常说如果要追求权，那应该去搞政治；追求利，就去当商人。我们从事学术活动应该追求真理。而追求真理是比任何权、名、利还可贵、还愉悦、还快乐的。所以这个部分，我倒不担心。师大中文系其他地方很好，它是一种交相辉映的关系。所以我很难理解，也很不愿意去理解学术里头权力斗争的问题，我觉得这是一件很可耻，也很没有意义的事情。但是它一再地发生，我也没有办法，但那也没有关系。我后来静下来认真地想一想，如果我光用普遍的理去对抗它太辛苦了，而且很难。最好的方式就是用慈悲，慈悲才能化解业力，这是佛教说的，我觉得这是很有道理的。这么想一想，这对于我后来的处事方式有很大的影响，我也能抛开这些事情，专心地到学问里头寻找快乐。

我当时觉得师大须作整体改革，因此2003年我投入到师大很重要的校长选举中。我才回师大不久，我预料自己不一定能选上，但是我想没关系，我借这个机会把我的理念提出来。我提出的理念师大现在差不多实现了，虽然我已经不在师大。因为师大比较小，我说它应该扩大，应该走出围墙，跟整个社区拉在一块儿，变得很大，我这个政见被后面继任的校长拿去用了，也不错。你现在去看师大，看校园前面的设置就跟我提的一样。

我参与师大校长选举没成功，之后，我发觉我在师大中文系内部也很难有所施展，而当时我一个学长在玄奘大学教书，是中文系系主任文幸福教授，他说他那儿有个有关中国哲学史的缺，希望我去，我就这样到了玄奘大学。我那时工龄已经超过二十八年了。台湾有一个制度，工龄超过二十五年，年纪超过五十岁，就可以办退休，退休的话每个月有退休俸，又可以到私立大学去。我到玄奘大学之后还在台湾师范大学指导硕士跟博士，教课一直教到2012年。

我离开师大是2007年，所以我在师大其实只待了六年半，但是兼职一直都在，台湾的制度比较灵活，我虽然不是专职教授了，但我还能指导硕士生、博士生，还是很不错的。我兼职到2013年，但是我的博士生还在读，所以如果连博士生算的话，那我还在师大，但是我在网上已经不挂名了，我算退休教授，我是从台湾师大退休的。因为我是2007年、2008年在玄奘大学，这是专职，专职之后我还有兼职，在他们中文系的硕士班、博士班兼职到2012年。所以你可以发现我教书的任务很重，但是教硕士班跟博士班其实是一个很好的砥砺，因为你要教那个课你就必须弄得更明白，博士生的功底很好，他会促使你非进步不可。

台湾师范大学的学生还是挺好的，我觉得他们不亚于台湾大学的一些研究生与博士生。台湾的中文系跟大陆的不太一样。大陆的中文系主要学习语言跟文学，台湾的中文系是以前的国学院的概念，所以我们大概有一大半的中国哲学的人才出自中文系，也有一大半的哲学教师在中文系，所以台湾的中文系里有很多人做哲学，我在师大就这样。

我在师大不管是参与研究，还是参加社会活动都比较多，2000年、2001年是台湾变天的时候，政党轮替，之后陈水扁办公室有一些非常糟糕的地方，我们站在传统文化的立场对他有些批评，站在两岸和平的立场同样对他有些批评。2004年我参与"民主行动联盟"，当台湾的"红衫军"闹得正厉害的时候，我们这个"民主行动联盟"还在中正纪念堂设置"广场大学"，我与林深靖是"广场大学"最早的发起人。台湾的优点是现在干这些事没关系，不用担心这样会影响到学术。后来我参与得少了，主要原因是我对政治这个事兴趣没那么浓厚，一涉入政治我发觉太多人动机不单纯，就慢慢淡出了，还是从事我的讲学工作。[1]我的理想程度太高，容纳不了权力斗争，更不能接受我的朋友陷入权力斗争之中，特别是我又有道家观事变的能力，一看便知，一知道就很痛苦，非得求去不可。

我当时在很多学校教书，另外也在民间书院讲学，所以也很忙碌。跟大陆来往越来越多，每年都来很多次，后来每年都来十次以上，有时候一个月来两次，当然每次来都很短，可能三五天，来来往往很多，在大陆认识的朋友很多，学界的朋友惺惺相惜的也蛮多。最早在1988年认识郭齐勇、景海峰，1990年认识了陈来。

当时台湾有一种很严重的倾向，就是把大学划分成四种类型：研究型、教学型、专业型、社区型。我很反对这个四分法，但是好像并不是用不分就可以解决的，所以这个问题就牵涉到用什么架构区分，这很重要。这种四分法，我觉得对台湾的高等教育真的不好。怎么会弄出个研究型大学？大学的使命不只是研究，大学还要教育。现在有些研究型大学很不注重教育。台湾清华大学这个问题其实就挺严重的。一方面他们以理工为主，一

---

① 林安梧：《台湾"学运"政治精神的现象学反思——从"1990年的'野百合'"到"2014年的'太阳花'"作为反思的事例》，《海峡评论》2014年第283期。

方面就定位在所谓研究型大学。台湾清华大学对本科生的课程和教师投入实在不够，学生也抱怨。但没关系，学校认为只要做出一些研究成果就好。所以这样子的定位方式是不好的。因此之前有过一种倾向，就是师大要向综合性的大学转变，我看这是很有必要的，我当时在师大的时候也参与其中，现在我觉得师大的转型虽然很艰难，但是也在慢慢实现，已经有了转变，这很重要。刚才也说，大学不能被视为一个职业训练所，师大也不是只为了培养师资力量，它要培养教师，也要培养搞研究的人，应该什么样的都要。但是不管怎么样，它培养出的学生要有通识的教养在里头。

尼山学堂问：您提到在师大的时候有去书院讲学的活动，这可不可以算在您通识教育的工作里面？您在师大有没有从事其他一些有关通识教育的活动？

林安梧答：书院基本上是我们自己在建，在外头，是面向社会的。师大的通识课程我也有教，但总体来讲我那时比较专业，主要在中国哲学方面，硕士班、博士班教得比较多，从事外面社会活动也不少，但总的比例不算多。

另外一个关于台湾通识教育的问题，我认为台湾通识教育的政治意图已经减少很多了，但是我觉得还是要有发展的过程。我因为参与通识教育，成为通识教育中心主任，也成为通识教育学会的理事，常到大陆来，在几个素质教育、通识教育的基地做过很多讲座，包括武汉的华中科大、南京的东南大学、深圳的华南理工大学，其中华中科大著名的"化成天下"，我去讲过很多次。我记得第一次去讲的时候是21世纪初，杨叔子①院士亲自主持。杨院士是华科以前的老校长，中国科学院的院士，老先生的中国

---

① 杨叔子，1933年生，江西省湖口县人。1991年当选中国科学院院士。中国科学院技术科学部副主任，也是中国著名的机械工程专家、教育家，曾任华中理工大学（现华中科技大学）校长。杨叔子觉得现在学科技的人，人文素养一天不如一天，但是他却认为，科学和文化必须相辅相成，所以，想找他指导的学生，要有基本的国学造诣。而博士班研究生想当他的指导学生，得先背完全本的《论语》和《老子》。

文化情怀很深，我非常感佩。另外就是东南大学，我最近刚在那边的人文大讲堂办了讲座，也算比较盛大。我在大陆其他各个学校讲学很多，包括哲学、通识教育，不过主要是哲学。现在，我去做讲座时有很多年轻教师跟我说："林老师我二十年前就听过你的讲座，我十年前听过你的讲座……"因为我去的这些高校，如北大、清华、人大、武大、山大、南开、厦大，都是挺著名的高校，所以培育出来的博士多半会有因缘到哲学系，到不错的单位去教书。

对于台湾师大来说，中华文化传统和广义的人文学，其实是师大最重要的特色。譬如拿中文系来讲的话，该谈的就是台大、师大、政大。台大有一个历史的独特地位，所以我们常常把台大摆在前面说，但其实师大中文系以她的学生量，从她走出去的人才及目前在学界跟教育界所扮演的角色，她的影响绝对超过台大和政大。当时台湾师大中文系一直是整个中文系的龙头，很可惜，现在已经不是了。师大的这个文化传统，这种熏陶的氛围，其实是一个广义的人文学，也就是我们中文所涉及的。所以我一直觉得像我们现在所需要的人才，除了要有一个广义的人文学通识以外，在专门的训练方面，我觉得一定要达到可以跟专门的同业一起对话的水平。所以，师大中文系有关义理哲学方面的发展，我想未来在哲学界方面，或是请兼任人才或是请专任人才，我想应该都不会只限于请中文系的学生，他可能是历史系出身，可能是宗教系出身，也可能是哲学系出身，或者其他都有可能，从趋势上看，我想这是一定的。

6.关于参选台湾师大校长之种种

尼山学堂问：关于前面您提到台湾师大遴选校长一事，我想这里面一定有您的教育理念和理想，还有您当时的动机，想请您就此再说一说。

林安梧答：因缘不可思议。我大学毕业时，对于台师大特别是中文系的传统与保守极端不喜欢，我喜欢的是哲学，但我曾立下志愿，希望以后能回来台湾师大，改变她。我也不知这是业力，还是愿力，结果，我居然回来了。我硕士、博士念的是哲学，不是中文，依照以前的惯例，我绝不可能回师大中文系教书，但我居然回来了。师大中文系，多年来的教师都是由助教而讲师升上来的。可以说，她从来不直接向外开缺，这也是我们一直以为她近亲繁殖得太过，因此使得她走向封闭的原因。有人甚至说，近亲繁殖，其族不繁，其繁必呆。这当然讲得有些过头，但当时的师大中文系的确问题多多。我在2000年2月至3月间，接到傅武光①的电话，他当时是系主任，他说今年他要有大改革，希望能向外招聘教师，他希望我能参加这个招聘。我当时已经在台湾清华大学担任一级主管，我真有些不愿意。再说，学校给了我一栋住房，就在学校里面，而且研究的环境很好，光研究室就有三十多平方米。只是，我当时没在我的专业中，我在通识教育中心，无法指导硕士、博士，只能在外面兼课指导硕士博士，正被这些事搞得很不快乐。特别是台湾清华大学的哲学所不研究中国哲学，我变成了一个独特的异数，两方不是。主其事的人，怎么说都沟通不定。有人说，因为我隶属在新儒家里，新儒家的力量很大，所以人家不愿意再让你们继续开展。就这样，我回到了台湾师范大学中文系。整个招聘的过程很繁复，在2000年6月已经通过，我本来想从台湾清华大学直接回来师大，但台湾清华大学不放人。老友黄怡农教授、彭宗平教务长，要我再好好思考，特别是彭宗平和我说："我看台湾师大的氛围，你会受不了的。"我说我想回去改革。他说："你再想想，至于你在台湾清华大学，没有归属在你的专业之中，你教的是公共课，让学生普遍受益，这是台湾清华大学的福气。但

---

① 傅武光，1944年生，台湾新竹人。台湾师范大学中文系博士。曾任台湾"《国文天地》"月刊总编辑，台湾师范大学中文系主任。曾经参与"基本教材"之恢复运动，1999年开启师大中文系外聘教授之门。

你有专业研究隶属的要求，我们再来想想办法。"就这样，事情拖了一学期，学校没法解决我的需求，因为台湾清华大学治校是周天子领诸侯的方式，各系所的山头意识太强，学校也拿他没办法。于是，我在2001年2月1日，忍痛离开台湾清华大学，却抱着改革的理想，回到台湾师大。

尼山学堂问：就是这样的改革理想，促使您参加台湾师大校长遴选？

林安梧答：是的，我回师大，做了些事，比如说：开启了经典会讲；恢复义理组的聚会；并且邀了许多朋友来系开讲座，系经费不足，讲座经费有时就由我直接支付。我觉得师大有一股暮气，须得廓清。接下来的第二年，2001年下半年，有几位老师要退休，我们系可以出好几个缺，武光兄思大有作为，想邀集中青一辈的优秀学者来系任教。我们分头去邀，包括做现代文学的钟怡雯、郝誉翔，做义理思想的谢大宁，做哲学的赖贤宗，①结果呢？保守派，怕我们把势力搞大了，破坏他们的原生态，就结合了一群不明就里者，把这局搅了，这群优秀的学者没能进得师大，这真是师大中文系的不幸。后来，傅武光兄任期到了，我投入系主任的遴选，想

---

① 钟怡雯，1969年2月生，马来西亚人，祖籍广东梅县，著名的马华文学作家。台湾师范大学中文系博士。于学生时代即崭露头角，多次获得各类文学奖，曾任台湾"《国文天地》"杂志主编，现任元智大学中文系教授兼系主任。

郝誉翔，1969年10月生于高雄。1998年获台湾大学文学博士。曾任台湾东华大学中文系教授、中正大学文学研究所教授，现任台北教育大学语文与创作学系教授，教授文学创作与现当代小说相关课程，并从事写作。郝誉翔的小说被归类为女性都市文学范畴，散文则多属旅行与家族史范畴。曾获金鼎奖图书类文学奖、中山文艺创作奖、《时报》开卷年度好书奖、《联合文学》小说新人奖、《时报》文学奖、"《中央日报》"文学奖、台北文学奖、华航旅行文学奖等。

赖贤宗，1962年6月生，台湾大学哲学系博士，德国慕尼黑大学哲学博士。曾任《国际佛学研究》杂志编辑、《思与言》杂志总主编、台北市"丹道文化研究会"理事长。现任台北大学中文系教授。专长领域为佛教哲学、新儒家哲学、美学、比较哲学，早年亦出版诗集。赖贤宗于1982年在忏云法师座下皈依佛教，1983年从圣严法师在农禅寺打禅七，1994年入德国慕尼黑大学随布鲁克（Michael Von Bruck）及劳伯（Johannes Laube）学习佛教哲学，指导教授为佛申库（Wilhelm Vossenkuhl）。

接续改革，结果得罪了陈丽桂，她是保守派，是林尹的儿子林耀增的学生，研究黄老，学问平平，但研究黄老的，比较会拉帮结派，就这样，她主政，又回到了原先的老派手里。台湾师大中文系，自此改革失败了。我想既然如此，那进一步改革吧！做全校的校务改革吧！当时，师大中文系两位教授都还当了台湾师大的副校长，但他们是老派，很需改革的。我就在这种情况下参与了台湾师范大学校长的遴选。

起先，朱荣智兄拉着我，要我签名支持蔡宗阳兄出来选校长，我与他说，我自己也要选，他说："真的吗！"我说："是的。"就在那一刻，我进入了参与遴选的行列。我心里想着蔡宗阳、赖明德两位教授都担任了系主任、院长，最后还都当了副校长，但你们对师大应兴应革的事都没做好，还来抵制我们对于师大"中文系"的改革，我们找了当时最优秀的中青辈学者来系任教，竟然被你们抵制了！你说这样的人怎么可以成为台湾师大的校长呢？我当时虽然回师大才两年多，但我决定挺身而出，因为我已经完全具备被遴选的条件，我当过一级主管三年以上，而且我担任过民间基金会的董事长，我还出任过学刊的总编辑、社长，而且升任正教授已经多年。参与遴选校长的事，就这样启动了。

起先我写了一篇《台湾师大何去何从》[①]在报上发表，一方面是对当时李远哲提出的"研究型大学、教学型大学、专业型大学、社区型大学"四大类型的质疑，并且对师范教育转型提出忧虑，还有对整个高校大学教育方向的批评反思。之后，在2004年1月我又写了一篇《林安梧老师廿九年来对师大的"爱"与"痛"》呼喊："师大，正在觉醒的师大！朝向文艺复兴的师大！"这篇文章可以视为我竞选师大校长的前奏曲，文中指出：

---

① 林安梧：《台湾师大何去何从》，台湾"《中国时报》"，2003年9月26日。

一、师大这学校给我的第一个感觉是"纯朴、厚重"，充满着大地生长而孕育的生命力，但却也被一种说不出的保守性拖滞着，难以开展。

一九七五年九月我到了师大报到，成了师大的学生，这学校给我的第一个感觉是"纯朴、厚重"，充满着大地生长而孕育的生命力，但却也被一种说不出的保守性拖滞着，难以开展。这和我中学念的两个学校有着很大的区别。卫道中学是个教会学校，由天主教"卫道修会"建立，雅致整然、条理分明而有一宁静的神圣感。台中一中是中部最好的中学，林献堂族长等乡先辈结合台湾人的力量艰苦卓绝地建立于日据时代，这学校自由开阔，有着冲创的生命力。

老实说，从卫道、台中一中而到师大念书的我，是不满意的；但这不满意并不叫我就不爱这学校，因为，我为这所学校深涵的人文传统吸引着，老师和我们谈起了章太炎、黄季刚，学长们和我们谈起了牟宗三、鲁实先，还有名腾许久的梁实秋，当然像诗人余光中也是我们耳熟能详的。那时音乐系、美术系乃至体育系都还放在文学院，连着历史系、地理系，说真的，那真是充满着"人文艺术"的气氛，加上教育学院的老师们一谈就谈起刘真先生、田培林先生，像雷国鼎先生，我们都听到的称呼就叫雷公，他们的学问总要归本于孔子之教。

二、这六个环就代表着孔老夫子的"六艺之教"：礼、乐、射、御、书、数。"水池"涌泉活现象征着"悠游""涵泳"，正体现着孔子Liberal Arts的精神。

这正与当时我们校门正门口的景观相符。那个场域原是一个水池子，里面有六个环形图样，晚上还有灯光打出，这六个环就代表着孔老夫子的"六艺之教"：礼、乐、射、御、书、数。"水池"涌泉活现象征着"悠游""涵泳"，正体现着孔子Liberal Arts的精神。

后来，这池子被废了，在这个地方建了蒋公铜像，这是国民党威权的刻痕，颇令人遗憾；这也似乎补述了师大的命运，想来令人怅惘。历史的符号是有趣而诡异的，国民党威权统治的前期，虽高压得紧，但有风骨的知识分子，却也与他形成了既矛盾对立又和合一致的总体，与他相持而相抗，威权者又要做态，表示对教育与学问的尊重。因为，他们须要由这样的尊重引生出他们与神圣性的关联，由这样的神圣性关联来强调他们权力的合法性与正当性。这也是中国数千年来专制，还得祭孔、尊孔的原因，知识分子仍然有一点脊梁，也就在于此。师大，不管是日据时代，还是1945年光复以后改制的师范学院（后来改制为台湾师范大学）时期，或是国民党威权高压的年代，这水池仍然是水池，这六艺之教仍然是六艺之教。说也奇怪，反而是到了国民党威权高压的末期，这水池才被填了，六艺之教才被毁了。

三、原来的"纯朴、厚重"是充满着"生命力"的；而被专制保守奴化的"纯朴、厚重"，却走向"世故、乡愿"。

老实说，1977年，蒋介石过世的第三年，国民党威权已远不如以前，但以前不树立政治人物威权者的铜像，而这时居然才要树立威权者的铜像，我认为这绝不会是政治高压的后果，而是师大主其事的人没有了见识，师大人顺着保守的专制气息而造成的。最吊诡的是，这保守而专制的气息已内化到我们的生命之中，与我们的"纯朴、厚重"连在一起。原来的"纯朴、厚重"是充满着"生命力"的；而被专制保守奴化的"纯朴、厚重"，却走向"世故、乡愿"。您说，2004年的今天，蒋公铜像仍然站立在师大校门口，听说校"常委会"老早做出决议应予搬迁，送至大溪，竟然到现在仍然纹风未动，这种怪事，怎么说呢？您说他"世故、乡愿"嘛！可真太不忍心了；但若是说这是师大人的"纯朴、厚重"所致，那真污损了"纯朴、厚重"这两个美善的词，我们只能说那是"保守、拖滞"。我这么说，不是全师大人都如此，但我们的风气是如此，尤其，面对批评者，我们往往用"爱不爱师大"来立论，说之以情，声音也就没了。吊诡的是，你一旦爱了师大，在师大的文化下，你就会不忍心讲，不愿意触及这隐隐作痛处。这形成了一极奇特的逻辑，爱师大者愈多，声音愈小，最后也就没声音了。师大到现在没公共论述，那也就不足为奇了。

四、"爱"是要有声音的，特别是对师大的爱，那更要有声音；否则一切都无声胜有声，没有公共论述，师大就在这无声中逐渐沉寂，一切已矣！

对我来说，有声音是很自然的事，不只有声音，而且是反对的声音，它是从高中就培养起来的习惯。这也可能是我们雾峰林家的家族特性，喜欢拓荒，而不喜欢在专制下当顺民。因为既然我参与了这个天地，我就不能只是过客心态地看自己，不管参与得多，还是参与得少，我十足地是一个参与者，参与者要有存在的真切感，而且他是要说话的。

在台中一中高二年级时，我们可以因为学校安排了太多不适合的教师在我们班上，而召开秘密班会（导师不知），另拟了一份我们要求的教师名单，推选了八位代表去见校长，与校长"谈判"。那年是一九七四年，校长是段茂廷先生，一个很有风度，很有理念，很有素养，能作诗、写字的学者。他与我们八位学生代表谈了一个多钟头，同意我们的请求，答应我们明年更动教师。台中一中的"批判精神"是有名的，校长晨会讲话太久了，我们会报以"掌声"，教官讲话太久了，我们会"开汽水"，报以"嘘声"，这样的等级对待，已成了我们的传统。

五、没有公共论述，真理就难得开显，人们可能就在既有的习气下，依循习气所形成的惯性，把这样的惯性当作道德。

那一次，八个学生代表到校长室的谈判经验，形成了我处事的基本格调，我相信真理愈辩愈明，我相信"公共论述"的重要。没有公共论述，真理就难得开显，人们可能就在既有的习气下，依循习气所形成的惯性，把这样的惯性当作道德，这是不对的。记得后来读了康德（Immanuel Kant）的哲学，他一再强调这些没经过道德省察、没经由道德的法则作用而生的习气惯性，尽管如何的谨厚，都不是"道德"。这与我所熟知的新儒学思想之强调"习"与"性"的区分，可以说是若合符节。只是儒家强调的是"主体的自觉"，康德学更强调在市民社会下，所型塑成的社会普遍意志以及背后的先验道德法则罢了！长久没有公共论述的师大，她依循的是"伦理""辈分"，还有"人情""关系"而已！而这样子下来，几十年了她居然也还维系得住，只因为她还有"纯朴""厚重"在，尤其在以前的公费年代，它吸收到相当多贫苦地区的年轻学子，这些人都是纯朴的、厚重的，他们都有一股土气，一股来自泥土深处的生命力，就是这股生命力围系了师大，长养了师大。

六、伦理、辈分、人情、关系，太强调这些的后果是一种"典型的封闭性思考"以及与此密切相关的"内倾式的保守性氛围"。

伦理、辈分、人情、关系，太强调这些的后果是一种"典型的封闭性思考"以及与此密切相关的"内倾式的保守性氛围"，随势而趋，固是纯朴厚重，但厚重得打不开了，纯朴得可爱有余，而见识却是不足。尤其与外面交流愈少的系所，这种状况愈为严重。我以为中文系就是一个典型的例子，其他当然也有，甚至尤有过之者。我常和许多朋友开玩笑说，研究中国文化传统最好的地方就在师大，特别是师大中文系，原来的情境与氛围仍然可以具体实存地体受到，她可以数十年不公开招聘讲师以上的教职人员，全由助教升级，她的同质率可以接近百分之百。她的保守、封闭、专制、迂腐……到了令人匪夷所思的地步，她却又是那样的纯朴、厚重、忠恳、恪实，又不得不让您动容。一直到公元二〇〇〇年才第一次公开招聘讲师以上的人才，我就是那年应聘成功的，同年的还有陈芳教授。这情形会如何，其实不问可知；但他们果真不问？其实是"不敢问""不容问"，久了，也就"不必问"，更"不忍问"了。

七、人那么坏吗？不！最坏的是"风气"，是那"不敢问""不容问""不必问""不忍问"的文化。

这"不敢问""不容问""不必问""不忍问"的后果是什么？"七匹狼"的事件是怎么出来的，果真人那么坏吗？不！最坏的是"风气"，是那"不敢问""不容问""不必问""不忍问"的文化，这是中国文化最为恶质，最为"博大"，最为"精深"的地方，幸亏她就在人的"纯朴、厚重、忠恳、恪实"下，得到一种调节，但却也因此继续保守、拖滞。历代皇朝的灭亡不都由于这样吗？变法改革几乎不可能，只有落到底了，让农民起来革命一途了，这不是很惨吗？师大真像中国的历史，真像愈振乏力的清朝末年，有谁问呢？有谁问呢？

现在已不是"不敢问"，也不是"不容问"，也不是"不必问"，更不是"不忍问"，根本上是"不想问"。学生在哪里呢？作为大学校园主体的学生在哪里呢？教师在哪里呢？在校园民主化下的教授在哪里呢？在既有的体制下，烦琐而冗长的细碎事物已让我们分身乏术，一切都牵一发动全身，算了，有谁想问呢？问了没用，当然也就不想问了，更何况在纯朴厚重的习气下，多问了些，人家还说你是"麻烦制造者"（trouble maker）。不问，管它是不敢问，还是不容问，还是不必问，还是不忍问，反正我根本不想问，甚至我还可以说我不屑问，不屑问还是清高呢！

八、要克服我们长久以来的业力习气，那真要好好"逆而觉之""即知即行"，一切都"大白其情"，彻底展开公共论述。

的确，师大是有许多人才，就在这"不问"的哲学下，从不敢问、不容问、不必问、不忍问，到不屑问，因不屑问，也更不屑为之。就这样子，师大厚重师大淳朴，一代连着一代。这些年来，我们感受到师大空转、不转，甚至是倒转，但大家还是一样过太平日子、过安生日子。做官的一样做他的官，不分"蓝"、不分"绿"，不分是、不分非，反正"官"就可以"僚"，只要"僚"了，就可以为"官"。你说他官僚，其实他们也不坏，也坏不到哪里去，他还是一样的看似纯朴、看似厚重；他显露了一副很无辜的样子，他根本不坏，因为他真的坏不到哪里去，你说谁又忍心责备呢？往往为了保住这样的慈悲心，一切也就算了，能怎么样呢？背后明说学校在空转、不转，甚至是不转，但人前人后的，还是噤声不语，甚至不自觉地还是要来赞美有加。老实说，做为师大的一分子，我真不忍心如此说，但我不愿意继续发展到不屑上去，我还是"忍着心"就这么说了，请诸位师友同学谅解，因为我再也不能不说了。

老实说，治师大最容易，也最难，因为她就在台北，她有很好的博雅教育（Liberal Arts）的底子，她真是得了"天时"，也得了"地利"，而且师大人也"人和"得很。只是这"人和"的"和"字，常常要念成"huò"，它原本可以是"和而不同"的"和"，但在师大则常常是"和稀泥"的"和"，只要将这"和"字转念成"hé"，那一切也就好了。当然，我说那一切也就好了，这是强调地说，真要好，那真要大大努力，要克服我们长久以来的业力习气，那真要好好"逆而觉之""即知即行"，一切都"大白其情"，彻底展开公共论述，这样才有可能。

九、"讲理念""造风气""立标杆""勤耕地"。

我以为四大端就是"讲理念""造风气""立标杆""勤耕地"。理念的讲求是首要的，但不能只是空洞地说，一定要能造风气，并且立了标杆，如此才能勤耕勤恳，进一步开拓出崭新的格局。没有理念，

二、工作与访学经历

只是顺着原先的习气业力，只有往下趋而已，当然以师大的条件资源来说，那也坏不到哪里去，只是也好不到哪里去。师大若不猛醒，那会慢慢下滑，当然要滑到底也不会那么快；但老兵不死，只是逐渐凋谢而已！想起先圣先贤，情何以堪！

尼山学堂问：您这篇文章，看了令人感动，想问一问，您的治校药方何在呢？

林安梧答："治校药方"关联着这四大点而展开：一是"讲理念"，二是"造风气"，三是"立标杆"，四是"勤耕地"。现且一一简述如下：

其一讲理念：

（一）建构一以"Liberal Arts"为主导的大学院校，融摄"研究"与"教学"为一体。（请参看台湾"《中国时报》"2003年9月26日"言论广场"）

（二）强化沟通机制、扩大公共论述，以学术为导向，以教育为根本，对比世界先进文明之教育发展，加强与台湾社区总体脉动。

（三）跨出师范院校的藩篱，并引领师范系统转型，以全民文化教养为己任，并促成总体师资培育之转型，主导台湾地区之教育改革志业。

（四）跨出校园之围墙，建构一理想的教养社区：在大安区及古亭区，联合相关各级学校，并结合相关文化部门，打造一文艺复兴的生活世界。

（五）依据Liberal Arts之理念，切实审视，调整院系，扩大力量，朝世界先进水平发展。

其二造风气：

（一）脱却"威权体制"的习气与"父家长制"的业力，建立一自由、民主、开放的话语论述，培养学术的"公共性"与教育的"主体性"。

（二）摆脱"行政领导"的虚矫，去除"官僚系统"的僵化，一以"学术"与"教育"为尊。

（三）跨出"私情恩义"的迷思，抛离"人情面子"的包袱，一以"公理"与"正义"为主。

（四）扬弃"师范龙头"的自恋，跨出"辈分伦理"的囿限，一以"理想"与"实力"为验。

（五）努力扎根，"深耕台湾"，开发传统，迎向后现代。

其三立标杆：

（一）让"蒋公铜像"退休，送至大溪铜像博物馆；摆脱专制威权，建立教育学术的主体性。

（二）恢复正门庭园旧观，"水池"象征"悠游涵泳"，"六环"象征"六艺之教"；建构一具有传统，又具有现代，通贯中西的"Liberal Arts"大学。

（三）保护老树，并恢复文荟厅古迹旧观，寻求师大路向东边改道，对目前师大路以东之所有老旧建筑，依序拆建，以作为宿舍、教学、研究、演示、展览等多方用途。

（四）强化电子数字化，全体教职员工上网，"主道利宣不利周"，以明朗畅达全体师生之意见，凝结命运共同体的意识。

（五）连通重要网络，建立因特网论坛，由内向外逐步发展。

（六）强化传播媒体的合作，建立"师大电视台"，融学术与教养为一体，建设台湾媒体的公共性，并尊崇大学的理想性与神圣性。

（七）跨出校园藩篱，与社区相关资源结合，四年内于大安区、古亭区建立至少五个据点，让人们感受"处处有师大"的气氛。

（八）建立"大学出版社"，刊行"学术丛书"，扩大对外交流（如香港中文大学之与牛津大学合作），提升学术地位；刊行"通识丛书"，落实生活世界。

（九）建立新的BOT方式与民间合作，成立必要的单位，如剧场、美术馆、博物馆以及相关的文化产业等。

二、工作与访学经历

（十）积极寻求与"侨大"的合并，寻求第三校区的发展，并发展外围文化产业。

（十一）积极寻求与其他友校（如台科大、台大、"北科大"等）及"中研院"的合作，成立跨校研究学程、跨校研究中心。

（十二）建立"通识教育中心"，推展通识教育，并提升通识教育之研究与推动；结合既有之相关教育资源，引生一以 Liberal Arts 为主导的大学气氛，建立台湾地区最大之通识教育网。

其四勤耕地：

（一）建立以学生为主体的公共论坛，强化学生对于公共议题的关注，建立学生公共论坛奖项，培养师大学生成为台湾地区公共议题（特别是学校教育与文化教养）之领袖人物。

（二）落实全校语文课程之检核制度，并寻求与其他相关之文化产业、教育产业、科技产业之合作，落实证照制度。

（三）增进与各地学生之交流、教师之互访与研究，并建立共同培养研究生的制度，以强化学生之视野，扩张师大在世界上的影响力。

（四）重视文化与学术，并强化"翻译"工作，采电子媒体与书报出版双轨进行，扩大影响。

（五）重新调整院系所结构，检核各研究中心成果，建立诸多"论坛""课题"，寻求扩展之可能；如成立"台湾文化论坛""台湾媒体论坛"……以功能性的组织取代实体性的结构。预计三年内成立十个功能性组织，由相关科系所共同经营之。

（六）落实全体师生上网，公文 e 化，必要时，并辅以纸本，统筹由系所处理。

（七）完成学生宿舍之改建，全数清理各院系所之使用空间，并整体规划，一以 Liberal Arts 及以孔子的六艺之教为归依，建构一具有人文美学之生活世界。

（八）应时代需要，配合本校转型，总体审视，督促各院系所，调整课程，加开跨系、跨所、跨校之学程，拟于三年内先行展开十个学程，并逐次转进。

（九）强化既有的《师大学报》，并鼓励各院系所强化其学报，务求学术国际化，并进一步与"师范大学出版社"配合，落实《网上学报》的发行。

（十）于师大分部增设停车场以及相关之体育措施，如成立"网球羽球活动中心"，强化其艺文活动，达到科技与人文并行发展的目标。

尼山学堂问：林老师，看来您胸有成竹，应该获得很多学界的响应吧！

林安梧答：是的，我获得了学界相关的支持，有471位学者联署签名支持，而且有许多朋友还写了很完整的推荐函。其中一封台湾清华大学教授的推荐函(《推荐林安梧参选师大校长理由》)，是这样写的：

一、在学术成就上，林教授已出版专书九部、通识著作五部，共十四部，是当代新儒家的重要代表人物。林教授为了找寻新儒家的出路，从牟宗三逆转回熊十力，再上溯到王船山，目的就是要把宋明理学的心性论，拉回来面对历史社会总体。这个社会总体面向的注入，为新儒家开出了新的格局，也宣告后新儒家时代的诞生。而林教授正是开创此一新格局的代表人物。

二、在品德情操上，林教授曾说："一个良好的学术社群，一定要具备下面几个条件：老一辈的要有温情、关怀，中年一辈的要有气度、有胸襟，年轻一辈的要有理想、有冲劲。"难能可贵的是，林教授同时兼具这些人格特质，不但具有年轻人的理想与冲劲，又有老年人的温厚与关怀，更有他这个年龄应有的胸襟与气度。他具备了一个大学校长最需要的德行与襟怀。

三、在行政与领导能力上，林教授善于沟通协调，行政能力甚佳。他在台湾清华大学担任通识教育中心主任时，解决了很多通识教育中心积聚多年的沉疴。尤其让人印象深刻的是，在林教授的带领下，台湾清华大学通识教育中心从一个极为边陲的位置，慢慢转变为一个让人不能忽视的重要单位，更为台湾清华大学的通识教育奠立了良好的基础，在在显示林教授具有的卓越行政和领导能力。

四、在教育理念上，林教授精通教育哲学，有非常清晰的教育理念。他在传统的心性哲学之上，带入社会和历史的实存面向，而主张教育应从整个生活世界的重建开始。他主张师大应该发展成台湾 liberal arts 的教育中心，不只成为一所优秀而有特色的大学，甚至因此而引领台湾的教育往一个更健全的方向迈进。这是林教授的视野，以他的才华和气魄，他有机会实现理想，这也是本人极力推荐他参选的最大理由。

总共471位学者联署，这应该是台湾少有的纪录，但还是没成功。最主要的理由，是我回师大才三年不到，根基还不够，而且师大中文系是保守派的大本营，傅武光兄想要大兴改革有所不得，系改革都这么困难，您说全校性的改革不是更困难吗？

尼山学堂问：林老师您没被遴选上，没担任台湾师大校长，会不会很沮丧，会不会觉得很可惜？

林安梧答：有点失望，不过，我是清楚的，因为我才回师大不久，我虽已具备成为大学校长的基本条件，但经营不够，在选举的程序上，很难脱颖而出。不过，没关系。我的目标主要在于宣扬我的理念理想，总的来说，也唤醒了。后来几个继任的校长，就拿我的意见去参考，也完成了一些。台湾师大，现在还是有些进步的，我的努力仍然没白费。我深深以为成功不必在我，本来，这世界是要大家一起去努力的。做学术行政，我不拒绝，但那不是我最喜欢的，我最喜欢的是讲学，讲学于天下，像现在这样。再说，如果我担任了台湾师大的校长的话，可能我的学术成绩要打折扣。反正，失之东隅，收之桑榆，老天还是很公平的。

7. 慈济大学及玄奘大学工作经历

尼山学堂问：您刚提到您也曾在玄奘大学任教过，请您具体谈一下。另外您离开师大后又是怎样到慈济大学工作的呢？

林安梧答：玄奘大学我只去了一年，2007年到2008年。我在玄奘大学担任通识教育中心主任，也担任中文系跟宗教系的合聘教授，那一年倒是一个过渡期，没有特别做些什么。当时因为我那个学长一句话要求我去，另外一个方面就是我对师大中文系有一些不满意，有一点负气出走的感觉，然后我就到那边去了。但是我感觉它就是一个过渡，事后又因为另外的因缘我就到了慈济大学。但我后来在玄奘大学也有兼职，带他们那个中文系的硕士班、博士班，兼职到2012年左右。

其实到慈济大学有一部分原因是慈济大学的宗教与人文研究所，里面有一些跟我相关的人和事。我当时去主要是因为我的一个朋友，叫余德慧[1]，他是做心理学的。他的心理学跨过目前心理学界的一些想法，他希望我能够把我原先开发的一些中国宗教与意义治疗的东西，将儒教、道教、佛教跟心理疗愈的关系，连接在一块儿。他对我所著《中国宗教与意义治

---

[1] 余德慧（1951—2012），心理学教授，专研临床心理学，长期关注现象心理学、生死学、临床咨商、宗教现象学、宗教疗愈。曾任台湾大学心理研究所、台湾东华大学与慈济大学教授，是《张老师月刊》的创办人之一。

疗》①一书特别有兴趣。余德慧也强调生命疗愈，所以希望我到那边去做这个事情。我在那边也做出了一些成绩，跟他合作也做成了一些事情。因为那个所比较小，并且我当时在别的很多地方还都有活动，所以我还是花了很多工夫在别的地方教书。包括中兴大学、"中央大学"和台湾师范大学。所以我在慈济大学教书，但是不限于在慈济大学。因为慈济大学的宗教与人文研究所比较小，她的学生数量有限，教师也有限。虽然学校还是蛮重视她的，但是她的地理位置比较偏远，在花莲。我的主要活动还是在台北多，所以那时候并没有限制在慈济大学。

慈济大学本身来讲的话是一个新兴的大学，还蛮不错的。她主要是以医学院起家，慈济大学的医学院是非常著名的。后来因为要有人文学科，就办了人文社会学院，然后从医学院分出一个生命科学学院，从人文社会学院再分出一个教育传播学院，就构成了慈济大学。她是很小的一个大学，只有三千多人，但是这个学校挺精致的，挺不错的，大概是这样。那时我已经在比较独立地做事情了，所以跟慈济大学并没有特别紧密的关系。因为做哲学跟你们做其他社会科学不同，哲学基本上跟数学很像，就是你一个人的事儿，你不一定要去搞一堆东西，最重要的是你的思考。

尼山学堂问：那您现在还在慈济大学承担什么工作，或者说还授课吗？

林安梧答：我今年处在"学术休假"的阶段。台湾教授的休假是七年可以休一年，慈济是因为上一年我们所里面还有一位教授在休假，我当时还担任所长，不好休假，所以我就慢了一年才休假。因为学术休假所以就可以到处访问嘛，也就跟山东大学有这个因缘了。如果不是学术休假，我就不可能在这儿待这么久了。

---

① 林安梧：《中国宗教与意义治疗》，明文书局，1996年。

尼山学堂问：您在慈济大学上什么课？

林安梧答：我现在在慈济大学授课所教的东西主要还是儒道佛三教的经典，还有跟这个相关的比较宗教的部分。不过主要还是儒道佛三教的经典。因为我大概从五十岁以后，就很清楚地告诉自己，无论如何还是要以儒道佛这三教的经典为主，特别是儒跟道。因为佛教还是有很多人传嘛，不一定要讲多少，而儒跟道二者的话儒会更多一点。

8. 其他兼课工作

尼山学堂问：我们看到您的兼课经历很多，这是为什么？

林安梧答：因为我在台湾清华大学的通识教育中心任教，在通识教育中心教的是一般课程，教一般课程的话虽然说也很好，但是在你那个专业领域，一种传薪的心理会很强嘛，你也希望你的学问能够下传。那既然你学问要往下传，你必须要跟专业的东西相关。所以我的兼课要不就是哲学，要不就是中文。中文是因为台湾的中国哲学有一大半在中文系嘛，所以我主要是教中国哲学，教经典。像文化大学是教当代中国哲学，教清代哲学。我教中国当代哲学教过两年，然后教清代哲学教过一年。在台湾辅仁大学教过当代儒佛论争，教过清代哲学，教了三年。在"中央大学"主要就教《论语》，教《老子》，教的是大学本科。最多的时候就教了《论语》教《老子》，又教了一个哲学所的硕士班的课，硕士班的课又教了像当代儒家哲学等，另外还教过很多。"中央大学"是我教书的"重镇"。

我以前指导过的学生，像硕士、博士全是我指导的，有杨自平教授，她现在是非常好的学者，是"中央大学"中文系的教授，也是系主任。她1991年来听我讲课，我1991年开始在"中央大学"讲《论语》。当时听《论语》的那一班学生，现在好多是大学教授，有五六个，有好几位是正教授了，有几位还是副教授，他们都还记得我那时候讲《论语》的样子。那时候我觉得我对《论语》的理解比较开窍了，觉得真有一些自己的见解。杨自平那时候是来旁听，她已经四年级了，我教的是大一，但她会来旁听。她旁听过以后，觉得很有兴趣，就找我做她的硕士导师。因为台湾的硕士、博士跟大陆的不一样，大陆是你去考哪一个人，台湾是分硕士班跟博士班，就是你考进去以后你要写论文的时候才去找谁做指导。

我当时有考虑是否要去"中央大学"专任，因为我在台湾清华大学一直是在通识教育中心，还有我之前讲的其他各种因素。之所以没有去成是因为还排不到我，因为参与《鹅湖》月刊的时候我年纪最轻，那是大家认为的新儒家的大本营，新儒家的大本营要论资排辈，但是我对论资排辈这种事情很不以为然。年纪轻的时候，我们觉得这个不应该论资排辈啊，应该论能力之类的。但是它习惯论资排辈，所以很多人都是在我之前去的：譬如我想去"中央大学"的时候，他们这些人就先去了，我就去了台湾清华大学了；当我想从台湾清华大学转到"中央大学"的时候，又有人要从别的地方进"中央大学"。其实我觉得应该是我，但是他们的想法就是我在台湾清华大学还蛮好的，他们有的人在私立学校，应该让他们先到这里，我就这样错过了。后来终于还是离开去了台湾师大。在台湾师大后来反正又由于各种因缘，转职到了现在的慈济，我在慈济也已经有八年了。

尼山学堂问：那么您在"中央大学"兼课的同时也可以招收博士生么？

林安梧答：基本上我要指导很多硕士生博士生，许多是在兼课的学校，这跟大陆不一样，这一点我上面提到过了。大陆你是考哪个人的博士，考哪个人的硕士，台湾不是。台湾是你考进一个硕士班，博士班，你转益多师，最后你要写的那个论文跟谁比较相关，你就去找他。然后要经由那个老师以及系里面的同意。但基本上很多学生是找他系里这方面专业的老师。不过有的学校更宽，就是你找了其他地方的老师，只要经过系里面同意就可以。系里虽然有这方面专业的老师，但是有的学生觉得跟哪一个老师学习更好，那就可以去找。

所以我指导过的硕士生博士生分布在台湾很多学校，但就是没有指导过台湾清华大学的。因为我那时候在台湾清华大学通识教育中心，没有学生带，其他系所像中文系，他们招的研究生很少，招学生的方式比较接近大陆的方式，就是你是跟哪个老师学习的你就找谁做指导老师，虽然我也在里头兼课，但不会分到我。其他大部分学校都是进来以后你再去找人。进来之后你自己找人，虽然你现在这个专业、这个所没有这方面的导师，但你可以去找别人，找别的学校的老师，很自由。但是那个别的学校的那位老师几乎没有什么利益的，因为他指导一个硕士或指导一个博士的指导费是很低很低的，他基本上就是为了传薪而去指导，就是薪火相传，是学问生命的延续。如果要去计算多少费用，是不会有人愿意指导的，因为付出的要比得到的费用多得多。但是其实某种意义上付出也是一种收获。兼课的话，款项更低。

所以很多事都是很有趣的。我指导过的学生来自台湾师范大学、台湾政治大学、"中央大学"、中兴大学、中正大学、成功大学、台北教育大学、慈济大学、台湾南华大学、玄奘大学等不同学校。有一点我可能创了台湾的纪录，就是我拿过台湾的十七个学校的专兼任的聘书，为什么呢？就是因为台湾清华大学的原因，因为没进那个专业，但是我这个人就是有这样的一个心，不进去就是不行。他们很多人劝我，因为很多人是这样思考的，人生就是图个好过活，你在台湾清华大学有一栋宿舍，你的薪水也没有比别人少，你外面出去名号也很好听，你在学校所要担负的东西也很少，可以很专心地做研究。那么你其他方面的事是不是都不要管了，好好做你的研究就好了嘛。但是奇怪，我觉得我不舒服啊，我总觉得我进不了专业里去就不行啊。虽然我们所做的东西被人家认可，但就是不服气。所以回台湾师大的时候是另一番景象，师大的学生当然都很好，但现在师大的学生相较略逊色。我们以前那个年代她的文科是比台大还好的，我去教书的时候基本也是这样。因为台师大是公费的，很多优秀的贫寒子弟愿意拿她做第一志愿。

尼山学堂问：您现在在台湾除了在慈济大学还有在其他大学的任职吗？

林安梧答：有。中兴大学跟"中央大学"我还有博士生，这些是兼职的。在台湾师范大学我还有博士今年毕业。所以目前来讲在读的硕士生、博士生就在这四个学校：慈济大学、台湾师范大学、"中央大学"跟中兴大学。

尼山学堂问：那您在大陆除了做山东大学的访问学者，还有其他的任职吗？

林安梧答：我在上海同济大学，曾经担任过他们一年的讲座教授，现在是他们的兼职教授。但是我没授课，我主要是他们的博士生导师。但是作为他们的博士生导师我从去年开始就不再招生了，因为现在招博士也很辛苦。招完博士以后你心里就挂着他以后怎么样，现在找工作还是有压力的。同济大学我现在还有两个博士生没有毕业。其中一位是王磊，山东临沂人，另外一位是赵国阳，河南人。已经毕业的有一位是陕西咸阳人，现在在西藏民族大学教书，那是我在大陆正式挂名带的第一个博士生，他叫董国，功底相当不错。

尼山学堂问：看来您从一开始到现在都是在多方兼职，工作比较繁忙，您是怎样兼顾这些工作的？

林安梧答：其实很辛苦，但是也很快乐。我其实就是一直在工作，不太有休闲的时间。基本就是工作、工作，从工作A到工作B，那工作A就获得休息了嘛，从工作B到工作C，那工作B就获得休息了嘛，大概一直是这样的一个方式。所以我的工作量还是很大的，不过我一直都觉得还好，就是体力还可以，各方面都还不错。说好听的话叫"乐在工作"了，其实就是有一点工作狂，喜欢工作。像游玩这个事儿，我的兴致就没有很高了，就是我会有一点兴致，但是兴致不会很高。特别是现在我觉得时间是很宝贵的，拿去游玩实在太可惜了。很多人都劝我要放松一点，轻松一点，实际上我真的闲不下来。以上个礼拜为例，上个礼拜我在南京大学做了两个讲座，在武汉大学做了四个讲座，在武汉大学还开了一个会。就是趁那个会，他们说你来做一个讲座吧，结果我连续做四场讲座。山东大学这边我们还是一个月一次，或者隔一段时间，那边是连续四天。但我还是觉得很快乐，那个感觉很好。因为我现在最强烈的一个愿望就是传薪，我们讲薪传、传薪。今天中午我跟胡金焱校长、王学典院长，还有巴书记一起吃饭，我就跟他们特别提到我觉得尼山学堂的学生非常好，他们也觉得尼山学堂很好。我是真的觉得尼山学堂的学生蛮不错的。所以跟你们聊天我一定会有时间的，但是你说其他，我就不一定有时间了。

尼山学堂问：工作和自己的学术产出也是两种性质的，您怎样协调这两者？

林安梧答：其实我也面临这样的一个困境，就是我觉得好像越来越忙碌，所以要写个东西吧，就有点困难。因为做个讲座还是很容易的，但你写东西总要静下心来，写的速度总没有讲的速度快吧。另外你还需要重新组构数据，进行各方面的论辩与佐证，还有种种事情。所以我现在觉得要有闭关的时间，慢慢就理解了闭关的重要性了。但是我是这样的，我每天要剖析自己思考的东西。还好我做的是哲学，哲学是靠脑子思考的嘛，所以很多东西其实你只要静下心来就能写，我们用的材料不必太多，最重要的是你的理解跟诠释。但是我还是觉得要多给自己一些时间，我也感受到这一点。所以自己慢慢地也在想，这个学期这么忙，下学期大概有一些事儿就不接了，然后比较专心地写自己的著作。像我的那个"存有三态论"，我觉得应该完整地写一本。虽然已经有学者对我做这个"存有三态论"的研究了，但是他是抓我其他地方来做研究的，我现在还是应该完整地写一部这方面的书。[1]其他要完成的还有很多，包括这个《论语》的翻译跟简要疏解，其实二十篇已经做了十七篇了，我要把它完成。还有很多学术工作，做不完的，但是要静下心来。我希望过个一两年，这些东西出得差不多的时候，再写一部"中国哲学史"，这是一个比较重大的工程，大概自己心里要有选择，大概是这样的。

尼山学堂问：您在这么多地方兼课，您有非常多的学生，那有没有让您印象比较深刻的？

林安梧答：我的学生现在都不错啊，现在有两个学生在担任系主任，一个是"中央大学"中文系的系主任，一个是实践大学中文系的系主任。其他的也都还不错。其实我的思想是比较开阔的，但是我的学生里比较有成就的都是比较朴实的。所以这个朴实还是很重要的，我一直跟学生强调。有一两位学生是比较开阔的，也有一两位真的不错，但是他们不是我指导的，他们只是跟我亲近而已。他们大概走自己的路，也都还不错。另外我在台湾清华大学教了好几位，是从通识课上教出来的，但是现在是大学的哲学教授。不过他们后来有的是做西方哲学，不做中国哲学，但是他们都是因为上我的哲学概论，上我的通识课程，受到启发，之后转的，因为台湾清华大学的大学本科没有哲学系嘛。像王志辉后来去了德国念黑格尔，现在在台湾东吴大学哲学系任教；还有一位台湾交通大学来旁听的，他叫郑凯元，去纽约念的博士，现在在做分析哲学、认知哲学方面的研究，在阳明大学任教；另一位叫金志谦，到德国去念书，现在在武汉大学教书；

---

① 河北大学哲学系张旭恺，于2012年6月，提出其硕士论文《林安梧存有三态论思想之研究》，由程志华教授指导。

张一中是到法国念的书，现在在东海大学任教。

我其实很喜欢教书，学生也喜欢跟我讨论。在台湾清华大学的时候我外面事务比较少，年纪也轻，所以跟学生来往都很密切，在师大的时候跟学生来往也很密切。其实我跟学生来往一直都算密切的，但我那个密切不是说跟你朝夕都在一块儿，而是说精神的互动是密切的。这可能是因为我们受以前老师的影响，一直是这样的。我还有一些民间讲学的学生，也蛮多的。能不能构成一个学派那不知道，那要看以后，但是我们有没有成就，是在实际的这个，因为台湾基本上文科本来就很小嘛！目前来讲，大概"中央大学"杨自平比较不错，他已升任正教授，并且担任系主任，那个位置算比较重要的位子了。像李宗定在实践大学担任应用中文系的系主任，也做了许多事，学问也颇有进境。台湾师生的关系有的是很淡的，我跟我的学生的关系算比较密切的了，后来我这些学生有的主要在学术教育方面发展的，就参与了我那个元亨书院。元亨书院最早的执行长是张荣琨，是师大中文系博士，现在的总干事廖崇斐，是中兴大学中文系博士，还有王慧茹、李彦仪、林柏宏等，他们是青壮一辈重要的主力。

9. 对高等教育的认识

尼山学堂问：看来老师您在台湾和大陆都有丰富的授课经历，对两岸的高等教育也都有很多的接触，在您看来两岸高等教育的理念和方式有什么异同？

林安梧答：我其实在大陆授课并不多啦，大陆主要是应邀来做讲座，我在台湾的授课确实很多。不过我跟大陆学者来往多，所以经常和他们谈，在谈的过程里面就发现其实两岸现在都有一个缺点，这个缺点就是把我们的人文学问逼得太紧了。我觉得这就是现在的问题，譬如大家现在都很重视课题，然后也很重视你发表文章的量啊，数啊。当然我自己发表文章的量算很多了，但是我觉得这个东西是不应该被这样硬逼的，它应该放松一些。我有一个说法就是，什么叫人文呢，人文就是一些莫名其妙的人教了一群莫名其妙的学生，在莫名其妙的地方，然后就成就了莫名其妙的学问，这才是人文。就是说你要让人文"鱼相忘于江湖"，它有一个自然生态才能生长。所以你看老一辈人，他们那时候也没有那么多重大的课题，评职称也没有现在那么麻烦那么困难啊，但是大师辈出啊。

那我们这一代读书很少吗？其实从某种意义上讲我们真的读得不多，因为那些很重要的原典很多人读得并不多，但是那个paper（论文）看得非常多。就是说二手三手的书看得很多，太匆忙，来不及内蕴。然后就是填的表格太多。这个样子没意思啊，这样的话就很难出现好的人文学者。当然也出现了一些不错的人文学者，但是你跟民国时代那些大家比，那就不一样了。那种大部头的著作，现在出得就比较少。就哲学方面而言，有深意的著作更少。那这些著作必须靠比较深入的思索，外在这些东西太多了不行。我觉得人文应该是一种生长，而不是一种制造。我觉得我们现在讲高等教育的时候，常常把高等教育当成商品制造，所以就会严格控管，希望产品质量良好。这个想法本身就是有问题的。高等教育应该提供一个悠游的天地，让学生尽可能地生长，他长成什么样你却不必太担心，他就能长出东西来。所以我说老一辈人，像我们师大的一些老先生，譬如汪中，汪老师是诗人，他也是《诗经》方面很好的专家，他还是书法家，他写诗，平时喝喝酒，上上课。你说现在如果用他那种方式过日子，那他怎么评职称啊，评不上的。还有像台大的台静农，不要以为他就是写字喝酒嘛，但他就是有那个涵养，他有内蕴，他就有传达出来的东西。① 现在不是这样了，

---

① 汪中（1925—2010），字履安，号雨盦，亦常自署雨公、愚公等，安徽桐城人。汪氏为著名书法家、古典诗人、中文学者，长年任教于台湾师范大学中文系。

台静农（1902—1990），本姓澹台，字伯简，原名传严，改名静农。安徽霍邱县叶家集镇人，1946年10月到台湾，应时任台湾编译馆馆长许寿裳邀请，到该馆任职。后又随许寿裳在台湾大学中文系任教。长期写作，精于书法，笔名青曲、闻超、孔嘉、释末等。

现在就是很功利地算计了。我觉得目前的大学教育，两岸都分别进入一种很缜密的算计里去了，都在忙着怎么样去制造更好的产品。这种思考实际上是一种谬误。但是这个没办法，这是时代使然。

所以我们那个时候去台湾南华办大学的时候是有这样的想法的，但是很可惜，这个大学因为各种因素，后来并没有朝这个方向走。一方面是因为各种条件达不到，比如你的学生来源没那么好，就很难达到。如果说台湾南华大学是在台北，然后还朝原来的方向做，大概可能达到我们原来的一些理想，就是小而美，小而精这样的。但它不在台北，它在中南部。像慈济大学也是，它在东部，这个在地缘上也受到很多限制。虽然它离台北并不远，只有两个多小时车程。但是在台湾小孩的观念里，这两个多小时就是很久、很远了。所以这其实也是一个问题，这个岛太小了还是不行的。我到美国去的时候，我在某一个地方做讲座，台湾清华大学的一个学生去那边留学，他开了八个钟头的车来听我做讲座，然后我说："好远啊！"他说："不会啊，很快就到了。"奇怪的是以前他在台湾的时候觉得很远。所以说这是一种相对的概念嘛，所以这个部分我觉得其实扩大视野很重要。

尼山学堂问：您在台湾和大陆都还带学生吧？您觉得近年来接触到的两岸的学生，他们的精神面貌啊，治学功力啊，有什么差异么？

林安梧答：各个学校有点不同了。我在台湾的大学带的学生也还不错，像台湾师大、"中央大学"、中兴大学，这些都是比较好的大学，特别是台湾师大。慈济大学因为是比较新兴的大学，宗教与人文研究所跟我那个哲学也是有一段距离的；另外一个方面就是它地处东部，而且是私立学校，所以来的学生，要做这方面的就比较少了。所以我主要带的学生还是在师大、"中央大学"跟中兴大学，他们都还是不错的。大陆我觉得我接触到的都是所谓"985""211"大学以上的，这些都是很好的大学嘛，所以这些学生基本上还是挺好的。其他的我虽然没有指导硕士生、博士生，但是就我

　　　　　　　　　　　　　二、工作与访学经历

接触的来看，我还是觉得总的来讲是不错的，因为这些高校已经是在全国排名最靠前的了嘛。

尼山学堂问：您曾经提到过好像您感觉大陆这边学生更用功一些，这个怎么讲？

林安梧答：这个的确是，现在先抛开我的学生不谈，就我所知的大陆的大学本科生或者说研究生，总的来讲都比台湾学生认真。这个可能是因为大陆学生的未来压力大，你们可以体会到的。另外可能就是我所接触到的都是这些很好的高校嘛，所以他们真的很认真。不过台湾这些很好的高校，大概学生的认真程度也不如大陆的。比如台湾大学、台湾师大，都是很好的高校，中兴大学、"中央大学"也挺好的，但他们的学生都不及你们用功。

尼山学堂问：那从另外一个维度来看，比如说两岸学生的创新能力如何？

林安梧答：说到创新能力，我觉得台湾的学生比较会胡想，就是有的学生是真有创新能力。大陆学生这些年来也慢慢增强了创新能力，以前的话大陆的学生不太敢跨出去想啦，现在越来越可以了，这个是很自然的。就哲学学科整体来讲的话，我认为现在大陆的中国哲学已经上升到一定的程度了，对西洋哲学的研究已经超过台湾了。因为本来台湾这个哲学系人就不多嘛，台湾做西洋哲学的原先有一些不错的，但是最主要是量很少嘛，大陆这些年来的翻译啊，各方面啊，都非常多，而且对外交流也多。台湾现在跟外面的来往虽然说也不少，但是比起以前来讲的话并没有增加很多，大陆却是大幅度增加，大概增加了好几倍的样子。所以整体来讲我觉得西洋哲学方面大陆已经超过台湾了。中国哲学我觉得个别来讲台湾还有一些可说的，但是总体来讲，如果大陆的质跟量加起来，也不亚于台湾，甚至说就是超过了，有很多地方都超过了。另外就是在大陆做中国哲学基本上是主体嘛。台湾的中国哲学研究基本上并没有很受重视，在自己的内部本身也没有被看重，然后研究的人也比较少，这跟队伍的大小还是有很大关系的。

尼山学堂问：您觉得在台湾高等教育的大背景下，哲学领域内的高等教育现状如何呢？

林安梧答：我觉得现在没有以前好，因为现在分科分得细了。以台湾大学为例吧，台湾大学以前的话学生一定要念中国哲学、西洋哲学、印度哲学，然后所学的东西都非常宽，包括念文字学。台湾大学的哲学系以前还念中国文字学，这是很不错的。那现在的话，中国哲学不必念文字学，印度哲学的课程也减少了。总体来讲的话，台湾因为后来慢慢地越来越注重每一个教师的个体研究，所以变成以研究为主要趋向。特别说到什么研究型大学、教学型大学，然后认为研究型大学就是一流大学，所以就以研究为主导了。那后果就是学校开课大概多半配合老师的研究。那么有一些基本课程老师没研究的怎么办呢？学校就疏忽了。这是很可惜的。这个部分跟整个学术的奖励体制是有关系的。因为体制就很奖励研究嘛，然后教学方面虽然后来发觉也要奖励，但是大家无形中就认为研究最重要，这是很可惜的一件事情。

尼山学堂问：您曾经任职过的台湾南华大学和慈济大学都是宗教办学的高校，您觉得这类高校和普通的公立学校或者其他私人办学的学校有没有什么区别呢？

林安梧答：没有什么不同，基本上没有什么区别。因为它只是背后由宗教支持，但是它还是一般的大学。宗教完全不会影响这个学校，应该说完全没有。如果说有的话，就是譬如慈济大学会鼓励你在学校吃素。但是你当然可以吃荤的，只不过你吃素的话学校会鼓励你。就像在学校食堂里面你吃素的话，学校补助一半。举个例子，譬如你一餐吃了五十块钱，那么它补助二十五块钱，而你只需要掏二十五块钱就可以。那当然有一些人还是要吃荤，这个比较随因缘。其他的没有什么大影响。当然像慈济的话它有一点宗教气氛，就是偶尔还有什么志工早会。那个早会是轮着的，也是自由的，就是你去参加志工早会的时候，会有一个电视屏幕，播放证严法师授法，然后大家有什么意见，对各个地方比如说他讲的这个"四大志业、八大法印"，就可以通过视讯来发表一下自己的心得。后来各方面对这个总有报道，还是挺不错的，学生有的还是很乐意去的。但是总体来讲他没有鼓励你要成为他的信徒什么的，还是很自由的。因为台湾基本上有一个应该算是明文的规定，就是在课堂上不为某一个宗教传教。所以教师基本上是不能够利用你的职权在课堂上传教的，你传授的是知识。所以这两个学校虽然是佛教办的大学，但是基本上都是和一般大学一样的。

尼山学堂问：那学生在报考学校的时候会考虑这些因素吗？

林安梧答：台湾学生报考的时候是这样的，公立大学优先，私立大学其次嘛。然后地点是以中北部为主，所以中北部的公立大学就是不错的大学，然后南部的大学如果是公立的也还是不错的。那如果是南部跟东部的私立大学，受到的限制就很多了。当然像慈济因为它的医学院是很好的，很著名，它自己又拥有十一家医院，所以这里医学院的学生还是挺好的。

（三）交流访学历程

1.交流访学经历概述

尼山学堂问：您现在有很多的交流访学活动，那您早期的时候，比如说本科、研究生、博士生阶段有没有什么交流、游学或者访学的经历？

林安梧答：那时候并不多。但是，我因为参与《鹅湖》月刊很早，所以我们跟外面的来往就比较多。譬如有学者来了，我们的学长，我们的老师就带着我们跟他们互动来往。但是，具体到外面或者是到哪里去访学，那是到了20世纪80年代后。第一次跟大陆的学者见面，也就是我第一次离开台湾岛，是1988年。其实那时我已经三十一岁了，我三十一岁的时候才第一次离开台湾岛。那之后就很多了，包括像到美国，到欧洲，到日本，到韩国，到新加坡，到马来西亚，我到过很多地方。

尼山学堂问：您能否先概述一下您的访学交流经历和您参加过的一些重要学术会议？

林安梧答：我和大陆学者来往是从1988年开始的，是参加唐君毅先生逝世十周年的学术会议，从此开启了和大陆学者的互访。其实之前就与日本、韩国的学者有所交流，因为当时我们就有日本、韩国的同学，但是后来来往最多的是大陆学者。

到美国是1993到1994年，去欧洲是1995年暑假，参加一些会议。那

2005年在香港中文大学。左起：墨子刻、梅约翰、刘述先、成中英、安乐哲、林安梧

2016年，林安梧与韩国学者

时候因为要办佛光大学，所以跟欧洲汉学界接触，那时候是我和龚鹏程两个人一起去欧洲。1993年在美国待了将近一年，收获很大。前几年也去过波士顿开一个儒教与基督宗教的会通会议。总的来说，现在网络很发达，许多汉学家中文也进步了，交流起来，更顺畅。所以像安乐哲（Roger T. Ames）、墨子刻（Thomas A. Metzger）、梅约翰（John Makeham）、何乏笔（Fabian Heubel），我们都是老朋友。日本的汉学家，老一辈的岛田虔次、沟口雄三，在我很年轻的时候就见过，有来往。而像后来的池田知久，也有些来往。而韩国朋友的来往更多，很多甚至是我们的学长学弟，因为当时很多来台湾留学的。从老一辈的金忠烈，到后来的学长梁承武，还有同学林秀茂、南相镐，学弟郑世根、金圣基，等等，有不少。马来西亚、新加坡也有很多学者，像苏新沃（沃金）、陈荣照、李倬然、李晨阳等。

另外跟大陆来往方面，1990年是我第一次到大陆开会，会址在云南。从这次参访、学习之后，几乎每一年都来。1991年，我博士毕业到大陆来，那个是暑假来的，去了好几个地方。1992年也去过很多地方，1994年下半年大概也有来。那之后每年几乎都来了。

尼山学堂问： 您觉得其中哪些最重要？

林安梧答： 最重要的当然是1988年的时候，其他的我没有觉得说哪一个特别重要，我觉得都挺重要的。2001年，国际中国哲学会在北京召开，那时候我年纪还很轻，我已经回师大了，那是国际中国哲学会第一次在中国境内召开，开得很盛大。那时候方克立先生当执行主席。方先生对我不错，我们1988年就认识了。他以前看重我写的那些文章，写王夫之、熊十力的，大会主旨发言就把它们放进去了，那时候我才四十多岁，当然也因为我是台湾学者。陈来大我五岁、郭齐勇大我十岁，我们是同辈人。那个会我感觉不错，就是我们跟国际的学术互动越来越多了。其实在这之前就很多了，我们去韩国开过国际中国哲学会，那时候傅伟勋弄了一个专门的主题讨论当代新儒学。其他的也没有什么印象特别深的，会议其实就是见见朋友，没有很特别。

1998年到山东，是开牟宗三先生与当代新儒学国际学术会议，在舜耕山庄。（那是第一次来山东？）对，那是第一次来山东。大概是九月十月吧，还不冷。我们还去了栖霞，那一天吃了很多水果，还去牟氏庄园参访。还去了青岛，在青岛路边还有个人帮我画了一张像。

2. 对外交流

尼山学堂问：您刚才提到了日本？

林安梧答：去过日本，日本去得也不是很早，虽然我有很多日本朋友；有路过日本，是从美国回来的时候，1994年路过东京。真正去日本是2000年秋冬，就是我写《旅日手札》①那一次。以后，我还去过几回。但那次特别深刻，这使我对日本的有关"仪式性理性"产生了特别感悟。有关此论题，我后来因为酬答李泽厚先生写了一篇《中日儒学与现代化的哲学省察：

---

① 《旅日手札》刊于《人间福报》2007年1月26日"佛心流泉"专栏。后来该文收入林安梧：《佛心流泉》，当代中国出版社，2011年，第42-46页。

"情实理性、气的感通"与"仪式理性、神道仪轨"——由李泽厚"中日文化心理比较试说略稿"一文引发的检讨》①。

尼山学堂问： 在这些对外交流中，您有什么印象特别深刻的部分吗？

林安梧答： 刚开始觉得比较新鲜，后来就一般，淡了。因为它最主要就是让学者们见见面、聊聊天嘛。包括最重要的国际中国哲学大会我们也都参加过很多次了，有在韩国的，有在中国的。我并没有很强烈地觉得哪一个会比较重要，因为其实参加的会太多了，我参会已经一百次以上，来往的人也很多。因为我们很早就接触学界，通过《鹅湖》就自然地跟外面的学者产生关联。日本学者、韩国学者、欧美学者，有一些华裔的美国学者也会在我们上面发表文章。所以这个事儿因为不陌生，也就不觉得它是多重要的一回事儿。

但是印象比较深的就是我到美国威斯康辛访问，我去了接近一年嘛，那是Fulbright Foundation（富布莱特基金会）资助的，时间是1993年到1994年，那一年间我其实完成了很多东西，完成了《儒学与中国传统社会之哲学省察》那本书，另外还写了《后新儒学论纲》②，后来的《儒学革命论》③有一些文章也是在那里写的。我也反思了很多问题，那应该算是能够让我沉静下来反思"新儒学与后新儒学"这样一个问题的年代。这也算是一个很重要的年代。

因为1993年是我第一次到美国。我记得是八月底去的，到威斯康辛的麦迪逊校区。下了飞机给我的一个感觉是，哦，我终于到了一个没有儒、

---

① 林安梧：《中日儒学与现代化的哲学省察："情实理性、气的感通"与"仪式理性、神道仪轨"——由李泽厚"中日文化心理比较试说略稿"一文引发的检讨》，载台湾《国文学报》2002年第31期。

② 请参见林安梧：《儒学与中国传统社会之哲学省察：以"血缘性纵贯轴"为核心的理解与诠释》，幼狮出版公司，1996年。《后新儒学论纲》一文收录于此书的附录三。

③ 请参看林安梧：《儒学革命论：后新儒家哲学的问题向度》，台湾学生书局，1997年。

道、佛的地方啊！那里基本上以洋人为主，华人很少，华人也就是大陆、台湾去的一些留学生了。你会觉得这个地方虽然没有儒、道、佛，但是人们还是非常friendly，很友好的，很不错，井然有序。可见这个世界不一定要有儒、道、佛，这是一个很强烈的冲击。这个世界其实有不同样态，大家就这样生活着。

另外，因为距离的拉开，就会去反思以前所思所想的很多东西，所以我当时做了很多笔记，逐渐形成了我后来出版的那个《儒学革命》①。《儒学革命》后面有一段写麦迪逊的笔记，那就是我当时在美国访学的一些思想笔记。现在我看那些思想笔记，发现我当时还是很努力读书的。我当时主要还是读书写作，因为我也不用上课。上课反而是给台湾同学和大陆同学。他们到美国来常常会被问什么是中国文化、中国哲学。但这些人，他们不是学中国哲学的，他们会被问，但是又答不上来。那他们就说你开个课吧，我说好吧。我就讲《老子》《六祖坛经》《传习录》，交替地讲，一个礼拜讲一次，大家可以聚一聚。听讲的人不是很多，最多的时候二十来个人，少的时候十个左右，但是大家一起讨论、读书、吃饭，感觉很好。

我当时来往比较多的是林毓生先生。林毓生先生在麦迪逊校区任教。我当时能去那儿访问，跟他有一些关系。我原来在台湾的时候就认识他了，因为他回台湾，也会有讨论，我参与一些活动就会碰到他。我去了那边之后跟他来往多一些。还有周策纵教授，周教授现在已经作古多年了，林毓生先生还健在，现在八十多了。林毓生先生是典型的自由主义者，是很自由、开放思考的人。我基本上是站在传统主义的立场，所以我们有时候有一些讨论，甚至于辩论，也是挺好的。当时台湾有一个留学生叫陆先恒，念社会学博士，我常常跟他讨论。美国的学者在那边我认识的并不多。我当时还去听了一个Weberman（韦伯曼）的课，但是后来因为我要出外旅行

① 林安梧：《儒学革命：从"新儒学"到"后新儒学"》，商务印书馆，2011年。参见第十三章《后新儒学的怀想：麦迪逊手记》，第240–281页。

并没有听很多。

访学大概就十个月左右。你会发觉你在外面看问题会不一样。因为你离开了你的母土，然后你重新去想。当时我有一种非常清新、广阔、明了的感觉。在方法上，又受了一些熏陶，我觉得看待很多问题清楚了很多。所以那时写的《儒学与中国传统社会之哲学省察》我觉得还是可以的，各方面情况我在书的序言里面大概都提到了。我觉得对我的学问还是挺有正面的作用的。那一年我熟读了《中国的宗教：儒教与道教》这本书，还精读了一些经典，包括西方的东西，包括中国的东西。譬如《基督新教伦理与资本主义精神》，以前就读过，那一年又重读了。费孝通的《乡土中国》，还有张光直的《考古人类学专题六论》，以及其他一些东西，都努力重读了一些。最主要也接触了一些人。我也到过哈佛大学。那是在杜维明的主持下，他有一个专门讨论儒学的讲坛叫"儒学讨论会"，那是我第一次公开讲我的《后新儒学论纲》。那是1994年大概3月至4月间，《后新儒学论纲》是1994年2月间写的。讲的时候有一些大陆学者在访问，我们也交换了一些意见，跟杜先生也交换了一些意见。杜先生人是非常好的，以前我就认识他。那次感觉很好。那次我还到美国各地旅游了一下。台湾各个高校到美国去的组织了台湾同乡会，我去做了一些讲座，也因此认识了一些朋友。那一年经历倒是很丰富。现在回想起来还仿佛就在昨日，其实已经很久了，22年了，好快。

1994年，林安梧在美国哈佛大学

尼山学堂问：您当时在美国的时候在文化上、生活上、人际上有没有受到一些影响？

林安梧答：有一些。就是我曾经讲过的一个故事：到美国第二天我就去美国图书馆，因为我喜欢读书。去图书馆结果按错了铃，把那个消防铃当电梯铃按了，就响起来了。出了乱子，我就赶快去自首嘛。我就跟管理员说："不好意思我按错了铃。"我以为应该被讯问，结果人家说"nevermind"，叫我不要在意。我还半信半疑，这么鲁莽都出事了却没关系。就发觉美国人居然这么宽容，我第一感觉还不错。但后来我发现他有宽容也有不宽容处。所以我写过一篇文章叫《忆美国：说"宽容"与"不宽容"》[①]。

不宽容是这样的，当时我要去讲老子《道德经》。因为我们要用汉语讲，所以我们那个海报除了地点用英文写之外，其他就用中文，那个年代也没有微信什么的，就贴海报。结果有一张海报就被涂鸦，写了"Racist"（种族主义），另外一个就是"Exclusionist"（种族排他论者）。我很震撼，就是说这个是平常事儿，美国人怎么会认为你在搞种族主义、搞排他论呢？这个不可思议啊。我当时最强烈的感受，就是美国最宽容的地方是在你生活上，但是意识形态方面他其实是有一套的。就是我们一般认为他很自由，但是其实他是强控制。这个强控制是无形中的。你现在看到你看不懂的文字的海报你会这样认为吗？你在济南会这样认为吗？不会的，你不可能这样去涂鸦的，因为你不觉得有什么啊，因为我们很习惯差异。美国是民族的大熔炉居然不习惯差异，这冲击就很大。

另外就是富布莱特学者到那个地方有访问学人聚会。那我们碰到大陆学者或者台湾学者自然而然地就用中文交谈，但是我们用中文交谈却被制止了，他们希望我们讲英文。他们对于这些语言、意识形态方面的东西抓

---

① 请参看林安梧：《佛心流泉》前揭书，第37-38页。

得很紧。美国的这个民族大熔炉基本上要回到美国，以美国利益为优先思考。你只要有一丝一毫让他觉得你会动摇到他的意识形态，他就觉得很严重。至于生活上的就没关系，因为他资源很多。你按错电铃都没关系，你按错电铃，电铃响了，而且是通到消防局的。但那天她说"nevermind"（别担心），就叫我走了，我就走了。后来我就听到消防车来的声音。然后就听到广播，广播说："没事儿，只是有人误触了电铃。"你想你以为你犯了什么错，他们觉得不是什么错。海报那个事儿你觉得你完全没错，他们觉得你错了。所以美国的宽容与不宽容，给我的印象特别深。

后来我也到普林斯顿大学待过几天。我记得是我一个朋友金春峰教授带我去参观以前爱因斯坦待的研究所的那栋楼。爱因斯坦过世后，为了纪念他，普林斯顿大学把全世界最好的科学家找来，可能半年、一年或两年，大家什么事都不用做，就动脑筋聊天、谈话，然后激发一些想法。我觉得中国古代书院是有这个功能的。来来往往的学者，还有部分的学生，学生在学院里是学，学者们则是交谈、沟通，我觉得说不定把中国古代书院的风气在美国的体制里实现出来，会产生新的可能。因为就文化来讲，美国是个文化大熔炉，我还是期待他的崭新的可能。

尼山学堂问：相应地，对外交流也同样有助于中国文化影响其他国家吧。

林安梧答：这肯定会的，这个来往多了，自然而然就会有影响了。1993年、1994年，中国还没有走出去。那时候美国的中国留学生很少，现在多得不得了。那个时候拿中华人民共和国护照到世界各地去，人家还称斤论两，不一定让你去。现在的话一定欢迎你去，特别欢迎中国大妈去。以前的话，他是怀疑你去了就不回来了。现在不会了，现在我们怀疑他们来了不回去。

3. 与大陆的交流

尼山学堂问: 您在大陆很多高校开了很多讲座, 能不能谈一谈您在这些讲座中的感受, 或者有没有什么印象深刻的经历。

林安梧答: 基本上我觉得大陆这些学生来听讲座的热情都还蛮高的。也有一些讲座不是在高校, 但热情也都蛮高的, 很投入, 有些人的功底也挺好的。有些当然偶尔也会通过微信什么的跟我联系, 但是我太忙碌, 多半也不太会回复他们, 来往也就并不多。但是我印象中大陆学生一直在进步, 很用功。即使已经秋天了, 很冷的时候, 早上还是有很多学生在外面背书。有的法律系的背法律的规条, 有的背古文, 也有背英文的。我记忆中同学们很认真。像山东大学小树林底下那一大片, 那里有很多桌子, 现在比较冷了, 以前一大早起来很多人在那里读书。我觉得大陆的学生, 真的很认真。我见到的高校学生多半来自"985""211"大学。我到过去做讲座的这些学校, 学生的学习程度也不错。不管是大学本科还是在硕士博士的课堂上讲, 我觉得他们都还蛮不错的。

尼山学堂问: 您与大陆许多高校关系密切, 也担任过许多高校的客座教授, 请您谈谈相关的事务。

林安梧先生答: 从20世纪80年代末, 我开始与大陆学界往来。起先, 我担任过厦门大学、四川大学的客座教授, 后来还做了中南大学的兼职教授。前几年, 已通过了手续, 要去北京大学做短期的访问, 后来又因我在台湾的学术事务太多, 走不开, 后来也没去。其实, 这些往往都是朋友的学术因缘。像与厦大、川大, 是詹石窗教授的因缘, 与中南大学是吕锡琛教授的因缘, 与同济大学是孙周兴教授的因缘, 与北京大学、中国人民大学的交往更久，因缘也更多些。有些朋友也劝我干脆到大陆来任教，但因家大人年事已高，我不适合长时间远游在外，所以只能做短期访问。我现在名义上还是同济大学中国思想文化研究院的院长，其实，那里有许多年轻朋友，很能干。你问我在那个地方能做些什么，其实，我什么都没有啊，就是个名字。我说你把它拿掉吧，但是同济一些关系不错的朋友，像刘强，他说："林老师，你留着就是一个力量，一个象征。"我说："好吧，既然你在就留着吧，至少还会请我喝酒。"

我与四川大学道教与宗教文化研究所关系比较密切，从1992年起就结了缘。我还介绍老友赖宗贤①去念卿希泰先生的博士，他成了台湾在大陆的第一位道教学博士。我有两位朋友常被混淆了，赖宗贤是道教学博士，赖贤宗是哲学博士。卿希泰教授的学生像李刚、詹石窗都是我多年老友。我还是他们那的博士生导师。那是詹石窗先生他们要提升哲学系的时候，拉我去参加嘛，我就说好吧。詹石窗原来是厦门大学的，后来去了四川大学。詹石窗是很能干的，他把厦门大学的哲学系建得很好。我还是他们国学院的客座教授。那时候他是哲学系主任，后来他又去了四川大学，他原来是那里的博士。

在山东大学，我和陈炎老师有一个合作指导的博士。陈炎已经过世了。陈炎副校长生前一直邀我来山大，结果他过世了我才有因缘来做这个访问学者，很奇怪的因缘啊！他有一个学生叫李琳，李琳很优秀，现在已经在山大教书了，但是我其实对她没有什么指导。只是在网上交谈过。李琳挺用心的，她还把我跟她讲的一些话在后记特别写了一下。

再一个就是2000年4月的时候，我在大陆访问大概有整整一个月，从广州、武汉、北京、上海到厦门，总共做了二十三场演讲，大体都环

---

① 赖宗贤，原从事于企业，后承接台湾"《中华大道杂志》"，从学于四川大学道教泰斗卿希泰教授，为其入室弟子。又奔走成立台湾"中华大道文教基金会"，成立"寻根文化中心""凤凰道院"，主编台湾"中华大道丛书"、《道韵》，推动两岸道教文化交流，不遗余力。

绕在"中国哲学未来发展诸问题"上。我印象中特别深刻的是在武汉大学哲学系访问时，与欧阳康、郭齐勇、邓晓芒做了一次"中、西、马"对谈①，讲中国哲学、西洋哲学与马克思主义哲学的互动融通之可能。后来2005年，武汉大学开了一个当代新儒学会议，在这个会议之余，我们四个人又做了第二次对话。第二次对话的讲稿已经刊载在上海的《学术月刊》，这里面我们四个人的观点是这样的：我与郭齐勇代表的是中国文化传统，欧阳康代表的是马克思主义传统，而邓晓芒代表的是西方文化传统。我们四个人虽然立场不同，但有一个立足点是完全一样的，就是大家相信中、西、马可以互动流通，有可能交谈对话。这两次对话我印象都还蛮深的。②

所以说，与我来往密切的大学不少，但主要还是学者之间的关系，像老一辈的李泽厚、萧萐父、叶秀山、李锦全、方克立、方立天、张立文、洪汉鼎，同辈人的郭齐勇、景海峰、李宗桂、黄海德、陈来、傅永军、颜炳罡、黄玉顺、蒋荣昌，等等。武汉大学从萧先生以下四代，都有交情。我常称赞武汉大学哲学系很合乎我所说的人际三阶论，老一辈人有温情关怀，年轻一辈有理想冲劲，中壮一辈有胸襟气度。还有些朋友是一见如故的，像孙周兴去台湾做访问学者，到台湾东华大学做过报告，我们一起接待他，因为都是朋友，我也在台湾东华大学兼过课，教过学生。我们聊得很愉快，后来他邀请我到他们学校做兼职客座教授，我说好吧，后来就开始了。不过最早做兼职客座教授是在中南大学，因为要帮助他们做成立应

---

① 这个对谈曾经在《鹅湖》月刊登载，后来对话者四人又各自给了两至三篇文章，集结成书。请见林安梧编著：《两岸哲学对话：廿一世纪中国哲学之未来》，台湾学生书局，2003年。

② 2005年那次对话本拟于《鹅湖》登载，后因内部权力倾轧，此文竟然未获刊登。后来此文以林安梧、郭齐勇、欧阳康、邓晓芒：《话语·思考与方法：中国哲学、西方哲学与马克思主义哲学的对话》为题登载于《台北大学中文学报》2007年第2期。大陆简体字本以《中国哲学的未来：中国哲学、西方哲学、马克思主义哲学的交流与互动》为题，刊载于《学术月刊》2007年第4、第5期。

用伦理学研究中心的国家课题。我在那里连续做过多次讲座,《儒家伦理与社会正义:"后新儒学"视点下的省思与前瞻》这本书就是在他们课题组下出的。

我还担任过山东大学文史哲研究院的客座教授,是应傅永军兄邀约来的,那是几年前了。那时候不是驻扎在这,而是来一段时间,时间不长。那时候陈炎副校长还健在。今年来山大做访问学者是去年提出的构想。想今年学术休假要去哪里,选择了一下,因缘俱足,就来了山东大学。这里的学生很好、很用功,齐鲁大地果真是圣贤之乡,大有不同者。

10月7日我正式成为山东大学的访问学者。山东大学待我很好,目前来讲,我所知道的就是要完成这一系列讲座,写一本书,再加上现在的这个访谈,也出一本书。对于学生,我还是很乐意和你们讨论的。教书这件事情我其实很喜欢,我很希望带你们重读经典。但是我现在怕太忙碌有时候不在,因为我现在来大陆事情比较多。台湾还有些事务,比方说我的博士生要毕业啊,像我父亲身体不是很好,太久没看到我他会有意见。

其实我原先的想法是希望时间比较短而非一年。但那些朋友就说:"你来时间太短的话,就出不来什么成果。"他们希望有个成果。如果没有定时的课,我就比较方便嘛。那反正工作在做,该做的工作一步一步做,做出成果就好了嘛。这个计划暂时就是一本书、一个系列讲座和这个访谈录。讲座之后可能还会再加几个,现在已经想了两个了,一个是"中国哲学的精神变迁",这是一个很大的课题,但是想挑战一下。另外,我有一些心得要谈一谈,要不然就谈一谈我的"存有三态论"。以"存有三态论"为核心,其实很多东西都已经写了、讲了,再把它统整成一个讲座系列来讲,讲了之后把它统整成书。也有些朋友对我的公民儒学很有兴趣,我虽然已经出了些成果,但有些仍须更多的构思,其实,我与黄玉顺教授几年前已经有一次较长的交谈,是要出成一本书的,听说已经立了项,应该2017年就可以出版。还有，几年前郭沂①教授到台湾去，应该就是2013年，我们做了几次较长的访谈，文稿记录大体也出来了，可能也会在未来这一年出来。

4.对大陆及大陆学术的看法

尼山学堂问：这些年您跟大陆的交流很频繁，您对大陆的学术有一些怎样的看法？

林安梧答：我觉得要扎根。以中国哲学来讲的话，我觉得阅读经典的能力，诠释经典的能力要特别花工夫，在大学本科时就要培养，甚至要延伸到高中生时期，从那时就开始培育他们对中国古代经典的阅读、理解和诠释的能力。这个部分我觉得是需要做的，因为这个是整个中国人文的源头。如果我们对整个中国古代经典的阅读理解及诠释的能力不足的话，那么你讲中国人文我觉得会很空。这个部分我觉得一定要费功夫。我认为特别是资深的学者一定要在这方面多下一些功夫，人文学者都应该做这个工作。经典的讲习、生活的体验、概念的反思、理论的建构，往复循环地练习，逐渐深化，这就是一个长远的历程。

尼山学堂问：您觉得现在台湾学术界和大陆学术界交流情况如何？另外，台湾学界对大陆学界的关注情况是怎样的？

林安梧答：我觉得蛮自由的，来往很多。我觉得台湾学界对大陆学界

---

① 郭沂，1962年生，山东临沂人，哲学博士，"道哲学"和"五经七典学说"的提出者。现任首尔大学（Seoul National University）哲学系教授，国际儒学联合会理事兼学术委员会副主任，尼山圣源书院副院长兼学术委员会主任，中国孔子基金会学术委员，中国人民大学孔子研究院学术委员。著有《郭店竹简与先秦学术思想》《孔子集语校补》《中国之路与儒学重建》等书。

基本上已经到了一定要关注的时候了。以前关注比较少，因为两岸隔绝。现在包括书籍等各方面，很自然而然就能够看到。

但是在学术训练要求上我觉得台湾对于硕士生的要求比大陆高一些，大陆硕士生我觉得放得比较松。博士生总的来讲，台湾的几个高校的要求也是比较高的。大陆博士生我觉得还是因为学校，因为科系有些不同。但是总的来讲，我觉得大陆的这些好的高校博士毕业也是不容易的，他有一定的规格。

总体来讲，台湾的中国哲学研究，以儒学来讲的话，还是连着西方的汉学研究的这个脉络系统，慢慢汉学化了。所以它的生命力就弱了，里面学究性的东西多。当然，这是总的来讲，像我就不太按照这个方式做，还是有一些不是按照这个方式做的人的。但是总的来讲是往这边的多了。当然大陆这方面的研究也慢慢多了。因为毕竟很宽广，特别儒学它是一个运动，它有纯粹做学究研究的部分，但是它也接近运动这个层面。比如像谈大陆新儒家、台湾新儒家如何如何，这个时候是表示一个运动的对比，大陆新儒家的动能很高。

（您刚说因为台湾儒学沿着西方汉学的路数下来，所以有一些学究气？）学究是说它引经据典多，存在实感少。（那再请您具体讲一下这个西方汉学？）就是西方汉学式的，简单地说就是西方的洋汉学。不是说汉学宋学那个汉学。（您说这种西方汉学，主要是指美国那种偏考据的汉学？）就是像美国那样的。（而非欧陆汉学那样更偏哲学的发挥？）也只是某些部分。而且以前欧洲也不是重哲学的发挥，最近才有一些。以前欧洲也是很考据的，美国也不完全考据，但是它基本上就是一个很学究性的学问。它不一定是考据，但是它做的是某一个哲学史、思想史的学术史某一个课题的研究。不是说我现在造一个论点来讨论什么，这个部分在大陆一直也不是很多，但是慢慢地你会发现大陆在酝酿着。

尼山学堂问：您能谈一下对现在大陆经济、文化、道德状况等方面的看法吗？

林安梧答：大陆，有一个很大的变化就是从原来的社会主义的体制，走向一个具有中国特色的社会主义的体制。这个中国特色，有很多人闹不明白。我认为这个并不是很难了解。

这个改革开放的过程必须要有一个调节性的力量。而这个最重要的调节性力量就是咱们中国传统的儒家、道教、佛教。另外就是整个中国强盛了，经济水平提高了，军事实力增强了，在国际上的影响大了。总的来讲，唯有回到自己的传统，我们才能真正成为自己的主体。[①] 所以习主席强调几个自信：道路自信、理论自信、制度自信和文化自信。文化自信很重要，文化自信其实已经很清楚了，就是要以文化道统自居。所以我们关键的一个转换就是要立足自己的文化正统，迈向全世界，然后跟全世界其他各个民族、各个文化的传统，进行更加开放地往来、交谈和对话。这是非常难得的，应该说是近几百年来迎来的一个非常好的时机，也只有国力累积到一个相当高的高度，才有办法做这个事儿。这是可贵的一件事儿。

---

① 请参看林安梧：《从"马踢孔子"到"孔子骑马"——对中国大陆"国学热"的哲学诠释与阐析》，台湾《国文天地》2015年第10期。

三、学术思想

（一）中国传统哲学研究及
中国哲学建成问题

1. 中国传统哲学研究

尼山学堂问：您做过老子、王夫之等研究，并贯通研究儒释道，能简要介绍一下您对中国传统哲学研究的成果与心得吗？

林安梧答：我做过《老子》的翻译，还写过王夫之、写过熊十力。做哲学不是做文献，做哲学要有一些比较通盘的理解。譬如说，我研究比较多的是整个当代儒学，但是你说，研究当代儒学能不了解宋明理学吗？我宋明理学研究得也很多，当然先秦诸子也一定要熟悉。毕竟，哲学是一个贯通的东西。

先说我为什么做翻译。翻译跟诠释不太一样，翻译要针对语句的句法、句式。我们都讲，语句有一个句法、句式，包括它的情境，你要有一种配称，而且要适当。诠释就是把你理解的诠释出来，当然翻译也是一种诠释，但翻译这个诠释跟一般我们讲的诠释不太一样。凡是从原来的一个语句转化为另外一个语句，要去传达它，就一定带有诠释的意味。而翻译特别要注重的就是，除了诠释以外，语义要相配称。重要的就是把句法、语法、语式配称得理，配称得理就会让你比较贴近原来的可能的意义。因为文本在被翻译的过程中不可能翻译成一个等价的东西。我对很多翻译并不是很满意，所以我就做了《老子》的翻译。做《老子》的翻译其实很晚，我是

2000年才把它做成的。

写王夫之最主要是因为我对王夫之有兴趣，这兴趣是因为曾昭旭先生而引起。我当《鹅湖》编辑时，曾老师是主编，常与他请教来往，他是台湾少有的船山学专家，极为深入。我就这样逐渐进入船山学的领域。船山学可以说是宋明理学的一个总结，而且它有批判，另外它要重新开启。这就牵涉到我所了解的宋明理学，它从北宋五子到后来的象山、朱子，然后再到明代，从陈白沙到王阳明，到王阳明的诸弟子，之后到刘蕺山，再到黄宗羲。当然，提到黄宗羲，大家就会想起顾炎武，顾炎武其实比较像是从朱子学转出来的，黄宗羲是从阳明学转出来的，王夫之比较来说其实是回到原来的北宋周、张、二程，就是周敦颐、张载、程颢、程颐这几位北宋大家。这刚好是三个不同的向度，一个是"道"，一个是"理"，一个是"心"。"道"，是北宋这几位，周、张、二程，一直到我刚刚讲的王夫之。"理"，当然是朱熹，二程的程伊川其实已经走向理学了。二程是一个分野，大程子走向了心学，小程子走向了理学。这里可以看出，从二程到朱熹，大的方向其实是从原来的总体走向客观的法则性，朱熹的学说就体现客观的法则性。到了阳明学，他强调主体的能动性，到了刘蕺山强调一种纯粹的意向性，到黄宗羲又强调存在的历史性。大体来讲，王夫之比较接近于强调存在的历史性。这个地方你可以看出来，他从一个超越的东西慢慢内在化，然后进入生活世界之中。

宋明理学有很多纷争，我以前听牟先生的宋明理学的课，格外有感受。后来因为我一方面参与《鹅湖》编辑工作，《鹅湖》的前辈里面，曾昭旭先生是王夫之的研究大家，那时候他的博士论文刚写完，我是大学二年级，跟你们现在差不多，他就把这篇博士论文送给我，我就仔细阅读。当然，看不太懂，我就请教他，开启了这个兴趣。另外一方面就是因为我对历史哲学很有兴趣，王夫之其实隐含了一套非常完整的历史哲学，王夫之有《读通鉴论》，有《宋论》，所以在这个过程里面，我就自然而然地慢慢靠近这边了。当时，我想做历史哲学的时候其实想过做其他人，像克林伍德（R.G.Collingwood），也翻译了他的一些文章。后来因为我对中国哲学的兴趣还是很浓厚，就把自己所读的东西拉在一块儿，做了《王船山人性史哲学之研究》①，这是我的硕士论文。因为王夫之涉及的面非常广，虽然我研究他的历史人性论、历史哲学，但自然而然一定要涉及儒家、道家、佛教等各方面。因为哲学这样一门学问的学习必须要有总体的理解，所以只有累积到一定程度，做得才能够通达。这与做其他文献的学问、考据的学问，或者其他某一个专题的研究不太一样。而我的兴趣不只是学术史，我的兴趣是哲学本身。哲学本身重点在于整个理路的贯通和整个理论的建构，就是说你的思路要能够通达，你的理论要能够建构。你的理论的建构力不够的话，虽然把很多材料关联到一块儿了，但只是说说而已。把很多东西拉到一块儿，你这叫概括；你把它建构起来，那才有力量。我大概是一直有这个理论建构的兴趣的，所以对于某一家的研究，我的兴趣就是他的理论核心是什么，这个我会很有兴趣。所以对那些大家，我有兴趣；对那些细节呢，我的兴趣不大。譬如我有时候会问，同学你研究什么？他们说是在研究阳明的后学什么的，是一个从来都没怎么听过的人。这时候我觉得，以文献来讲是值得的，应该做嘛。但是就一个长远的、一个学问的规划来讲，如果你只重视这么小的，我觉得对于做哲学这门学问来说，并不是很好。如果你不是做哲学的，那另当别论。这也是前辈先生跟我们说的。于是我就选了王夫之做。做了之后，很自然而然地，思考就慢慢宽了。这本著作当时就得到很大的重视，还获得台湾新闻主管部门第一届重要学术著作奖。也是因为这本书，我进台湾清华大学教书。竞争的时候还竞争过了德国的一个博士，当时德国的一个博士要到我们学校教书，他是法学的。那些年通识教育中心有几门课要开，有哲学也有法学等其他的，那我

---

① 林安梧：《王船山人性史哲学之研究》，东大图书公司，1987年。

这个历史哲学当然是哲学不是法学。我当时正在攻读博士学位，所以我这本书是我当时进入学界的一块敲门砖。

读老子其实是因为各种因缘。之前我们谈到，因为有很多讲习老子《道德经》的因缘，讲习多了就慢慢熟了嘛。另外，我在大学教"中国哲学名著选读"。教"中国哲学名著选读"呢，就杂着儒、道、佛，选一些给学生讲。教道家哲学，我就以讲《老子》为主，当然我要概述一下道家哲学。我觉得最重要的就是针对文本来讲，效果会比较好，讲多了以后就慢慢熟了。当然，以前我大学本科的时候也修过老子哲学，我觉得没有真懂，慢慢地自己教学的时候，教学相长，就懂了。累积到20世纪90年代中期吧，讲学机会越来越多。有一次我在一个筵席上跟一般的社会人士讲老子，当时有一个台湾地区"道教总庙"的主任委员在场，叫陈进富①，他听了以后就觉得很好，他就希望我编写一部有关老子的书，让一般人读懂。我说好吧，那我做个翻译好了。这就是那个《老子译注》，就是我的《老子道德经新译暨心灵药方》，现在是在商务印书馆出版的《道可道——〈老子〉译评》，在台湾是《老子道德经新译暨心灵药方》。《老子道德经新译暨心灵药方》现在发行量已经30万册了，非常多。我现在还在做有关《论语》的翻译和简单的译评，还有三篇，应该快点把它完成。《论语》二十篇嘛，我已经做了四分之三了，这四分之一可以尽快完成。应该说已经做了五分之四了，因为《尧曰篇》只有三章嘛，其他那两篇也不是很长。今年年底以前想把它完成，再校对，明年应该可以出版了。

至于儒道佛三教的学习，应该要感谢我有一个非常好的学习场域。台湾师大基本训练是很够的，我们又到台湾大学去听唐先生、牟先生的课，牟先生的课基本上儒道佛、康德哲学、西方哲学都是贯通的，可以说是一副大"补药"，对我们也很补。在这个过程中，学学学，自然而然地，一

---

① 陈进富，1926年生于台湾宜兰，宗教慈善家，曾任台湾地区"道教总庙"三清宫管理委员会主委。

思考这个问题，就很不一样。因为你听过牟先生怎么理解，唐先生怎么理解，还有学长们，比如方东美先生怎么理解，其他人又是怎么理解的，眼界就会很不一样，这一点很重要。可以说，那时候从大学本科到硕士，我们接触到的有关中国哲学的问题，讨论的高度应该是最前面的吧。就我们所知道的，像牟先生①的高度，就现在来看，应该也是在最前面的吧。而且那个年代牟先生是六七十岁，也是最好的时候，他身体一向都很好。他在八十七岁的时候过世，八十多岁的时候都还在翻译，还在写作。

尼山学堂问：在新儒家学派的研究领域中，王夫之并不是特别受青睐，那么您觉得船山的学术思想尤其其气学的独特性在何处？对后新儒学哲学向度的建构有什么启发？

林安梧答：第一个，这里提到王夫之并不是特别受青睐，没有错。在当代新儒学中受青睐的应该是陆象山、王阳明，特别是王阳明。王夫之对王阳明是有批评的，当然这个批评主要是针对阳明后学，他也有继承阳明的一些地方。我当时读王夫之的时候特别有感应，我觉得他讲的很有道理，他讲的"两端而一致"跟阳明心学一对比，我觉得"两端而一致"特别好。什么叫"两端而一致"呢？比如说"心"和"物"，阳明会讲"心外无物"，王夫之会怎么讲呢？"心者，物之心也；物者，心之物也。"物就是由你的心之所认知、所观照、所裁决的一个物。那心呢？是关联到那个物，关联到那个认知裁决以及你所做出的其他各种实践活动的参与的心。心受物影响，物也受心的影响，就是这样的一个"两端而一致"。所以我特别

---

① 牟宗三（1909—1995），字离中，生于山东省栖霞，祖籍湖北省公安县。1933年毕业于北京大学哲学系，先后任教于山东寿张县乡村师范、广州学海书院、山东邹平村治学院、广西梧州中学、南宁中学、华西大学、中央大学、金陵大学、浙江大学。他又参与编写杂志，主编《再生》，创办《历史与文化》。1949年后，他曾任教于台湾师范大学、东海大学、香港大学、香港中文大学、台湾大学、中兴大学、文化大学。退休后，定居台北。曾获香港大学荣誉博士学位及台湾行政主管部门文化奖助。

喜欢王夫之，这可能跟个人的读书感觉有关。另外一方面，我虽然是牟先生的学生，但是我在听他的课、正式成为他的学生之前，已经有很多想法跟他不太一样，因为我们认识的老师其实很多。我现在常常介绍我是牟先生的学生，我当然是，但是我同时是很多其他先生的学生，其他老师大家不太认识，介绍我是他们的学生大概大家也不知道。其实那些老师总地加起来对我的影响很大，当然牟先生对我的影响最大。譬如史作柽[①]先生，这是我们以前台大的老师辈，但是应该算是我们的学长，因为他没有正式在台大教书。其实他以前在台大教过书，但是时间很短，因为台大哲学系有一些不平稳，就是有一个"台大哲学系事件"嘛。可能他当时还不是正式的教师，只是兼课的教师，这个事件之后做了一些调整，他就去新竹中学教书了。他在新竹中学教书影响很多人，后来他又到文化大学讲一门课，叫"形而上学"，我去听了，很受启发，对我影响也很大。除了史作柽先生，还有很多。教授西方哲学的，像林正弘先生、郭博文先生、黄振华先生、关永中先生等，之前我都提到过，所以我很自然地受他们的启发。中国哲学，在台大除了牟宗三先生的课之外，我还修读了张永俊先生的宋明理学、清代哲学等课程，他同时也是我的指导教授，和牟宗三先生挂名作为我的指导教授。当然，他们对我都有影响。学问的发展，本来就应转益多师，它不同于宗教教派的发展。有时宗教教派的发展也会有变化，学派更是如此。

在1981年、1982年时我发表了一些文章，包括《旧内圣的确开不出新外王》《梁漱溟及其文化三期重现说》《当代新儒家述评》几篇文章，那时候我还没念研究生。其实我在《当代新儒家述评》里就已经有不同的想

---

① 史作柽，1934年生，著名哲学思想家。台湾大学哲学研究所毕业。擅长以全史观的视野从哲学、心理学、艺术学等层面，思考现实的人生信仰、生命现象、文化理念等诸多与人的存在相关的课题，兼及诗歌创作和绘画。曾任教于台湾大学、文化大学，并在各大学巡回演讲，现于台湾师范大学举办长期讲座，深受各方好评。著作多达五十多部，影响深远。

法了。这篇文章后来又被罗义俊收入《评新儒家》里面，那本书还出了两版，可以找来看一下，那篇文章代表了我最初的想法。当时整个《鹅湖》系统基本上还是心学系统，也因为这样，所以我就想往王夫之气学这边走，毕竟跟自己的性子比较接近嘛。其实哲学是一个非常个性化的学问，文学更是，所以一定要研究跟自己性子接近的学问。当时也有一个学长跟我说："你应该受一些其他的训练。"因为我只是受历史哲学的训练，其他各方面的训练都没有。他说我应该去台湾大学受一点分析哲学的训练，所以我第一年就修分析哲学、伦理学，学习的过程中我就觉得格格不入。不是我做不到，我也写过两篇分析哲学的文章，老师也很称赞，但现在基本上没有收在我的集子里面。我觉得分析哲学漏洞太多了，用牟先生的话说就是："分析哲学把问题分析掉了。"它是按照一个框架来的：如果是这样，应该这样；如果不是这样，那应该是什么样。其实很多时候不是这样的，其实还有很多其他的东西，就好像从池塘里面捞出几条鱼，然后开始处置，他们分析哲学没有好好理解鱼在池塘里面的波动。我觉得作为哲学来讲，分析哲学也很好，但是它有问题。后来我读了维特根斯坦晚期的《哲学探究》，就是 *Philosophical Investigations*，我觉得分析哲学走到这一点才是对的，因为它早期就只是用个框框理解世界，到了晚期才回到生活世界，变成了一个日常语言学派，这一点很重要。可能刚开始教我的那个老师是重点受前期的分析哲学影响的，依我的脑子一想，这个问题太多了嘛！这里也是问题，那里也是问题。后来我发觉，研究分析哲学的人脑袋特别清楚，但是其实"特别清楚"有时候是一种霸权，也就是说先要框进去，"我要处理的就只有这些，对不起，你所问的问题不在我的处理范围之内"。这种论辩好像当时变成了一种风气，就觉得哲学应该这么搞，要处理什么问题先要把定义弄清楚啊，然后如何如何。可是我觉得道理不是这样啊，真正古往今来很多学问都不是用这种方式搞出来的。所以我就不喜欢。转来转去，就转回跟自己性子相近的学问了。当然研究跟自己相近的学问也需要其他的相互促进，增加了解嘛。

后新儒学的思考其实是慢慢来的。也就是说，哲学就好像一个人在生长，是一个活生生的学问，而不是说我现在在研究什么，所以怎么怎么研究。就好像要了解一个人，那我可能要跟他喝个茶，聊聊天，然后慢慢地进入，不然会很困难。哲学也是，孔老夫子"吾十有五而志于学，三十而立，四十而不惑，五十而知天命，六十而耳顺，七十而从心所欲不逾矩"，一步步生长，所以哲学是一步一步生长的学问。后新儒学是针对整个新儒学的发展来思考的，认为新儒学已经到了一个新儒学之后的年代。这个意思是什么呢？就是说，新儒学是有所针对的，它针对的是整个传统中国文化如何现代化的问题。中国传统文化如何进入现代化之中，同时还起着一定的作用？中国传统文化如何开出现代化？新儒学一直在响应这些问题。其实我所处的年代，我们已经慢慢进入现代化了。拿台湾来讲，已经慢慢走向民主和科学了。民国以来，大家认为现代化很重要的就是"德先生"跟"赛先生"。"德先生"就是Democracy，民主；"赛先生"，Science，科学，这是整个时代追求的目标。老一代人一直在问一个问题：中国传统文化是否妨碍民主科学发展？没有啊，后来发展出来了。以前牟先生问的很多问题是那个时代给出的问题，比如说彻底的反传统主义者认为传统文化妨碍现代化，所以他们要打掉传统文化。牟先生他们说："不是，传统文化不妨碍现代化。"先告诉你传统文化是什么，然后再讨论如何开出现代化。我觉得这个是过去的一个阶段，问题的根本不在于传统文化是否妨碍现代化。传统文化其实就是在一个发展的历程中，而且随着时代的变迁，它会参与进去，会有更多的交谈和对话。这是我最近常常讲的。①

明白了当代新儒学建构的这一套系统，原先的问题意识就先告一段落

---

① 关于此论题，请参见林安梧：《解开"道的错置"——兼及于"良知的自我坎陷"的一些思考》，《孔子研究季刊》1999年第1期。

了。所建构的系统，以牟先生为例，譬如"一心开二门"结构，就跟我所理解的中国哲学并不是那么相似。我读熊十力的《新唯识论》，后来做了一个诠释，叫《熊十力体用哲学之诠释与重建》。所谓"体用哲学"，即用而言，体在用；即体而言，用在体。承体达用，即用显体。这个哲学隐含了一套我名之的"存有三态论"。所以作为我的后新儒学中一个重要理论的"存有三态论"其实是从熊十力《新唯识论》那里发展出来的。可能有人认为我这样的一个提法是对熊十力的一个扩大诠释，不管他，反正就是慢慢发展出来的。这样一个发展，总的来讲，跟牟先生的"两层存有论"相比就有很大的差异，甚至是我常说的"一方面接着讲，一方面对着讲"。于是就发展出了"存有三态论"①。因为我们所处的年代跟牟先生所处的年代不同，他们所处的年代，花果飘零，要寻求灵根自植。我们不是，我们所处的年代现代化发展的过程已经慢慢进入后现代了。而我们要问的是，中国传统文化进入现代化而且在现代化发展历程里，有很多后现代的现象已经出现了，那你还能做些什么？问题的意识不同了，理论的建构也不同了，很自然而然地，所谓的"后新儒学"就建成了。我梳理了一下，感觉有一点像从牟先生再回到熊十力，然后再回到王夫之。这样的一个厘清大概是在1991年，是我博士论文写成的时候的一个反思。后来在1993年，这篇博士论文正式出版了，就是《存有·意识与实践》那本书②。那本书的卷后语就说了当代新儒学的几个不同向度是怎么样的，是怎么厘清的。在我的厘清里面，我认为当代新儒学应该有进一步的传承发展，也就是我的"后新儒学"，就是"存有三态论"。其实已经有向度出来了，但是"后新儒学"这个名称还没有出来。这个名称其实是到1994年才形成的。1993年我到美国做访问学者，1994年2月的时候我写了《后新儒学论纲》，

---

① 请参见林安梧：《〈存有三态论〉诸向度的展开——关于后新儒学的"心性论、本体论、诠释学、教养论与政治学"》，《鹅湖》月刊2005年第5期（总号365）。

② 林安梧：《存有·意识与实践：熊十力体用哲学之诠释与重建》，东大图书公司，1993年。

三、学术思想

1994年4月间，我在杜维明先生主持的哈佛大学哈佛燕京学社的一个儒学讨论会上第一次讲述了这个论纲。后来我根据这个论纲写了不少文章，放在《儒学革命论》这本书里，有一些也在《儒学革命》里。《儒学革命论》于1998年在台湾学生书局出版，《儒学革命》是2011年在商务印书馆出版的，也就是《从"新儒学"到"后新儒学"》这本书，书里当然也勾勒了一下这些思考。总体就是这样。

我们回过头来再看王夫之，他的学问是强调"因而通之"的，是要达到最高的道。王夫之有一大套非常完整的诠释学，虽然他没有明着说，但是事实上他是诠释学意识最高的中国传统哲学家。你看他的书的名字：《老子衍》《尚书引义》《春秋家说》《读通鉴论》《宋论》《读四书大全说》《四书训义》《周易外传》《周易内传》《周易大象解》《周易稗疏》《相宗络索》《庄子通》《庄子解》《诗广传》。你看他用的语汇都不同，譬如《四书训义》和《读四书大全说》，《四书训义》是根据《四书章句集注》来训解，所以基本上就有了朱熹的路数，他自己意见的发挥不多。"训"是训解、训诂。但是《读四书大全说》就是他的意见多了。所以在采用材料的时候，要以《读四书大全说》为主，这是王夫之的思想，不能拿《四书训义》作为王夫之的主要思想。如果拿《四书训义》作为王夫之的主要思想，你就会误认为王夫之在根本上较接近朱熹，其实，这个判断并不准确。这个要懂。有关《易经》的《周易外传》《周易内传》，《周易外传》虽然稍早一点，但是它不是一个卦一个卦地，不是逐章逐字逐句地解释的，所以它更能发挥王夫之的思想。那《尚书引义》，"引"而"绎"之，是很能够表达他的思想的。《老子衍》对老子有很多批评，所以也很能够表达他的思想。因为国内现在对王夫之的研究不多，所以这个是要有分判的。记得方克立先生在给他的学生方红姣博士写《当代新儒学与船山学》一书的序文时特别提到陈来兄与我的船山学研究之异同。他是这么说的："最引人注目的例子是林安梧和陈来的船山学研究。[①]作为第三代新儒家代表人物之一的林安梧，提出了'从牟宗三回到熊十力、再从熊十力回到王船山'的口号，就是要从道德形上的心性儒学转向更加重视具体性、物质性和历史社会总体的生活世界的儒学，从'本体论的唯心论'转向'方法论的唯物论'，他甚至提出了'儒家型马克思主义'的构想。大陆学者陈来则力图从道学的问题意识和道学史的视野来重读王船山，把他还原到其儒学思想的本来体系中来加以理解和诠释，因此其研究结论比较接近于不赞成过分拔高船山思想的马克思主义学者嵇文甫的观点。在两派船山学研究中，本来就存在着不尽相同的研究取向，在双方的交流、交锋和交融中，这种多元化的倾向又有进一步的发展。应该说，这在客观上是有利于克服认识的片面性、更加接近于真实的船山的，也有利于充分发掘船山思想中的丰富资源，为促进中国的现实发展服务。事实上，船山学已成为两派交流互动的一个重要平台。"[②]我想方先生的观察是清楚的，我在做的是进一步的开发、诠释、转化与创造，陈来重视的是学术史。不过，我还是觉得船山学与朱子学的距离是很远的。从朱子、阳明、蕺山，到黄宗羲、王船山，可以说是由超越的形式性，到内在的主体性，再转而到纯粹的意向性，再进一步则落实于人间，而强调存在的历史性。我认为当前有关宋明儒学的理解，应上升到精神史的高度来理解。

2. 中国哲学的建成及其合法性问题

尼山学堂问："中国哲学"这一称呼的起源与中国哲学的建构过程是怎

---

① 林安梧：《王船山人性史哲学之研究》；陈来：《诠释与重建——王船山的哲学精神》。

② 方克立：《船山学研究的最新前沿成果——方红姣〈现代新儒学与船山学〉序》，《船山学刊》2015年第4期。

样的？"中国哲学"的合法性饱受争议，称呼上亦有"道学""智慧"等提法，您怎样看待？

林安梧答：我个人觉得，关于中国哲学合法性的问题是不成问题的，是自己惹出的一个毫无必要的问题，好没有道理的，所以这个问题惹出来之后我就没有兴趣参加。最早惹出这个问题的人应该就是郑家栋。记得那是在香港的一个会议上，他跟我说他要提这个问题来讨论，我说这个不需要。民国初年，北京大学的哲学系就叫作"Department of Philosophy"，"哲学"这个语汇，日文翻译了，中文也翻译了。从《尚书》讲"睿明曰哲"，就有哲学，这很好啊。当时就有中国哲学，有西洋哲学，有印度哲学，没有合法性的问题啊！我其实是觉得这是一个莫名其妙惹出来的问题。就好像有一天有人问我"林教授你姓林吗？你要不要证明一下你姓林？"我会告诉他我没兴趣，我从小到大都姓林，为什么要跟你阐述我姓林呢？这些年来，很多人都还纠结在这个问题上。

至于它叫什么，就无所谓了。它都已经叫哲学了啊！你说中国的那些是智慧，不叫哲学，大可不必这么纠缠，哲学这个语汇可以扩大一些啊。西方现在有一个说法叫"after philosophy"，哲学之后。有一些人认为叫"哲学"还是限制了，智慧比哲学高，中国这个不是西方所说的哲学，它是一个更高的智慧，如何如何。西方有一些对于西方哲学做反思的思想家，他另提"智慧"什么的，但我们不用跟着他讲啊。哲学这个语汇可以包括很广啊，中国的、东方的这些东西就不是西方的哲学意义了，那不是很好吗？还去说什么正当性、合法性？孩子都已经生了三代四代了，还问我们第一代有没有结婚？结婚证书在哪里？毫无意义啊。所以我对这个问题毫无兴趣。有人说，这还是很值得去检讨的，去探讨一下哲学是什么，我说："当然可以，但是我没兴趣。"

我觉得问这个问题是失去了自信心。西方怎么来看哲学的，我们的哲学是否合乎这个向度？如果不合乎这个向度，那我们这个能够叫"哲学"

吗？这个哲学是否是我们原来没有的？西方哲学"philosophy"这个语汇翻译过来之后，我们才说先秦有哲学，这难道不是一种谬误吗？没有宗教名称以前有没有宗教？没有宗教学以前有没有宗教？当然有啊，没有人的学问讨论以前有没有人呢？当然有啊。哲学之为哲学是作为一个宇宙人生的根本之学，任何一个民族都有哲学。只是学有深有浅、有高有低、有大有小而已。关于这方面思想的进一步廓清，我在2000年暑假在台湾师范大学的讲述，已经做了较为彻底的反思。①

　　一直到2005年，大家还是在很热烈地讨论这个问题，现在这个问题好像稍微歇息了。我常举一个例子，我的一个老朋友刘笑敢先生，那年在香港中文大学开会，然后他提了一个问题，其实也是在响应这一波问题。他写了一篇关于中国哲学合法性的文章，题目叫作《中国哲学妾身未明？——关于"反向格义"之讨论的回应》②，我正好作为点评人。我说："妾身未明，这个'妾'字啊，你不必管它是妻是妾，做大就好。"是妻是妾有什么用，做大了就承认了啊。中国几千年偌大的文明，开玩笑，所谓的哲学会没有吗？只是不同罢了。所以我觉得这样一个问法意义不大。至于中国哲学的建构过程，我觉得这个就很难说了。一个时代随着时代变迁就有它的思想，就可以构成哲学。当然哲学更强调逻辑性和理论性，但是时代接续时代，比较自觉地做成一个有系统性的、逻辑性的哲学，可能有也可能没有。但是后代人做了哲学史、学术史的建构。

---

① 这分讲稿，后来发展成《人文学方法论：诠释的存有学探源》一书，最早的台湾版本于2003年7月由读册文化公司印行。后收入"同济·中国思想与文化丛书"，由人民出版社于2016年5月出版。

② 刘笑敢：《中国哲学妾身未明？——关于"反向格义"之讨论的响应》，后刊载于《南京大学学报》（哲学·人文科学·社会科学）2008年第2期。

3. 格义与逆格义（反向格义）

尼山学堂问：近现代中国哲学研究多反向格义，反向格义（或者您所说的逆格义）似乎仍是当下研究中国哲学的重要方式，这种研究方式确实也遇到了一些困难，您如何看待格义和反向格义呢？

林安梧答："格义"，我们讲的有"格义佛教"。其实"格义"这个语汇一般是用来说明当时佛教传进中国来的时候，为了传播的方便，在翻译、讲述的过程中，通过我们原来讲老子、庄子时的一些相近的语汇来诠释佛教，也就是以我们相近的语汇来理解域外文化经典或者域外文化本身的意义。就是以我们固有的经典及相关的意义、概念范畴，来理解一个异文明传进来之后，他们的经典的概念范畴。譬如，以道家的"无"去理解佛家的"空"，还有其他相关的，这就是"格义佛教"。而我所说的"逆格义"，也就是后来刘笑敢先生所说的"反向格义"。"逆格义"其实我提出来的比他早，但流传不如他的"反向格义"广。[①]可能因为"逆格义"这个语汇比较文言，大家搞不清楚，或者容易产生歧义。其实"逆"就是"逆反"，就是"反向"。什么叫"反向格义"或者说什么是"逆格义"呢？原来的正格义是以我们本来具有的概念范畴去理解异文化传进来后经典意义可能的范畴，给它相配称、对应的范畴。而"反向格义"刚好相反，是拿异文化的经典以及其他思想，用那些概念范畴，通过那种方式来理解我们自己。怎么通过那种方式呢？就是一个概念的翻译嘛。譬如说"metaphysics"，就是形而上学。我们把metaphysics翻译成形而上学，其实原先是通过我们的《易经》所说的"形而上者谓之道，形而下

---

① 林安梧：《中西哲学会通之"格义"与"逆格义"方法论之探讨：以牟宗三先生的康德学与中国哲学研究为例》，《淡江中文学报》2006年第15期。

者谓之器"。通过我们的语汇去说别人，是正向的，是格义。但是我们现在翻译过去以后，我们脑袋里面就忘记了"形而上者谓之道"，就以原来的metaphysics做主导来说形而上学了，之后我们再以它的翻译叫"形而上学"，回过头来看看《老子》有没有形而上学，《易经》有没有形而上学，其他的什么有没有形而上学，这时候就是反向格义了，可能我们是拿着别人的标准来看我们。譬如我们一谈哲学，就是形而上学、伦理学、知识论、美学、逻辑，这就是反向格义。但是这个也不打紧，毕竟异文化相互接触，一定有个过程。

但是我们应该去想一下，形而上学在中国接近一个语汇，叫"天道论"。伦理学可能跟实践哲学或者心性修养工夫论是有关联的，这当然就在一个不断的互动过程中。"格义""逆格义"相互交叉，慢慢通融，慢慢厘清，也慢慢扩大了语义的内涵，重新调节了语义本身的适当性。其实这个过程应该这样慢慢变。所以我的想法就是努力多做一些，正向的格义、逆向的格义通通做一些，做到一个地步，就跨过了原来说的"格义"，就弄清楚了人家讲的是什么，我们讲的是什么，就各有所厘清。譬如形而上学，在《中庸》《易传》中所呈现出来的形而上学的意义，跟原先西方亚里士多德所说的"metaphysics"其实已经有很大的不同。那我们就可以讨论我们的形而上学所要处理的问题跟西方形而上学所要处理的问题有哪些异同。譬如西方的形而上学常常紧挨着知识论一起探索，我们的形而上学往往紧挨着实践哲学来探索，那这里就牵涉我们面对存在的不同态度。我们面对我们所谓的"存在"的时候，"在"就是"从土才声"，就是植物从泥土中生长出来；"存"就是"子"参与到"在"里。所以我们讲的"存在"是人参与到整个天地、场域、生活实践中的意义。跟西方从"to be"，讲"being"有所不同。西方讲"to be"，讲"being"，这是从"是"去讲"有"，这是凝眼而视，去看这世间，这对象是什么，就把这对象物当成事物本身。相对来说，中国哲学是我们进入那个场域当中，我所觉知、所感知、所体知之后，跟"我"关联成为一个不可分的整体。它是在话语论定之先体会、玩味那个总体，从那个地方说，它并没有落在话语所定位的存在物那里。这样的对比，不就慢慢丰厚了吗？慢慢厘清了吗？

我们一样用metaphysics这个词，但那已经不是亚里士多德的意义了。那是什么意义呢？这有什么不同呢？可以说了。这是我的主张。有的人不赞同，既然不是亚里士多德意义上的metaphysics，我们就不要用了。我们就用一个其他的语汇，不用那么麻烦。因为它有世界性、共通性啊。西方教士把God翻译为"上帝"了，God会等同于我们《诗经》《书经》的上帝吗？不会啊。就是现在搞了半天，话语系统太庞大了。现在想想上帝，有多少人会知道我们的《诗经》《书经》有"上帝"这个语汇？大家认为God就是基督宗教的God，就会想到基督宗教的"上帝"这个语汇，还以为这个"上帝"是西方才有的，我们自己没有。或者说西方这个上帝，我们也有上帝啊，我们这个上帝也跟他们是一样的啊。这个就是混了。这个时候我们就说，没关系，我们来讨论讨论嘛。"上帝"这个语汇在《诗经》里面讲"维此文王，小心翼翼。昭事上帝，聿怀多福"，这个"上"和"帝"我们怎么理解？"上"我们说是至高无上，是超越的，最为超越根源的，叫"上"。"帝"呢？"帝"是万物始生之初，"帝"原先像花萼之形，引申为万物始生之初。那上帝就是至高无上、最后的宇宙造化之源。那我们再想，这至高无上的宇宙造化之源是不是一个personal God，是不是一个人格神呢？当然不是了。我们并没有经由话语的论定把它推出去，作为一个超绝的、绝对的、唯一的人格神。它是动态的，《易经》说"一阴一阳之谓道"，这可以理解成一个存在的律动，一永恒而原出的律动。所以它不是一个超越的绝对的人格神，而是说宇宙造化之源，有个本体，有生起的动力。用这个动能描述就叫"一阴一阳之谓道"，这个时候，"上帝"跟"天""道"不是可以连在一块儿说了吗？那这时候有人就说了："请问这时候，这个天是人格之天呢还是道德之天呢？是自然之天呢还是义理之天呢？"通通都是啊！只是它有偏重罢了。但是现在我们不是做了研究吗？这个荀子的天是什么天，谁的天是什么天，然后儒家的道德之天，后来受了道家的自然之天的影响，之后变成了什么，我们都听得头昏了。因为不是长这个样子啊，就像我们吃东西一样，不是说我是因为吃了什么东西所以长了什么东西，又吃了什么东西又长了什么东西，然后这两个东西加在一起又构成什么东西。现在做学术史不是很喜欢这么论吗？大概有一大半都是这个论法，我每次听了都烦。因为这个不准，而且这样一个做学问的方式很多时候会有误差。但是现在习惯这么论了，也很麻烦，不知道该怎么办，恐怕很难办。因为这个习气很重了，而且已经论了好几代人了，大家觉得这很理所当然，而且觉得你不这么论会很有问题。他就会问你，然后你讲不清楚，他就觉得你功夫没做到。我就觉得很奇怪，但是不知道该怎么办。儒家《论语》里面，孔老夫子不谈性命天道吗？但是有人说，道家才会讲道啊，所以儒家是受了道家的影响才会讲道，所以如何如何。他讲了一套好像很完整的，但他是错的啊！儒家不讲道吗？"志于道，据于德，依于仁，游于艺"啊，"子贡曰：'夫子之文章，可得而闻也；夫子之言性于天道，不可得而闻也。'"儒家也讲道。"不可得而闻也"是什么意思？闻之而不可得也，就是我子贡没听懂啊。子贡的才分是谈经济、管理、知识的，他不是文学科的子游、子夏，他是言语科，是孔老夫子学生里面最实用的。管理科学要言语，外交也要言语，经济也要言语；"文学"是文化。所以子贡是"闻一以知二"，不是"闻一以知十"，"闻一以知十"是总体通贯。子贡说他能"闻一以知二"，而他的学长颜渊则可以"闻一以知十"。"闻一以知二""闻一以知十"，这不是一个量的多少，是两套不同的思维方式。所以现在学问的做法有时候很令人扼腕，不知道该怎么办。有人说儒家也不讲形而上学，讲形而上学的是玄学，那是一种堕落，所以儒家只讲心性论，不讲天道论，讲天道论就是后来受阴阳家的影响之后才长出来的。他这样说好像很有道理，其实毫无道理啊，不是这么一回事啊。儒家"赞周易、修春秋","赞周易"不涉及天地宇宙造化之源吗？怎么可以说儒家没有形而上学呢？这不是瞎说吗？像这种事情怎么辩论？然后一下说出了个"道家主干说"来，是陈鼓应的主张，他是我的一个老朋友、前辈了，但这主张并不能成立。其实，恰当地说应该是"儒道同源互补说"，或者万事万物皆归于道，这样的提法才可以成立。①我就跟他说："你这个'道家'就多了个'家'字，'道主干说'就对了，或者叫'道主流说'。""道术未为天下裂"就是通论道啊，道家怎么会是主干呢？怎么个主干法呢？当然这个问题是因为儒家的人把道家讲成支流，他们很不高兴，要跟你对抗。所以这个已经变成意气之争了，没办法。

所以，逆向、反向格义是必然会有的，但是正向的格义太少，反向的格义太多的时候，就会出问题了。举个很简单的例子，筷子跟叉子。用叉子的标准来看筷子，这个筷子根本就是很糟糕的叉子，但是要进一步看到，用筷子的方式跟用叉子的方式不一样，用法不同。所以就不能用叉子的标准来看筷子。你会说："哦，原来它们叫餐具。"餐具是用来辅助我们用餐的一种器具，而筷子的用法跟叉子的用法不同，所以它们功能、性能不同，于是这时候不能拿叉子的标准来作为餐具的唯一标准，筷子也是餐具啊。所以要用一个更高的语汇"餐具"来说明，这样也就分清了筷子和叉子的个别性。类似的嘛，这个metaphysics原来在亚里士多德那里是什么意义，我们的天道论在讲"形而上者谓之道"时是什么意义，所以当我们讲metaphysics时，我们用了一个"形而上学"的翻译，它们不等同但是在同一阶。那现在我们无形中就丰富了原先metaphysics这个语汇。而我们也接受了metaphysics这个词，同时厘清了我们的"形而上学"的重点跟你的metaphysics的重点不同，这不是两方得利吗？就是这样。所以我的想法绝对不是封闭的、固守的，我就是要沟通嘛。为什么我们中国人不能娶洋媳

---

① 请参见林安梧：《"道""德"释义：儒道同源互补的义理阐述》，《鹅湖》月刊2002年第10期（总号334）。

妇？中国人也可以娶洋媳妇啊，中国人也可以嫁给洋人啊，生第一代人，生第二代人，这样慢慢地就有"新品种"出来了。那有什么不好呢？哲学本身就是人类共通的学问啊，在厘清的过程中要把自己最好的基因慢慢地找出来嘛。当然叶秀山先生有一个说法，他也是我的老朋友，是老师辈的老朋友了。有一次我到中国社科院拜访他，谈到中西哲学比较，他说这很像和面，面和了水之后，就要开始揉面，刚开始手粘了面，面粘了手，但是和面和久了，面一旦和好了，面是面，手是手了。它会干干净净的，这时候就分清楚了。所以说不用担心，我一点都不担心。有人说中国哲学不要受西方哲学概念的影响，怎么可能不受影响呢？穿衣服都受影响了。这个是无所谓的，中华文明根本不用担心会被西方文明同化，我们只要把自己完全释放出来就好了，中华文明蛮强大的。

4.哲学研究的语意与语感问题：
中国式话语与东西方对话

尼山学堂问：您经常谈到哲学研究的中国式话语，这具体指什么？能否请您具体阐述一下？

林安梧答：其实在这方面我已经有所论述，相信你们也可能读过这篇文章①。我也常以"中国哲学研究的话语与方法"为题，在许多高校研究机构做过专门讲座。是这样的，我所说的"中国式话语"其实就是对汉语要有语感。对汉语的语感都几乎没了，怎么办？譬如我常提的例子，"知识"这两个字，你一想对应的就是knowledge，讲到"道德"对应的就是moral。说起道德，你们尼山学堂出来的学生可能知道"志于道，据于德""道生

---

① 请参见林安梧：《关于中国哲学研究方向与方法的一些省察》，《求是学刊》2009年第6期。

之，德蓄之"，一般人没有这个语感啊。什么是"道"？什么是"德"？什么是"知"？什么是"识"？"识为了别，知为定止"，"识"是了别于物，"知"是定止于心。这是我的理解、我的体会。再比如，"明白"这两个字，"自知者明""虚室生白"，它还是一个学术用语，这些语汇能够贴到日常用语。这些术语的语感有了，语义丰厚了，体会、玩味就会不同。中国语言背后对应的是一种文字，而这种文字是图像文字。我们的文字不只是用来记录语言而已，我们的文字本身就经由它的图像来表现意义，这跟西方的拼音文字有很大的不同。所以这个部分一定要想办法，唤醒大家，不这样就把中文理解成拼音文字那样了，很浅。中文的语义深厚就是因为它的图像性。所以我觉得这个一定要多下一点功夫。因为现在我们学术界受到一种欧美中心主义文化的控驭，我们不太有能力去醒觉到我们应该醒觉的问题，这才是我担心的。

我们讲一个问题，讲了半天还是以别人的标准来看待自己，怎么样回到一个更恰当的标准？这就是我们讲的"物各付物"这个概念，这是道家所说的。"致虚极，守静笃，万物并作，吾以观复"，生命有自己的一个恰当的生长，你要回到它的生长中去看它。文明也是，运动也是。比如说中国人的射箭，它有它优势的地方，但是西方的运动里面也有中国人不一定有优势的地方。所以现在，包括奥运比赛，也一直在开发多种不同的项目，这也是尊重文化的多元性。哲学有它的普遍性，但是这个普遍性要靠特殊性、具体性来彰显，要重视特殊性、具体性，那么你就要去理解这个文化最优势的地方。所以我就鼓励很多年轻人，做中国哲学的研究，不仅要能看懂古文，还要能写古文。能写古文，才能看得深；能写古诗，古诗才能够读得真正通透。所以一定要练习写作，这个过程是必要的。

尼山学堂问：在追求中国哲学话语权的同时，应该把西方哲学话语系统放在一个什么样的位置？

林安梧答：追求中国哲学话语权的同时，要把西方话语放在一个什么样的位置上，就是这样的位置啊，就是一起生活，一起在我们的话语中开始锻炼、调节嘛。就像两岸用的话语是有一些不同，但也无所谓啊，用多了就彼此调和了。譬如以前大陆叫"计算机"，台湾叫"电脑"，我看是"电脑"胜出了。大陆叫"旅游"，台湾叫"观光"，我看"旅游"胜出了。大陆叫"幼儿园"，台湾叫"幼稚园"，"幼儿园"慢慢胜出了。各有不同。台湾叫"镭射"，大陆叫"激光"，我还不知道结果，但是我想，"激光"应该会胜出，这是我猜的。它就是在这个过程里面的。那你说有没有不准的时候？有啊，有可能不准。比如我们把地下铁道叫"地铁"，这个"地铁"不太通啊，地中有铁，"地铁"。但是叫"地道"也不通啊。"地铁"就是因为"铁道"以"铁"作为一个简称嘛，所以叫"地铁"，我们已经习惯了这个用法了。这个没关系，就这样慢慢就好了嘛。就怕我们自己都不说自己的话，只拿别人的话说，没有正向的格义，都是逆向的格义。格到自己，后来就说中国哲学是因为有西方哲学的对比之后，然后什么时候才开始有中国哲学，所以是从哪一年才开始有中国哲学，所以是从那个时候起怎么样。有个说法是，中国哲学还是一个非常年轻、非常年幼的学问，所以如何如何。不是这样的啊。不能说会讲英语以后才算会讲话，以前讲的话都不算话，没有这个道理吧，对不对？就像翻译，翻译不能等值，不能等价，但是当然要翻译啊。像这些道理就是这么简单，但是在学界纠缠啊，然后引经据典啊，洋人怎么说啊。但是洋人本身就搞不清楚，你又引他的，自己又纠缠半天。其实不需要这样。还是拿着时间去读读经典吧。所以我对这个讨论参与不多。

尼山学堂问：东西方有各自的话语表达系统，这种语言的鸿沟会不会也是思维的鸿沟？是否也造就了范式的鸿沟？在诸多话语体系表达系统并存的情况下，东西方"多元一统"的哲学对话如何成为可能？

林安梧答：语言的鸿沟是会造成理解的鸿沟的。所谓"范式"是什么意思呢？〔就是库恩（Thomas Kuhn）最初提出的科学的范式，后来被扩展到各个理论性领域〕那当然是这样的，有不同的paradigm，有不同的范式。但是要去探讨、去了解中国的范式接近一个什么范式。所以，基本上对于一个学问的理解，要去了解它整个的语言表达系统。譬如我常提到，西方是以符号来记录语言，这是语音中心主义。有语音中心主义所以才会有所谓的"理智中心主义"，它在语法上属于一个比较严格的系统，而在整个人间世俗建构上，它也是一个比较守法律的严格系统，在理性上也是一个严格的逻辑系统。相对来说，图像和文字就不是这样，它接近一种情理的、情景交融的状态，它整个对应的不同。所以我们不以逻辑、理性强控制，我们是弱控制，我们讲情理，不讲逻辑。我们讲的是一种彼此的主体际的融通，互为主体的融通，而不是主体对于客体的具体把握，这有很大不同。这里就牵涉在做中西哲学比较的时候，必须要去彰显、去对比。这有一定的难度，但也要一步一步地去做。

所以在诸多话语体系、表达系统并存的情况下，东西方"多元一统"的哲学对话如何成为可能呢？它当然是可能的。就是彼此尊重嘛，然后正视多元，求同存异。求同要先求通，要通而同之。"通而同之"其实就是"异而存之"，能够"异而存之"才能够"通而同之"。然后这时候要不同而同，最后知其不同。不同而同的意思就是，我真正重视它的多元性，而这个多元性可以通到更高的整体里，这时候就整体来说，是通的。"恢诡谲怪，道通为一"，那个"道"也是从这说起。在华人世界，在中国文化传统里，我认为可能是最擅长处理"多元"跟"统一"问题的。而且我们对多元与统一问题的处理方式跟西方哲学的方式不同。西方哲学主流处理多元与统一的方式是通过殊相到共相。从"殊相"到"共相"，我们可以理解成一种共相的升进，一层一层地，拉到最后是最高的being。我们不是，我们是多元而一统，彼此融通，到最后形成一个"至大无外，至小无内"的总体的"道"。这个是东西方很大的不同。所以我们是一种生命的交融，不是一种共相的升进。他们升到最高的那一点是being，是God，是pure actuality，纯粹实现，这是亚里士多德的方式。我们不是，我们基本上是像《易经》、像《老子》的，就是回到那个总体源头里面。所以多元而一统，对我们而言，我们很习惯这种思维方式。

中国有多大？它不是一个民族国家的概念，这个民族国家的概念都是被近代西方人构造出来的。它本身是"天下"，"天下"所有人都可以来嘛，只要有了王法就可以来了嘛。然后"王"是通天地人啊，这是"天下"的概念。其实，它是很宽阔的。所以总体来讲，中国变成以现实经验所及的这个世界，而中国人表现出来的跟经典所讲的相差太远，所以我们常常以我们现在经验所及的这个世界、以中国人表现出来的那个表象判定中国人的特质，所以就说中国人的特质如何，我们从那个角度看自己，别人也从那个角度看你，然后忽略了我们原来的那个更高的东西。那你就没得说了，就跟人家不能比啊。不能比，到最后就对自己的文化没自信了。这个是一个很重要的对比。所以我觉得一定要学习经典，一定要了解整个中华文化的总体和源头是什么，这非常重要。

（二）后新儒学

1.后新儒学概述

尼山学堂问：在之前的谈话中您也说到了 1991 年您的博士论文《存有·意识与实践》算是您"后新儒学"的萌芽阶段，到了 1994 年您的《后新儒学论纲》，再到 1997 年出版的《儒学革命论》、2006 年的《儒学转向》、2011 年的《儒学革命》，从这几部著作可以看出您的"后新儒学"的理论是一个不断扩充的过程，您能不能简单地谈一下您"后新儒学"的发展脉络，并着重谈一下从您 2011 年《儒学革命》付梓之后到现在的五年时间里您对"后新儒学"又有什么新的发展？

林安梧答：这个说起来真的很长，而且这个部分大概可能在你们以后做记录的时候会比较辛苦。因为这个部分怎么讲都没有办法一时讲完。

其实这个"后新儒学"来源应该说很早很早，早在 1982 年我写《当代新儒家述评》的时候，因为我要对当代新儒家有所述、有所评，"评"嘛，我就指出当代新儒家忽略了几个东西，我说他们主要重视一个形而上的追溯，比较忽略历史原因的考察，他们重视的是一种意义的理解和诠释，比较忽略整个结构性的总体反思。[1]换言之我在做中国哲学的时候会比较重视

---

[1] 林安梧：《当代新儒家述评》，台湾"《中国论坛》"1982 年第 154 期、155 期。后收入罗义俊编：《评新儒家》一书，上海人民出版社，1989 年。后来此文也收入林安梧：《当代新儒家哲学史论》一书，明文书局，1996 年。

总体性的反思，重视历史发生原因的考察，我会去留意、重视实践的向度。

从我接触中国学问开始到有兴趣做研究，可以说跟当代新儒学，特别是以牟宗三先生为代表的这个学脉有非常紧密的关系。但说真的，也一直隐隐有一种难以说出来的张力。我是从杨德英老师、蔡仁厚先生到牟先生的这样一个追溯。后来我成为牟先生的学生，读牟先生的书，听牟先生的课，请教牟先生，我对牟先生的《现象与物自身》这一部书格外重视，我还曾经拿这本书，作为当代儒学专题最重要的教本，与博士生、硕士生，一起讨论这部书。这部书作为他晚年最重要的体系的代表，基本上构造了一套"两层存有论"，就是所谓"执的存有论"与"无执的存有论"，然后融摄了儒道佛三家，并且对比康德，想超越康德哲学的一些限制，这是牟先生的整个系统。

我自己在写作王夫之或者在写作熊十力的时候其实就慢慢朝向"存有三态论"的构造，特别是在写熊十力的时候的第三章，就点出了"存有三态"是：存有的根源、存有的彰显和存有的执定。这个"存有三态论"的构造大概就顺着年代一直做下来，大概在《儒学革命论》出版的时候，基本上已经慢慢清楚了。"儒学革命论"是做什么？"儒学革命"的意思是什么？它代表一个阶段的变革，是整个实践的变革，也是理论的变革，这变革是整体的，也是巨大的。

我再说从"新儒学"到"后新儒学"。一方面"后"有时间的意味，就是在"新儒学"之后；然后这个"后"同时作为后起者，作为一个批判的继承以及这样的一个转化的创造发展。从这个批判的继承到转化创造的发展，我在整个做法上，大概就是从形而上学，或者说本体论方面出发，也就是说从"两层存有论"进到"存有三态论"。从原来传统儒学所重视的，所谓的"内圣开外王"中，也就是本内圣以开外王中，我理清了所谓的"历史的发生次序""实践的学习次序"以及"理论的逻辑次序"这三个次序的异同。我认为当代新儒家本内圣以开外王是就理论的逻辑次序而言，他其实跟实际上的实践的学习次序是两回事。开外王其实是学习西方的一个实践的学习次序，但这个实践的学习次序跟牟先生所说的"良知的自我坎陷"开出"知性主体"、开出"民主科学"不同，后两者是在他诠释系统意义下的理论逻辑次序。

这些义理讲明了，这三个不同的次序分清了，在转化过程中我就慢慢地觉得应该在这一方面做一些调整。这个调整就是：我们是在外王的学习过程里面的，与其说我们是本原先恒定不变的内圣之学开出新的外王，毋宁说我们是在新的外王，也就是民主科学的实践过程中，调节了我们内圣学的方式。也就是说，你从理上，可以说本内圣以开外王；但是在事上，在经验落实上，其实是在外王的学习过程中，来重新调节你的内圣之学。这就是我说的先外王而后内圣的说法，也不是说不本内圣以开外王，而是说其实在实践的历程里面，在外王的学习过程中，慢慢地去调节这种内圣。不是说内圣学就是永远不变的，内圣学也要变，是彼此之间交互地变。内圣学当然比较接近一种形上之源的说法，而外王学比较接近一种具体落实之源的说法。这个可以讲成"两端而一致"，可以借用王夫之的话，这叫作"互藏其宅""交发其用"，就是内圣作为外王学的根源之宅，外王学作为内圣落实人间的宅邸，这两个交互，交发其用。这个是跟当代新儒学不同的地方。

以前的儒学强调的君子，那是在传统社会意义下的君子，当然这个"君子"也有他恒定的一些元素、概念，那么现在进入一个新的政治社会共同体，我想这个时候应该先谈一个很重要的概念——"公民"。所以你必须厘清"公民"这个概念跟原先传统社会社会意义下"君子"这个概念有什么异同。而且作为一个公民是优先的，所谓优先，是指在发生、学习次序里的优先，不是说他的等第更高，其实他等第比较低。也就是说，作为一个现代的人，应该作为一个良善的"公民"，之后你再去进一步谈更高一层的"君子"，所以说是先"公民"而后"君子"。这是我谈的"公民儒学"。

所以这里就有几个向度不一样了，我自己在所谓"迈向现代公民社会"的现实中，理清了中国文化传统导致的一些限制，对"三纲"提出批判，对"血源性纵贯轴"做了一个总体的理解和诠释："血缘性纵贯轴"是以"宰制性的政治联结"为核心，就是以天子、皇帝、国君作为核心，以"人格性的道德联结"作为基础，以"血缘性的自然联结"作为背景，这是传统。那现在显然不再是这样的了，现在绝对专制的"宰制性的政治联结"已经瓦解了，从1911年以来，已经不是以前"天子、宰相"这样的制度了，已经进入了新层面，这个时候政府的组织结构是由人们的一个委托构成，所以我用一个语汇来表示，叫作"委托性的政治联结"。

同样地社会也变化了，它不再是原先传统的社会，不再是"亲亲而仁民，仁民而爱物"，如费孝通所说是一种波纹型的格局，慢慢往前推扩变成社会，这个社会是一个公民社会。相对于原先的家族、宗法社会，公民社会是一个一个个体进入这个社会之中，根据契约、法律所构造成的社会，这个社会有它普遍的意识，有它要共同遵守的规约，以及其他种种。这个我名之曰一种"契约性的社会联结"。那么这个时候，"血缘性的纵贯轴"在华人世界来讲，显然已经转化了，转化之后的姑且就叫"人际性的互动轴"。"人际性的互动轴"以家庭为例，它基本上仍然是"血缘性的自然联结"，但是他不以家庭中"血缘性的自然联结"作为摹本继续推而扩充，也就是"血缘性的自然联结"有一定的限制，除此之外，你要跨过这样的限制，开启一个新的"契约性的社会联结"。

这个"契约性的社会联结"跟"血缘性的自然联结"相互依靠，又慢慢长育，把人的"人格性的道德联结"培育得更完整一些，所以这个"人格性的道德联结""仁义之道"就不是原先在《孟子》、在《论语》中所提的了。我们现在除了"血缘性的自然联结"以外，又强化了一个"契约性的社会联结"，因为"契约性的社会联结"重点在正义，在公义；"血缘性的自然联结"重点在人伦，在孝悌，在仁义。"仁义"这个语汇跟"公义"这个语汇就有一些不同，这样一转的话，就有一个好的"契约性的社会联结"，它所培育的，显然都是最根源的"人格性的道德联结"，"人格性的道德联结"在理上它是最为根源的，但落实在培育每一个人的话，就是培育人的终点，也就是人格的完善。这样的一个自然、人伦的总体，一直到契约社会的总体，就要求有一个委托性的政治联结来帮忙管理，这就是"政府"这个组织，这是一定要有的。我这个理解，一方面用来对中国整个古代社会做一个概括，叫"血缘性的自然联结"，同时要预示它怎么发展，发展成一种"人际性的互动联结"，它要怎么构成，这种构成在现代公民社会里面要怎么长养。所以要求必须由公民社会组织成一个好的政府，因此来管理众人，让它生长得更好。以上这些论点，在我有关的著作中都常提起，现在做简单的概述。①

这些也是继承了前辈先生们所做的一些厘清，但是显然我是往前进了一步。一方面厘清了中国传统社会问题，一方面从这里来谈它要怎么发展。这大概就是我在做的工作。这个都是属于"后新儒学"在做的内容。所以我谈了内圣与外王之道，谈了"公民儒学"，谈了"存有三态论"，包括谈到的教育哲学。关于教育哲学，我有本《教育哲学讲论》②，基本上就是我在台湾清华大学给学生讲的内容，基本上就是放在公民社会下的、以个人自由为主导的一种教育理论。当然，背后还是有很多重要的中国哲学及

①　可以参看以下诸本专著：

1.林安梧：《儒学与中国传统社会之哲学省察：以"血缘性纵贯轴"为核心的理解与诠释》，幼狮出版公司，1996年。

2.林安梧：《儒学革命论：后新儒家哲学的问题向度》，台湾学生书局，1997年。

3.林安梧：《道的错置——中国政治哲学的根本困结》，台湾学生书局，2003年。

4.林安梧：《儒家伦理与社会正义》，言实出版社，2005年。

5.林安梧：《儒学转向：从"新儒学"到"后新儒学"的过渡》，台湾学生书局，2006年。

6.林安梧：《儒学革命：从"新儒学"到"后新儒学"》，商务印书馆，2011年。

7.林安梧：《牟宗三前后：当代新儒家哲学思想史论》，台湾学生书局，2011年。

②　林安梧：《教育哲学讲论》，读册文化事业公司，2000年。

中国传统人伦的东西，这些东西大概也在继承着前辈先生们所做的研究，我要继续往下发展。

这五年，关于这些东西，其实我也一直都在思考，现在有一点不同的就是，我越发觉得现代的公民社会，不是你如何从原来的"君子儒学"转成"公民儒学"要怎么转的问题，我还是觉得现在的公民社会、现代化社会要成为良善的社会，君子之道是非常重要的。一个社会如果有更多良善的君子，这个时候的公民社会会更好的。因为公民社会重点在"法权"，我们人伦社会的重点不在法权，重点在于仁义之道。仁义跟法权有很大不同。仁义是一种道德的生长性原则，让人能够成就一种人格的自我完善。法权不是，法权是平面地论如何配称一种关系。有一个更高的仁义之道，这样的一个圣贤君子之道，如果可以将其提到一定程度好好做的话，这个社会的公民之路也就会更顺当。公民之路的论法不同，但社会的良善与否很重要的就是那种彼此的共性。共性如何养成？就要根据不同的历史文化传统来形成不同的共性养成方式。中国传统在这方面其实有着很可贵的东西，必须要继承它。"君子儒学"与"公民儒学"并不是相互背离的，它们应该有更多的合作、更多的互动和更多的融通。

2. 后新儒学与良知学

尼山学堂问：您很注重分别良知和良知学这两个概念的不同，您说真正的良知不是用来压抑人的个性的，不是"以理杀人"的，而是要让人真正处在一种开放自由的环境下，合理地去展现自己的七情六欲，这才符合真正的良知的要求。我想请问一下，这样一个开放自由的环境是由谁来创造，又该如何产生呢？

林安梧答：这里很重要的就是先去了解一下我们现在在谈论的"良知

学"和"良知"的概念。良知学是构成的一套"学"，它一定会紧挨地关联整个文化传统、整个场域、整个生活世界、整个天地。那么中国在两千年的帝皇专制、父权高压、男性中心社会里，也就是在三纲的一种绝对化之下，整个中国传统谈的"良知学"都免不了是一种以上下、控驭、隶属性原则为核心所构成的良知学，所以就不自由。就是重视一种控驭式的伦理而忽略了个体性的自由，这样的话就会有很多麻烦，所以有时候我会发觉有些人读了儒学经典后，他拘谨太过，畏首畏尾，常常拿良知来自我谴责，这就是我常说的"良知的自虐症"。其实这是在一套良知学的构造下，你接受了这套良知学，因此你照这个良知学的意识形态所转成、产生的外在规则压抑自己。这个时候你对自己也没有信心，因为你个体性被压抑得太厉害，你不能够自如其如、乘理而谈、悠游从容地表达自己。你把一个异化疏离的外在性归约当成良知的天理，你一直受到这样一个客观法则的影响，受制于它，而且是绝对地受制于它，这就是良知的自虐。①

这个如果没有处理好的话，这个人慢慢长成，当他握有权力以后，你知道，常自虐的人握有权力就会虐人啊！要不然的话，他不能够平衡过来。所以我们就看到，这个人以前那么拘谨，常常自虐，握有权力以后就常虐人，然后觉得好像很理所当然，所以我在20世纪90年代中期，在台湾清华大学月涵堂，就讲过一个相关的题目，后来就将这篇讲论记录成稿，叫作《良知、专制、咒术与瓦解》。这个问题讲得很深。这个问题提出来的时候被很多人批评，他们说良知怎么会是自虐？我说："我是在'良知学'意义下说的，而这个'良知学'是带有严厉的三纲、无限上纲的一个专制化儒学下的良知学，这就容易自虐，也容易虐人，这很容易理解。"我会注意这个事，我很关心这个事，因为在这样一个不合理的状况之下，良知真的会变得自虐。最后良知虐人，良知就变成了一个专制性的"良知"、暴虐性

---

① 请参看林安梧：《良知、良知学及其所衍生之道德自虐问题之哲学省察》，《文明探索丛刊》2003年第32期。

的"良知","以理杀人"的状况就出现了。这是很糟糕的。

所以要好好地正视人作为一个"自然的存在""社会的存在"的情况，不能够忽略人作为"Natural Being"和"Social Being"，而只强调人作为"Moral Being"的情况。你只强调人作为一个道德的存在，你忽略了人之为人在经验的生活世界最先触及的，是人作为一个自然的存在。人在一个人群社会里面，他是社会的存在，你当然也可以回溯他的源头，就其神圣之源来说，人当然是作为道德的存在，良知天理的存在是有优先性的。

所以这个部分你慢慢理解，你就知道，实际情况就是这样。这也就是有同学跟我提荀子，我说荀子很好啊，也很重要；你讲到王夫之，王夫之也很重要。也就是说我除了重视本体、心体、良知、本心以外，我认为应该重视整个生活世界、整个历史社会总体、整个人的生长的总体状况。因为它们真的会影响你所学到的东西，而且你把它们实践出来的时候，它们也会不同。

所以关于"良知"和"良知学"，我常说人之为人，一定要有良知，但是因为有良知学才能把良知凸显出来，没有良知学，你的良知就只有在当下才可以实现、发现出来，但是它没有办法在整个文明历史上被构建出来，让人看到，这个是很重要的。所以孟子了不起，因为他把这个本心良知之学在他的脉络系统中构建出来了。他可能是通过叙事的方式烘托出来的，但是他所叙述的很多都成为以后你要去构建的良知学的重要根据。比如说"今人乍见孺子将入于井，必有怵惕恻隐之心，非所以内交于孺子之父母也，非所以要誉于乡党邻里也，非恶其声而然也"，这就是啊，他就很厉害地点化出这个东西来了。所以良知学很重要，不要忽略良知学。良知学是一个什么样的良知学，它一定要配合着那个年代才能彰显出来，而那个年代本身也有一个历史的厚度、宽度、广度。朱洪武对孟子很有意见，那你就会问那时候的良知学会不会受明代朱洪武这个皇朝的影响？会啊。那你就去揣摩，去理解，因为不同的理解的视域，不同的"horizon of understanding"，不同的理解的"horizon"，你理解出来的东西都不太一样，这个"horizon"就像有一个东西铺垫着，把两个东西直接这么放在桌子上，和在它们下面放个白纸看起来就不太一样。我们在家里吃的番薯，一点价值都没有，就那么简单。你经过五星级的饭店一处理，用一个非常漂亮的盘子端着拿出来，两条番薯，跟你乡下的两条番薯是完全不一样的。

原来是王谢堂前燕，飞入寻常百姓家，现在寻常百姓家的燕子飞入王谢堂前，也不同了。就是它被点化了、提升了，才发现，良知学原来这么可贵。那这个良知学的可贵的限制在哪，我们就在检讨这个问题。你不能说，良知自明，良知当下就有，良知不会有什么问题，但你在说你的良知的时候，你是否果真有良知啊？问题就出在这里。应该是受了业力、受了习气、受了其他利害造成的种种影响，所以不是真的良知。不要忽略伴随而生的东西。

这个部分可能都不是当代新儒学原先所重视的。因为当代新儒学一心一意地要建本立极，要寻求生命中一个真正能够立住本根的地方，因为当时他们认为"整个中国文化就快被西方的洪流冲垮了，几乎花果飘零凋萎了"，我要寻求的救命丹丸在什么地方，救命丹是什么，当代新儒学就发展了一个"心性的救命丹"。有了心性的救命丹，强旺而有力的，直通宇宙造化之源的良知学就确立起来了。

现在我们就不在那个阶段了，到了一个新的阶段，问题就不一样了。

3．后新儒学与马克思主义

尼山学堂问：您刚刚谈到了"良知学"，说明您很重"心"的这一派，然而您在武汉大学与郭齐勇、欧阳康、邓晓芒对谈时也说您的后新儒学是偏向"气"的，您把这称为"身心一如"的思想，这种思想该如何与现实社会结合？您也曾论及迈向儒家型的马克思主义，您的后新儒学又是如何与马克思主义哲学思想对话的呢？

林安梧答： 哲学是要面对整个生活世界，并要去跟它有所对应。我也一直觉得哲学这个学问是活的。哲学怎么活动？苏格拉底怎么活动？孔老夫子怎么活动？在跟人的交谈对话中活动，在读古书的时候也是在跟古人的交谈对话中活动，在天地间也是在跟天地间的交谈对话中活动。所以它不能没有交谈对话活动，它是活生生的交谈对话的活动。

当代新儒学在这个发展过程里面，其实你可以看到，如同宋明理学的发展过程。宋明理学是从理学到心学到气学。它原先是道学，道学和气学其实是一个转变，它们很像，因为都重视整体，重视源头。但是道学比较重视形而上，气学比较重视形而下。但是是从客观法则性到内在主体性，再到整个生活世界。从前期的道学，到朱熹的理学，到阳明的心学，到刘蕺山的重视"意"再到黄宗羲重视"气"；以当代儒学来讲，冯友兰重视"理"，唐君毅、牟宗三重视"心"，这个发展是自然而然的，但我更注重生活世界。我继续着牟先生的这个发展也很自然，就好像黄宗羲继续着阳明一样。黄宗羲对心学很有理解，黄宗羲《明儒学案》的序里面讲"盈天地皆心也，盈天地皆气也""心气不二"；王夫之当然也认为心气是不二的，王夫之更重视气，即气而言理，即气而言体。重视具体性，重视实存性，这样才能进一步重视客观性，重视法则性，调适而上遂，所以重视整体性根源性。你不能够把内在的主体性直接当成最高的总体性、根源性。这是我的一个向度。就这个向度来讲的话，它的确跟马克思主义所强调的对物质性的重视不同，马克思主义的重视，是重视物质性、重视具体性、重视经验性、重视实存性，不是重视内在性、根源性以及形而上的法则性。但是它并不停留在一种机械唯物论，它强调"Dialectical Materialism"，就是辩证唯物论，而所谓"辩证"这个语汇其实就是人的参赞化育的效应。这是我的理解。没有人的参赞化育是不可能辩证的，所以辩证唯物论和机械唯物论最大的不同就是它把人的主体能动性给释放出来了，马克思主义很重要的一点就是重视人的主体能动性。所以一方面重视着具体性、经验性、物质性、实存性，一方面重视人的主体能动性，某个意义下这不是"两端而一致"的嘛！

拿中国哲学家来说的话，既重视内在主体性、能动性，又重视具体性、物质性、实存性，这两方面兼顾的，比较起来最为完整的，其实就是王夫之了。所以这样说，王夫之跟马克思主义有"接壤之地"，而不是等同，因为他们时代不同，问题意识也不同，但是有"接壤之地"。这也是我所重视的。

因为因缘关系，我在很年轻的时候，我们读了一个课程，叫作"马列主义批判"。1982年在台湾大学读研究生，我们有两个课程是当时的必修课，一个叫"三民主义哲学"，一个叫"马列主义批判"，大家一进去以后傻眼了，怎么多了这两个课，因为以前都没有。后来才知道这两个课有它的特殊因缘，因为台大哲学系一直跟蒋介石政权有一些抗衡，它是自由派的大本营，台湾大学在思想方面很强调讲逻辑，讲分析，讲西方的自由理论。

新儒家跟国民党的关系也是不密切的，但有个观念是接近的，就是认为中国文化的道统很重要，我们要把中国文化的道统恢复起来。国民党对中国文化道统的意识还是有的，而且是肯定的。蒋介石这一点还是不错的。但是蒋介石是以国民党为核心，当代新儒家是以儒学为核心。一个是以国民党政权为核心来用儒学，一个是我们由仁义行，像《孟子》所说的："由仁义行，非行仁义也。"我们不是打着仁义之名来做事，而是顺着仁义，"居仁由义"来做事。台大的哲学系显然跟国民党格格不入，国民党以前威权太强，直到蒋介石过世，蒋经国当权。台大哲学系没有理由没有博士班，它以前只有硕士班。台湾不叫硕士点、博士点，台湾叫硕士班、博士班。蒋经国说："那你们开这两个课，开个三年看看再说。"其实这个意思就是允许你们成立博士班了，但是有些前提，"读读这些东西，好好地批判马列主义，好好地守住三民主义"，所以我们就读了这两个课。三民主义哲学不知道读过多少遍了，因为以前中学也要读，大学也要读，现在又读，就没什么了。"马列主义批判"是新东西，有趣。批判的话就得先读文本，再展开批判，像1844年的《经济学哲学手稿》，那时候又有新马克思主义盛行于世，还有法兰克福学派，越读越有兴趣，当时读了不少东西。因为法兰克福学派对马克思主义有批评，对现代资本主义有批评，于是我当时就写了一篇文章，把它融通起来，叫作《迈向儒家型马克思主义的一个可能——革命的实践、社会的批判与道德的省察》。明眼人一看就知道"革命的实践"所指的叫作"壮年马克思主义"，"社会的批判"指的是"青年马克思主义"，"道德的省察"指的是"儒学"，特别是宋明以来的新儒学。我的说法是以道德省察为最优先的。儒学稳住了，"社会的批判"跟"革命的实践"才不会偏离方向。这应该是当代新儒学和马克思主义的最早交通而且是很善意地联结在一块儿的一篇文章。这篇文章作为一篇期末报告交给了我们老师，他给我了很高的分数。这篇文章在台湾写成了，但没地方发，我就一直到20世纪90年代中期才发表了这篇文章①，也是在《鹅湖》月刊上发的，很有趣。

我写这个文章的时候，其实是觉得写着好玩，有趣，那现在这篇是一个重要的文献了，可作为当代新儒家和马克思主义可以亲近友好的明证。其实我原来不是这个意思，我原先只是想有个理路可以做这个样子。我那写法不是刻意去亲近什么，而只是觉得蛮有趣的。这篇文章是在1983年写成的，而一直到台湾解除了戒严，才能刊载。这应该是一篇极有趣的接壤文章，也表示新儒学与马克思主义的一个新的可能，而且是从学理上出发的。②

① 请参看林安梧：《"儒家型马克思主义"的一个可能——革命的实践·社会的批判与道德的省察》，《鹅湖》月刊1996年第8期（总号248）。

② 陈占彪曾对林安梧做过访谈，请参见《儒学与马克思主义应该有一个重要的接榫点》〔《社会科学论坛（学术评论卷）》2008年第9期〕。又这方面相关研究请参看张三萍：《林安梧的儒学革命论》，《江汉论坛》2010年第12期。

4.关于"后后新儒学"的漫谈

尼山学堂问：这是这一部分的最后一个问题，您曾提及"后新儒学"和"后现代主义"的"后"字是有不同的地方的，那若干年之后会不会有"后后新儒学"，如果有它会向哪个方向发展，您对"后后新儒学"又会持什么样的态度呢？

林安梧答：就语汇这个方面来讲，它有它的一个构词的习惯。我想"后现代"有"现代"，有"后现代"，很难出现一个"后后现代"，因为这个语汇不太通。一般来讲不太这样造词。所以"后新儒学"之后会不会出现一个叫"后后新儒学"我想这个是不太会的，纯就语汇的构造来讲是这样的，这是人们使用语汇的习惯性。如果有所谓一个"后后新儒学"，我想那也是继续在这个"后新儒学"的思路上去思考，因为任何一个学问都不能到哪里为止。学问作为学问，它就是某一个时空下的产物，而不同时空下，就会有不同的产物。我们讲"江山代有才人出"，以前讲"各领风骚数百年"，现在应该叫"数十年"了，甚至以后叫"数百天"都有可能，它在很快的变化中。前辈先生们好不容易有这么大的成就，他们面对的是一个大时代。但是这个大时代转了，一个新的议题出现了，有新的实存情景，就会有新的问题感，有新的问题感就会有新的问题，所以有新的论点，这时候才有所谓的"后新儒学"。如果不是新的情景、新的问题感、新的问题，那也不必说"后新儒学"，"后新儒学"不是为了标榜自己的学问而生的，"后新儒学"是应运而生，应着一个时代的变化。我们已经从20世纪跨到21世纪，整个问题是在现代化发展到相当高的程度下出现的，慢慢很多现代化之后的现象都发生了，严重的空气污染、水污染、心灵污染，人的工具理性极度发达，忽略了过去、现在、未来时间的连续性，人只为此生此世的幸福并且追逐着此生此世欲望之满足，并把其作为幸福的指标，这个其实导致了很严重的问题。我们现在的儒学不是要问怎么开出民主科学了，我们的儒学可能要去面对我刚才讲的问题，因为你的问题不同了。现在每天在工厂工作十个小时的工人，礼拜六、礼拜天还要加班，他离乡背井，你说他要儒学吗？你的儒学能够对他有帮助吗？儒学可能不是直接对这种状况有帮助，儒学应该反思怎么样让一个人安身立命，人安身立命的不合理的制度结构该如何改进。工厂设施应该怎么样，比如"富士康跳楼"的事情，你要去问，所以这个制度结构你要做怎样的调节和改进，这个就不同了，跟以前儒学所关心的就不同了。

　　你现在到医院里面去看，精神科的医师非常忙碌，精神病患多了，心理疾患多了，人压力很大。人的物质的享受程度比以前高很多，人为什么会有那些问题？可见人不只是物质享受、物质供需的问题而已，当然物质的供需、贫富也是非常不均的。以前乡下父母可以养八个孩子、六个孩子，很容易的，现在高阶的知识分子，夫妻都做工作，在城市里面，工作十年买个房都辛苦。好不容易生出一个孩子，视之若宝，要你再生第二个，一点都不敢了。这个问题出在哪里，这个问题是总体必须反省的。所以儒学所要面对的问题不同了，完全不同了。这个不同，我们要去想，社会应该怎么样？人跟人之间的关系要怎么样？制度结构要怎么安排？要怎么办是个很具体的认识。"后新儒学"的"后"字和"后现代主义"的"后"字比较，我认为继承的比批判的更多，而且它有一个连续，"后现代"的"后"是对整个现代性的批判，是颠覆式的反思，我是比较继承式的反思，继承这样一个延续的发展来反思，这是我认为他们二者之间在语汇上的一个大的不同。

（三）宗教思想与意义治疗学

1.前辈的影响与意义治疗向度的开启

尼山学堂问：林老师，您的意义治疗从世俗化、异化等现代性问题入手，您能不能举些例子谈谈这些问题？您在学术研究中是如何体悟到治疗学的向度的？

林安梧答：我自己觉得，自己会走向哲学之途，跟我的体会、感觉特别深有关。可以这么说，中国哲学不管儒、道、佛，都是与人密切关联的，它们对我们的身心都是有益的。这其中佛学更是这样，佛学基本上就是一套治疗学，而儒学、道学都可以有这个向度。而对我自己来说，我的心中时常有些问题，或者说有一种苦楚要解决，就自然而然会将儒、佛、道跟治疗学联系起来。

这个过程，具体而言大概是这样的：首先我常提到我受到傅伟勋先生的启发。傅先生援引这个"logotherapy"，就是意义治疗学，是弗兰克（Viktor Emil Frankl，1905—1997）的意义治疗学。我读了弗兰克的《从集中营到存在主义》，深受感动，深受启发。后来台湾也把他的传记翻译了，我还特别在他的传记前面写了推荐序[1]。我能够体会到，不管儒、不管佛、不管道，基本上都在谈人与这个世界的关联，也就是人要如何在这里安身

---

[1] 参见林安梧：《"生命""实存"与"召唤"：〈意义的呼唤：维克多·弗兰克的生命传记〉》推荐序，该书由郑纳无翻译，心灵工坊印行，2002年。

立命的问题。具体来说，有关人的安身立命，儒家是人伦孝悌，道家是回到自然天地，佛教是把你的最内在根源的那个所谓的"业力"所造成之苦，从源头解开，因此人能够证得涅槃，达到极境，达到一种洒落的境地。我想，这种体会是很重要的，而且应该是读中国这些古书自然会体会到的。

　　如果具体地说，我受两位老师影响比较多。一位是比我大十几岁的学长，也是我的老师，曾昭旭先生；另一位是蔡仁厚老师。当然也包括蔡师母，蔡师母是我的中学语文老师，但是真正对我有更多指点的是蔡仁厚老师。进一步是牟先生，再进一步是唐君毅先生，这几位先生，当然包括傅伟勋先生，对我是一个总的影响。因为我很早参与《鹅湖》月刊的工作，这都是义务工作，没有劳务费，这几位先生也没有劳务费，像王邦雄先生，像曾昭旭先生。《鹅湖》月刊唯一有劳务费的是执行主编，他是包办所有的工作，其他工作都是分出去给义工们做。最早这个执行编辑还是兼任的，所以劳务费非常少。后来聘请了专任编辑，劳务费也不多。所以台湾很多东西要是彻底地讲起来，都还可以算是奇迹。曾昭旭先生是非常好的教师，他是一个会对自己的整体做非常深层的心灵反思的学者。影响曾昭旭先生最多、最大的恐怕是唐君毅先生，但是他也没有亲自受教于唐君毅先生，他也是读唐君毅先生的书，听唐君毅先生的演讲，很是受用。我跟曾昭旭先生的关系，可以说是师生关系兼师友关系，很密切。大概从我大学一年级下学期起就认识他，大学二年级起我就担任《鹅湖》月刊的义务执行编辑，不是执行主编。我刚刚讲有劳务费的是执行主编，我是义务执行编辑，就帮忙做一些校对什么的，这样就自然而然跟曾老师有来往。他是主编嘛，但他不是执行主编。主编没钱，社长没钱，执行主编有一点点劳务费，其他没有。曾老师有教职，我们都是靠教职来养这个杂志的。因而我就有机会请教他，这个请教也是随机的，随缘的，他会跟我们聊聊谈谈，就会有点体会。曾老师那时在《鹅湖》月刊上写《明曦集》，因此他就会跟我们谈谈这些内容。当时《鹅湖》月刊的刊物不像现在的学刊，现在的学刊都没有人味儿。那时候不是这样，有时候会有短的文章，也有长的论文，就比较像以前的杂志，就像你看早期民国时代的杂志，就是这样的。老实说现在杂志办得不像话，搞到后来只能这样很正式很死板，不这样好像不够格。你说费孝通写《乡土中国》，他愿意写专栏，写着写着就写成了一本书。如果以现在来论，这怎么可以称为学术著作？但是研究他的东西的可以称为研究著作，他的作品不是研究著作，这很诡异吧？也就是说我们现代的整个人文学术的养成和构成的一套奖惩的范式，基本上是有问题的，这个体系是学工科、理科来的，这是不对的。你说以前阳明跟学生论辩这些东西也都是这样啊，会记录一些东西，但是他的生长与理科、工科是不一样的。现在是理工挂帅，拿到人文学科来，然后一直压，一直压，因为便于计算嘛。还有被征引多少次，算成绩嘛，这不是荒谬到极点吗？我现在胡乱炒个东西，每个都征引我，把我骂一顿，我就变得很有价值，这不是很奇怪吗？现在网络上多少人在上面关注你，你就变得很有价值了？这个时代真是荒谬到极点了。另外比如这个音乐《广陵散》，几个人能听懂？曲高和寡的东西就没用了？不是这样的。整个时代是世俗化的，这个是西方现代性的问题，现代儒学也要处理这个问题，世俗化、流俗化的东西应该怎么办？

关于意义治疗，我觉得唐君毅、曾昭旭等先生很早就反思了这个问题。特别是曾昭旭，他对于爱情与婚姻有着独特而深入的思考，包括中国传统的三纲，特别是夫妇之伦的问题、男女两性的问题。我们自己碰到一些问题都跟他讨论，他非常和蔼可亲。现在都七十多了，他每个月还有一个"电影欣赏读书会"，他的学生欣赏、读书完了都会讨论，这真是非常好的老师。

有关生命的问题我也请教蔡仁厚老师，还有史作柽先生我也请教。我曾经为这些问题，也就是自己碰到的人生的困境和种种感到烦闷。因为我也是对于各种存在的处境感受力特别强的人，感受力强的人一定烦恼多。你能克服这个烦恼才是智慧，处理烦恼就是智慧，如果能够"观"这个烦恼也是智慧。年轻的时候也不太懂，大三的时候真的是有一些问题，到最后几乎让我处在很痛苦的状态下。我写笔记什么的，把痛苦的状况描述出来，现在这样看着还是会感到，当时真是太可怕了。那个时候，有段时间，根本睡不着，我都还记得的。那时候我跟台大中文系的一个叫黄崇宪的朋友住在外面，他现在在东海大学教书。我记得我从八楼走下来，当然不是跳下来，就不坐电梯，从德惠街一直走，走到大直，走很远啊，走十几公里，走到那里又走回来，睡不着嘛，走回来累了就睡着了，但是也睡不好。后来就去找曾昭旭老师，他就跟我说："你可能太用功了，心力交瘁，太激切，不懂得舒缓、从容。"就是因为你一直在穷探力索，但是很多特别是生命的学问不是穷探力索就能达到的，你穷探力索就会走岔了，然后你整个人就会进入一种很糟糕的状态中。所以有时候就会这样，就是说知识的探索本身，特别是探索心灵内在的东西，探索哲学，探索其他什么东西都是有危险性的，包括理论也是如此。像马克斯·韦伯（Max Weber）在1899年至1902年间，他整个几乎是崩溃的，休养了好一阵子才有办法来思考。我都有那个经验。那时曾老师就给我开解，让我放松一下，后来稍微好一点，再后来就慢慢转移这种急切，自己调整。但我觉得这个问题最终还是没有完全处理好，这些东西就是佛教禅宗讲的"疑情"，疑情既起，必须最后打破这个"疑情"才能够证悟，我觉得我现在还没有悟，现在还是没悟，可能至死不悟，也是有可能的。也就是说你带有这个佛教所说的"业"，一直都在。我在1982年年初又发病了一次。所谓发病并不是说要去看身心科什么的，那个年代身心科也不发达，大家觉得进身心科这个人大概就完蛋了。我就分别给蔡仁厚老师、史作柽先生写了封信，他们两位都给我一些指点。曾昭旭先生我可以找他，前面两位就住得比较远。蔡仁厚先生写信写得非常认真，我也很感动，老师能如此真的很难得。他接到我的信后，很快就给我回信。他写了很厚很厚的信，把我提的问题一一解了解。后来这封信也是很重要的文献。我在蔡先生八十岁生日的时候，梳理了这封信，把它写成了一篇文章。这篇文章叫《经典、生命与实践工夫：从蔡仁厚先生一封书函引发的觉思》[①]，一方面纪念老师以前对我的爱护跟教导，一方面也等于让大家知道蔡老师是怎么样的老师，他对学生的爱护真的很让人感动。那篇文章我可以给大家看看。那这些都是"治疗学"啊，这都是在我开启所谓治疗学之前，已经铺垫的东西了。

后来认识傅伟勋先生，读了弗兰克的东西。刚好在唐君毅先生逝世十周年，1988年有个纪念会议，主要由香港中文大学、《鹅湖》月刊社、香港法住文化书院这几个单位一起在香港开这个会。我们是《鹅湖》月刊社的主力，就去开这个会，那一次前辈先生有蔡仁厚先生、戴琏璋先生，再来稍微年轻一点的，就是王邦雄先生、曾昭旭先生，接下去就是袁保新先生、杨祖汉先生、李明辉，还有我和高柏园，还有其他一群人，都去了。我就写了这个《迈向儒家型意义治疗学之建立——以唐君毅〈人生之体验续编〉为核心的展开》[②]。唐君毅的《人生三书》其实是非常好的治疗学，《人生三书》包括《人生之体验》《道德自我之建立》《人生之体验续编》，我觉得最具有治疗学思维的，就是《人生之体验续编》，你们有机会一定要把这本书找来看看，非常好的一本书。你们可以看到一个当代儒者面对着当代人的处境而思考这个问题，怎样从主体来确立这些问题，我读了很感动。不止我读了很感动，很多人读了都很感动，只不过我把它学理化，写成了一篇文字。那这就是开启我做《中国宗教与意义治疗》这本书的起点了，那是在1988年。之后我又在1990年、1991年写了《迈向道家型存有治疗学之建立》，再来就是1994年左右写了《迈向佛家型般若治疗学的建立》，把这些连接在一块儿，又加了几篇文章，就构成了《中国宗教与意义治疗》一书。

[①] 林安梧：《经典、生命与实践工夫：从蔡仁厚先生一封书函引发的觉思》，《东海哲学研究集刊》2010年第15辑。

[②] 林安梧：《迈向儒家型意义治疗学之建立——以唐君毅〈人生之体验续编〉为核心的展开》，《鹅湖》月刊1989年第4期（总号172）。

如此一来，这样慢慢地，很有趣地，我就跟心理学界有一些来往。他们重视到我做的这个东西，因而就有了这样一个因缘。后来就跟杨国枢先生、余德慧先生他们连接在一块儿，就谈生命疗愈这一块儿。再包括后来我会到慈济大学担任宗教人文研究所所长，也是余德慧先生要我去的，因为余先生是杨国枢先生的学生，他们看到我那个《中国宗教与意义治疗》（1996年出版的），才有了联系。所以应该这么说，从1988年到1996年，大概《中国宗教与意义治疗》就这么形成了。我讲习经典《金刚般若波罗蜜经》也是在这个过程中，那是在1991年讲的。这么回想的话，感觉自己整个的学术非常有动能，而且一直有创造的动能，一直在发展，发展最好的年代，大概就是从我读硕士到博士到博士毕业，再到我升等为正教授，时间上大概是从1982年我入台大读书，到1996年我正式成为正教授，再到我去台湾南华大学创办哲学研究所。在当时台湾南华大学哲学研究所开办的一个仪式上我有个演讲，讲词就写成《道言论》[①]。包括后来所讲的诠释学，那时候规模基本上都已经具备了，那是1996年。所以时间上是从1982年到1996年，这15年应该算是我最为黄金的时候。到现在为止我的学术规模大概不出1996那个年代所建构的范围。那治疗学，就儒佛道三教与意义治疗的关联，大概也放在这个范围来理解。

2.宗教与意义治疗学

尼山学堂问：显然"宗教"在您的意义治疗体系中有重要地位，《中国宗教与意义治疗》也是由此开题的，请问您是如何理解"宗教"的？

---

① 《道言论》只有八句三十二个字："道显为象，象以为形，言以定形，言业相随，言本无言，业乃非业，通归于道，一本空明。"

林安梧答： 在我的生命里面很早就有对宗教的体会。在我的想法里面，我不是说从宗教学的学理上才去回过头来规定什么是宗教，我是从对宗教的经验、宗教的体会、宗教的感受、宗教的氛围中，来体会、理解什么是宗教。后来我学了哲学、学了人文学、学了宗教学，这时候在对比之下厘清什么是宗教。要成为一个宗教，首先我们讲一般的，要有基本教义、教团、教主、教典、教仪。那这很当然啊，中国儒道佛三教都有啊。你看我们有教主，有教典，教义、教仪、教团，统统都有。所以对我来讲，儒家是不是宗教？这个毫无问题，当然是宗教。可以一一来说一下：儒家有教主啊，周公孔子嘛；他们有崇拜对象啊，敬天法祖嘛；他们有教典啊，四书五经嘛；他们有没有教仪？有啊，对天地、对祖先、对圣贤有行礼的仪式，而且有各种仪式，婚丧喜庆的仪式都是。那他们也有教团啊，人人都以士君子自居，这就是教徒嘛，教众、教徒，通通都有满足。只是他跟西方一神论的宗教有所不同而已。譬如基督宗教是一部《圣经》（*Bible*），可能以《旧约》《新约》来分，我们可能是多本，四书五经；他的崇拜对象是单一的——上帝，而我们崇拜的对象——敬天法祖、礼拜圣贤——是多元的；他的教团可能必须经由一外在的客观仪式，比如受洗，我们不是，我们是经由一内在的自我确认，是自我认定的；他们的教义可能比较紧缩在一起，我们不是，我们更宽。所以，儒学、儒教、儒家，向度各有不同，但是"儒"作为一个宗教我认为是毫无问题的。宗教没有理由规定得这么小，宗教很宽的。当然"宗教"这个语汇是用来翻译"religion"这个语汇，才把"宗"跟"教"连在一块儿了。以前我们讲的"教"，各大教，其实主要就是讲儒道佛三教，这个"教"，重点是讲教化，是teaching，他跟西方religion不太一样，但仍然可以关联在一起。因为我们宗教的落脚点在教化，我们宗教的这个教化是让你的个人心性觉醒，所以我说我们是"觉性"的宗教，西方是"信靠"的宗教。他是让你有所信有所靠，我们是要你有所信，那重点是要有所觉，觉性嘛。所以我们是觉性而修养的宗教，不是信靠而依持的宗教，这个是很大的不同。佛教讲信、受、奉、行，信而受之，受而奉之，奉而行之，重点有个"觉"在里面，觉就是这个智慧，智慧要"开"才算啊，所以中西宗教其实重点不同。

当然，后来我谈这个问题是连到保罗·田立克（Paul Tillich）（大陆译成"狄利希"）所讲的"ultimate concern"，就是"终极关怀"。我觉得通过"终极关怀"这个语汇来界定宗教是可以的。[1]那很多人说这个儒家有宗教精神，但没有宗教仪式啊？这个说法我觉得不准确。他当然有仪式啊，怎么没仪式？我们祭祀祖先，早晚礼拜，上三柱馨香，这就是仪式，这都是啊。他的教规比如出门一定要告诉父母，回来要告诉父母，进门要发出声音来，你不能无声无响走进来，这都是基本的要求。这些东西可能在《弟子规》或是在其他地方就有，只不过是散着的而已。这不只是人伦，还是一个道理，这个道理是通到形而上去的。

现代人脑袋混乱得很，现在社会上这个大学者都认为儒家不是宗教，这很麻烦啊，你知道吗？它当然是宗教嘛，只是它这个宗教不是西方意义的一神论宗教，我们宗教是可以信仰很多东西的，我们是多元的。这个部分我觉得早该正本清源说一说了。2014年12月15日，我曾应邀在中国社会科学院世界宗教研究所的五十周年庆上主讲《儒教释义：儒学、儒家与儒教的分际》[2]，对这问题有深入的探析。我们现在是拿别人的语言来说我们自己，把我们的圣诞也拿掉了，反而把别人的耶诞变我们的圣诞，孔子诞辰不叫圣诞，居然把耶诞说成圣诞，这个没道理嘛对不对？把我们的纪年方式也忘掉了，今年是丙申年都不知道了。大家都记得今年是2016年，但2016怎么来的？就是耶稣纪年而已。所以这个世界很是奇怪，当然最奇怪的是大家连这个奇怪也不觉得奇怪，这是最严重的。这也是我们要去检讨的问题，是我最关切的问题。所以我说儒教当然是宗教，但是儒教不限于

---

① 请参见林安梧：《中国宗教与意义治疗》第二章，明文书局，1996年。
② 林安梧：《儒教释义：儒学、儒家与儒教的分际》，《当代儒学》2016年第10辑。

宗教这个层面，它是很宽广的。总的来说，东西方宗教在终极意义上具有一致性，但从文化类型学的角度讲，犹太教、基督教、伊斯兰教，显然跟中国传统宗教有很大的差别，简单地说，我说我们是"觉性"的宗教，他们是"信靠"的宗教，我们是非一神论的宗教，他们是一神论的宗教。

另一种说法是，他们是"说"的宗教，我们是"听"的宗教。"说"是从上帝启示那里往下说，我们是从人那里去"听闻"，对不对？"朝闻道，夕死可矣""如是我闻，一时佛在……"这样的句子都是这种"听"的表现，这个"听、闻"很重要。我这么讲宗教学，你去宗教学界问，他们大部分不这么讲，因为他们是引经据典的，是看西方人宗教学怎么说。结果你经过他们这么一说，那你的宗教就没的说了，对不对？从英语的角度来讲，你说的汉语还算话吗？你这是声音而已嘛，对不对？那得告诉他们不是，我们有很悠久的传统，我们的话跟你们的连绵语不同，我们是单音节的，单音节你们讲起来就很辛苦了。但是慢慢地，现在西方人讲起我们的话来也会说得很好了。放下他们的，就会学会我们的单音节，放不下就学不会。这很有趣的。

尼山学堂问：进一步而言，从意义治疗学本身讲，您能不能简单阐述一下您在那本书里所提到的儒家型的治疗、道家型的治疗、佛家型的治疗，他们的相同和差异？

林安梧答：这个部分我在很多地方讲过了，具体你们可以看我的《中国宗教与意义治疗》，我在这里简要讲一下。首先，儒、道两家的宗教特性在于"天人不二"，人与天是一种圆融的关系。儒家的核心在"道德创化"，与这个"道德创化"关联的儒家成德之教的路径就是"肉身成道"，那达到这样的境界，他们的根据就是"体用不二"，也就是用"一体之仁"作为心原动力，这与弗兰克的精神资源主要来自一神论的宗教就不同了，但是他们都是由意识定立和主体认取而成的，这也是相似的地方。再说道家，我提出道家的"存有的治疗"，主要是因为道家强调作为"语言"的表达是对人的一种限制、一种定执，就好像王弼说的"名以定形"一样，造成了"语言的异化"。这样，道家通过否定这种定执，瓦解语言的结构性，还原到最初的状态。所以存有的治疗是先于意义、先于言说的。在这个意义上，就跟弗兰克和儒家的意义治疗有所不同。佛教的"般若治疗"比较好理解，就是说强调摆下一切执着，让生命回到原点，让存在归到空无里，意义自然达到透明无碍的境地，这本身就是一种"治疗"了。

儒家型的意义治疗，比较起来我认为更加接近于弗兰克原先的意义治疗，所以我原先最早写的那篇，就是《迈向儒家型意义治疗学之建立》。而广的来讲，我认为道家、佛教也是一套意义治疗，只是他们重点不同。因为儒家讲的是人进入这个世界之中去参赞，人作为一个很重要的主体，所以这个论释是"我，就在这里"。这个"我，就在这里"是唐君毅先生提出来的论式。那相对来讲我觉得弗兰克那个是"我，向前开启"，因为上帝的启示，达到"我，向前开启"。那道家就是"我，归返天地"，佛教是"我，当下空无"，这是三个不同的论式。那修养工夫也不相同。儒家在"敬而无妄"，是尊敬的敬；道家在"静为躁君"，是宁静的静；佛教在"净而无染"，是干净的净。所以儒家重点在于"做主"，道家是"回到天地"，佛教是"我法二空"，彻底放空。所以可以说儒家是"承担"，道家是"放下"，或者叫"看开"，佛教是"放空"，这个对比是这样的。那我觉得这三个东西在中国人看来，已经成为一种集体无意识，他当下就会，一出来就可能是儒家、道家、佛教。举个例子，妈妈跟小明说："你明天要高考了，今天下午要好好用功。"这很像儒家。到晚上她告诉小明："明天的考试啊，放轻松。"这就是道家。到明天早上要出门去，她告诉小明："要放空啊，不要有得失心啊！"这不是佛教吗？（您的"存有三态论"是否隐含了存有治疗的向度？）有。所以我有一篇文章叫作

《"存有三态论"与"存有的治疗"之建构》①，你们可以去看看我那篇文章，上网就可以查到了。后来河北大学的程志华教授写了一篇《从"意义治疗"到"存有的治疗"》②，等于对我的治疗学的一个研究，这个文章在《中山大学学报》上发表。程志华对当代新儒家是非常有研究的学者，他现在应该是河北大学著名教授，做了很多研究，你们可以好好看看。

尼山学堂问：除了儒释道之外，您能不能简单讲一讲这类民间宗教的意义治疗作用？

在台湾其他宗教仪式其实很多，比如台湾道教的"收惊仪式"、佛教的"收惊仪式"。它有效果吗？有。现在有很多台湾的心理学家在做这个研究，因为你要去发掘心理学落在生活世界的各种医疗方法；另外台湾的宗教人类学家要做这个研究，做所谓的"田野调查"，要去描述它。这个部分，我一直觉得应该去重视，我一直觉得民间信仰里面就有很多意义治疗之学。

（那这种意义治疗能够缓解、解决社会问题吗？）可能有些部分会缓解，它是从心理上帮你缓解问题。社会问题基本上涉及整个社会制度、结构，包括整个文化、风俗、习尚，包括其他种种，那心理上的问题比较personal，你心理上有什么困境我帮你解开，解开你还是有其他问题啊，比如说你因为这个房价而抑郁，人家都说赶快去买，结果房价就降了，原来借贷的问题现在不能处理了，一塌糊涂，就患了抑郁症。患了抑郁症我现在去缓解，缓解以后，这个问题依然存在，借贷还是要还的，还不起这个问题是个事实，那你现在怎么办呢？这个问题就不是意义治疗能解决的问

---

① 林安梧：《"存有三态论"与"存有的治疗"之构建——道家思维的一个新向度》，《鹅湖》月刊2000年第6期（总号306）。
② 程志华：《由"意义治疗"到"存有的治疗"——林安梧关于异化问题之崭新的思考》，《中山大学学报》（社会科学版）2014年第2期。

题啊。这个时候就是一个制度、结构的问题了。这时候就是问贫富为何如此不均，问为什么地产大亨能够当上美国总统的问题了。这个问题现在也要去问，地产大亨是如何实现的？这个概念是什么意义？为什么有地产呢？人类的地产怎么处置会比较恰当？私有制跟公有制该怎么处理，这是另外的问题。这个世界上最有钱的基本上都是地产大亨，因为这个地是有限的，所以我只要看准了，投资下去，经受得起的话，以后一定赚。到这个时候你会发现，地是不能彻底私有制的，土地完全私有制，那还得了？那你看，这个问题就是问题了，这个问题就很复杂了，这就不仅仅是哲学能解决的问题了，这涉及社会学、政治学、经济学，必须都放进去才能解决问题。这不是你在书斋里引着儒家怎么说，道家怎么说，佛教怎么说，你肯定要看看其他相关的，这可能是杂家之理论，什么《盐铁论》，桑弘羊等的理论，就会想更多了。学问的资源不分中外、不分古今、不分家派的，用得好就用嘛。

3. 华人心理学与意义治疗

尼山学堂问：您也提到您的意义治疗学受到心理学界的重视，请问您在心理学回归传统的问题上有什么心得？

林安梧答：就像我刚才举的例子，我经常说学问是不离生活世界，不离历史社会总体，不离文化传统的。我们只是把这个生活世界俗化了，我们没有点化它，没有让它的学问性展现出来。所以我们这个人文学问要有本有根，好像我们现在的人文学问就是存在于学院里、书桌上、图书馆里，但是学问是无所不在的嘛，对不对？你要把它点化出来、发掘出来、诠释出来。你要去思考什么合理、什么可操作、怎么让人跟天地有一个恰当的和谐，这就是学问。你依据不同的传统把它们做出来，做出来后有很多东西应该是接近的，但是它们的根源有很多不太一样，因而有些不同的东西需要嫁接。譬如说，原先都是三孔的插座，两孔的不能用，那我们借用一个转化的接头就可以了，这有什么困难的？你不必把这个三孔的全部改造成两孔的嘛，我觉得嫁接就可以了。我常常举这个例子，对我来说，这些都不是大问题。还有一种声音强调中国哲学和西方哲学完全不同，认为只要好好了解中国哲学就可以了，不必管太多西方哲学，为什么不管呢？一起管不是很好吗？吃西餐就只能用西餐的餐具，吃中餐就只能用筷子吗？岂有如此刻板的？你愿意怎么用就怎么用啊，用得适当、顺手就好了，吃西餐加一双筷子有什么不好？现在在中国吃西餐都有筷子了。其实有些洋人觉得中国人吃西餐就应该有一双筷子。有时候我们还跟假洋人似的，认为这个是西餐，怎么可以用筷子？"我们是意大利餐厅，所以不提供筷子"，真的我碰过这样的情景，觉得很可笑。其实我觉得，人类的文明都是共通的，是需要交谈的，但是每个文明各有侧重。我拿支钢笔写中国的毛笔字，那是不可能的。你若真的有办法画，那也可以，那就是另外一套了。就是说你可以拿钢笔画出中国的小楷字，但我们讲"蝇头书法"，钢笔能写成那样吗？很困难。但中国人一定要用毛笔写字吗？不一定啊，我可以用钢笔、圆珠笔写字。美国人一定要用钢笔、圆珠笔写字吗？他愿意用毛笔写字也可以啊。你拿毛笔写西方字母，你要是能写出来，也是可以的，但是用毛笔写我们的真、草、隶、篆才更有趣嘛。基本上我认为它可通可不通。它有它的实用性原则、有它的美感原则，你都能合乎，这就可以了。

那我认为心理学要落实、要回归传统，不是照搬西方的心理学模式就可以了，一定要跟你原先有的相关资源有交谈、有对话，这样才能生长出自己的心理学。这个是我在治学中感觉稍微有一点点小成绩的地方。比如这周五，我从晚上七点讲到十点，我在网络上给一些心理学专业的学生讲课，给他们讲道家跟心理咨询的关联。他们很多是心理咨询师，你现在给他们讲一些道家的资源，他们觉得非常有用。那我也从他们身上学到一些东西，因为他们会跟我谈一些具体的实例，那这就可以验证，这也是很好的。所以这些东西现在慢慢交流都会有所进益。再比如台湾做心理学研究的学者中，能够努力把它回归传统的就是我刚刚讲的杨国枢院士。杨国枢先生是一个非常开放的学者，也是台湾"中央研究院"的院士。他讲华人心理学。我记得有一次，我问他："杨先生你这个华人心理学是把西方的心理学落在传统还是从传统里面长出来？"其实他以前就是把西方的心理学落在传统，因为他有关传统文化、传统哲学的资源较为匮乏。他们这些做心理学的人多半不懂儒、道、佛，或者懂得有限，他们从生活层面体会到了，但是没有学问的资源。你慢慢跟他们接触，到下一代人或下下一代人，他们的学问慢慢就会生长了。这就是学问的彼此互动、融通。（这个"华人心理学"的概念是谁提出的？）杨国枢。他原先的提法就是说心理学要回归传统，从西方援引进来的心理学要落实在传统中实现，然后在实践过程中跟传统配合。西方的那套心理学放在中华大地上要如何落实才有效呢？你应该理解、深入、调节，后来发觉要深入、要理解，你就要去发掘中国传统文化资源。也就是说他以前重视心理这个层面，忽略文化这个层面。他现在慢慢重视文化层面，包括文化背后经典意义的层面。所以他这个华人心理学有几个阶段，现在比较重视整个传统文化以及经典意义层面。这个过程是慢慢产生的。所以你要研究中国的社会科学，如果原先不太融通，怎么办呢？那就先引发一些问题，然后慢慢发掘，回归传统。不只是论题回归传统，概念范畴也要回归传统，这跟佛教结合中国文化传统的过程是一样的。

有一个很有趣的意外。我写成《中国宗教与意义治疗》一书后送给一位老朋友冯达文先生，他大我十几岁，接近我老师辈。他在中山大学培育了很多学生，他有一个宗教研究所，他就把这本书放在宗教研究所里，他的一个研究生读了以后，很有感觉，后来就写有关孟子跟心理疗愈的文章，再后来这个学生成为中山大学心理咨询中心主任。这个学生叫李桦①，她现在有个团队，基本上将心理咨询与儒家、道家、佛教的观点结合起来应用。据她跟我说，这样非常有效果，这是非常值得重视、值得去思考的，如果你们有意愿往这个方向发展，这是一条路。其实荣格（Carl Gustav Jung）也因为读了《易经》，又读了道家，对他的整个心理学有很大的提升。国内有很多研究荣格的，但是问题是他们对《易经》、对道教所涉及的庞大知识体系，反而不了解。洋人在很久以前就在思考这个事，我们还是拿着他的东西说说而已，这是很可惜的。所以我一直觉得，异文化跨界、跨域的个别研究和彼此的互动与沟通，非常非常重要，这是我一直在努力的。

---

① 李桦，女，1969年生，云南下关人，哲学博士，现为中山大学心理健康教育咨询中心主任。开设本科生课程"心理学导论""人事管理心理学"，研究生课程"心理学研究""宗教心理学"。1996年获中山大学马应彪奖教金，1997年获中山大学本科教学改革论文三等奖。

（四）诠释学

1.诠释学思想概述

尼山学堂问：首先请您概述一下您的诠释学思想。

林安梧答：诠释就应该算是一个方法，对诠释的整个方法所构成的一套学理依据叫"诠释学"。但诠释学有很多种，比如在中国来讲的话，历代的解经，解经学就是诠释学，经、传、注、疏、解，就隐含着一套诠释学——经学诠释学。一般来讲，有一个原则，就是底下的"传"不能越过"经"，"注"不能越过这个"传"，"疏"不能够越过"注"，原则是这样的。所谓"不能越过"也就是基本上不能"打破"，在中国古代你说"不能打破"就是它有一个范围，我常说诠释是有范围无定点的，所以它就好像是变形虫一样，你看到它这样，但它不仅是这样，实际上它能够变大变小，但是你就不能够无限地扩大，无限地扩大这变形虫就死掉了，诠释思想也是一样的。所以说，不破经、不破传、不破注，就是你不能够越过经传注疏解，但是可以让它扩大，拿这个扩大本身来讲，就在它只要在这个范围之内就可以，这是一个原则。但是如果再进一步说，它就要回到那个经典所要诠释的义理后头的道，也就是真理。你只要在这个范围之内一般都被允许。我们的传统大概是这样的。那在佛教的诠释学中有一个非常重要的诠释原则叫作"依法不依人，依义不依语，依了义不依不了义"。就是说"究竟了义"大过于这个"语义"，"语义"是根据佛法来的，而佛法呢大过于人，所以"依法不依人，依义不依语，依了义不依不了义"，所谓"诸佛妙理，非关文字"。这里我们可以看到这些原则隐含着一些诠释理论，就是要回溯到一个源头，所以它隐含着一套回到"道"的源头的倾向。

我开始有决心做诠释学的探讨和研究，主要是一开始研究王夫之，那大约是20世纪80年代中期，王夫之对于四书五经都有诠释，而且他的诠释基本上是有一种很明显的方法论意识的。比如说《老子衍》，他在序言中就会说《老子衍》为什么叫"衍"、《庄子通》为什么叫"通"。叫《庄子通》，是因为他认为庄子之道他都可以"因而通之"，并循顺着他的话语去理解，可以畅通它而上遂于道。所以都可以"因而通之，上遂于君子之道"，这是《庄子通》的原话。那么《尚书引义》这个"引"是什么呢？就是辗转反复地去"引"，拉弓为"引"，"引"基本上就在这个过程里面慢慢地延伸，"引"有这个引注、诠释、扩大、转化之意，"引"的意思，"辗转以绎之，道乃尽"就叫"辗转以绎之"。"绎"就是我们说的"转绎"的"绎"。译之，其道乃尽。那他讲《老子衍》的话，他就讲得更清楚了。他认为《老子》有一些特点，但是同时有一些缺点。比如说老子讲"讥俗而故反之，故不公"，所以老子有些话讲过头了，他不是持平之论。他这里讲"讥俗而故反之"，是因为世俗之所讥，所以有所反。"反"有回归反省之意，同时也有反复之意，甚至有对反相等之意，中文的"反"就是这样的一种活动。这样的活动当然是一种恢复的活动，当然也可以叫"对反活动"了，然后它有反思、回向互动。"反"确实是这样的，从这边到那边，回到其原处，回到其原来，回到你起先的地方就叫"反"。所以"反"原来是"返家"，就是回家。但是"反"也有对反之意，"讥俗而故反之"的对反之意比回返之意还要重，就是因为"为世俗之所讥"，对反，所以不够持平。

他还有其他两句我背不出来了，大概意思就是"凿慧而数扬之"，他认为他应该"入其垒，袭其辎，暴其事，见其瑕"，"见其瑕"，然后"道乃复"。这个我在《王船山人性史哲学之研究》里面讲方法论部分有提到。他要"入其垒"，进入老子学问之堡垒里面。"袭其辎"，这个"辎"就好像辎重器材，把它的资源都拿来，"辎"就是车字旁那个"辎"。"暴其事"，你们也可能念"bao"，这个"暴（pu）露"也可以念"暴（bao）露"，暴露它始之无遗，才能看到它的缺失，也就是"见其瑕"。那么"见其瑕，道乃复"。所以王夫之的诠释学意识很高，所以他的专著命名都不同，《周易外传》《周易内传》《读四书大全说》《四书训义》《尚书引义》《春秋家说》《周易大象解》《周易稗疏》，还有那个《诗广传》，你看这个地方就可见他有很强的诠释学意识。①

当然我以前念中国哲学，特别大学本科念的是师大中文系，就很像尼山学堂这样，读很多古代的东西，对于经传注疏解的训练很多。你看朱熹的《四书章句集注》，为什么叫《四书章句集注》？其实它对《论语》《孟子》集注，给《大学》《中庸》重新编章、句读，实际上是《大学章句》《中庸章句》加上《论语集注》《孟子集注》才构成《四书章句集注》。朱熹的注有个特点，就是他取当代的、本朝的，也就是宋代的，而不取唐代，不取以前的，他借机另立一个新的套路。朱熹认为他们宋代这个学问呢，从周濂溪往下传，而周濂溪是往上直契于夏、商、周三代的，然后再迈向尧舜之道。宋代人对自己有很高的期许，这里我们可以看到这个诠释跟他的期许是有密切关系的，跟他的选择也是有密切关系的。所以诠释谈的不是一般的那种自然科学意义下的客观性，它是在传述的过程里面谈融贯性、一致性的，它是从这个方面来谈的。

因为在台湾这个学问的发展过程里面，也是有一个阶段性的。伽达默尔传入台湾以后，他有一本书叫 *Truth and Method*，就是《真理与方法》，

① 请参看林安梧：《中国人文诠释学》，第六章《诠释的层级：道、意、象、构、言——关于哲学诠释学的一些基础性理解》，台湾学生书局，2009年，第133–161页。

经过了洪汉鼎先生的翻译。其实在洪汉鼎先生还没翻译前，在台湾已经有一些部分被翻译了，后来洪汉鼎完整地翻译出来了。在台湾有一些人到外面去念了伽达默尔的这些东西，就慢慢地开始谈他的诠释学，但他们多半谈的是德国这个传统的、伽达默尔所说的诠释学，那么甚至再去往前追溯，像施莱马赫如何如何，狄尔泰如何如何，一直到这个伽达默尔如何如何，这些我大概有些了解。

因为台湾这方面最早是沈清松[①]教授传进来的。沈清松教授是一个很好的西洋哲学学者，也是非常好的老师，可以说是我的兄长，我年轻的时候就认得他，他也比较热心，喜欢帮助年轻一辈。我也看过他写的东西，我自己在反思自己。我在写这个《王船山人性史哲学之研究》时，就隐含了一套对王夫之的经学诠释学的解读，就是谈这个"道"和"人"跟"经典"的关系。我当时做时就发觉他跟伽达默尔的东西很接近。当然伽达默尔是20世纪的人物了，王夫之是明朝末年到清朝初期的，应该是17世纪到18世纪初。我因为这个醒觉，在此之后就重视这个问题，后来我又因为做了很多民间讲学、重要的经典的讲习活动，就慢慢体会，发觉这个有几个不同的阶段，大概是在2000年，我从台湾清华大学到台湾师范大学教书，在台湾师范大学教书的那个暑期我给学生讲一套人文学方法论，其实这就是一套诠释学方法论，就是现在出版的这本书，在上海人民出版社出版。那本其实就是2000年讲的，其中第六章就讲到这个中国人文诠释的五个层梯，讲"道"，讲"意"，讲"象"，讲"构"，讲"言"。"道"，是道理这个道；"意"就是intention，意向；"象"就是象征的象；"构"

① 沈清松，1949年生，台湾云林人。比利时鲁汶大学哲学硕士（1977）、哲学博士（1980）。曾任台湾政治大学哲学系教授、主任，巴黎大学高等社会科学院客座研究员，鲁汶大学Verbiest讲座教授，维也纳大学科学哲学研究所客座教授、心理学研究所客座教授，中国哲学会理事，国际哲学与价值研究委员会委员，汉学研究中心指导委员，国际中国哲学会会长。著有《现代哲学论衡》《解除世界的魔咒——科技对文化的冲击与展望》《为现代文化把脉》等。

是结构的构；"言"，语言的言。"言"，就是句子，实际上是一种记忆；"构"，就是结构，结构是一种掌握；"象"，就是图像，图像是一种想象；"意"，就是意向，是一种体会；最上面那个"道"，就是一种智慧、真理、源头，它是一种体证。

那么这些思想大概可能经过长年累月慢慢累积，就出来了。当然在更早以前，傅伟勋先生讲过一套他的诠释学，从"实谓"开始，然后"意谓""蕴谓""当谓"，最后是"创谓"。他就是去弄明白这个语义是什么，在一层一层中，据实讲那个是什么，但是他那个诠释学大概并没有溯及那个道体之源。他说的诠释学，比方说在诠释方法上讲的"五谓"，对我也有些启发，但是跟我所说的人文诠释的"五阶"不太一样。我有一个学生叫林柏宏，他博士论过这个议题，就拿他的诠释学和我的诠释学做一些对比、讨论。① 因为诠释这个活动其实还隐含着另外一个创造的活动，那么我做这个诠释学实际上是一种本体的溯源，这个本体的溯源在台湾学界叫"存有学的溯源"，在大陆可能叫"本体论的溯源"，就是溯及于道。陈治国认为应该叫"道论的诠释学"，或者叫"道的诠释学"，因为跟本体这个意义接近，但是他认为用"道""道论"这个意义更适当，他还写过一篇《道论诠释学的基本构成与理论特征》②来论述这论题。

这个过程大概就是从2000年开始形成，其实在这个之前，在1996年我在台湾南华大学办这个哲学研究所时，我当时写了篇文章叫《道言论》③，讲"道显为象，象以为形，言以定形，言业相随。言本无言，业乃非业，

---

① 林柏宏：《谈港、台学者中国哲学方法论》，2015年10月在湖南大学岳麓书院"中国经学与中华民族精神"国际高层论坛发表。

② 陈治国：《道论诠释学的基本构成与理论特征》，收入廖崇斐编辑：《后新儒学与后现代》，台湾学生书局，2017年。

③ 这篇《道言论》，后来作为台湾南华大学《揭谛学刊》的创刊发刊词，后经增加了诠释，收入林安梧：《道的错置——中国政治传统的根本困结》一书的第一章《导论："道"的彰显、遮蔽、错置与治疗之可能》，台湾学生书局，2003年。

三、学术思想

同归于道，一本空明"，实际上是讲这个道如何彰显的过程，其中隐含了我的那个"存有三态论"，同时隐含了这个诠释学。大概不出那个规模，因此就建构了这样一套东西。现在较早对我这个做出研究的是南开大学的博士刘连朋，他的博士论文《在佛学与哲学之间——熊十力与牟宗三哲学方法论研究》，谈熊十力，谈牟宗三，也谈我，其中有一章是谈我那个"诠释学的存有学探原"①。我这个思考到现在还是在继续的，我写了一篇文章叫《关于中国哲学解释学的一些基础性理解——道、意、象、构、言》，2003年在安徽师范大学的学报登了。因为当时他们开了一个国际的诠释学会议，寄这个通知邀请我去，后来我没去，但是我把文章给他们了，后来他们就把这个文章放在安徽师范大学的学报上登了。现在这篇文章被收录在《理解之路：诠释学论文选粹》②第五编《中国诠释学的建构》里。

2. 诠释学的五个层次

尼山学堂问：刚刚您讲到您构建的"道""意""象""构""言"这五个层次，形成了一个诠释学的体系，那么我想请问这五个层次之间的内在联系是怎样的呢？

林安梧答：举个例子来说，比如"学而时习之，不亦说乎"，那这个"悦"写成"说"，就是"言"的层次的，那你当然要有基本的训诂学知识，就是以前这个"说"字，以前这个"悦"字是这么写的吗？"悦"这么写，"说"也这么写，乃至在《易经》里面讲"舆说辐"那个"脱"也

---

① 刘连朋：《在佛学与哲学之间——熊十力与牟宗三哲学方法论研究》，南开大学博士论文，2007年。请参见第六章《林安梧的诠释学的存有论——后新儒家哲学的问题向度》。

② 请参见彭启福、陆广品主编：《理解之路：诠释学论文选粹》，安徽师范大学出版社，2015年，第365–380页。

这么写，可能是"说"这个字现在化成三个字了，也是"喜悦"的"悦"，也是"解脱"的"脱"，也是"说话"的"说"，这属于"言"的层次。这个"言"的层次呢，当然与你整个语义脉络相关，那你要懂，要不然的话你会说："'学而时习之，不亦说（shuo）乎。'学而时习之，不是也是凭说话说说而已嘛。"这就完全搞错了，不是很可笑嘛。这个就是我常跟你们说的，你们尼山学堂刚开始学一个东西要学得很扎实，这些很基本的东西你们要懂。文字、声韵、训诂，这个训诂明，义理才能明啊。这是最基础的一件，再往上你要放到结构里面看，你为什么知道它是"悦"，而不是"说"呢，不是"脱"呢，那是因为你整体看了，这是整个结构。另外就是现在这些东西再上一层你要知道这里有一个意向与图像，这个图像再内处一些就有一个意向，更上一层就进入了道（总体的根源）。一般来讲我们读书大概都会从"言"到"构"，到"象"就少了，到"意"就更少了，再直接证乎"道"就更难了。比如说，六祖慧能跟他的弟子说："诸佛妙理，非关文字。"其实他就直接证到最高的那个"道"了。无尽藏比丘尼要问他《法华经》嘛。他说："字即不识，意其请问。"我字不认得，你念吧，你说吧，我给你回答。[①]他这个有意思，就是说他是通过口传心授，体悟这些道理，但他却不识字。所以不识字能不能懂很多很高的道理呢？可以的。他可能是听来的，他可能是体悟来的，这个时候我们就可以说，他不在"言"这个层次，他直接越过，到最后"道"那个层次了。"道"彰显，然后下来"意""象""构""言"。

那再举个例子啊，比如说台湾人讲这个"努力"，叫作"pabian"，"pabian"呢然后就写成"打拼"，因为"打"这个字在闽南话叫"pa"，

---

① 请参见《六祖坛经·机缘品》第六，有言"师自黄梅得法，回至韶州曹侯村，人无知者。有儒士刘志略，礼遇甚厚。志略有姑为尼，名无尽藏，常诵大涅盘经。师暂听，即知妙义，遂为解说。尼乃执卷问字。师曰：'字即不识，义即请问。'尼曰：'字尚不识，焉能会义。'师曰：'诸佛妙理，非关文字。'尼惊异之"。

其实闽南话这个"pa"不是写成"打",它写成"搏"才对,拼搏的精神呐,这"pabian"其实就是"拼搏""搏拼",但是在台湾呢把它写成"打拼",这就是因为不了解这个语汇,不了解语言,就直接用一个现在大家能懂的普通话的字去说了。譬如台湾讲"你有空吗",用闽南话讲"ni yu ying bo",一定写成"你有空吗",因为只有"你有空吗"大家才看得懂了,其实它是"尔有闲否",但是一般不会写成"尔有闲否",这个"你有空吗"还算对,但是把那个"pabian"写成"打拼"其实是错的,错了还可以看得懂,但是你要知道,这个不对,是"搏拼"。那为什么知道呢?因为要"取证多方"嘛,譬如我有一次到马来西亚,到这个马六甲附近我就看到,有一个匾文写着"搏拼"两个字,也就是大陆所讲的"拼搏"嘛。就好像"热闹"在台湾叫"闹热",大陆也有叫"闹热"的,比如闽南话。所以很明白地你就可以看到这个"搏拼""拼搏"不是"打拼",所以"打拼"是错的。这个就是考据,你还是要能够从这个话语上达到结构。

再举个例子吧,比如说以声韵来讲的话,陶渊明的《归去来辞》里面讲,"实迷途其未远,觉今是而昨非",这"实"是入声字,"觉"是入声字,"实迷途其未远,觉今是而昨非",那如果有一天你看到有一个版本它前面那个是入声字,后面那个不是入声字,那你去揣摩,这个入声字用语的方式是怎样的,那你看可能要判定几个版本,判定可以看入声字,这是个判定方式嘛。这个就是我们讲的"训诂明,而后义理明",但同时也是"义理明,而后训诂明",也就是说你要有义理的通贯性,这样才有办法判定那个训诂怎么训解。另外我还常举的一个例子,就是"上帝"这个"帝"字,"帝"在文字学上一般有两个说法,一个是许慎所说的"像花萼之形",好像花萼的形状,从一朵花的花萼,而引申成万物始生之处,但是另外有一个说法,叫"积薪架柴"说,就是把这个薪柴架在地上,架柴这个形状看起来像个"帝",点火,然后祭天,然后把它看成

"禘"（禘祭），禘祭这个"禘"，那我现在就要问这两个哪一个会比较好呢？禘祭这个"禘"比较好吗？还是这个"像花萼之形"比较好？"像花萼之形"比较好，为什么？因为"瓜熟蒂落"，蒂，草字旁这样一个"蒂"，这个花萼之形真的很像"帝"，也就是"花蒂"这个"蒂"是原来"上帝"那个"帝"，但是上帝这个"帝"字因为像花萼之形，用来引申它专作为一个"万物始生之处"，所以就失去了那个"花蒂"的"蒂"的意思，所以加上个草字头。像"日暮乡关何处是"这个"暮"，其实是"莫"，是日落于草丛之中，因为太阳下山了叫"暮"，下山了就什么都看不见了就变成"莫"，那后来引申这个"莫"就变成"看不见"的意思了，所以加个"日"来表示"日暮乡关何处是"的"暮"。就像"采"，其实上面一个"爪"，底下一个"木"，就这样讲"采"，后来借用讲"花采"之"采"，就失去了"采花"的意思，加个提手旁，这就是说从具体到抽象，另外再加一个符，用一个形符来强调它原先是什么。"帝"也是如此嘛，但是"禘祭"这个"禘"，如果是这样的话那"禘祭"这个"禘"怎么会加上草字旁呢，很难。也就是说，"帝"字借这个样子去说"上帝"的那个"帝"，变得很抽象了，你加个草字头去说它，这很难说的。更何况"禘祭"的"禘"旁边加一个"示"字旁，其实它很像要祭祀那个上帝所以加上示字旁，这很容易理解。所以这就可以判定，这就是我们所讲的，"训诂明而后义理明"，它不是那么简单的，不是拿几个版本来对一对就对出来的，你要有判断能力。譬如你读《庄子》，"抟扶摇而上者，九万里"，这个是"抟"还是"搏"呢，因为印的时候一个提手旁加这个"专"是个"抟"字，一个提手旁加"尃"字就是"搏"字，那么是"搏"还是"抟"呢，这就得总体去看，搏的动作跟抟的动作不一样，搏的动作是拍起，搏是这样（双臂张开上下挥舞），那抟是这样（双手作鸟盘旋上飞状），这个鸟上飞是这样抟上去的，这个只要你仔细从经验中观察就能看出来。所以这个时候不是只看版本的变迁，你要判断。譬如老子这个翻译，你说"大道废有仁义，智慧出有大伪"，"大道废有仁义"，大道废弃了大家才有仁义，"智慧出有大伪"，人间会有各种巧伪之事。首先，"大道废"是一个负面的说法，"智慧出"，这个"出"有两个意思吧，可以是出来了，也可以是出离了，那请问它是出来了还是出离了呢？大概比较起来，这两个都行，但是哪一个比较好？出离比较好。因为前面讲"废"嘛，废弃、出离，这两个字的意思就相匹配了。大道废弃了，所以有仁义，智慧出离了，所以有大伪，这就是我们说的诠释也要着重从通贯整体来讲。所以这个时候你看就从"言"这个层次上到"构"，乃至上到"象"。

但是一般来讲，到"意"、到"道"这个层次就比较难。这要证悟它应该是什么。举个例子，神秀做的这个偈语，慧能也做了一个偈语，这个时候慧能是真有所悟，但是你说，如果你没有悟你能不能写出慧能那样的偈呢？还是可以的，因为你看懂了，就依样画葫芦。一个是"身是菩提树，心如明镜台。时时勤拂拭，莫令惹尘埃"。我现在刚好跟他对着翻嘛，你是"身是菩提树"，那我就来"菩提本无树"嘛，"心如明镜台"，我就"明镜亦非台"嘛，你"时时勤拂拭"我是"本来无一物"嘛，你说"莫令惹尘埃"；我说"何处惹尘埃"嘛。你知道他是怎么翻的，这样骗骗人也是可以的。但这个时候不是骗的问题而是你有没有证悟、有没有体悟的问题，所以说作作禅诗骗骗人那不是很简单吗？你知道这个，在理解上你知道，但是你这个知道还是假的，只是结构上懂了，但人家是上达到"意"，上达到"道"，就是你读的时候怎么去理解，去体会。卧轮禅师说·"卧轮有伎俩，能断百思想。对境心不起，菩提日夜长。"他写这个偈拿给六祖慧能，六祖慧能请他再念，六祖慧能给他一翻，就往上一翻，你说你有伎俩，我说我无伎俩，所以卧轮禅师讲"卧轮有伎俩"那就"慧能无伎俩"，你说"能断百思想"，我"不断百思想"，你说"对境心不起"，那我对这个境，"对境心数起"，起心动念嘛，你"菩提日夜长"，我"菩提作么长"。那你看，这也可以呀，我做跟你相对的，也不是太困难嘛。"闻一以知二"，有这个对比性的思考就行了，但这个你就没有上"道"，就是那个"道"。①所以这里面要弄懂它是非常复杂的，但它很有意思，这个思想呢，有一些从佛教来，有一些从禅宗来，有一些从这个道家来，主要从道家来的比较多。当然你在做经典诠释多了以后你就会有经验，会有体会。

3."道"的开显

尼山学堂问：那您刚刚也提到，"道"的开显是这五个层次里面最困难的也是最重要的，那么就如老子《道德经》中所说的那样，"道可道，非常道"，真正的"道"往往是非对象化的、无法用特定的语言描述的，那么我们对"道"的开显是一个怎样的过程呢？

林安梧答：我们讲这个"道"是什么，"道"是作为一切的源头，它是作为一切之母亲，所以它不可能是别人所生的儿子，它是作为一切的源头，就是在它之外，在它之上，没有源头了，没有最后的源头了。所以它是"不可名"的，就是你没有办法用一个字、一个句子去说它，因为所说的东西都是一个对象物嘛，所以勉强"字之曰道"，不可名还有一个"字"，"字"跟"名"不同啊，"名"是定案的，"字"是约定的，就是它不可能作为一个定案说是什么，但是我们现在勉强用一个字去约定它，这就是"道"。这个"道"是什么呢，从这个分别回到无分别，从个体回到那个整体，所以从有分别的个体之物，回到无分别的整体之源，无分别的整体之

---

① 《六祖坛经·机缘品》："有僧举卧轮禅师偈云：'卧轮有伎俩，能断百思想，对境心不起，菩提日日长。'师闻之，曰：'此偈未明心地。若依而行之，是加系缚。'因示一偈曰：'惠能没伎俩，不断百思想，对境心数起，菩提作么长。'"

源就是"道"。这是《老子》里面所强调的"道",那么这个"道"是什么呢?就是一切无分别。一切无分别是什么意思呢?就是天下、万物、人我都通而为一那个整体,这被称为"道",从那整体源头再分化成这万有一切的诸多差异,所以叫"道通为一",但是它是"多元而分立"的。这个思想在东方很重要,就是整体跟部分的关系。我们用熊十力的体用哲学来讲的话,那个总体叫"体",落实这个分别叫"用",落实分别,"分别"就好像一个一个小海水,你现在用一个瓢把它盛出来,这个海水是小海水嘛,你用一个盘子也是一个小海水,但是它统统都是从这个整体中取出,它其实原来都融通在这个整体里面了。就是他讲的"众沤"跟"大海水"的关系,大海水不离众沤,众沤不离大海水,沤就是一个人在一个区,就是小波浪,所有的小波浪从这个大海水起现,所以小波浪不离大海水,大海水不离小波浪。这个就是体用合一啊,要从这里去体会,去了解。这里体现着多元而一统的样态。

所以整个来讲那个"道"的彰显呢,彰显是不可说,不可说就是存在本身,而这个存在本身就要彰显,彰显而不可说,这就是"无名天地之始",讲一种"范围天地之化而不过"。但是你光讲"范围天地之化",在这个总体根源之显现流程里,还不足以谈万物。谈万物一定要经过一个主体的对象化活动,一个话语的论定活动,这就是王弼所说的"名以定形,文以成物"。经由"名以定形,文以成物"才使得事物成为一个被我们决定了的定象物,这就是"有名万物之母"。有名因为前面是"无名","无名""有名"通而为一,有无玄同为一,就是"无名而有名,有名而名之,名之而成为定名","定名"就是物,最原初的时候是天人物我同一的那个整体,还没有分化的状态叫"道",就是说"道"已经包蕴了万有一切。所以《老子》第一章就讲"道可道,非常道;名可名,非常名",这是总体根源之道,是可以经由话语去诠释的,但是你所诠释的就不是原先那个恒常不变的、圆通的根源之道了。"名",名之为名是因为人们用话语去说所以它才"可名"，但可名而名之就成为定名了，成为定名就不是你原先那个常名，不是恒常不变之名，恒常不变之名是名之源，那么你现在"名以定形"就成为一个被对象化了的存在。老子对这个东西的理解非常深刻，所以他告诉你"常有欲以观其徼，常无欲以观其妙"，透到源头，"两者同出而异名，同谓之玄，玄而又玄，众妙之门"，这就可以很深刻地把这个给看懂了。这就是我在读中国古典时的一些强调。

譬如我们刚刚读过老子《道德经》这个"道"，"道生之，德蓄之"这个"道"，就可以体会到"道"是根源，"道"是总体，那这个总体根源有一个律动。"一阴一阳之谓道，继之者善也，成之者性也。"第一句话讲的是存在的律动，根源性的律动，"一阴一阳之谓道"；第二句话讲的是实践的参赞，"继之者善也"；第三句话讲教养之习成，所以说"成之者性也"。"道"之为道要怎么去理解呢？一般理解成一种存在的、根源的律动，律动的总体根源就是"道"。如果把"道"解释成客观规律，我觉得这就不到位，但也不叫错。但现在大家把"道"理解成客观规律的多得很，基本上都这么说。我认为这是受到西方近现代以来的影响，是一种"逆格义"的解释方式。

因为按照西方的解释模式，是客观规律造就世界，我们不是，我们是生生不息，总体生发的动源，这个就是我常提的东西方有很多不同。我们是"气"的感通传统，他们是话语的论定传统。所以我们"天何言哉，四时行焉，百物生焉"，他们是"上帝说，'有光'，就有了光"。神学、宗教学的区别是这样的，然后其他总体也是这样的。所以我们基本上是图像性的文字，我们的语义基本上是回到存在本身经由图像来表意。洋人不是，他们是以语音为中心的。他们是用符号去记录语言，再构成文字，这个时候就把语言的事实拿出来，然后用这种方式去掌握，所以他们重视文法、重视语法、重视整个语句的逻辑结构。我们是回到存在本身，我们比较重视章法，一篇文章的章法。就好像我们重视人伦，他们重视人权一样，这有很多很有趣的，这个对比慢慢弄懂了以后也是一个诠释呀。①

尼山学堂问：就是说"名可名"，我们可以用诠释这样的方法去讲，但是如果我们直接把"道"理解成我们所定名形成的这个"名"的话就太形而下了是吗？

林安梧答：那当然不行，那就错了，"道"是作为一切话语之源头，"道"不能作为话语所论定的对象，所以我们所论定的是退返一步的，退返其源而再开启，在台湾叫"后设的语言之论"，也叫"元语言之论"。"元语言之论"就是你之所论，这个地方其实有很多不一样，你可能遮拨地说，可能启发、抒意地说，可能模拟地说，或用诗的语言来说，但你没有办法用一种精确的定论去论定它的对象是什么，因为它是作为一切论与所论的源头，而不是作为你要精确论定的对象，这样就可以理解。

4. 诠释学前身及如何进入古人话语系统

尼山学堂问：关于诠释学的传统或者前身问题，您刚刚说中国的诠释学之前是经学的解释，那么西方的诠释学是不是就是传统的圣经解释学？

林安梧答：它有很多源头的，中国有经学的诠释，有中国的这个法律的诠释，然后还有历史的诠释，西方也一样，而且有不同的代表，西方那个宗教学、神学诠释是很重要的，人类的学问当然有共通性，但是因为不同的文化有不同的范典，所以我认为要完整地比较。就是说当我们读了西方的东西，我们要对比自己有些什么，然后慢慢地再进行更多交通、互动，然后慢慢掌握，要不然的话只能拿着别人的来说，意义不大。

---

① 请参看林安梧：《儒学转向》第一章《哲学之义涵及其相关的基本论述》之第五节"中西哲学的对比区分：存有的连续观与存有的断裂观"，台湾学生书局，2006年，第7–9页。

尼山学堂问："言"是我们文化的主要载体，您在著作中多次提到古典话语和现代话语的转化和融合问题，这似乎并非仅限于对文字的释读，能不能请您具体地阐述一下对这种经典的理解和诠释过程。也就是说我们应该如何进入古人的话语系统呢？

林安梧答：语言代表一种生活世界的觉知、感悟、体会，然后再把它表达出来，所以你读某种语言，你要进入它的生活世界，要去体会，所以我们以前有一句话叫"知人论事"，"读其书，不知其人，可乎？"孔老夫子跟师襄子学古琴那一段《史记·孔子世家》记载得非常动人：刚开始学学学，师襄子问他怎么样了，孔子说还不太行，"我现在弹得是对，但是我对整个旋律都不是很了解"；就接着弹，"那现在我更熟悉了但是我还不了解这个作者是谁"，又弹弹弹；弹到最后孔老夫子就说作者应该是谁，长什么样子，到了最后他说，"这个应该是周文王的"。果真那是周文王所作的一个曲子。这个就是他可以看到一层一层的，最后上到那个"道"，从那个"道"再反照再想到作者，就会想到如果作为一个作者他是什么样子的。① 这里我们可以看到一种很高妙的诠释，也就是上遂到"道"之源了，这个是很重要的。

所以基本上对于这个经典阅读你要尽量能上遂到"道"之源。你从话语到结构到图像总能依稀体会到，然后再落实，用现在的语言来说应该怎么说。比如我常提的"智仁勇"，"智仁勇"你可能中学就已经读过了，然后考语文的时候可能还填，三达德哪三个，你说"智仁勇"，但是你没体会啊，什么叫"智"？什么叫"仁"？什么叫"勇"？那要通过现代的语汇来表达，"智"是清明的脑袋，"仁"是柔软的心肠，"勇"是坚定的意

---

① 请参见《史记·孔子世家》："孔子学鼓琴师襄子，十日不进。师襄子曰：'可以益矣。'孔子曰：'丘已习其曲矣，未得其数也。'有闲，曰：'已习其数，可以益矣。'孔子曰：'丘未得其志也。'有闲，曰：'已习其志，可以益矣。'孔子曰：'丘未得其为人也。'有闲，有所穆然深思焉，有所怡然高望而远志焉。曰：'丘得其为人，黯然而黑，几然而长，眼如望羊，如王四国，非文王其谁能为此也！'师襄子辟席再拜，曰：'师盖云文王操也。'"

志，如此一来，就豁然开朗，就可以懂了。但是这并不是说你用"清明的脑袋""柔软的心肠""坚定的意志"这三句话就可以取代"智、仁、勇"这三个字，只是说这三句话可以帮你理解这三个字，这个是我们讲的现代的话语。那么你现在接下去就要问，什么叫"清明的脑袋"？那你可以再用别的学术语汇去表达它。什么叫"柔软的心肠"？什么叫"坚定的意志"？你也可以再用别的语言去表达它们。那么在这个过程里面就开始衍生，衍生呢你就思考得越来越多。譬如我常提的"明"跟"白"，我上午也提到了，"明白"对应的一个西方语言你可能想到的就是"understanding"，但是你读《老子》《庄子》，你说这个"虚室生白"是《庄子》的，《老子》讲"自知者明""知常曰明"，"明白"其实是这样一个活动，回到这里，上通于道，然后彰显这个"明白"。所以这个"明白"就比"understanding"更高了。因为你知道"白"有"彰显"之意，"白"当然也有"表白"之意，说话之意都有了。"须菩提白佛言"，就是须菩提向佛陀说。这个"白"有表达之意，须菩提对着佛陀表达。我还举了"道德"这个语汇，一般讲道德，"道德"叫"moral"，"morality"是道德性，那"志于道，据于德"的"道"跟"德"；"道生之，德蓄之"的"道德"；"尊道而贵德"的"道德"；"失道而后德，失德而后仁，失仁而后义，失义而后礼，礼者，忠信之薄，而乱之首"的"道"跟"德"……仔细揣摩跟理解，"道"是根源，"德"是本性。所以我们说的"道德"，重点不在你依据的这个规律，你依据这个法则去做事，不是由法则而来的强制；而是顺其根源，合其本性，道是就根源说，德是就本性说。那这时候你去谈道德，你想到的会是根源与本性，你理解的中文的"道德"自然而然地唤醒这个含义，就跟康德所说的道德哲学有很大不同。[①]我们是顺其根源，如其本性说，我们不是按自由意志所订立的那个法则去说。依循这个自由意

---

① 林安梧：《关于经典诠释及中国哲学研究方法的一些省察》，《求是学刊》2009年第6期。此文亦可参看《新华文摘》2010年第9期。

志所订立的法则去行使，这叫"自律"，我们不是这样。我们的"志于道，据于德"，如果拉着康德来诠释，就会是一个新的诠释。

像这个把"being"翻译成"存在"，因为你知道其实"being"这个意思，从"to be"来讲"being"嘛，所以是从"是"讲"有"。那"存在"这个中文的意思，是进入那个场域那个天地中，在那里生长。那你读到"存在"这两个字的时候用它来翻译那个"being"其实就很有趣，它虽然不等同，但它同阶，因为同阶但是不等同，所以进行对比，然后知道我们的存在观是这样，他们的存在观是另外那样。他们讲那个东西是什么，而我们讲那个东西何以是这样的。所以我们的重点是进入那个场域中如何，他们的重点是进入那个场域被定位为如何，这就是很大的不同了。这就是我常提的，诠释要上溯其源，才能够准确。

要进入古人的话语系统，我认为就要多练习。所以我说你连传统戏剧都没看过，以前的生活方式也不知道，古文不会写，古诗也没有好好读，连对子都不会写，你说你做了中国哲学，我就很怀疑啊。你可能论了一大堆什么，但是你不懂啊。譬如外国人的舞台跟我们的舞台不同，他们的舞台有很多布景，我们以前的舞台是空荡荡的。而事实上有布景的舞台是最简单的。外国有个戏剧学家研究后对比说，中国的舞台是抽象舞台，因为他看不见所以说这是抽象。我觉得"抽象"这两个字不是很准确，其实对我们来讲那是充满了可能性的一种空无之舞台，而这个空无之舞台是"天下万物生于有，有生于无"①，你看《游园惊梦》杜丽娘跟柳梦梅两个人唱了两个小时，他们说"这个园子多美啊"，他们就能把这个园子演出来的，在演的过程中告诉大家，这有鱼儿，这有花草树木……这样我们每个人都体会到了。

华人就有这样一个办法，经由演述过程中的眼神、手、唱腔、形躯肢

---

① 语出老子《道德经》第一章。

体，把整个背景给彰显出来。所以你说它是抽象吗？这不是抽象，这应该是一种充满了可能性、一种虽然具象而无象的舞台，所以叫"无象舞台"比较好，叫"抽象舞台"就不是很好。所以这个要深入到文化中那个舞台里头，不然的话现代的生活跟古代离得很远，你就不知道，你就会奇怪为什么这个老生走进去的时候看戏的人笑了呢？全都在笑，为什么？因为那里有个门槛，他没跨过啊，他"嘭"的一下就跌倒了。但是不懂的人就不知道他干吗了。这就是我常说的对于古典的传统要理解啊。古典传统理解了之后，就会发现这"道德"跟自由意志有什么密切关系，跟西方近代自由意志有什么密切关系。那是一种诠释，当然你可以做这种诠释，但是你不能说原先就是这样的。这里有很大不同，就好像你把那个舞台说成"抽象舞台"，那是因为对比着你的具象，但其实它不是那样的，它是充满着各种具象之可能的一种无象舞台，"天下万物生于有，有生于无"的无象，而无象充满着一切，是真空妙有。那你说佛教"真空妙有"这就错了，它应该是中国传统里的，它应该是从"天下万物生于有，有生于无"这里来的。这就是我们做诠释的时候应该判定的。

再举个例子，你说"大学之道，在明明德，在亲民，在止于至善"①，"知止而后有定，定而后能静，静而后能安，安而后能虑，虑而后能得"，定、静、安、虑、得，"定而后能静，静而后能安"，如果你把这个"静"解释成到最后没有任何思想了那是错的，最后他还"虑"，"安""虑""得"，就是说你通过道家来解释"静"是错的，你从佛教来说它是"空"也是错的，"孔德之容，惟道是从"，王弼注说"孔者，空也"，这个注错了。"孔"是"孔者，大也"，大德之容，惟道是从，王弼把它解释成空，显然那时候佛教已经传进中国了，般若学，那时候王弼可能凭着才气一想就那么写了，这时候你就可以下功夫去听，这就是见识。可能

---

① 语出《大学》第一章。

你读了半天不懂，我今天说了就懂了就可以回去写文章了。比如说你可以"论孔德之孔"，那把几个版本都找出来弄弄，最后结论就是我说的。可能你会说"孔者，空也"，空还是有道理的。我告诉你是没道理的。诸葛亮字孔明这个"孔"是"大明"的意思嘛，"亮"就是"大明"啊。这个"孔"要是有一个"空"，然后由"空"而"明"，这个是佛教的解释。《诗经》里的"我朱孔阳"，"孔"是大的意思，"孔阳"说的是很鲜艳的意思。

所以像这个东西，若只有文字声韵训诂的训练，但是没有一个总体的理解，你的判断是不准的。比如说"绝圣弃智"，现在挖出来新的版本写成"绝伪弃诈"。"伪"是虚伪的伪；"诈"就是一个言字旁那个"诈"，或可写成心字旁。这一看分明就是后起的东西嘛。"绝圣弃智，民利百倍"，"绝圣弃智"才是"正言若反"，你"绝伪弃诈"，这不是正言若反啊，"正言若反"就是一个负面表述，话虽这么说，但其实它要说的是另一面。那"绝伪弃诈"就是要说的另一面，即绝去虚伪，抛弃伪诈。那说到"绝圣"，"绝圣而圣功全""弃仁而后仁德厚"，这就是负面表述，就是"去名以求实"。可见王弼在《老子微子例略》里说的是很有意思的。所以先秦挖出来的那个版本你可以好好看看，它可能是稷下道家之后的东西了，是受儒跟法的影响之后的新东西，不要太张扬它有多伟大、多重要、多古老了。这个其实可以判定，因为台湾有一些是做古文献的，挖到古文献就欣喜若狂，就以为这个东西比以前的好得太多了。我的意思是这个时候要去对比一下，要了解一下，做出正确判断，不必高兴欢喜得太早，平常心就可以了。

5.建立现代的话语系统与诠释学的创新

尼山学堂问：您还提出，人通过话语系统参赞和诠释世界，那么在今天，我们这个现代的话语系统应该如何建立呢？

林安梧答：其实那个我在《中国人文诠释学》那本书的第二章、第三章就提到了，意思就是人要理解这个世界，理解的时候一定要通过一定的思维活动、话语活动。广义的话语活动不一定是我们现在所说的"说话"，一个手势，一个眼神，一个象征都是话语，人是会使用符号的存在，而且人用这样的方式构造一套系统。构成一套系统去理解、去诠释、去参与、去实践，甚至去改造，这就是人。人很重要，就是因为他能够"work"，能够劳动，能够活动，这个劳动包括肢体劳动，包括脑袋劳动，包括思维劳动。思维的活动当然是劳动，这劳动是真的，比如说你用脑用得多的时候肚子饿得快，为什么呢？因为劳动了，脑部劳动是很耗能的。所以在这个过程里面这语言要上遂于道，语言其实从道来，那么你现在就是要突破那个语言，所以，"言以无言"，无言契乎道。所以一定要经由话语的掌握，但是不能够拘泥在话语，你拘泥在话语是不行的，就好像你学写字，学写字当然形要像嘛，但是光形像还不够，神要似啊。所以刚开始摩帖得其形，得其构，临帖而得其神，神就更高了，就是你要能忘才能真正得其神，其实临帖只能得其意，或者得其象，如果用"道""意""象""构""言"来讲的话，摩帖是得其形构，临帖是得其意象，然后最后忘帖了，才能够得其神。我已经不记得那个帖什么样了，写出来就是柳体字，最后柳体字也忘掉，那就是你自家的字了。你写得一手好颜体字，那还只是颜体嘛，而不是你的。台湾有一位很好的书法家叫杜忠诰，他写的字我一看就是他的字。因为他是我老朋友了，我已经知道他的神在何处了，所以就能认出。

人也是啊，你我几十年没见了，一看就认得我，从眼神就认得，从神嘛。两个人的眼神一碰，哎，就确定了，就知道是谁了。但是人的神也会变啊，有时候可能就认不出来了对不对。但多半这个"神""象""形"还是有关系的。我常说女生衣服换一套，发型一变，妆一画，就认不得了。大概我没有仔细地观其神，因为不能够对她随便注视嘛。但是她如果是你的情人，你的太太，是你的女儿，那你就会记得了。所以那个神是什么，就是你远远看、从背影看就可以判定他是谁了。更厉害的就是，他走过来，你眼睛闭着，听脚步声就知道了。这信息是跨过有形的形象进入无形象的气，这是更高的层次。所以我们都开玩笑：这个书好不好呢，一嗅就知道它好不好了。意思就是你说好不好，当然一看就知道了，这本书让懂的人看一看就知道了，当然他也是要看一段。菜好不好吃，吃一口就知道了，用不着把整盘菜吃完了才判定它好吃不好吃。只有把整盘菜吃完了才能判定它好不好吃，那么人家这个烹饪比赛怎么办，若说要全吃完才能评，那这些评审不就完了吗？这就是一种品尝，这个道理要懂，对不对？

现在我们来说说医药，西医很切实，但有时候很笨。比如你感冒，他把你全身都做了检查，这个人没死都弄得差不多了。而中医他就可以更直接地知道你感冒了，通过望、闻、问、切。你一开门进去中医就知道你犯了什么病，望，望气。如果不能知道，你坐下来一说，他闻嘛。然后再问一下，大概就能知道。最后切脉是最关键的，以这个为准。有的很厉害他也不问你，其实他已经在你进来的时候看了，因为那是"望、闻、问"，"望"是一定的嘛。好的中医就是你一进来，他药方已经出好了。这是可能的，中国人在这方面特别强。以前我们在乡下这个能力也特别强，我们坐公交车上学，坐公交车实际上就坐那一班，那以前这个人也不是很多，主要就是那帮人，坐到哪里，大概谁上来了都知道。那个漂亮女生又上来了，她那个脚步是这样，很从容，很舒缓……

你说我很专心，专心到我什么都不知道，那叫"呆滞"，那不叫专心。阳明先生说专心是充满着觉知的。比如你开车很专心，专心开车的意思是什么，就是我的眼睛余光这样一出去，所有的东西统统在我的掌握之中，不是说我现在往前看，专注地看某一点，其他都看不到，要是其他都看不到就撞车了。对不对？所以专心读书，我坚持读《论语》，其他我都不管吗？专心读《论语》但是我在读《论语》的时候其他的东西都跑进来了，这才对，这叫"左右逢源"嘛，这个是很简单的道理。济南泉水为什么好，济南泉水只是济南的泉水吗？其他地方的水都不要的话，济南就没泉水了，济南泉水是整个地下水刚好汇到这个地方来，然后经过岩石土壤过滤到这里，最后这里才生成这么干净这么美好的泉水。学问的话也是这样来的。"我一辈子研究《论语》，其他的我就不研究了，我是研究《论语》最专的"，那你就别听他说了，这话怎么会通呢？学问一定是由博返约，之后，才能说一理通、万理彻；不可能真的只是通一个理，就能万理彻。

尼山学堂问：今天我们诠释学的创新点在哪？今天我们要诠释的对象及目的是什么？

林安梧答：我认为很重要的一点就是要把古典的话语跟现代的话语、现代的学术话语融通在一块儿。那么这里就涉及我常提的一条人文学的方法：从"存在的觉知"到"概念的反思"再到"理论的建构"，要有个转法。这个"转"就是要存在的觉知，从具体的叙述里面，经过概念的反思，重新做一个翻译、诠释，然后往上提。

我常举一个例子，如果牛顿的思考只是说："为什么我今天这么倒霉，会被苹果打到头？"那这样他是不会提出万有引力的，牛顿三大定律也不会出来。但他问的问题是："为何一切存在的事物会往地面运动呢？为何一切存在的事物会往地心运动呢？"于是假设一个心，地心嘛。那就是因为有地心引力所以往那边运动啊，所以地心引力就出来了。我以前小时候也有被番石榴打到头。我就问我祖母说，为什么那个番石榴不往天上飞，而往地面运动？我祖母告诉我自然生成就是这样子的。我觉得我祖母的说法是对的，但是问题是，我的问法太简单了。什么叫太简单？就是我没有把这个具体的变成抽象的，没有把这个个别的变成整体的、普遍的。所以学问就是把一个个别的、具体的、存在的觉知变成一个普遍的、抽象的问题，这个问题问到了那个整体里面，才变成学问。

我以前教"哲学概论"的时候常常要学生做一个作业，这个作业就是我那本书第二章讲的"觉知与概念"。所以你要从存在的觉知做一个概念的反思，要转译。关于这个转译，譬如"守株待兔"。守株待兔是一个成语故事，这个故事是大家耳熟能详的。但是你把它转译成抽象的，那就是这个故事在告诉我们什么？这个故事意义何在？这个故事其实是怎么样的？关键点在哪里？其实就是把偶然性当必然性，就这么简单。再譬如"刻舟求剑"，刻舟求剑的故事大家都知道嘛，其实它涉及什么？刻舟是在船上刻了记号，是这个记号本身的有效性问题。记号如何有效？它跟时间的流动、跟它指向的对象都有关系。那你通过这样去反思，就可以从现象中反思出一个道理，这就不一样了，对不对？再比如"郑人买履"，郑人买履不是笨死了吗？现在我们很多事都是郑人买履啊！郑人买履，他在家里量了自己的脚大概有多宽、多长，然后把那个所量的绳子放在家里，结果到街上去买履的时候忘了带。忘了带？脚都带去了，还不行？等我回去把那个量好的尺寸带来，这不是很奇怪吗？现在常常这样搞啊。你身体好不好？身体好不好你自己知道啊！但是现在都是去检查身体，然后看看指数怎样。这样你就丧失觉知能力了，你现在就只能靠指数来判定了。其实你现在有觉知，然后再配合这个指数就好了嘛。现在不是啊，人们以一个可量度的东西，一个由工具理性所成的工具去量度东西以替代你的觉知。人们如果常常这么做，就丧失了觉知能力。当人们丧失觉知能力的时候，人的存在就越来越没有实感。

　　我们刚刚那样一说，就感觉变得很有学问的样子。其实学问的意思就是转嘛。学问就是把具体变抽象，就好像我们讲筷子跟叉子一样，这么一说就不一样了。叉子，是主体通过一中介者，侵入客体、控制客体，这是霸权文化的表征；筷子，是主体通过中介者连接客体构成整体，达到均衡和谐状态才能举起客体，这是王道文化的表征。[①]我这个话只在课堂上说，

[①]　林安梧曾多次以此为题略论东西文明之异同，讲录已记录成文，请参看林安梧：《叉子与筷子——东西方文化的差异与融通》，《中国文化》2004年第21期。

没力量啊，如果到联合国总部演讲的时候说，就会非常有趣。其实我这个话大概2003年在北京开国际中国哲学会的时候就讲了，当时是用那个同传耳机直接翻译，结果我演讲下来后每个人都跟我讲chopsticks，因为每个人都觉得很有趣啊。也就是说，他们从来没有想过，从来没有思考过这个问题，包括洋人、包括中国人。所以我们要学一个能力，就是把抽象而普遍的变成具体而觉知的，用这样的方式来表达。也要通过能力，将那个具体、觉知的表达马上转化成抽象而普遍的概念，而这个是可以转译的。那什么叫哲学？哲学是把具体存在的、觉知的叙述转化成一个抽象的、概念的、普遍意义的表达，这就叫哲学。什么叫文学？文学就是把那个抽象而普遍的、意义的概念表达通过一种具体存在的、觉知的叙事说出来，这叫文学。所以文学跟哲学很有趣。文学是为了唤醒你的存在觉知力，哲学会让你从这里往上提升更高，这是很有趣的，这是谈文学跟哲学的异同。[①]这就是要诠释两端不同。那有的人说："哲学很难学。"不会啊！哲学学了以后你就爱上它了，而且你学的哲学通通跟具体存在的觉知有密切关系。你所有的概念、语汇通通是有本有源的。那以后你看到、体会到存在觉知的东西，你都把它转译成抽象的、概念的、反思的表达，那不是可以跟理论接在一块儿了吗？那样你就可以看懂理论了。有些理论可能是诓人的，但这样以后你一看就懂了。你当然可以引证，看它从哪里来，有一些是凭你直觉就可以体会的。这就是说要活读，这很重要。所以我以前教"哲学概论"，就使得一些原来不是读哲学的学生后来爱上了哲学，后来去念哲学，后来成为哲学系的教授。

---

① 林安梧：《哲学与文学》，《鹅湖》月刊1990年第11期（总号185）。

四、学术评论

（一）对近现代学术思潮的认识及评论

1.当代新儒家分期及其与后新儒学的区分

尼山学堂问：如果您要给当代新儒家做一个分期的话，您会怎么划分？是出于怎样的考虑做出这个划分？

林安梧答：我现在基本上没有特别的划分。一般来讲，这个问题是说怎么分代。譬如人们把我视作第三代新儒家，那也有人说我是第四代。也有人问过我："林老师你觉得你是第三代还是第四代？"我说："那能不能有一个第3.5代？我就是介乎第三代和第四代之间。"如果要严格来说的话，我应该是第四代了。但是因为我又是牟先生的学生，所以可以划入第三代。但是第三代的年龄层，一般至少比我大十几岁。比如杜维明先生，他是第三代，现在七十六岁，那就大我十六岁。但是我又是牟先生的学生嘛，所以把我放在第三代当然也是对的。牟先生是第二代，唐君毅、牟宗三、徐复观等，一般被定义为第二代。第一代就是梁漱溟、熊十力、马一浮等。这个以所谓当代新儒家的标准来论，但这里的当代新儒家当然不是那么广义的。更广义地做规定的话，像第一代人当然会加上冯友兰、贺麟这些人。但是我们现在说的当代新儒家，可以以张灏写的《新儒家与当代中国的思想危机》[①]为参考。那个时候所说的新儒家，从梁漱溟、熊十力、马一浮到

---

① 张灏：《新儒家与当代中国的思想危机》，林镇国译，《鹅湖》月刊1978年第11期。

张君劢，到唐君毅、牟宗三、徐复观，一般性地区分，就是以这个来讲的。那么，以台湾来讲的话，熊十力、梁漱溟、马一浮为我们老师辈的老师，他们是第一代。我的老师辈唐君毅、牟宗三、徐复观，他们是第二代。

第二代有一个核心，一个关键性的文件，就是他们1958年共同发表的《为中国文化敬告世界人士宣言》，《为中国文化敬告世界人士宣言》是由唐君毅、牟宗三、徐复观，当然很重要地还有一位张君劢先生，是他们四位联合发表的。当时也邀请了钱穆先生，但是钱穆先生没有参与，最主要地是他对于中国传统政治的理解不太一样。其他四位先生认为中国传统政治体制是专制体制，这有很多问题嘛。那钱穆先生认为中国传统政治"天子——宰相"的这个制度不能那么简单地被说成专制，它是很复杂的，这是一个原因。另外，这四位先生基本上都比较赞成心性之学是整个中国学问的核心这种观点，但是钱穆先生对这点大概不那么认同，所以就没有参与这个事情。但其实关键性的原因是一个八卦的原因啦，据说钱夫人非常不喜欢钱穆先生和他们几个在一块儿。因为钱夫人和钱穆先生谈恋爱的时候，唐君毅、牟宗三、徐复观三位先生都表示异议。钱穆先生那时候到香港，他的夫人在江苏无锡并没有出去。这几个先生在香港办新亚书院，办新亚书院很辛苦，钱穆先生自己一个人在外，有个女学生常照顾他。这个女学生是他一个朋友的女儿，后来跟钱穆先生日久生情，因此谈起恋爱来了。这种状况之下，唐、牟、徐三位先生，当然张君劢先生当时并没有在那，这三位先生觉得兄弟之间可以表达自己的意见，就表示异议。师生恋一直都存在，都是正常的，但是对他们来讲这个事很重大。于是对钱穆先生有所劝谏，而且还是行诸文字，写了书信。一般来讲，男人世界和女人世界很不同，男人世界来讲，因为是兄弟嘛，有意见我要说嘛，但是娶进门就是嫂夫人了，就不会有意见了。但是女人家心里是有意见的。这就埋下钱穆跟当代新儒家决裂的一个伏笔，有人说，基本上的根本点在这里。其他的可能都是假的，这个才是真的。其实，这有点猜测心理动机，不是很好。当然，学术还是要讲如何客观，要说这些都是假的，那就有点借题发挥了。假的意思是借题说说，也不说是假的。假者，借也。封假齐王不是说假的齐王，而是说暂时的、暂代的齐王，所以说"假"。暂时的也是假，放假的意思是放暂时的，放假不是放长远嘛。对，这个是很有意思的。当然，我要声明一下，这很可能是道听途说的，不能作准，只能说是稗官野史，说说有趣就好，不必太在意。几位先生都已经作古多时，其实，我们作为后生晚辈的，说说，聊做纪念，我想他们也不会在意的。因为这是一件趣事，趣事便美。不是丑事，没关系的。

若以1958年的《为中国文化敬告世界人士宣言》①来说，新儒家就以唐、牟、徐、张为代表，但张君劢先生一方面因年纪较大，而且1969年就仙逝了，另一方面他人在美国，所以跟《鹅湖》没有直接的关系，间接的关系也比较远。《鹅湖》月刊跟唐先生、牟先生关系是很密切的，后来跟徐先生也有关系。而唐先生又较早过世，他1978年就过世了，所以《鹅湖》跟牟先生关系尤其密切。

尼山学堂问：那您对新儒学与后新儒学怎么区分呢？

林安梧答：我自己的一个区别就是当代新儒家以前是新儒学，新儒学之后，我是以1995年牟先生逝世为节点，因为几位先生都去世了，牟先生当时是"仅存的硕果"，于1995年过世。而我在1994年写《后新儒学论纲》时，基本上当时就做了一些反思。我在1995年、1996年写《护教的新儒学与批判的新儒学》，相当于画了一条线，所以1995年应该作为一个界限。所以1995年以前它叫"当代新儒学"，1995年之后，开启了"后新儒

---

① 这篇宣言曾在不同的刊物刊登，原初的名字标题应该是：《为中国文化敬告世界人士宣言：我们对中国学术研究及中国文化与世界文化前途之共同认识》。署名发起的有牟宗三、徐复观、张君劢、唐君毅，在1958年元旦发表。曾经邀请钱穆先生参与，但钱先生并没有联署。英文本又加上了谢幼伟教授。

四、学术评论 ———

学"。当然，也因为这样，我被我的同门师兄弟批评。就是有些人认为老师过世了，我的想法就跟老师不一样，其实不是的，老师还没有过世以前，我的想法就跟他不一样。而且我还写了文章，像《实践的异化及其复归之可能：环绕台湾当前处境对新儒家实践问题的理解与检讨》[1]一文，是我1990年写的，牟先生也看到了，他还称赞我、鼓励我，说写得不错。这个是后话。

后新儒学思考的方向其实是继承了新儒学而又有了进一步的发展，谈了"存有三态论"，谈了"公民儒学"，谈了诠释学向度，谈了对现代化之后的反思等。因为新儒学一直面对着现代化，去谈论传统内圣之学如何开出现代化，开出民主科学。那么，我认为现在已经不是这个议题了，因为儒学已经发展了，而且现代化发展得很厉害了，现在的议题是在现代性中，传统儒学还能释放出什么意义来，得以参与交谈和对话？而且这个议题不仅限于传统儒学，还有道，还有佛。而相对来讲，就要更等量齐观地去看待道跟佛，不是儒学做主流。这是我的看法，这是比较平地拉出去看。所以这个分期怎么分呢？后人会继续分下去。

前几年我曾经看过有一个教科书谈中西思想史，是陕西师范大学出版社出版的《中外思想史》，它里面有一节把后新儒学写进去，把我的后新儒学写进去作为中国思想史的最后一章最后一节：《20世纪80—90年代的大陆新儒学和林安梧的后新儒学》[2]。另外在2008年，John Makham（梅约翰）写的一本书在哈佛大学出版社出版了，英文的，其中也有一章写"Lin Anwu's Post-New-Confucianism"（林安梧的后新儒学），讲我的"后新儒

---

① 这篇文章曾经在1990年6月27日东海大学主办的"儒释道与现代社会研讨会"发表，后来稍事修订，刊登于《当代中国学》创刊号（1991年1月）。

② 请参看贠红阳、杜振虎、吴兴洲合著：《中外思想史》第八章《现当代新儒学思潮》第五节"20世纪80—90年代的大陆新儒学和林安梧的后新儒学"，陕西师范大学出版社，2013年。

学"。所以后新儒学应该是目前被思考的对象之一，也处在发展之中。① 大陆有一个有关现代新儒学发展的著作——《现代新儒学研究》，作者是陈鹏，是首都师范大学的一个教师。整本书讨论了从新儒学的第一代、第二代到第三代，其中里面第九章讨论到"林安梧：后新儒家哲学"②。当然那本书也有讨论刘述先，包括其他种种，而我的"后新儒学"也被列为专章来讨论了。那他的分期上大概还是依照传统的分法。刘述先是把它分成"三代四群"③，刘先生的分群是分到他那个年代，我们这个年代还没被列入，杨自平在写《"中央大学"与当代新儒家》时，则列到了我们这一代人。

2.大陆新儒家与港台新儒家

尼山学堂问：大陆新儒家和港台新儒家的差别是什么？二者和后新儒学的关系是怎样的？

林安梧答：基本上是这样的，我是没有特别去区别大陆新儒家跟港台新儒家的。大陆新儒家跟港台新儒家是近十年才被炒出来的一个议题。现在有所谓的"大陆新儒家""港台新儒家"，这表示，"儒家"这个名词，已经成为一个积极的名词了。以前的话"儒家"是比较负面的一个名词。后来研究了，就有了所谓的"当代新儒家课题组"，特别是在1986年，国家教委通过"现代新儒家思潮研究"为七五重点规划科研项目，组织了数

---

① John Makeham在哈佛大学出版社（Harvard University Press）的专著 *Lost Soul: "Confucianism" in Contemporary Chinese Academic Discourse*，第八章 "Lin Anwu's Post–New–Confucianism"，专章讨论林安梧的思想，2007年。

② 陈鹏：《现代新儒学研究》，福建人民出版社，2006年，第273–297页。

③ 刘述先这个分法，曾经引来一些疵议，但大体已经被接受，请参见刘述先：《现代新儒学之省察论集》，"中央研究院"文哲研究所，2004年。

十人的大型课题组，以后研究新儒家，读新儒家的书越来越多了，这群人除了读儒家的书、研究儒家以外，还慢慢有自己的见地、自己的想法，甚至儒家成为其信仰的一部分。

起先并没有所谓"大陆新儒家"这个名目，但是这几年儒家慢慢地形成了一个很大的运动，即使不到运动的层次，也有一个隐约的脉动。因为中国在整个改革开放的过程中，已经面临一些变化，整个经济的方式跟以前不同了，社会的构筑方式也要调整了。于是就有些人提出建议了，譬如站在儒家的立场，认为自己是儒家的立场，比如蒋庆。另外还有一些相关的提议的人，这就是所谓的"大陆新儒家"。那如果以这个来说的话，大陆新儒家跟港台新儒家的区别就是，大陆新儒家认为自己涉及的政治的事务会比较多，也就是涉及整个生活世界、历史、政治、社会这个共同体的事务会多，而他们认为港台新儒家在这方面涉及得少，认为他们注重的是道德的形而上学。但这个说法是不准确的，因为港台新儒家一向也很重视整个社会政治的共同体，只是港台新儒家的弟子和再传弟子们转向学术的多了，他们跟这个社会的脉动连接得不多。所以有人用这个标准来做简单的区分：港台是"心性儒学"，大陆是"政治儒学"。但这个说法不够准确。我认为任何一个学术活动在脉动发展的过程里面，它是不定的、不准确的，这个不准确就是说，哪一边的声音说多说大了，它就更加那样了。权势一直跟权利有很密切的关系，一直是这样的，所以要争话语权嘛。

我个人认为应该把港台新儒家跟大陆新儒家汇成一体，因为港台新儒家的源头是从大陆来的，如第一代的梁漱溟、熊十力、马一浮，都在大陆，第二代的唐君毅、牟宗三、徐复观、张君劢，也都出身大陆，乃至第三代也是出身大陆者多，当然也加进来港澳台的新一代人，他们所关心的论题是整个中国，乃至全世界、全天下的，不会只在台湾而已。现在回过头来应该汇成一气来一起考虑。当然你要区分也可以，但是这种区分应该是一种怎么样的分呢？因为大陆新儒家很复杂，现在又有更细的区分。他们认为哪些才是大陆新儒家，哪些不是大陆新儒家，但是你说他们那些是对的，人家可能对他们有意见；那些被认为不是的，他们也可能真的是，对不对？有人说大陆新儒家以儒家强调的基本为宗，例如君子仁义、有为有守，以人伦孝悌为优先，忠诚于国家，而且是为人类的和平而奋斗的，是孟子所说的"士"，是孔子所说的"士"跟"君子"。那我想这样的话，很多人都应该被列入大陆新儒家行列。譬如说到大陆新儒家，我首先想到的就是郭齐勇、陈来、景海峰、罗义俊，还想到很多其他的朋友。而像陈明、干春松他们作为晚半辈的人现在可能认为自己是大陆新儒家，但是并没有把我前面所说的郭齐勇等人放在大陆新儒家里面，我认为这是不妥当的。而且大陆新儒家也还有区分，譬如现在的"康党"，其实我也不太了解哪些是"康党"的，大概就几个人。看来，一切都还在变化中，所以我觉得这个分法并不是不可以，但是要去思考。

所以应该讨论一下大陆新儒家分几个流派，这个可以写篇文章："所谓大陆新儒家"。譬如，传承原先新儒家而以学问倾向为主宰的是哪些？传承原先新儒家而落实于现代社会的有哪些？传承于新儒家但是又上溯其源而以不同的范式来强调自己的是哪些人？以政治导向为主的又是哪些人？以社会导向为主的是哪些人？各种标准一引入，这样就很多了。或者传承原先儒家，跟马克思主义合流者有哪些？有"左派儒学"，有"乡村儒学"，有"社会儒学"，现在有人提"自由儒学"，还有"'康党'儒学"和"生活儒学"，还有"民主仁学"的儒学。其实说起来这些，儒学在大陆好似雨后春笋，非常蓬勃，你这样理解就好了。

如果这些儒学跟台湾的做对比，它的确是很兴盛的，当然整个儒学肯定是更大更宽广的。那它能不能够自成一派？当然可以。杜维明说"波士顿儒家"，波士顿有儒家吗？但是这些人要喊啊，他在那个地方要喊一个名字出来，对不对？所谓的"波士顿儒家"（Boston Confucians）是由波士顿大学神学院院长南乐山（Robert Neville）与同事白诗朗（John H.

Berthrong）及哈佛大学教授杜维明组成的，他们认同儒家传统的普遍性并探讨儒学资源可供西方社会运用的问题。南乐山将查尔斯河北岸（哈佛、麻省理工）称为"孟子的儒家"，查尔斯河南岸（波士顿大学）称为"荀子的儒家"。[①] 南乐山他们做基督教跟儒学的认同，那也是可以的，这个无所谓。因为我觉得就像开店一样，这里开一个店，那里开一个店，开了很多店，这个店可能有的名声很大，但是这个店面小；有的店可能开得很大，但是没利润，都有可能。这个无所谓。我基本上对这些现象都是持乐观态度的，我一直觉得这是好事，有这么多人在讨论这个问题，虽然还要争一下谁强谁弱，但表示这个东西被认可了。如果这个东西没有被认可，是被批斗的对象，那我看每个都赶快逃跑了，对不对？那就没办法生存了。

你说现在全国书院林立，那不得了啊！现在中国境内有多少书院？这大大小小的，有网上的，网上的就是天上的，有地上的，有实的，有虚的，有在学院里面的，有在学院之外的，有政府办的，有半官方的，有民间的，多得不得了。那这个意思是什么？这代表了整个文化在兴盛发展，你看到的是文化在兴盛地发展之中。有人批评企业老总学儒学，他们学什么儒学？企业老总去学儒学跟企业老总去唱KTV哪个好一点？当然是学儒学好，对不对？企业老总去花天酒地跟企业老总去读王阳明比起来，那当然是读王阳明好。这个表示文化的一种兴盛状态，我们就是要从比较总体的角度去理解。其实，更应该去关注的是，这片土地仍然充满着生机，在"文化大革命"的浩劫之后，居然还有这样的文化恢复能力，有这样的文化创造能力，你看到这样的一阳来复，开启新的纪元，当然是应该要乐观的。我不同意用负面的角度来看这一波儒学的复兴。要积极地去面对它，当然也要审慎地去发展它。

---

① 请参看哈佛燕京社主编：《波士顿的儒家》，江苏教育出版社，2009年。

3.台湾的"国民党儒学"

尼山学堂问：在台湾的"国民党儒学"是怎样一种情况？代表人物是谁？

林安梧答：谁是国民党的儒学代表？我一想就想起陈立夫，其实更早应该是孙中山、蒋介石，陈立夫只是这一波"国民党儒学"的一个表征。总的来说，国民党不反中国文化，而且以中国文化道统自居。这是从孙中山先生以来就有的传统，蒋介石虽然后来信了基督教，但骨子里他还是维护中国文化的。陈立夫基本上也是如此，陈果夫、陈立夫他们俩兄弟帮助蒋家，一起把国民党及中国文化连接在一块儿，让文化权、统治权黏和在一起，形成了一种政教合一的状况。陈立夫写了不少书，像《唯生论》《四书道贯》《成败之鉴》《孟子之政治思想》《孟子之伦理道德思想》《人理学》都很重要。他还主编《孔子学说对世界之影响》《中华文化概述》《易学应用之研究》，并且主持译印了英人李约瑟所著《中国之科技与文明》等书。"蒋家天下陈家党"，这是我们年轻时候，常听到老先生们说的话。像《四书道贯》，陈立夫把国民党的一些思想，孙中山、蒋介石的言论，还有一些自然科学的理论放进去，然后捏成他自己的一个东西，然后放到"格物、致知、诚意、正心、修身、齐家、治国、平天下"这"三纲领八条目"里面。蒋介石自1949年退居台湾以来，一直以中国文化道统自居，但是台湾在经济与社会的发展上，一直受到美国资本主义的影响。虽然政治表象上也是，但骨子里不是；就在这样的拉扯过程中，形成了一种有趣的中西古今的混同融合，却也成就了一种独特的现代化与中国文化传统的联结。

以高级中学"基本教材"为例，自由派人士一直认为它体现了"国民党儒学"的政策，是为了国民党的政权而开启的政教控制。作为当代新儒家一派，对于"国民党儒学"可能含有的专制性也深置怀疑，那种疑虑不安是极深的。我想起以前我们的师辈们对于这样的"国民党儒学"常发出一种不屑的样态，一直告诉我们那不是真正的儒家，那是要利用儒家。其实，平心而论，谁利用谁，或者彼此利用，至少他尊敬孔子，这应该是一件好事。他要装作圣贤，也就是以圣贤自居，那也要朝向圣贤之路行去，这有什么不好？好不好，我想最重要的在于话语权的问题。因为话语权如果不是在民间，而是在有权力者的身上，容易导进一个麻烦的境地。这应该是我们的师辈如牟宗三、唐君毅、徐复观诸位先生所担心的，当然像自由主义者殷海光，对于话语权应该如何归属问题，是最为在意的了。

像20世纪80年代初，当时新编本的高级中学"基本教材"，便是依着陈立夫《四书道贯》的编排方式，把《论语》《孟子》《大学》《中庸》拆解掉放到里面去，以蒋介石的言论做主导，在当时的台湾，正是"民主、人权、自由"喊得震天嘎响的年代，你说这怎么可以？当然不可以！这就是孔孟学会那一帮人做的事。所以台湾孔孟学派那一帮人，常被学界视为御用的，基本不在学者的眼下了，这样讲还算客气的，基本上很多人是瞧不起他们的。大陆有些人不知道，以为他们很重要。在台湾许多较为纯粹的学者看来，他们从来都不重要！虽然那些人并不是真正回到儒学本身，但是从大的方面来讲他们也是在复兴儒学，但是他们不是秉儒学之真性情，他们不应该被列入新儒家，或者说他们是国民党的儒家，是"国民党儒学"。他们可以列入儒家，因为儒家有"世俗儒家"。世俗化的儒家，或者国民党统治下的儒家，陈立夫和他的一些弟子们，还有政大的那些人，师大中文系也有一帮，都可以算进来。我们很小的时候，就在听老师辈批评他们，我们认为我们批评他们也很当然。总的来说，当时，我们以为这样的批评是很重要的，因为要保有儒学的独立性与纯粹性，这是青年时代的理想意识、浪漫意识，其实，世间事不是那么简单的。

其实，在我们上学时，高级中学"基本教材"还是编得很好的，还是回到原来的《四书》，而且只编了《论语》《孟子》，我记得高一上《论语》，高二上《孟子》，后来有些变化。听说有人建议应把《大学》《中庸》都编进去，所以须得重编。新编本的"基本教材"就是在这种状况下搞出来的，前前后后从开始到结束大概有五六年的时间，中学生深受其害，当时台湾处在向自由民主方向发展得很好的年代，结果这个书却是封闭的，这很奇怪，很莫名其妙。1987年12月12号我们开了一个大型的座谈会来批判这个事，批评成功了。第二天国民党的"《中央日报》"以很大的版面给我们做了正面报道，这个意思就是告诉我们，国民党也是不愿意那样干的，结果居然干出那种事来。国民党其实在20世纪80年代是进步而渐渐走向开放的。这些人就是没见识，所以见识很重要，这个是很没办法的事。

当然随着时代的变迁，现在那个孔孟学会没有力量了，孔孟学会现在在台湾变成一个学术残余了，他们也拉着我们做《孔孟月刊》，我也是编辑委员，但它就是个摆设，因为从来没开过会，地点在哪，我们也常闹不清楚。我们的老师辈，很老的先生，八十几岁了你还叫他去做主编，你这欺负人嘛，你这是没道理的，学术应该往下传，但是他们居然逆着往上传，表明这是完全不行的组织。大陆一些朋友不知道情况，以为他们是很重要的组织，其实真的一点都不重要。特别是现在，根本不重要了。

新儒家被自由主义者批评成是跟国民党同一条阵线的，其实这个说法不准确。不准确的意思是，我们不是依据国民党的党意来推展中国文化，"国民党儒学"才是根据国民党的党意来推展中国文化。国民党的党意导致一个比较严重的问题，就是它忘掉了要以儒学为主，而变成以蒋介石为主，但蒋介石也不是完全不好，蒋介石其实也很重视儒学，这一点还是很好的。但是他是有些问题的，我们的自由意志和自由意识是比较强的，当代新儒学的自觉性是比较高的。这在唐君毅、牟宗三、徐复观三位先生身上体现得特别清楚。方东美先生与国民党的关系较密切，我们也批评他。我还写

四、学术评论 ——————

过有关"国民党儒学"的文章，比如在商务印书馆出版的《儒学革命》中有一篇，谈论蒋介石的《科学的学庸》，对他提出了批评。

4.自由主义

尼山学堂问：您也说到过自由主义，但是这个自由主义自近现代传入中国以来有很多发展，比如五四自由主义，港台新儒家自由主义……中国改革开放以来，也有一些儒学学者试图把儒学和自由主义关联起来。这股自由主义的风潮几经辗转，您对于这个有什么评论，有什么看法？

林安梧答：自由主义当然是一个很宽的运动了，它是一个主张，一个运动，它强调基本的人权，强调有法治的程序，强调民主的政体，强调个体、公民的自由，以及其他种种，大概是强调这些东西，重点在这些。

那么，在台湾，譬如徐复观先生是儒学信仰者，但是徐复观先生对于他所说的自由，还是很肯定的。那牟先生、唐先生基本上也是这样。应该说他们对这个自由的理解是以儒学为主的，但是它也不足以构成儒家型的自由主义，也不是一种自由主义的儒家。儒家论者涉及自由主义，但涉及自由并不一定是自由主义的儒家，也不一定是儒家型的自由主义。像林毓生，他是个自由主义者，这是很明白的，他是从哈耶克（Friedrich August von Hayek，1899—1992）的一个论法来论，包括中国的政治以及他的一些主张。张灏大概也比较接近他，但是张灏对于传统儒学以及儒学的发展的理解是比较深入的，所以他比较能同情。他们的老师殷海光当然是自由主义者，但是殷海光这个人是不是果真那么自由主义呢？我听到的讯息是，他宣传自己是自由主义者，但是他是把自由主义当作神圣的信仰，这个态度就不是自由主义的态度。他是自由主义的宣传者，但是这个人是不是自由主义的心态就是另一回事了。

至于大陆现在的自由主义者，老实说，交往并不多。而且自由主义者中的某一些，我认为有一些是风向主义者，他还在找寻，他本身还在变化中。当然有一些是真的自由主义者。那台湾的儒家跟自由主义者的关系是怎么样呢？其实第一代人是比较麻烦的，他们冲突很多；第二代、第三代人基本上都互相认同对方，彼此宽容对方。譬如我们很多朋友是自由主义者，但我是传统主义者，可是我的生活态度、思考方式，可能比他们很多自由主义者还自由，这是很有可能的，这个很难讲。那么，对自由这个概念怎么生成理解？这也在被更充分地讨论中，所以这整个在变化。譬如林毓生先生是自由主义者，我跟林先生的来往一向是很多的，我还在威斯康辛访学过，跟他待过近一年。那另外就是，林先生所论的一些中国政治对我的启发也很大，我有一些观点跟他不太一样，他也很宽容，都能理解。余英时先生对于中国传统有很深入的理解，他是个非常好的学者，但是你能说余先生是儒家信徒吗？我想他会告诉你，他是个研究者，他不喜欢当信徒，不喜欢信徒这两个字。那你说他是自由主义者吗？我想他也不是。他这个人的态度就是比较喜欢做一个学者，不太喜欢把自己放在哪一条路上去。这个是各有不同。钱穆先生是余英时的老师，很明确他是传统主义者，照理说余先生应该接近传统主义者，余英时也被列入当代新儒家，在刘述先所谓的“三代四群”里面。但是如果是以commitment（许诺）论，就是那种对一个东西的许诺，我想余英时可能在实践上有一些，但他基本上不宣称了，这可能是他在美国待久了的原因。杜维明当然是当代新儒家很重要的代表人物，但是杜先生脑子里面想的自由主义是很多的，这是肯定的。但是自由主义的想法又跟林毓生先生有很大的不同。像傅伟勋先生对传统是儒道佛那种理解，那你说他是不是自由主义呢？他对自由当然也很追求了，他基本上在生活上也是个自由主义者、自由论者。像对唐君毅很有研究的墨子刻（Thomas A. Metzger，1933生），你说他的思想没有自由主义的色调吗？不可能。我认为他仍有许多自由主义的色调。当代新儒家之为保守主义者、传统主义者，一样地，自由主义的色调还是很重的。

所以说自由主义的价值认定基本上成为现代人的价值认定方式之一，它已经成为我们生活的一个基本的指标了。那在学问上基本是要求有的，政治上也是要求有的。自由主义者的自由跟一般人的自由不同，可能是自由主义者的自由更被强调。以前你说殷海光是自由主义者，以前谁是自由主义者很清楚，现在在台湾做这种认定是很难的，很难说哪一个是自由主义者，因为都是了嘛，都是了就不必去强调了。

5. 马克思主义

尼山学堂问：马克思主义本身只是个学说或思想，后来它衍生出了许多新的东西，并在社会历史层面上产生重大影响，您对此有什么看法呢？您会对马克思主义做出怎样的评论？

林安梧答：其实我对马克思主义的看法是比较片面的，但是就我所知，我当时觉知马克思主义实际上有人道主义的胸怀。但是如果过于强调其中的阶级斗争，是会有些不好的后果的。其实它在人类的文明里面取得一定的成果，但同时也造成了一些负面的效果。这就是后来的思想家们又回头去了解马克思更早的东西的原因，包括《1844年经济学——哲学手稿》，重新去发掘马克思主义中的人道主义胸怀，强调社会批判。

我接触马克思主义的时候，其实是20世纪还没进台湾大学哲学研究所前，我逐渐从法兰克福学派（Frankfurt School）这边接触进去。当时我还是比较平心而论的，也就是说它有它成功的地方，但同时也有它不足的地方。我现在思考这个问题的时候，我还是认为要回到儒家的人道主义上，但儒家的人道主义不是以人为中心的，而是围绕天地人三才的。我在很年轻的时候念了"马列主义批判"的课，写了一个报告，后来这个报告在期刊上发表了，是20世纪80年代写成的，在1983年写的吧，但是发表的时候已经是20世纪90年代中叶了，这篇文章就是《迈向"儒家型马克思主义"的一个可能——革命的实践·社会的批判与道德的省察》[①]。简单来说，革命的实践指的是老马克思主义，社会的批判指的是青年马克思主义，道德的省察讲的是儒学，所以我一直在说要回到儒学，才能够建立一套好的社会批判，才能够进行一个恰当地革命实践，我当时的论点是这样的，所以叫"迈向儒家型的马克思主义"，将儒家放在前面做一个"体"。承体达用，即用显体，没有了体，哪来体用一如呢？

这个也是很有趣的，我当时很年轻，很纯真地想这个问题，从学理上谈人道主义胸怀的可通性，直到现在也可以看到它是可通的，只是看你要怎么去通。有个朋友调到北大去，没有进哲学院，进了马列主义学院了，很多人就说他怎么去了马列学院，如何如何。其实马克思主义学院也可以讲儒学，所以你就好好做，这里有一个非常好的发展空间。一般人都有一些世俗的理解，这种世俗理解未必准确。我说他正好可以好好做，马克思主义跟儒学也有关联，这还是一件很好的事。所以很多东西要跨过那个世俗之念。譬如现在学界里面有一些认为自己比较清高的，闭口不谈马列主义，好像一谈就会跟官方如何如何的，其实不是，这个东西你要平心而论，平心而论就是你有些什么可论的。写这篇文章的时候我还很年轻，我当时在台湾，而且是处在戒严的紧张时期，这样的写法是国民党所斥责的，那更证明我并不是要去迎合当局，现在这篇文章成了很重要的文献，是当代儒学与马克思主义对话的起点。当时，其实是我在平心而论、在思考这样的问题，我写这个文章的时候是1983年，1983年我才几岁啊？26岁，所以是很年轻的时候想这个问题，很有趣。年轻很重要，你们年纪很轻，创造

---

① 本文原属1983年之少作，因种种机缘，迟至1996年，发表于《鹅湖》月刊1996年第8期。此文后来收入林安梧：《儒学革命论》第六章《迈向"儒家型马克思主义"的一个可能——革命的实践·社会的批判与道德的省察》。

力是属于年轻人的，创造力不是我们老年人的。我现在想的问题在那时候就已经想了，对不对？

1983年写了这样的一篇文章，其实，也就预示着2000年、2005年在武汉大学会与郭齐勇、邓晓芒、欧阳康等学者展开四人三方的"中西马对谈"①。听说北京大学的王博戏作一联，联曰："打通中西马，吹破古今牛。"学界都觉得有趣，说真的，我倒是这样看的，是啊！要吹破那古今牛，才能真正打通中西马。中西马，中国哲学、西方哲学、马克思主义哲学，就只有在中国有这样的一个特殊机缘，真的是一心的会通年代，应该要好好正视它，让它有进一步良善的发展。

6. 三民主义

尼山学堂问：老师，那您怎么看三民主义？

林安梧答：三民主义是孙中山提出来的，我认为三民主义一直非常重要，它是人类发展到19世纪末20世纪初的一个非常重要的主义，一直到现在21世纪，我认为它都应该被称许。三民主义是民族主义、民权主义、民生主义，如果借用Abraham Lincoln（林肯）所说的话就是，"The govenment of the people, by the people, and for the people（民有、民治、民享）"。我觉得作为一个国家，一个政府，一个组织，一个社会，它真的要照顾到这三个方面。所以，我认为三民主义是一个非常好的主义，到现在为止，我还是这么认为。

三民主义跟共产主义其实有些地方是可以通的，孙中山自己也说，他的民生主义其实就是共产主义。那民权这个思想，基本上大家还是肯定的。

---

① 请参看林安梧等著：《两岸哲学对话：廿一世纪中国哲学之未来》，台湾学生书局，2003年。

三民主义的民族主义强调国内的各民族平等，而且要跟其他少数民族共同奋斗，希望全世界的各种族、民族同时平等，联合起来一起奋斗，我认为这是一种"共生型的民族主义"，不是"排他型的民族主义"。[①]民族主义不是打倒其他来成就我的民族、建构我的国家，而是要跟其他民族共生、共长、共存、共荣。民权主义讲人民有权，政府有能。这是很好的。人民有权，政府有能，然后建构一套好的政治制度来让政府真正把它的能力实现出来，为人民的福祉努力，这是没有错的。那民生主义更是了，照顾人民的衣食住行，让每一个人老有所终，壮有所用，幼有所养，大道之行也，天下为公。这有什么不好呢？

所以我觉得三民主义是个非常好的主义，值得提倡，值得发扬。那么，共产主义作为原先马克思主义的那种人道主义胸怀，当然是很好的，同时在实践的过程，如改革开放，也在修正调整。同理三民主义一样要修正调整，使得它重新焕发生机。

7. 人间佛教

尼山学堂问：人间佛教的兴起是中国佛教的重要转型，从学理上是怎么看这个转型的？您怎么看待人间佛教与台湾宗教的盛行？

林安梧答：人间佛教的教理、学理，我不是这方面的专业研究者，只能简单来说。人间佛教就是改变佛教原先的重点。佛教的重点就是苦业的解脱，苦业的解脱也就是说要到彼岸的净土。然后不仅仅是解脱个人，还要度一切众生，总体而言它还比较着重心灵意义上的解脱之道。但是慢慢这个彼岸净土就变成了人间净土的概念，那它就不只是心灵意义上的净土，

---

① 林安梧：《民族主义的两个类型：对抗与共生——重读孙文〈三民主义〉中的民族主义》，第二届中国传统文化与现代化学术研讨会，江苏淮安，2004年11月2日。

它要落实在这个人间世里面，让人过得更好，所以要积极地把人间建成一个净土，于是就转化成人间佛教了。经过这一转化，它对于慈善、医疗、环保等其他种种的努力自然而然就出现了。所以它原先看似是一个出离的宗教，结果人间佛教就变成最入世的宗教，这是一个很有趣的回环。这个变化是十分巨大的。

佛教在台湾，这四五十年来，最重要的一个成就，其实是人间佛教的建立。它看起来在理论上的建立并不多，但它在实践的行动上非常积极。这个实践的行动后面所隐含的理论就是我刚才所讲的，从"个人的解脱"到"度一切众生"，从强调"彼岸的净土"又返回人间来，强调"人间的净土"，而人间的净土不只是心灵意义的治疗而已，它变成了这个现实人间净土的建设。人间净土的建设当然要把人间的苦尽量减少，所以要做医疗，做环保，做慈善，做教育，这些都是台湾人间佛教落实在人间的最重要的几个向度。它最基本的理论就是"利他"。为何利他？因为利他就能无我，越利他，就越无我，越无我就越能出离烦恼。所以说这个是很有意思的。它让你在布施过程中得到成就，而这种成就，是无私的成就，是无我的成就。我认为台湾能够有今天，人间佛教其实贡献很大。

人间佛教是从大陆传到台湾的，从太虚法师到星云法师；从太虚法师到印顺法师，从印顺法师到证严上人，这是两个不太一样的流派，但他们基本上是兼容的，是一样的。台湾的人间佛教，广义地说都是人间佛教，即五大山头都是人间佛教。佛光山着重在文化教育，他们也有部分的慈善；那慈济重点在慈善、医疗、环保，也有部分教育；法鼓山讲心灵、环保，尤其重视环保；灵鹫山重视整个台湾的心灵处境，他们还建设了　座宗教博物馆；中台山重视教育，即文教，他们也做相当多的慈善。慈善应该是台湾所有山头都做的，其他方面各有偏重。他们后头的来源可能各不一样，但是基本理论其实跟我刚才讲的接近。宗派上，可能大部分是禅宗。只有慈济这一派不是，因为他的来源比较多，但慈济是以《法华经》为主导的，所以一般都把他理解成天台宗的另外一个转折的发展。大概是这样的。这个部分总体来讲还是挺好的，我认为台湾人间佛教应该也算是台湾整个发展的奇迹的一个极难能的向度，极可贵的向度。

另外像学术上的，如拿自由派来讲的话，我参与过《思与言》，《思与言》学刊算是一个很重要的奇迹。这都是民间的，我现在讲的是民间的。像《鹅湖》月刊就是新传统主义的，以新儒家为主。我同时担任过这两个重要刊物的总编辑，这是比较少见的，很有趣。台湾的可贵就是从解严以后，民间有许多NGO和NPO，NGO就是非政府组织，NPO是非营利组织。非政府组织、非营利组织像一些基金会，如公益基金会、宗教相关的基金会等，它基本上是跟当局无关的一种组织，它帮助当局。譬如哪个地方出了灾难，但当局各部门人才缺了一点，或者还没到，慈济人就都到了，佛光人可能也到了，那其他的道教会的团体可能也到了。我常常开玩笑说台湾当局倒了，大家在台湾还是过得不错。所以，台湾基本上是社会推动政治，而不是政治领导社会。我常常跟大陆的学者说，大陆需要英明的政府、英明的领袖。台湾的话，这些平平庸庸、昏昏庸庸的人当领导人也无所谓。但台湾如果有英明的领导会更好啦，可现在台湾的领导人也没什么英明的了。对不对？

8. 女性主义

尼山学堂问：今天女性主义很热，您也曾有文章谈到道家与女性主义，这里能不能再具体谈谈关于女性主义的问题？

林安梧答：其实中国人是很重视女性的。在原始图像里，我们中国《易经》就讲"一阴一阳之谓道"，而人是得天地、阴阳、五行之秀气而最灵，男女都一样禀天地之气而最灵。我们起码不像西方基督教神话所说的，"女人是男人那根肋骨造的"。神话的原型就不同。当然后来我们这个

"三纲"之说——君为臣纲，父为子纲，夫为妇纲，三纲极致化以后就有以男性为中心的倾向，我认为这是不对的。回到道家，道家讲母性、讲女性、讲阴柔、讲"大地之母"，我想这是非常重要的。所以我当时讲道家，就关联到了女性主义。

但我对近现代、现当代以来的女权运动是提出批评的。当代的女权运动基本上是仿效目前的男性权利而争。而我认为真正的女性主义应当回到女性本身去强调。用一个简单的具体例式来说：女权运动主张女人走出厨房，那我认为女性主义就应该主张男性进入厨房。也就是说，养儿育女这件事也应让男性去分担、体验，而不是让女性和男性一样在社会上奔走，和男性争这些权力之事。当代女权运动的结果是让女性更辛苦。这样女权运动的结果是女人可以跟男人一样在社会上奔走打拼，但回家后一摊子事还是让女人去承担，这不是很苦吗？

现在女性主义运动应该到第二波了。第一波是女人要跟男人一样争公民权跟社会各种权利，我想这是对的。但第二波就应当要正视女性原先的优越性、女性本身可贵的地方：女性是更接近自然的。女性与男性是有很大不同的，历史必然性的结果认为男人必然会参与到历史的主流里面，但他们男性参与的结果被整个历史主流的权力掌握了。按这样来讲，男人虽然掌握权力，但同时也被权力掌握了。反而是女人，还维系着原先的自然之美及自然之德性。

我觉得女性里最可贵的就是她的母性。老子的道家所强调的女性主义，甚至于整个中国传统强调的女性里面都含有母性的成分。而这个母性的可贵就是把整个男女两性都包蕴了进去，"为女则弱，为母则强"。在这里，对于女性而言，讲起母性的时候是非常可贵的，因为女性有一个非常强韧的生命力量，所谓"柔弱胜刚强"[1]，就是这样的道理。

---

① 老子《道德经》第七十八章有云："天下莫柔弱于水，而攻坚强者莫之能胜，其无以易之。弱之胜强，柔之胜刚，天下莫不知、莫能行。"

因此我认为这一波女性主义就应该强调男人向女人学习。上一波的女性主义是女人应该跟男人争权，而这一波应当是男人跟女人学习，跟女人学习什么？学习养儿育女，跟女人学习温柔敦厚、柔情似水，跟女人学习进入厨房洗手羹汤，以及其他种种事情。我认为通过这样的学习，人才能更得其全。即男性跟女性是一种互动、分工、融通的关系，不是以前那种硬性的分工——男主外女主内；女主外男主内当然也是可以的。因为男性与女性并不只是一个生理上的分别，更进一步说应该是一个文化上的心理认定的关系。夫妻之间互为阴阳，可以女主外男主内，亦可以女主内男主外，更可以在调配各方的基础上去调节。

这就是我的基本主张思想。形象地说，就是上一波女性主义是女性要跟男性争权，而这一波新的女性主义是男性要跟女性学习，学习女性原先具有的自然性，如自然之慈性、恩慈等。你们可以参看我在《新道家与治疗学》中的相关论述，特别是第六章《新道家思想中的"女性主义"》①。

9.现象学与中国哲学

尼山学堂问：现象学研究近年来在中国大陆亦炙手可热，请您谈谈对现象学的理解，以及现象学与中国哲学之间是如何汇通融合的？

林安梧答：现象学是一种方法论的运动，它的诞生和当时的存在主义是有密切关联的。存在主义代表了人进入世界的方式，代表了怎么看待人的方式。而现象学则代表着一种不同的认知方式，不同的方法进路。现象学最强调的是回到现象本身，现象即本质，所以常讲现象学的还原。现象学的还原里面最重要的就是回到存在本身让其彰显自己。而探讨什么是存

---

① 林安梧：《新道家与治疗学：老子的智慧》，台湾"商务印书馆"，2006年。

在本身，就使得现象学从一种方法论的运动变成了后来本体论的回归，这也就是我们说的"从胡塞尔（Edmund Gustav Albrecht Husserl）到海德格尔（Martin Heidegger）的过程"，这部分在国内一直受到重视，从倪梁康[①]，到张祥龙[②]，到孙周兴[③]……我认为这样的一个运动会对整个中国哲学起一个非常大的作用。

通过这样的现象学回归，是回到整个存在的回归。那么在阅读、理解的过程中，现象学就不仅被当作一个方法去理解了，还需要回归到存在本身。我觉得在这方面做出一些成绩——跟中国哲学或者跟佛教连在一块儿做出一些成绩的，有倪梁康等人。倪梁康曾经对《唯识三十颂》做过研究，这个研究本身就与现象学密切关联，的确很有成绩。而在他之前还有台湾的陈荣灼，也做过一些唯识学跟现象学的关系研究。之前熊十力的《新唯识论》其实也彰显了这样的一个关系。

现象学在兴起的过程里，在移植到中国及其兴起过程中就会引发这些东西。最主要是因为现象学反思了整个西方原有的传统知识论："认识"这个活动，不再是主体对客体的掌握，于是它就回到了事物本身的彰显。这样问题就很多了。到底什么是"事物本身"？什么是"事物"？这就会引发很多争议。然后到最后要回到存在本身，而这个"存在"说的是什么，是一个本体的根源？是一个存在的事物？还是什么？这些东西都唤起了一

---

① 倪梁康，生于1956年。现任中山大学现象学研究所教授、中山大学人文学院院长、中山大学西学东渐文献馆现象学研究所所长，国际《胡塞尔研究》学刊编委，国际《现象学世界》丛书编委，《中国现象学与哲学研究》期刊编委，《中国现象学文库》丛书编委，《胡塞尔集》主编。1990年获德国弗赖堡大学哲学博士。

② 张祥龙，生于1949年。现任山东大学哲学与社会发展学院人文社科一级教授，国际中西哲学比较学会副会长。1992年纽约州立布法罗大学哲学博士。研究方向为现代西方欧洲大陆哲学（以现象学为主）、儒家哲学、东西方哲学比较。

③ 孙周兴，生于1963年。教育部长江学者特聘教授。2001年在德国Wuppertal大学从事洪堡基金课题研究，2002年起任同济大学德国哲学与文化研究所教授，现任同济大学人文学院院长，《同济大学学报》（文科版）主编等。德国《海德格尔年鉴》编委、《中国现象学与哲学评论》编委等。

种整体的回想，如果将这个回想放回中国传统哲学中，那大家会找到一些东西去做。

譬如王阳明的学说中就隐含着现象学的思维，倪梁康就做了一些研究。另外倪梁康也把他老师耿宁（Iso Kern）所做的有关王阳明的诠释翻译出来①，那也跟现象学相关联。此外，早在此之前海德格尔就做过把老子与现象学连接在一起去想这些问题的研究。因为海德格尔算是从现象学延伸出去的，他是"回到存在本身"的一种本体论，所以他有一个基础存有学以及他的其他东西所彰显出来的另外一套哲学。这些跟现象学运动都是密切关联的。

而我自己曾对刘蕺山做过研究，讨论他的纯粹善的意向性。对此，就有做现象学的学者认为我这样对刘蕺山的理解也算是对现象学理解的一种模式，也可以归在现象学的研究领域内。②而我自己发觉刘蕺山的思想里面有现象学的东西。日本的京都学派也是受现象学影响，我也读过，很自然而然地就会将这些东西（现象学跟中国哲学）连在一起。我认为这些东西都是在一个发展过程中发展出来的。张庆熊教授就曾写过现象学跟熊十力的体用哲学③。我记得有一次在北大百年校庆系列活动的华人哲学家会议上，张庆熊和我都参加了，会上他特别提到我的文章《存有·意识与实践》，他认为我的文章里面对熊十力的诠释实际上是现象学的一种发展。④至于我则认为熊十力建构了一套"存有学——现象学"或者"现象学——存有学"的体系，这是一个很有趣的现象学讨论。

① 耿宁：《心的现象——耿宁心性现象学研究文集》，倪梁康译，商务印书馆，2012年。
② 林安梧：《关于"善之意向性"的问题之厘清与探讨：以刘蕺山哲学为核心的展开》，收入《刘蕺山学思想论集》，台湾"中央研究院"文哲研究所筹备处，1998年，第155–166页。
③ 张庆熊：《熊十力的新唯识论与胡塞尔的现象学》，上海人民出版社，1995年。
④ 2012年10月18日至19日，在北京大学召开了"世界华人哲学家会议"，张庆熊提出的论文是《"量论"与"境论"新解——尝试以现象学为资源继补熊十力的新唯识论的"量论"的初步设想》。

这里我们可以看到：西洋哲学在发展过程里面，发展到一个新的年代，这是可以跟中国哲学较为合辙的一个年代，两者之间自然而然地就会有更多的沟通、交往。但我比较倾向，不是通过现象学的方法了解中国哲学，而是从中国哲学里头去发现些什么东西让它可能跟现象学关联在一起。这也是我们今天谈论的华人心理学的问题：不是套用西方的心理学，而是从自己的传统里头发现心理学。应当是这样的一种发展，这也是我在努力的工作。譬如我写《人文学方法论》，谈诠释的存有学探源，比较接近伽达默尔（Hans-Georg Gadamer，1900—2002）的方式。但我并不是拿伽达默尔的框子来框住中国的东西，而是从自己所做的东西里彰显出来。那下一代人可以去做这个事情，用自己传统的东西关联西方的东西，从而有新的体会、新的感受，也就会有新的发展。

10. 清代考据学与西方分析哲学

尼山学堂问：清代考据学的兴起是否受到西学东渐的影响，它与西方实证主义乃至今天西方分析哲学是否有契合的可能？

林安梧答：关于这个我一时说不上来，因为乾嘉考据学最初是对宋明理学整体的一种反思，认为应当回到文字本身，不能够空言义理。而不能空言义理这个理解其实是顾炎武首先提出来的，他原先提出的概念是"实学"，认为宋明理学是走向虚的。但这实学原先是"事功之学"，不是"考据之学"。所以顾炎武的重点在"事功之学"。后来包括黄宗羲、王夫之亦都重视事功之学，这是清代实学的第一代。

但顾炎武也发现对古典的深入理解必须要有文字的更深层功夫。顾炎武曾做过《音学五书》，这是受当时传教士进入中国的影响。传教士们在学习中国语文的过程中留下了不少相关的著述，顾炎武受此启发，深入了解中国的声韵问题，查证以前的广韵、等韵等东西，并重新去做了思考，写了他这本《音学五书》。再后来，就变成了大家都认为的要理解文意就必须去考文释音。要了解文字音韵训诂，这样才能够"训诂明而后义理明"。"训诂明而后义理明"的一般说法是戴东原提出的，但我认为这个思考可以上溯到顾亭林。这个思考基本上就是使实学慢慢转到对典籍的校勘以及对文字的深层理解上来。但后来由于清朝不让读书人太多地去思考实际的事务，于是他又开始讲博学鸿词科"点翰林"，编撰辞书、《四库全书》等。所以自然而然地到最后就转到以考据为主了。这就是乾嘉考据学的时代因素。

乾嘉考据学注重的当然是实证，这个实证与科学的向度是一样的。但是它跟近代西方的实证主义以及后来发展出来的分析哲学是否能连在一块儿，我这里实在说不上来。第一我对考据之学的理解还是有限的，另外我对分析哲学和实证论的理解亦有限，因此这两者该怎么连在一块儿去说，能说多少，也是个问题。

至于说如果考据之学是"实"，那心性之学就是"虚"吗？对于这个问题，我认为它们最大的不同在于：心性之学是肯定人的思考之实；而考据之学则不会思考太多。因为清朝的统治者并不想让你思考太多，且宋明理学发展到后来也真的有一种空谈心性的意味，所以顾炎武就非常反对心性之学，转而谈实学了。顾亭林甚至说出"陆子静出而宋亡，王伯安出而明亡"这么激烈而不合乎史实的话来。我常说，大学问家有时也会有大偏见。顾炎武大概很难想象，他的徒子徒孙们怎么后来走向了以饾饤考据为主导的路子。这就是那个时代的因素影响。

我自己在本科学习所谓"小学"（文字、声韵、训诂）这些科目的时候，也觉得很辛苦，甚至觉得意义不大，但是后来我自己在做中国哲学研究的时候，就觉得这基本功是蛮重要的。甚至觉得大有益处。而且这些基本功，年轻时不学，以后是不可能自学的。这是真话。直到现在，我回师大教书、做讲座，我都强调这一点。我鼓励大学本科的同学要认真学，这些基本功不能废。现在对于这方面能够认真学习的人越来越少，这个学问碰到了一些瓶颈。当然随着新语言学的成立，对所谓语音、语义、语法的研究上有一些新的方式，我想声韵学也应该面对这些问题。文字学、训诂学也应面对这些问题而做一些调整。以前我本科读这些书的时候，就跟老师做过这些建议和思考，像训诂学跟声韵学我都跟老师讲了很多、提了些想法。当时我们的声韵学是跟陈新雄先生学的，训诂学是周何老师教的，都是章黄学派的大将，是最好的。文字学是鲁实先先生的弟子教的，那也都是非常好的。所以这方面的训练是很足够的，我虽然是被逼着学的，并没有很认真地接受，但也有认真到一定的程度。所以这些基本的东西我也还是懂的，也都懂得运用。你要在这些方面唬我，那我是没那么容易被你唬到的。我们要唬人那也得有一定的能力。譬如我常举的例子，说这个"帝"像花萼之形，这个一定是，我可以判定它是什么。这是因为我们有了基本功，没基本功讲不来。

尼山学堂问：有人认为现象学的思维和中国或东方哲学比较相恰，而分析哲学在理路上与中国哲学更有隔阂，您怎么看待这个问题？

林安梧答：分析哲学是一套方式，牟先生说"分析"是个方法，分析哲学的这个方法有它的限度，牟先生也常说："你们不要把问题分析掉了。"把问题分析掉了，那问题也就掉了，就不行了。因为分析哲学的重点在整个逻辑语句的命题以及其他种种的关联，但问题在于这个语义常常是很复杂的。对于语义的复杂程度，我们应当去体认它，这是很重要的。你对问题无所体认，就会把它从命题里分析掉，甚至在演算的过程里，你起先的理解就不准确了。简单的三段论式，大前提、小前提、结论，如果你对语义的体认是错误的，那你大前提小前提推出的结论会正确吗？这很明白的啊！

分析是必要的。但如果分析哲学的方法没有正视整个人类生活世界的语义的深层表达，那它在那里所做的分析就会轻易地把问题分析掉，就会造成错误的结果。分析的目的是使它清明，但如何清明就必须要有诠释。所以我是主张诠释学跟分析哲学交互为用的。诠释很重要，没有恰当的诠释，就不可能有更好的分析。至于分析哲学所涉及的那些很细的问题，我就不一定能谈到了。

尼山学堂问： 除此之外，关于西方哲学您还有没有什么要说的呢？

林安梧答： 你会发现一个有趣的现象：法国人谈的一个东西，它到了德国就会变得很晦涩、更深入；而到了英国，就会变得更清晰；到美国就更实用了。这跟地域有区别，是个很有趣的现象。所以法国往往代表了一个有创造力的地方，而德国则是让它更深邃，英国是让它更清晰，美国让它更实用。当然到了中国呢就更具有中国特色了。

（二）对师辈、同辈学者的认识及评论

1．几位影响自己的师辈学者

尼山学堂问：下面想请老师谈谈您的师辈学者们。

林安梧答：在这一部分里，免不了要谈一谈牟宗三先生、徐复观先生、唐君毅先生和方东美先生。这几位先生，我认为他们是台湾做中国哲学的前辈里面最为杰出的，我都读过他们的书，也见过他们本人，有的见的时间很短。譬如方东美先生，我大概只见过他一两个钟头，而且是在公开场合，所以应该不算认识方东美先生。但是我们的老师辈里面有一些是方东美先生的学生，所以我也对方先生有所了解。我和牟先生、唐先生的接触当然就很多了，我和唐先生大概见了有一个学期，我旁听他的课，那时我大学一年级。牟先生不用说了，应该是从1976年到1995年，前后20年，这20年间我们可以说常常见面，我听他讲课或者私下请益，他的书我当然是更熟了，这主要是因为我思考的很多东西跟牟先生相关联。徐先生我只见过他一面，但那一面也不错，我们谈了一个钟头左右，那一个钟头应该说谈得还蛮充分的，因为只有我和他谈，还有他的夫人在场。我见他是在他过世前的一个月。我上一次跟你们提到过，做一件事要坚持一下，所以就从徐先生开始说好了。

2. 徐复观

尼山学堂问：好的，那请您先讲讲拜访徐复观先生的事吧。

林安梧答：我见徐先生是在1982年3月，那一段日子变动比较大。我在1982年3月间见到徐复观老先生，4月间考台湾大学，5月中旬发榜知道我考上了。

徐先生过世，我感到非常难过。当时我写了几封信给朋友，朋友也给我回信，其中写给老师辈的有蔡仁厚先生，同辈的有王财贵先生，王教授以前是和我同年级的非常好的同学。

我在徐复观先生过世前一个月，见到了这位让我仰慕钦佩的前辈。拜访前，我问好了徐复观先生住在台大的医院，就是台湾大学附属医院，好像是901病房，这是蔡仁厚老师告诉我的。我专门请假去看他，坐了两个小时的车，从中坜龙岗到了台北，进了台大医院，好不容易寻到了901房，结果发现病房门上写着"遵医所嘱，谢绝访客"。因为老先生病重，医生不愿访客打扰他。我当时很难过，就在那个长廊里绕了两三圈，不忍离去，我到现在还记得那个场景。最后我心下一准，决定还是要见一下徐老先生，我就敲门，有一个老太太也就是徐先生的夫人把门打开，徐夫人叫王世高，我印象很深刻。她十分和蔼可亲，问我来意，我就跟她说我是台湾师范大学的学生，也是蔡仁厚先生的学生，很仰慕徐先生，所以今天特意来探病。她就很高兴地欢迎我进去了。

进去之后，我就开始和徐先生聊天，聊了很多，聊到思想史的方法，聊到国民党的演变。那时候台湾刚刚进入20世纪80年代，整个台湾正在往民主和自由方向转变。徐先生因为身体不是很好，所以他就斜躺在病床上跟我谈，而且要我坐的靠近他一点。起先他问我叫什么名字，我就告诉他，他怕听不清楚，就让徐师母拿纸，要我写出来，我当时的第一感受就是这位老先生很认真。

后来，聊到我们办的《鹅湖》月刊，开了第一次的学术会议，那个年代是没有现在这种学术会议的，民间的学术会议可以说绝无仅有，很可能我们就是第一个。之后，他就问我经费怎么来，我说我们都是自筹的，他听了就很高兴，他说经费如果能够自给，就能够在学术上更独立。

我常举这个例子，来说明"遵医所嘱，谢绝访客"很可能就是道家的"正言若反"，"遵医所嘱，谢绝访客"会帮你杜绝其他的访客，但不会杜绝真心想来探访你的。所以那段时间很多师友到那里望而却步，不敢打扰他老人家，但其实老先生当时的心情正处在某种寂寞状态之下，他也很希望有真心的拜访者来拜访他。我这个与他素未谋面的后生小辈，因为是蔡仁厚先生的学生、是他的仰慕者，他就和我谈了一个钟头。所以要记住，以后见到"遵医所嘱，谢绝访客"要仔细看看，它说A，可能是非A；说非A，可能是A。现在想一想，我那一天幸好敲门了，见到了徐先生，如果没敲门的话这辈子都不会见到他。拜访徐先生这件事我回去以后记在当天的日记里了。

尼山学堂问：您为什么这么仰慕并想要去拜访徐复观先生呢？

林安梧答：我为什么这么仰慕徐先生呢？因为我觉得徐先生是一个"士"，是个君子，是个读书人，有湖北人的脾气，就是以一种很硬挺的脾气去面对台湾一些不合理的现状，去做出很多很多的批评，他还关怀两岸的事务，关怀世界的大局，他的文笔也非常好，而且他认为他是一个学术与政治之间的人物，因为徐先生原来是从军的，他的军阶是少将。他原来跟蒋介石还是蛮熟的，后来到台湾的时候他跟蒋介石提了一个建议，就是国民党需要改造。蒋介石也接受了，但是很奇怪，最后改造委员里面没有他，当然这里面有权力斗争。蒋先生可能很重视他，但是蒋先生身边的一些人可能对他有一些意见。于是他就退下来，转任教职。他学问也很好，他以前是熊十力先生的学生，是留学日本的，是日本士官学校毕业的，跟蒋介石应该是学长学弟的关系。后来他因为跟蒋介石闹了意见，所以对蒋介石做了很多批评。

徐先生是中壮年之后才致力于学术的，当时他已经四十几岁了，但是他的学问做得特别扎实，特别深入。他一直站在中国传统文化的立场，站在儒家的立场，以儒家为主体。他发现儒家大概是注重老百姓幸福的，也注重到每一个人应该要有的自由意志，所以他一直在强调这个问题，当然他也在检讨，自由、民主、人权这些东西在儒家里面有没有一些资源可以和它们结合在一块儿生长，儒家为什么在历史上有一些陷溺？大概徐先生都给出了很多批评，做了很多研究，这个当然是他学问关心的重心之一。他也关心中国的整个思想史，写了《中国人性论史》《两汉思想史》等著作。

徐先生不同于唐、牟两位先生的是：唐、牟两位先生特别强调道德的形而上学，而他比较重视的是一种道德的人间学，以人间为主导。所以他强调一种"形而中"，而不是"形而上"，"形而中"强调的是人的本性。①但是就"心学"来讲的话，他跟唐、牟两位先生都是以"心学"为主的，只是他认为这个"心学"不一定要上透到宇宙造化之源，而牟先生和唐先生都认为"心"要上透到宇宙造化之源，他们两位基本上以"心"为主，是站在一个"本心论"的立场上。但徐先生认为程伊川和朱熹还是不同的，程伊川讲的是一个平铺的人文世界，而朱熹讲的是一个纵贯的人文世界，因为他认为"物物—太极""统体—太极"，要"统体"，所以要往上。②

---

① 林安梧：《牟宗三前后：当代新儒家哲学思想史论》第七章《迈向儒家型社会批判学之建立——以徐复观思想为核心的基础性理解》，台湾学生书局，2011年，第93–106页。
② 徐复观：《程朱异同初稿：平铺地人文世界与贯通地人文世界》，《大陆杂志》1982年第2期。

但是我觉得他做的这些判断都不准，这些都是他晚年做的判断，也都写了文章，但其实都不准，从这个地方也可以看出，他在整个哲学上的功力其实不如唐、牟两位先生，但是无所谓，因为他在两汉思想史上有很高的成绩。徐先生做的不是哲学，而是思想史，他是把思想放在历史的变迁中的。

另外他花了很多工夫来面对当代，他也写有关文学理论的书。他是一个有强烈论争精神的人，所以他跟颜元叔论争过，跟殷海光论争过，跟很多人论争过。后来殷海光过世了，他就写了一篇文章叫《痛悼吾敌，痛悼吾友》①，哀痛地追悼我的敌人，哀痛地追悼我的朋友，就是说殷海光一方面是他的论敌，一方面是他的朋友，所以对于殷海光的过世，他感到很难过。这里你可以看到老一辈学人的风骨、风范，这里你可以看到什么是真性情、真文章。

3.唐君毅

尼山学堂问：您是怎样认识和了解唐君毅先生的呢？唐先生对您有什么影响？

林安梧答：唐先生我只听过他一个学期的课，但是唐先生的书我大概从高中就开始读了，最早读他的《说中国民族之花果飘零》和《青年与学问》，这都是蔡仁厚老师、杨德英老师告诉我们的。因为老师推荐了，所以我们就去买这些书来读，读了都很感动。他一直强调整个民族都处在"花果飘零"的状况之下，我们现在必须寻求"灵根自植"。我觉得他的这个说法很动人而且很真切，在那个年代中华民族真的是"花果飘零"，那

---

① 徐复观：《徐复观杂文：忆往事》，时报文化事业，1980年，第158-164页。

是大陆"文化大革命"的年代，整个中国文化就好像"花果飘零"了一样。于是他认为要有"灵根自植"，所以他办新亚书院，在台湾讲学，做了很多事情，这很难得。

我记得我高中就买了他的《中国文化之精神价值》，当时我在台中一中的校刊上发表了文章，取得了稿费，就用稿费买了几本书，其中一本就是《中国文化之精神价值》，读了之后觉得很好，也很感动，也能读懂，就觉得文笔很温润，觉得唐先生很好。

当然到大学眼界就开阔了，我就参与《鹅湖》，接触的很多人对于新儒学的前辈人物很熟悉，又刚好碰到唐先生来讲学。唐先生是1975年10月间到台湾大学来讲学，我是1975年的9月底入学。我9月底入学，10月初知道唐先生要开课，然后我就去听。唐先生讲的是宋明理学，宋明理学我以前没有接触过，所以不太懂。唐君毅先生那时候已经有一本宋明理学的专著，叫《中国哲学原论·原教篇》，这本书以前由新亚书院出版，很厚，大概有一千多页。唐先生就用这个做教材，顺着它讲，我们看这本书，也看不太懂。唐先生非常真切，真的是谆谆告勉，孜孜不倦，在他身上你可以看到那种长者的风范，看到老前辈的用心。

我能读懂他的书跟我参与《鹅湖》、认识曾昭旭先生有关系。曾昭旭认为他的学问主要受益于唐君毅先生，当然他自己也读了很多书，但是如果就唐、牟两位先生来说，他认为受益于唐先生为多。他也写一些小品文章放在《鹅湖》月刊上，因为他当时担任《鹅湖》月刊的主编。现在的计算机排版很方便，以前不是，以前都是写字，我们把文章书写在稿纸上，然后交给打字行，打字行就计算、排版，那时候排版没有现在这么简单，他要算好，版还要贴着，贴就会有一些空隙，那些空隙就要补白，所以用来补白的文章多半由曾昭旭先生写了。他写的东西特别好，很动人，所以很多人买《鹅湖》月刊其实是想看他的补白，而不是要看论文。论文看不懂，就看他的人生随笔，看他的《明曦集》。他的义理其实是很深透的，就这样，非常有趣。

他推荐我读唐先生的《人生三书》，读他的《道德自我之建立》，读他的《人生之体验》，读他的《心物与人生》，进一步读《人生之体验续篇》，这些书都深深地打动了我，我感觉它们非常非常好。后来我就在这个基础上，又接触到奥地利的心理学家弗兰克（Viktor Emil Frankl），读了弗兰克的有关意义治疗的理论，之后我写了一篇文章，叫《迈向儒家型意义治疗学的建立——以唐君毅〈人生之体验续篇〉为例》。那时候我大概已经在读硕士了，但是这些思想、想法很多都是以前读唐先生的书的时候慢慢累积起来的。

我应该没有和唐先生短距离地深入接触过，记忆中只有一两次在课堂上问他问题，但是那也不算做认识，因为我只是一个旁听生。那时候我才大学本科一年级，但是唐先生的书我读了很多。后来大三的时候，也就是1978年，唐先生过世了。所以从1975年到1978年，我认识他三年。1978年以前，他正要出版他一生的结集之作，就是《生命存在与心灵境界》，那个书厚厚的加起来应该有一千页。当然，唐先生写了很多的书，比如《中国文化之精神价值》《文化意识与道德理性》，牟先生称赞他是"文化意识宇宙中的巨人"，我觉得这样的一个总论是有道理的，唐先生足以当之。在他脑袋里面他有一个文化意识要去建构，去建构一个文化世界，而这个文化世界跟他的整个生命是连接在一块儿的。

唐先生应该算是很早就成学了，大概三十多岁，所以唐先生教书也很早，可能二十多岁就已经教书了，但是三十多岁就已经名满世界了。那时候他在中央大学，就是现在的南京大学和东南大学的"前身"。唐先生也跟熊十力先生学习过，但是他走的是自己的道路，唐先生在三十出头就写了很多文章，其中一篇我在很年轻的时候就读过，那篇文章是意外读到的。那篇文章登在一个叫《哲学评论》的刊物上，这是一个学刊，那一期有一篇美学家宗白华的文章，宗白华的那个文章非常好，我们就想把它推荐在

《鹅湖》月刊上重刊，校对的时候我就拿着那个《哲学评论》做校对，我一翻，前面有一篇熊十力的文章，再一翻，后面有一篇唐君毅的文章，这都是后来的名家。熊十力的文章好像是《〈新唯识论〉答客问》的样子，唐君毅写的是那个是《〈意味之世界〉导言》。我们讲意义、意味、意蕴，我常说研究中国哲学，了解中国古代的汉语要能够感其意味，体其意蕴，明其意义。唐先生的这篇《〈意味之世界〉导言》，就是说这个世界是个总体，是个意味。这篇文章现在不知道能不能找到，应该在《唐君毅先生全集》里面。其实，如果你仔细看，就会发现这篇文章的路子就是一个现象学的路子，所以这里可以做一篇有趣的文章。包括后来他谈"生命存在与心灵九境"，其实就很像黑格尔（Hegel）式的精神现象学，这个现象学既不是完全黑格尔式的，也不是胡塞尔（Husserl）式的，是他自己构作的。他在思路上跟所谓的"现象学"比较接近，因为黑格尔的精神现象学跟胡塞尔的Phenomenology（现象学）不一样，但是你要把它们拉在一块儿，那还是有些线索可谈的，那是另外一个问题，今天我们不谈。

我读唐先生的书就很有感触，但是很可惜，他1978年就过世了，我们失去了更多受教的机会。我还记得，因为他《生命存在与心灵境界》那本书的序跟后跋要在《鹅湖》月刊登，就校对他的文章，当时那本书还没出。我们才大学本科三年级，所以在校对过程中读不懂，太难了，再读还是读不懂。我常常跟年轻朋友说，读不懂没关系，久了就懂了，一定是这样的，如果你读的一本书里面的每一句你都懂，那这本书其实你可以不用读，这本书对你来说可能只是信息，它不是知识，也不是学问，一定要读那种有百分之二十，百分之三十，甚至是百分之五十不懂的书，这样才会有进步。

后来1988年香港法住文化书院和香港中文大学一起举办唐君毅先生逝世十周年的会议，我去参加了，这也是我第一次离开台湾，其实年纪也不小了，已经31岁。那是第一次坐飞机，我都还记得，还蛮新奇的，我那时申请到台湾教育主管部门补助的机票，让我坐头等舱，然后就到香港去了。

因此见到很多大陆的朋友，包括萧萐父先生、李锦全先生、方克立先生，还有周世辅先生，那后来来往比较多的就是萧萐父先生、李锦全先生跟方克立先生。跟我同辈的像郭齐勇、李宗桂、景海峰、李晨阳，还有罗义俊，有一些先生的名字我现在记不起来了，当时台湾去的有蔡仁厚、戴琏璋、王邦雄、曾昭旭、袁保新、李明辉、蒋年丰，大概《鹅湖》的主干都去了，有很多人。蒋年丰是我的朋友，他当时刚从美国拿到博士学位回来，他也曾经上过牟先生的课，但是他后来研究西洋哲学了，他中西哲学都懂。

唐先生的书我一直都在认真读，一直觉得很了不起。后来我拿他的《生命存在与心灵境界》作为研究当代新儒学的一本书，跟我的研究生、博士生一起讨论过一个学期，大家还是觉得相当不容易，他的"心通九境"，最后通到那个"天德流行境"。我觉得唐先生在这里，把《中庸》《易传》真正的精神都讲出来了，很深入的。这么说的话，是不是唐先生跟牟先生的哲学就很接近了呢，其实也不是。牟先生的"心学"倾向是三位先生（牟宗三、唐君毅、徐复观）里面最强的，强调那个道德主体的韵味性，唐先生大概认为道德主体实际上有它的优先性，但是在整个理论上，最后还是通到"道"，通到"道体"，所以他通到"天德流行境"最高的宇宙造化之源。也就是说，依照唐先生来理解的话，《中庸》和《易传》是很重要的，牟先生虽然也强调《中庸》和《易传》的重要性，但牟先生可能会更强调孟子学的"本心"，象山、阳明是更核心的。以这个做主流和嫡系的话，当然就会把朱熹和程伊川判为他讲的所谓"以别子为宗"。但是唐先生就不会，因为唐先生可能性子上比较接近象山、阳明，但是他对朱熹也有非常深厚的理解，他对王夫之也有非常深厚的理解。牟先生对王夫之的"心性论"就不能正确理解，他认为它价值不高，其实我觉得那只是因为他站在陆王学的立场上来看。牟先生基本上是以陆王学为核心，那后头的架构是康德学的架构，然后发展出自己的"两层存有论"，这个部分我在很多篇章都有提到。

我觉得唐先生在当代新儒学里面没有受到应有的重视，也就是说我认为唐先生其实是很重要的，但是现在研究当代新儒学的先生们，研究唐先生的少，研究牟先生的特别多。主要是因为牟先生的学生也多，唐先生1978年就过世了，牟先生是1995年过世，1995年和1978年相隔17年，大程子跟小程子差不多也是这个时间。牟先生和唐先生在性情上一个像大程子，一个像小程子，唐先生像大程子，牟先生像小程子，但牟先生晚年带学生就没有那么严厉了。大程子就是程颢，小程子就是程颐，两人一起讲学的时候，小程子非常严厉，大程子让人感觉如坐春风，所以兄弟俩一起带着门人去远足登山游玩，大家喜欢跟大程子说话，不喜欢跟小程子说话，后来大程子过世了，这些门人都归到小程子门下了，牟先生和唐先生倒没有这样，因为他们两人没有一起讲过学。牟先生跟学生的关系很亲近，虽然他有严厉的那一面，但是牟先生对世间的事物，包括对那些当官的所谓要员，他基本上是淡然待之，甚至有时候不假辞色。也不是说唐先生就会敷衍这些人，但是他们基本上都是站在学问的立场上谈，所以对于国民党的儒学，他们基本上是持一种批评的态度。

4. 牟宗三

尼山学堂问：您与牟宗三老师相遇并向他学习是怎样的契机？

林安梧答：我们听"牟宗三"这三个字是高一的时候听到的，就听蔡仁厚先生的夫人杨德英老师在课堂上说。所以想到牟宗三，想到熊十力、马一浮，想到唐君毅、徐复观，就是当代新儒家，然后还有钱穆。当时我记得杨老师在黑板上写的熊十力跟马一浮，我们看，这不是一副对联嘛，一浮有十力啊，宗三、宾四，更像对联了，很有趣的。后来我们到大学的时候，办"新少年中国学会"，在喝酒的时候还开玩笑，就弄一套中国当代名人拳，喝酒划拳的，马一浮、熊十力、牟宗三、钱宾四、王云五、黄季陆啊！很有趣。

至于认识牟先生，主要是跟《鹅湖》月刊有关系，唐、牟两位先生都很关心《鹅湖》月刊，自然而然就有些来往。我们很多老师都是牟先生的学生，牟先生来了，聚餐的时候，我们这些后生晚辈，就好像现在研究生跟着老师吃饭一样，也就慢慢认识了。后来我到台大，起先旁听，后来正式成为他的学生——就是他会给我们打分数的，我修了他的课，那么自然而然来往就多了。因为牟先生后来越来越有名气，而我的习惯一向是多读老师一些著作，有问题再找老师，加上我当时已经成家了，所以跟老师生活上的交往并不多。老师到台湾来讲学的时候，有一些学生陪着他，他年纪大了，需要学生帮忙做一些事。因为牟师母人在香港，没有过来，也因为那时候的宿舍都比较大，有空房，所以都还容许有学生陪着住下，帮助他做一些事。他家里多半会请一个来做饭的佣人，固定时间做饭，我们有时候就去蹭饭吃，吃饭时间就去了，然后跟着老师吃饭，聊得很愉快，有时候陪老师散散步。

但是我在生活上应该不是老师最亲近的学生，在学术上应该也不算是老师最亲近的学生。倒是老师对我还算是蛮好的，尽管我很多想法跟他不太一样。有一次我记得牟先生还跟我说："听说你有关朱熹的看法，跟李瑞全两个都跟我不太一样，文章我看了，这样理解也可以。"意思是不太认可吧。但是有一次，他说你那篇写有关陆象山的文章，写得很好。那篇文章的论法跟牟先生的不太一样，但意思接近，发在《鹅湖》月刊。所以他会看后生晚辈的文章，会给一些意见。

尼山学堂问：您和牟先生接触比较多，请问牟先生是一个怎样的人？您又知道牟先生哪些鲜为人知的小故事？

林安梧答：牟先生个性鲜明，他对什么国民党要人向来不假辞色，他不管你是不是什么要人，他认为你就是个人，然后他去感觉，如果觉得你好的话，就跟你多聊一点，如果感觉不好的话就不想跟你聊，这是牟先生的个性。牟先生基本上就是一个魏晋人物，我说他能为青白眼，像阮籍一样，对你青眼有加，或者白眼相向。我最强烈感受到的就是牟先生的这种鲜明的性格，牟先生的个性非常鲜明，毫不做作，也毫不受委屈，这个性格很独特，但是这个性格是不可学的，因为学他这个性格要有他这个才分，你要没他这个才分你要受苦一辈子，因为人生哪有这回事嘛，岂能都尽如人意呢？

牟先生大概也有不如意的地方，但他根本就不管。他这一生大概冲突不断，但是他一直激励自己，一直向前，那些故事有的是他亲口说的，有的是我们听来的，有的他也记录在案了。譬如，他跟前辈梁漱溟先生的冲突。张君劢先生也算是他的前辈了，虽然他们应该算是同辈，但是张先生年纪大，一方面牟先生很尊敬他，一方面他们也会起冲突。牟先生性子很强，很硬挺，很倔！

牟先生二十三四岁时跟胡适之有了冲突。当时牟先生写了一个关于清朝胡煦的有关《易经》的研究，叫《周易的自然哲学与道德涵义》[①]，这本著作主要是研究胡煦的，也发挥了他自己的哲学思想，其中一部分先在北京大学的校刊上登了。当时胡适之先生是文学院的院长，牟宗三先生是大学本科的学生，胡先生就想，这不错，把牟先生找去聊了一顿，说："很好啊，年轻人写了一部书，拿来我看看，发扬我们胡姓本家的思想。"牟先生就把稿子拿去了，但胡适之先生太忙了，没时间看。那个年代跟现在不一样，那个年代又没有复印，牟先生可能就这一本稿子，久了没消息便

---

① 《周易的自然哲学与道德涵义》为牟宗三在北京大学哲学系三年级时（1932年）完成的作品，书名原为《从周易方面研究中国之玄学及道德哲学》，在台湾重新出版时改为今名。该书并非为专门解析《周易》而作，其最大目的在于"确指中国思想之哲学的系统，并为此哲学的系统给一形式系统焉"；而又主要就胡煦和焦循二人的易学著作来阐发其各自的"自然哲学"和"道德哲学"。

着急了，有一天就到文学院院长办公室要他的稿子。胡先生也很客气，胡先生待人一向客气，胡先生就是翩翩绅士。胡先生说："你这个不错，但是你这个方法有问题。"牟先生是哲学的论辩方式，而胡先生是史学方法，胡先生有很多书籍的，牟先生一向资料不多，他凭着自己的构造写东西。哲学跟史学有很大不同，你看那个康德（Kant）、休谟（Hume）的书有多少条引注？你看那个洛克（Locke）的书，甚至一条引注都没有！蒙田（Montaigne）散文集有什么引注？没有！他们是凭借自己的思维写东西。所以现在这个时代变了，现在做哲学引注一堆，到最后那个思辨力都减弱了，史学与哲学是两回事。所以现在做中国思想史、中国哲学史和中国哲学的混在一块儿了，基本上做中国哲学的很少，都做中国思想史、中国学术史或中国哲学史。而牟先生是做哲学，结果胡适之先生跟他说："你这方法错了。"当时牟先生还是年轻小伙子，说："我的方法没问题，我的方法跟你不一样。"然后他就拿了他的稿子走了。我常说，这是当代新儒家跟自由主义者的第一次交锋。

牟先生性格是很强烈的，有人说他是"宋明义理，魏晋人物"，听说这是余英时先生说的，这个说法其实是有一定道理的，就是说他这个人基本上就是一个自由洒脱的人，没有那么多的繁文缛节，骂起人来也是不假辞色，但是他骂人有一种美感。有人骂人会动气，他老人家骂人的时候有一种审美，就是他骂的时候你会觉得很好笑，带有幽默感，然后你就会想，怎么可以这么骂呢？怎么想出这样一种比喻呢？有一次，他说："这个人像什么？这个人像鼻涕。"那就想，鼻涕是怎样？鼻涕很黏，但又黏不着，鼻涕和也和不起来，立也立不住，这不很可笑吗？我当时不懂他的意思，但后来揣摩，鼻涕是黏不着，和不起，也立不起来，就是说这个人是没有主体性的。

另外，他对基督宗教批评得很厉害，也不知是什么原因，他和基督宗教基本就是交恶的，就是批评基督宗教，批评得毫不留情。他应该是把基督宗教跟外国势力结合在一块儿的。当时，也确实是基督宗教借着外国势力，借着国民党的势力侵入中国，因为宋美龄是基督徒，因此"挟持"了蒋中正，蒋介石也就成为基督徒。那牟先生就认为这些人都没有正本清源，他就认为国民党垮台跟这个有关系。他批评罗光主教，那更好笑，因为这个主教戴着一顶帽子，主教的帽子很像乌龟壳，他就讲他们都戴着乌龟壳。他讲的时候带着一种嘲笑的语气，我们都觉得很好笑，其实这些是一些不好的习气，但是我们年轻的时候觉得老师谈的这些东西很好玩，因为他不动气啊，他骂人不动气，这很有趣。

　　牟先生中华文化的情怀、民族主义的情怀是很深的，他对这种带有外来势力的意识形态格外反感，包括基督教和天主教、自由主义、科学主义以及共产主义。因为这些都是非传统的，所以他常说，他这一生要四面作战，他说人无时不处在斗争之中。其实牟先生是读过很多共产主义的东西的，他早期还是"国社党"的党员。跟张君劢先生一起做事，编《再生》杂志的时候，牟先生自己也写相关的东西，所以牟先生早年的时候写了一些关于经济政治社会的文章，那些在论法上跟后来的哲学并不一定相关，牟先生那时论问题基本上是很务实的。那个时候牟先生有社会主义信仰的倾向，所以加入"国社党"。所以在某种意义下，他也是社会主义的信徒。其实儒家是比较接近社会主义的，儒家在经济上比较接近社会主义，不会接近资本主义，这个是肯定的，因为儒家"重农轻商"。牟先生的性子基本上就是这样，台湾在那个年代，蒋介石再怎么说，对读书人还是比较敬重的，但是基本上还是看他的喜好了，就是他想用谁，谁愿意为他所用，这个情况总是会有的。那个年代有一些人急着要跟国民党靠近；有一些人却努力跟国民党撇清、跟自由主义撇清。而当代新儒家是顺真正的天理而行，所以无所谓靠近，也无所谓撇清，他们不像自由主义者，要去跟国民党撇清，他们也不像那些依附于权势的人。所以把新儒家跟国民党拉在一块儿，这个不准确，大概是不对的。

其实，牟先生本来有机会到台中接下文学院院长的位置，并筹备哲学系的创建，但因为他不是国民党党员，又对时局多有批评，有人就告他思想有问题，后来，就不了了之，他也就继续在香港大学及新亚书院任教。这段往事，牟先生偶有提起，我是听蔡仁厚老师说的，而徐复观曾经写文章说起了这一段①，你们可以去看看。

蒋介石对于思想虽然严控严管，但对一些很资深的教授还是很重视的，所以过教师节的时候，会由国民党中央党部派遣专门的人送个礼盒之类。我还记得，有一次我跟王财贵教授在牟先生那边跟牟先生聊天，有人在楼下按门铃，是国民党中央党部文工会的人，送了教师节的礼上来。文工会就是文化工作会了，相当于你们讲的宣传部。可牟先生还只顾跟我们聊天，那个人跟牟先生行了个礼，牟先生跟他寒暄了一句两句然后就转身不见了。我们以为他是进了厕所很久没出来，后来才知道原来他老人家已经到书房工作去了。只留下我跟王财贵两个人在那里应付这个人。这个人也确实言谈无味。牟先生个性很鲜明的，他对于这些言谈很世俗很无味的人根本就理都不会理。当然这个人也知趣，没过多久就自己走了。这个人走了没多久，牟先生就跑出来了。牟先生有这种直觉的品鉴力，他不喜欢的不会跟你多啰唆。当然他也是因为个性那么鲜明，所以得罪了很多的人。那唐先生是比较儒者的，总是为人设想的多。而牟先生人比较放开，性子直率，想着事情都没那么严重。

牟先生批评基督宗教批评得比较严重，而唐先生对于基督宗教则是比较同情地理解。所以唐先生过世的时候，基督教新士林哲学的代表性刊物《哲学与文化》还出了专辑来纪念唐先生。但牟先生过世的时候《哲学与文化》连一篇哀悼的文章都没有。这个人世间的世俗事，有如此者！

---

① 请参看徐复观：《牟宗三的思想问题》，原刊载于《阳明》1968年第36期，后收入《徐复观杂文补编》第二册《思想文化卷》下，台湾"中央研究院"文哲研究所筹备处，2001年，第398–404页。

牟先生的骂人，其实很合他的性子。我觉得可以欣赏，但不应学习。欣赏是因为你站在他的立场上看，如果站在另外的立场上来讲你当然不可能欣赏了。所以他得罪天下人，得罪的人很多，而且这些人都会风传，传得大家都知道牟先生的脾气不好。这就是为什么有一次圣严法师他们邀请我去发表论文，听了觉得很好，就找我去聊天，然后就问我："林教授，你的论文写得很好，你的导师是谁啊？"我说是牟宗三先生，之后底下就没话说了。前面很热络，后面就很清冷凉淡了。其实我想他应该没有被牟先生批评过什么，因为他是晚辈了，但很可能他是听来的，但是他没跟我说我不知道。这是很有趣的一个体会。这就是牟先生在性子上的独特。

1995年牟先生仙逝，我写了两副挽联来表示我的追悼与感恩，其一是受龚鹏程之托为佛光大学筹备处作的，我与老龚当时一起在筹备佛光大学。其二是作为一个学生的体会，依我的体会而作的。其一："宗师仲尼诚通天地，三教判分道贯古今。"其二："夫子飘飘来好为青白眼世俗人皆惊宠辱；吾师悠悠去能过生死关真儒者无畏阴阳。"第一副，是就文化道统之公论；第二副则就自家内在生命之体会。

牟先生哲学的透析力特别强，但他不是史学的方法。有一次，那时我已经开始在大学教书了，写文章也很多了，在淡江大学的一个会议上发表了一篇文章，国学大家饶宗颐先生也参加了那次会议。饶宗颐先生让人感觉就是一个儒者、谦谦君子、学问大家，很有气度、风范。我跟他有多次见面的因缘，但跟他不算熟悉，只是场面上的见面而已。然后他听我的发表，看我的文章，就在中场休息时间跟我聊了几句，称赞我文章写得不错，很有见地。我文章写的是《"绝地天之通"与"巴别塔"——中西宗教的一个对比切入点之展开》，就放在我那本《中国宗教与意义治疗》的第一章里。他说，你这个写法就很像我的一个同事。我很好奇地想知道，接着他告诉我，这个"同事"就是牟宗三。

饶先生的意思是说我思辨论证多，材料少；因为他们史学是材料多，论证少。他们是根据好多好多材料，然后告诉你他做出的这个判断。而我们不是，我们是从这个材料里面深入诠释，之后做出的判断。我们的判断是一样的，但他们可能会说你这个判断恐怕不一定准确，我们的才是准确的。因为他们根据的是材料，很多人都这么说。这个就是史学跟哲学的不同了。从哲学观点来看史学的这些方法，就会觉得他们为什么找那么多材料，当啦啦队吗？然后他们对我们哲学的看法就是：你们都没有好好去检查，去看看那些材料，就光说自己的，你们这个是准确的吗？后来我是比较折中的，彼此在场面上都很尊重。其实彼此尊重就好了，因为每个人都需要被尊重，你别伤到别人的自尊。牟先生就因为讲话有那个脾气，伤到那帮人了，那帮人就对他不友好。其实他也不是故意的。那这就是他的可恨又可爱之处了。其实讲牟先生可以讲很久的。

另外我听过牟先生的宋明理学的课，也就是《心体与性体》，讲那个《佛性与般若》的课。听过他的《中国哲学十九讲》，听过他的《中西哲学之汇通》共十四讲。牟先生的课大概听了好多年。听过他讲《齐物论》，听过他讲《才性与玄理》，还听过他的《现象与物自身》的那些论点，都是课中听过，之后熟读过、讨论过，而且我自己去教书的时候都拿过他的《现象与物自身》那本书做讨论对象，我讲然后跟学生讨论。大概他们几位大家里我比较熟悉的还是牟先生，而且他也是我的博士生导师。我大概继承了我的老师的一种精神：我的老师的思考跟他的老师不太一样，他的老师是熊十力；所以我也继承我的老师，即我的思考亦跟我的老师不太一样。而且我是有批评的，牟先生对熊先生亦有批评。我在写博士论文《熊十力体用哲学之诠释与重建》的时候，去跟牟先生报告，牟先生原先认为熊先生没什么好写的，认为熊先生有一些问题没解决，是难以跨越的。但我自己读熊先生的时候发现，熊先生有一些地方是跟牟先生有很大不同的。牟先生是比较康德式的进路，熊先生是从唯识学杀出来，但反而比较接近现象学的路子，这个我在《存有·意识与实践——熊十力体用哲学之诠释与重建》①那本书的后跋里面有讲到这个。

基本上我认为熊先生更接近中国哲学的原型，牟先生反而是自己独创的一种新的发展，而且是回到本心良知做主体，同时受到西方近代启蒙的影响，把主体看得很重。西方近代启蒙是以知性、理性为主体，而牟先生更强调道德的主体。虽然熊先生也会强调本心、强调良知，但最后是归到道体，"乾元性海"，他常用这个话。"大哉乾元，天命之谓性"，"性"就如同大海一样，"众沤即是大海水，大海水即是众沤"，海如同体，沤如同用。"承体启用，即用显体，体用不二。"我将熊先生和牟先生的路子做对比，发现我的路子基本上是受熊先生的影响。所以我的那个"存有三态论"其实是从熊先生那里诠释而转化开出；而牟先生可能就从熊先生那里往前走，以康德学的"现象与物自身"的分别建构了他的"两层存有论"。也可能我所处的年代刚好是现代化已经发展到相当巅峰的时候，故需要发展一种新的可能，所以这是不同的。②

尼山学堂问：那您在跟随牟先生学习及与牟门同侪交往中，有什么感受与体悟呢？

林安梧答：跟老师学长都在一块儿，我觉得这个过程收获很大。我的生长区域在当代新儒学这一大圈里面，但是我交友圈里有自由主义的一圈，做科学哲学的，还有很多很多圈，比如各种读书会的很多圈。我觉得知识面要宽，大概也因为这样，我的想法跟牟先生不一样。其实这个不一样，是很早就不太一样了，不是说牟先生过世了我就背叛师门了。

---

① 该书1991年5月间写成，6月通过博士论文答辩，成为台湾大学哲学系第一位博士。后来，林安梧稍修饰，以《存有·意识与实践：熊十力体用哲学之诠释与重建》为题，于1993年，在台北东大图书出版。

② 请参见林安梧：《儒学转向：从"新儒学"到"后新儒学"的过渡》第二章《后新儒学的思考：对"两层存有论"的批判与"存有三态论"的确立》，台湾学生书局，2006年，第41-64页。

现在有一说是这样说的，这个是不对的。因为在牟先生还没过世之前，我就写了一些对新儒学不一样看法的文章，牟先生也觉得还好。所以牟先生是很宽怀的。

往往都是这样的，第一代人宽，第二代弟子里面，特别年纪更接近的，他因为争锋，会觉得"小师弟怎么可以这样"，多半是如此，你看江湖武侠就这样。这是人之常情，但是他又不明着跟你论，这个很麻烦。我以前为这个事很痛苦，你有什么不同意见来讨论啊，但他不。人生里面还有各种可能发生。我为这个痛得不得了，后来就慢慢不在乎了，就无所谓。这是人间世都可能发生的事，特别我讲习《易经》越久以后，就越放怀，它是自然而然会发生的，这个你不要太在意。你在意，你痛苦，没用。你要去解决，又是不可能的。势不可能，位不可能，时不可能，怎么可能呢？那你希望长辈来把这个事调节了，更不可能。因为长辈啊，虽然很爱护你，但是其实他也爱莫能助。同辈就要竞争，牟先生以前就跟我们说过，唉，同辈人会去竞争，所以就麻烦。那麻烦你能想象吗？你能体会吗？我们是同门的朋友，只因为我的意见跟你不同，那我们现在开会碰到，我去和他握手，他却不跟你握手。如果依我以前的性子，那一定非打一架不可，现在不会了，就笑笑。就是你心很疼，但现在也不疼了，就从容以对。这个不是你的问题，是他的问题，他的风度不够，他的胸襟不够，你不用在意。

但是无所谓，世间事就是如此。阳明底下的学生，他们有很多门派之争；孔老夫子，弟子也有门派之争，这是人的不得已处。所以在不得已处要这样——求之己心，要从容宽怀，不要挂怀，因为你要求他对你如何公平是不可能的，你要求他对你如何包容也是不可能的。除非你认为自己是错的，那不可能，我们为真理努力啊。

蔡仁厚先生一向对我比较宽怀，虽然他的想法跟牟先生很像，跟我不一样。蔡师母就因为没有对哲学更宽广的想法，她对牟先生基本上是比较教徒式的尊敬。那后来大概听了我们师兄弟说说说，对我不谅解。我去看她，她就跟我说了一顿。我那次很真诚地说："就像张无忌入了魔教，如果您现在认为我入了魔，但是我现在还在里面，能不能出来不知道；出来是不是会回到所谓的牟先生的门径里面，我想我也不知道，大概不会。"因为当时蔡师母跟我说："你是有师承的啊，你能够有师承，这别人不一定有啊，你继续这个师承的话，什么都很好啊。"我真的不知道该怎么说，但是我很真诚地说，我是在努力中。

她的意思是为了照顾我的学术生命。因为学术里面，有学术的分派，有学术权力。那如果我守着这个家派，这个家派有家业的，你有这个家业，你继续发扬，你能够让这个家业的大大小小都能同意你的话，你不是可以更好吗？但因为我走的是学术这条路，这是一条追求真理的路，那这没办法，因为这不是政治。这一点我只是没有直接说出来。

当然，从那次之后我还是常去看蔡老师跟蔡师母，大概他们的学生里面去看他们最多的，就是我了。现在我的学生也去看蔡老师，我们办书院请他来讲学，他大概两三个月来讲一次，我就特别跟我的学生讲，我不在的时候请蔡先生来讲学，无论如何一定要接送，然后接下去就要请吃饭，找一群人来接待他。老先生八十几，快九十岁了，不容易啊！他讲的义理也都是很好的，尽管门派大概比较固守在牟先生那里，但也是挺好的。这之后，蔡先生跟蔡师母，特别是蔡师母，就不会再跟我讨论那些师承问题了，她也觉得没关系，你可以自己发展。这是《鹅湖》另外的插曲。

我讲这个例子就想跟大家说，在学术圈里的学派，它总会有各种限制，有人的地方都会有这个问题，当你碰到的时候不要难过。因为我难过太久了，难过太久就会很伤，不用太难过就放下了。也不用愤怒，我以前容易愤怒，我愤怒而后发愤，发愤而后奋发，当然也做了一些成绩出来。但是我现在的想法就是，如果不愤怒，就不用发愤，直接奋发，不是很好吗？你愤怒而发愤，才奋发，你耗了很多气力啊，而且伤了很多和气啊，你直接奋发就好，平平淡淡。我还为此写了一篇文章①。老子《道德经》说得好，"夫唯不争，故天下莫能与之争"。你其实不是故意跟他争，但是他已经觉得你跟他争了，那你最好的办法就是放怀。不是你愿意的，但是事实已经摆进去了，这是你们以后都会碰到的事，这是很自然的。

我都还记得，我们有个学长跟我说："你不要什么事都抢第一嘛。"我说："我没有，我没有这个想法啊。"他说："你站在那里，人家就有压力。"我说："那怎么办，除非有可能，就是我不站那里，可没办法，我在学界里面就站那里啊。"所以就会有麻烦。特别是同辈人相处当中，这个要记得，以内修方面来讲，最好的办法就是要放怀；外在来讲，就是包容。你对他能包容，对自己能放下，大概就不伤。你想包容，而你放不下；你放不下，你就没有包容能力；你反而要求他包容你，那你就变成弱者了。你放不下，你希望他包容你——因为他是学长啊，多半这样做的都是学长，大你几岁的。他有意见，很强。其实这个时候你要自信，要放下，你放下，然后你就能包容了。所以一般来讲，在我们上下长幼尊卑的观念中，都希望长辈来包容，希望学长来包容，他不了解你，你希望他了解你。他就故意不了解你，怎么办？而且他是真的不了解你啊，他没有想要了解你啊。因为他果真了解你了，他整个系统就要变化，比如说以武术来讲，他那套打法就要改变了。那这整个权力的结构就要变化了，他们受不了。

这种事我体会太深。早年我会觉得，唉，怎么这样。大概过了五十岁吧，差不多五十岁时我才懂，这种事其实一点都不难，就是你放下，你不把这个事放在心上，就等于包容了，而且是没有什么执着的包容。慢慢关系就缓和了。你一直希望他来理解你，来承认你，那关系就越来越紧张，这后头是道家的道理。所以这几年我觉得对自己帮助最大的是道家。这哪里是事，这怎么会是事？以前你觉得这是事啊。这个看起来不是学问，其

---

① 林安梧：《林安梧教授谈奋发三部曲》，《慈济月刊》2010年第535期。

实这才是很大的学问。牟宗三先生说开朗，他说这不是什么功夫，但我以为这就是大功夫。

5.蔡仁厚

尼山学堂问： 那您的另一位老师蔡仁厚先生呢？

林安梧答： 我接触牟先生的因缘都是蔡仁厚先生，蔡先生应该算是牟先生最忠实的学生、最好的学生，也是一生都在传述老师学问的学生。也有人对蔡先生有批评，说："你都没有自己的东西，都是老师的东西。"而蔡先生也不以为意，他认为自己好好传授老师的学问也是一件很重要的事情，为什么一定要去创造些什么呢？每个人有每个人的才分，有每个人的方式，有每个人的使命，他认为他的天职、使命就是阐述牟先生。我觉得蔡先生确实做到了，做得相当多。当然蔡先生除了阐述牟先生，他还是有所创发的。蔡先生主要依据牟先生的基本著作而写了他的中国哲学史、宋明理学、王阳明哲学以及其他方面的相关文章。但是牟先生还有很多东西蔡先生没有去做研究，他可能知道，但不一定下那么多功夫，譬如有关逻辑方面、现象与物自身、智的直觉、中国哲学……那些书都是非常艰难的，譬如《中西哲学之汇通》。蔡先生也去上那些课，但他本身是做中国哲学的，西方哲学、康德学他主要是从牟先生那里读到一些，所以其他的东西他读得比较少。

但是蔡先生最可贵的就是待学生特别认真，生命的感召力特别强，他真的人如其名，仁、厚。蔡仁厚先生跟杨德英先生都是人如其名，杨老师还比较锐利一点，蔡老师是十分温厚的。两位都是我的恩师，我对他们都十分尊敬，到现在为止我谈起他们来都怀着十分感恩的心。虽然我现在的思想跟他们两位都有些差别，但是为整个中国文化努力的心应该是一致的，只是在对中国文化的体会理解上，在某些部分体系性的呈现上有些不太一样。基本上蔡先生是站在牟先生的系统下来说的。其实蔡先生的那个个性，大家都说比较像唐先生，但他的学问是牟先生这边的。当然唐先生的学问他也知道也读，徐先生的书他也读。

蔡先生是一位非常温厚的长者，做学问非常努力，孜孜不倦地。当我生命碰到困境的时候，蔡先生连夜写了一篇很长很长的书信给我。那应该是在1982年2月到3月间发生的事，我整个人陷入困境中，一方面是因为很努力读书，另一方面是有很多压力。我就给蔡先生写了一封信，他给我回了一封很长很长的信，那封信我后来在蔡先生八十岁生日的时候公布并做了诠释。那封信就像以前阳明给他弟子写的信一样，对于你面对的问题，他以儒学的道理，以中国哲学的道理给你开解，我读了真的十分感动。所以在他八十岁生日的时候，东海大学为他开了一个学术研讨会，我就把这封信梳理了一遍，作为那天会议开篇最重要的第一篇论文来发表。[①]一方面纪念那段师生之谊，另一方面也想让大家知道蔡先生是怎样的一个人、怎样的一位老师，他是一位仁师。

2014年，林安梧看望恩师蔡仁厚先生

蔡先生是非常真诚的，对学生十分真实地好，你可以看到，而且他是依据着道理来的。这是我认为自己都还有待学习的地方，因为我觉得自己对学生还不够好。我对学生也不错，但是风格不太一样，蔡

① 参见林安梧：《经典、生命与实践工夫：从蔡仁厚先生一封书函引发的觉思》，《东海哲学研究集刊》2010年第15辑。

先生这个是非常可贵的，非常难得的。我跟他缘分特别深，虽然我受他启发之后跟他的很多想法不一定一样，因为我可能还受益于其他老师，所以我组构起来的哲理的构造跟他的可能不一样。

谈后新儒学，有个大陆的学者知道我跟蔡先生的关系，于是就问蔡先生："你的学生林安梧教授谈后新儒学，对牟宗三先生的很多论点提出批评，如何？"蔡先生表示鼓励，他说年轻人要有自己的思考，很好啊，这个很难得。当然我批判新儒学主要是以牟先生作为一个对比来谈的。不过蔡先生主要就是遵循牟先生的，所以如果讲护教的新儒学，蔡先生是最为护教的，我是属于批评的新儒学，他居然也容许我批评他，这是很难得的。这是我觉得老师能够让学生好好发展，很重要的一点。我对我的学生也是这样，学生本来就可以有自己的不同意见。哲学一定是这样的，柏拉图的想法跟他的老师苏格拉底也不太一样，亚里士多德的想法跟柏拉图那大大不同，完全不同，对不对？所以牟先生跟蔡先生就讲到这里，蔡先生那里还有很多可以回忆的东西，就先说到这里吧。

6.熊十力、梁漱溟、马一浮、殷海光、傅斯年、张君劢、劳思光等

尼山学堂问：关于老一辈学者您还有想要评价的吗？

林安梧答：老一辈的学者里面还有很多，但是我感觉最接近的还是熊十力先生，虽然他已经不在了。我觉得我读他的书是最勤的，最多的。大概从大一开始，他的《十力语要》大概是我每天都读的，读了就很有启发，本来没精神，读了以后就有精神了，他的学问就好像茅台酒一样，一喝就起劲了。熊先生的学问非常好，他有一种很强烈的透辟深入的力量，有一种豪气，有一种锐利，有一种智慧。我读他的《新唯识论》，读他的《读

经示要》都觉得比较难，以前不太懂的时候辛苦一些，但是《十力语要》会很贴切，到后来就越来越起劲，非常可贵，我很喜欢。大概我的学问和熊先生的"体用哲学"是有比较密切的关系的，我的博士论文写的就是它。他的行事风格大概不是我能做到的。他也才气纵横，颇有魏晋风度，他的才气与气质实际上和牟先生是很接近的，他们都是狂者。他们的整个生命动能、完全不管世俗的作风以及讲话很直接这些，都很类似。比如熊十力先生给牟先生的推荐："北大自有哲学系以来，唯此生可造耳。"那就是把其他北大毕业的学生通通比下去了。熊先生这是慧眼独具，北大毕业生能和牟先生相比的我们现在确实很难想到了。

梁漱溟先生的书我们也很喜欢看，梁漱溟先生是个思想家，不是个学问家，他有见识，但是他的论断和依据等各方面，未必是那么扎实的，但是他真有见地。早年他写《东西文化及其哲学》，我年轻的时候做了一些历史哲学训练，对他的这个《东西文化及其哲学》做了一些方法论上的反思和批评[1]。我在读研究生之前就发表了这篇文章，那应该是1981年。后来这篇文章还被一个耶稣会教士翻译成英文，放在一个专门检讨梁漱溟的集子里面[2]。其实我那时候的学问和治学方法，在接受师友们的启发后，已经到了一定的地步了。牟先生对梁漱溟的人格是肯定的，但是对梁漱溟的一些习气很不以为然。梁漱溟有"圣人状"，就是要做圣人，牟先生对有这么强烈的使命感的人和因此而显示出来的霸气不以为然。牟先生是一个爱好自由的人，但牟先生也会显示出某种霸气，这属于习气，所以不用太在乎。

马一浮先生温文尔雅，他的东西我看的也不少，最喜欢的是他为熊十力先生所写的《新唯识论》的文言版本的序。我认为这是民国以来第一序，

---

① 请参见林安梧：《梁漱溟及其文化三期重现说——梁著"东西文化及其哲学"的省察与试探》，《鹅湖》月刊1981年第77期。

② 请参看Lin Anwu. *Liang Shuming and His Theory of the Reappearance of Three Cultural Periods*, Contemporary Chinese Thought, 2009.40(3).

把熊十力《新唯识论》最核心的内容一章一章地概括过去。我觉得他是熊先生的知音，但是走的不是熊先生那一条路。他认为"六艺"作为中国一切学说之总根源，我觉得这种看法没有熊先生的见解通透，但是他有他的一套见地。我认为他比较接近朱子学的路子，并且做了调整，而熊先生则比较接近阳明学，[①] 他们还是不太一样的。起先，是因为老友刘又铭写的一篇硕士论文，我觉得他在分判上有问题，他把马先生判为阳明学一路，我觉得应该近乎朱子学一路，就写了一篇文章。后来，在2002年又参加了在杭州及上虞的"马一浮学术会议"，也遇见了又铭兄，他说他同意了我的理解，他笑说晚了二十多年。

另外我认为台湾的自由主义派，像胡适之和殷海光这些人，他们都爱好自由，都对台湾的社会有一定的贡献，正如牟先生他们对台湾社会也有相当大的贡献一样。台湾老一辈的知识分子尽管思想不同，但是他们作为学者，在整个立场上，都是能够独立的，这是值得肯定的。

我上面讲徐复观先生时提到过殷海光先生。殷先生跟徐先生是有很大不同的。殷先生基本上是站在自由主义的立场，但你能说徐先生就不是自由主义的立场吗？那也未必。其实徐先生也认为自由很重要，个人方面很重要。但是徐复观在根本上属于儒家，殷海光在根本上属于自由主义者。殷海光批评儒家，反对儒家，反对中国文化传统，尽管他比胡适那个年代稍深入一点，不是对中国文化传统一味地批评，但是他的很多批评也不准确。殷海光因为反对国民党而受到了一些磨难，但也因为反对国民党而获得了声誉。殷先生对学生有很多启发，但是他在学问上不一定能立得住脚，比如他的《思想与方法》，他的《中国文化之展望》，很难说他有哪一本专著可以作为学术史上的一章，所以殷先生在台湾是一个自由主义的起航

---

① 有关于马一浮的论点，我曾有所论述，其一，林安梧：《马一浮心性论初探》，《鹅湖》月刊1985年第116期。其二，林安梧：《马浮经学的本体诠释学》，《杭州师范大学学报》（人文社会科学版）2009年第2期。

者，但是他本身并没有成学。可是他在蒋介石言论控制的情况下强调言论自由，他也涉及和蒋介石之间的一些冲突，这是很可贵的，后来因为整个台湾逐渐走向民主，所以他也得到翻身。

殷先生的很多批评不准确，他的许多学生也不准确。譬如现在在大陆的著名道家学者陈鼓应先生，他对中国传统虽然有着一定深入的理解，但终究没透到骨髓，尤其对中国文化，对儒家的了解是很有限的，不全面。我还记得，陈先生到处宣扬"道家主干说"以反对"儒家主流说"。他说道家就是自由的，开放的；儒家就是封闭的，专制的。但是山东大学儒学高等研究院成立的时候他也来了，大家很尊重他，也请他来了。他说儒学高等研究院在发行刊物的时候，要包容，要多元，以儒学为主，也要有道家。于是人家就说你自己办的《道教文化研究》也要有儒家、法家，也应该多元。真是无言。不过陈先生这个人很开朗，你跟他意见不同，说一说他也觉得无所谓，像陈先生这些人以前都是受过磨难的，碰到过这些事了，所以胸襟一般比较开阔，对这些小事比较无所谓了。

殷先生我是没有见过的，但我与陈鼓应先生是老朋友，他是我的老师辈，我和他交情还不错，但是观点总是不同。譬如他主张"道家主干说"，我说这个没道理，应该是"儒道同源互补"。如果他说"道家"，那我认为他多了一个"家"字，"道主干说"是可以的。因为道术未为天下裂以前，一切都归返到了"道"，"道"是整个中华民族的精神源头。"道"这个字眼大概在春秋时就被确立为宇宙造化之源，"道"不再只是道路，"道"不再只是言说，"道"是天地万物人我总而为一的总源头。儒家讲"志于道，据于德"，道家讲"道生之，德蓄之"。①这是一个从商到周，慢慢发展确立的过程，从"帝之令"到"天之命"，到"道之德"。"帝之令"是就部落的一个至高神、至上尚神来说的，它是一种宗教权威意义

---

① 请参见林安梧：《"道""德"释义：儒道同源互补的义理阐述》，《鹅湖》月刊2003年第10期（总号334）。

说。到了周朝讲"天之命"，慢慢具有道德人文意义了，所以从商到周是一个很重要的人文的跃动时期，所以"殷尚鬼，周尚文"，这是有道理的。殷商还是重视鬼神的，到了周朝，就开始重视人文。周朝的思想基本上继承了商朝，并且做出了转化。这就像罗马汲取了希伯来宗教，转化成后来的罗马公教，就是基督宗教，转化之后它就不再只是一个部族的宗教了，而变成一个普遍性的宗教。大概从"帝之令"到"天之命"，中国的整个人文精神往上抬升，而到"道之德"就到了整个人间了，所以"道"这个字是用来形容天的，"道"是总体义、根源义，"天"是理想义、普遍义，"帝"是神圣义、威权义，或绝对义，你可以这样去理解。思想史的途径多半是这样走。

我觉得在这方面傅斯年[①]的《性命古训辨证》写得还不错，我是比较晚才读到他的《性命古训辨证》的，那时候我已经在念博士了。我读这个《性命古训辨证》的时候就觉得，傅斯年先生也是很有思想的，可是很奇怪，他们历史语言学派为什么要自陷脚步，也就是说，从那里往前推可以做出好多东西，但是他们就停在那里了。他们做出的材料对我很有影响，后来我在写《儒学与中国传统社会之哲学省察》的时候，他那个书对我颇有启发，我把它关联到张光直[②]，关联到费孝通[③]，关联到Max

---

① 傅斯年（1896—1950），字孟真，山东聊城人。著名历史学家。六岁入私塾，十岁入东昌府立小学堂，十一岁读完《十三经》。1948年当选为中央研究院院士，1949年任台湾大学校长。傅斯年任历史语言所所长二十三年，培养了大批历史、语言、考古、人类学等专门人才，组织出版学术著作七十余种，在经费、设备、制度等方面都为历史语言所的发展做出了重要贡献。

② 张光直（1931—2001），考古学家、人类学家。于哈佛大学师从戈登·伦道夫·威利，取得人类学博士学位。曾任"中央研究院"副院长、美国国家科学院院士，亦曾任教于美国耶鲁大学与哈佛大学。

③ 费孝通（1910—2005），江苏吴江人，著名社会学家、人类学家、民族学家、社会活动家，中国社会学和人类学的奠基人之一，1938年获得伦敦大学经济政治学院博士学位，1944年加入"民盟"，1982年被选为伦敦大学经济政治学院院士，1988年获"联合国大英百科全书奖"。费孝通在其导师马林诺夫斯基指导下完成了博士论文《江村经济》，该书被誉为"人类学实地调查和理论工作发展中的一个里程碑"，成为国际人类学界的经典之作。后来所著《乡土中国》更是研究中国社会的必读书籍。

Weber（马克思·韦伯），又重新做出自己的判断。他挖了很多史料，但是没做判断，这是很可惜的。这个就是学问的统绪，学问的分际跟学问的范式，它们是有关系的，范式后头是方法，是世界观，是人生观，这些都有关系的。

张君劢先生，我觉得是非常值得称许的。张君劢先生的学问非常大，涉及面也很广，他的外文也很好，他的法学、政治学、经济学和哲学各方面的训练都很好。很多人不太了解张君劢是谁，但是如果说他是张幼仪的哥哥，徐志摩前妻的哥哥，那就都知道了。我觉得张君劢比徐志摩重要十倍百倍，徐志摩只是现代文学的一员，而我也不认为徐志摩的文章写得有那么好。他只是有一些故事，而且这些故事勇敢地突破了当时的一些限制，但其实如果从佛教的观点来讲，这都是业力发作，放下那么好的夫人不要，一定要去跟陆小曼谈恋爱，陆小曼是否果真如他想的那样，那也很难讲。他处在要求个性解放的年代，而他是勇于追求个性解放的，但我认为那也不是真的自由，他也处在不自由状况之下，他在时代的摆动下不自由。他要结婚的时候梁启超本来是有意见的，因为他是梁启超的学生。

讲到梁启超，其实我年轻的时候是最敬佩梁启超的，我觉得他学问广，笔锋常带感情，关怀国事。我年轻的时候就把梁启超先生的画像挂在书房，然后把自己照的一张像挂在对面，就是希望自己成为国士，参与到最重要的知识论战里面去，但是这个希望没有实现。后来觉得他的学问确实不错，但是深入程度就不及我的这些老师了。梁先生算是一位深入的新闻记者，他常常以今日之我否定昨日之我，也用明日之我否定今日之我，这可以看到时代的氛围，他的学问也是很不错的。

劳思光先生我对他是有一些认识的，大陆和台湾的哲学界一般对他评价也很高，他在方法论上受分析哲学影响很深，比较信仰自由主义，对中国哲学也有一定的理解。但是我认为他透不到宇宙造化之源，他认为"儒学"只是一个心性之学，而这个心性之学是不必谈论天道的心性之学。他认为谈论天道基本上是整个儒学的一种陷落，会使得自由意志没有办法真正地确立起来。我觉得他的论点比较接近西方近现代以来启蒙的论法，比如康德哲学，他也谨守康德的论点，以康德的论点来理解儒学，所以他理解儒学的"心学"这一脉，重视这一脉；而对于中庸、易传，他并没有给出恰当的评价。但是我觉得如果回到整个中国哲学，以儒学来讲，或者以道家乃至佛教来讲，我认为他的理解都有隔膜。但是我认为他写的《中国哲学史》是非常清楚的，他的优点就是方法论意识很强，文笔很清晰，在这样一个建构底下，使得很多人误认为他的说法都是准确的。他的理路很清楚，问题就在于，他的理论的大前提是有问题的。这个问题是一般人看不到的。他所采用的方法也是有问题的，比如他讲"基原问题研究法"，而这个研究法本身是有问题的，他也不完全按照这个研究法，所以我认为他的《中国哲学史》虽然写得非常清楚，但是很多是有问题的，甚至有些委屈了先圣先贤，比如他批评王夫之，我认为他没有了解王夫之，那差太远了。[①] 你如果看看唐君毅先生怎么评价王船山，再看看劳思光先生怎么评价王船山，你就会觉得高下立判。所以你用分析哲学的方法看待王夫之，恐怕很多人都看不来，有很多是看错了。但是如果你深入了解王夫之，然后用分析哲学的方法表达你的诠释，这是可以的，但是这里就会有些限制，值得再去讨论。我想不论是唐君毅、许冠三、张西堂，还是萧萐父等对于船山哲学的理解都更为适当。这是劳先生所未及的。

另外劳思光以前是批评蒋介石的，所以他的弟子很多都是国民党之外的，也可能是国民党，而又从国民党反出去的。后来民进党上台之后，劳先生就更受重视了。但劳先生还是有风度的，他是有见地的。他不是国民党派的，他对国民党批评多；他也不是历史语言学派的，他有自己的哲理。

① 林安梧：《关于中国哲学诠释的"格义"问题探索之一：对于船山哲学几个问题之深层反思——从劳思光对王船山哲学的误解说起》，中国衡阳"王船山国际学术研讨会"会议论文，2002年11月。

不过他对中国儒家、道家的很多论点是有争议的，那是可以批评的。我一直认为劳先生的哲学思维很具分析力，而且也是很深刻的。

7. 林毓生及杜维明、刘述先

尼山学堂问：您曾多次提及林毓生先生，可以具体谈谈他吗？

林安梧答：林毓生先生是一个自由主义者，他的自由主义是从哈耶克（Friedrich August von Hayek，1899—1992）上溯到密尔（John Stuart Mill，1806—1873），再往上到康德。我一直认为林毓生先生在为人处世上还是一个儒家的士君子，因为我跟他也有近距离接触，对他有深刻的体会。他对学生的爱护，对晚辈的爱护，也都是非常难得的。虽然在学问的立场上我和他不一样，但是我觉得这个人很真诚。有个故事可以讲给你们听。我在1993年到1994年，大约一年的时间我在美国威斯康辛大学做访问学者。一般来讲在程序上需要有一个相关联的学者，我与他一起做研究，向他学习，这就是林毓生教授。林毓生教授的主要著作我基本都读过，特别是那个关于危机的书，就是《中国意识的危机》。后来这本书的英文版在台湾翻印，这件事和我们几个朋友是有关系的。那时候版权的观念似乎较宽松，许多书就在台湾翻印。①

记得那时候台湾翻印了很多美国出版的书，我们一个做印刷的朋友严可英出资成立了一家出版社，这个出版社名字起得很大，但规模并不是很大。我编的《当代儒佛之争》这本书，就在这家出版社出版。我记得参与这家出版社的成员多半是我以前台中一中的朋友，有许多还参加了"新少中"。因为"新少中"的理想，所以想到出版。这家出版社重印了康有为

---

① Yu-sheng Lin. *The Crisis of Chinese Consciousness: Radical Antitraditionalism in the May Fourth Era*. University of Wisconsin Press, 1979.

的《物质理财救国论》，出版了张佛泉的《自由与人权》，还翻印了了林毓生的《中国意识的危机》的英文本，还出了卡西尔的《国家的神话》的英文本。

林毓生先生虽然在美国威斯康辛大学麦迪逊校区任教，但他和台湾的关系比较密切，一到暑假他会到台湾来，到台湾讲学，我因此也就和他有接触。年轻人嘛，景仰这些前辈，就去听讲座，因为听讲座，于是就认识了他们。林先生对我的所思所想有一些兴趣，他看我写的东西，就认识我了。林先生基本上对儒家思想持批评态度。我以为儒家应有三个向度，一是帝制式的儒学，一是批判性的儒学，一是生活化的儒学。这三者应该区分开来，自由主义者常常将它们和在一起，直接帝制式的儒学就概括了一切，我认为这样是不适当的。我对帝皇专制的儒家，我所谓的"帝制式的儒学"也是批评的。后来，1993年到1994年间，我在威斯康辛访学，写了《儒学与中国传统社会之哲学省察》，向林先生请益颇多。我的很多立场和他不一样，就以中国传统来说，我认为中国传统在这两千年的帝制时代，是逐渐变成这样的，但是你回到《论语》《孟子》，回到中国古代的经书里面去看，它不是这样的。所以就必须给出一个解释，怎么会变成这样。当时我就去思考"孔子"与"阿Q"这个论述①。孔子是中国道德理想的一个人格典型，阿Q是鲁迅笔下当时国民性的象征，这两个怎么会连在一块儿，这个连在一块儿怎么去理解，要去留意这个问题，去一步一步把它彰显出来，去体会、玩味这个问题。

林毓生先生也很称赞我那书。那本书应该这么说，最根本还是儒学，面对的是两千年来的帝皇专制，我要解开这个问题。所以我建构了一个非常重要的概念，叫作"血缘性的纵贯轴"，而在"血缘性的纵贯轴"之下，它的主要内涵，就是"血缘性的自然联结、人格性的道德联结、宰制性的

---

① 林安梧：《孔子与阿Q——一个精神病理史的理解与诠释》，《鹅湖》月刊1997年第4期（总号262）。

政治联结"。它们是怎么构造在一块儿的，即君、父、圣这三个概念是怎么构造在一块儿的？这里头有很多是牟先生的《政道与治道》对我的启发，余英时先生的《反智论与中国政治传统》对我的启发，萧公权的《中国政治思想史》对我的启发，林毓生先生关于中国政治思想对我的一些启发，此外像 Max Weber（马克思·韦伯）的《中国的宗教：儒教与道教》对我的启发，《基督新教伦理与资本主义精神》对我的启发，还有费孝通的《乡土中国》，张光直的《考古人类学专题六论》等。

须得一提的事，还有一位朋友，陆先恒，他跟我一起读，他当时在麦迪逊校区读社会学博士。这些书我读得非常深入，写作也很顺利，写得很快，大概三个月就写了这一本书。先恒是我的第一个读者、讨论者，正因如此，所以写作很顺利，可惜的是，先恒英年早逝，令人伤感。[①]我写《儒学与中国传统社会之哲学省察》这书的时候是没有脚注的，直抒胸臆，写了之后再回头把脚注写上去，把参考书目堆上去，这本书获得比较高的评价。我在书里面提出了一些与林先生不同的看法。比如我觉得"道德思想的意图"不一定是谬误，它反而是连接现代化很重要的一个接榫点。这一点我和林先生的意见是不同的，我还写了一篇文章来酬答他。[②]

林先生讨论很认真，林先生的口头禅是"这很困难"，杜维明先生的口头禅是"好极了"，杜维明先生待人很和蔼，林毓生先生思考问题很深入。两个人都是我的长辈，我和他们相处都还蛮好的。但是我和林先生的相处更深切。虽然林先生是自由主义者，我是新儒家。我和杜先生相处当然也很好，但是杜先生因为应付人太多了，因为他都说"好极了"，所以你就不知道他到底是不是觉得每个都好极了。林先生因为爱说很艰难，所

---

① 2005年7月20日，哥伦比亚大学陆先恒教授因癌症病逝于美国新泽西州，年仅46岁。林安梧有一文：《众生病病病可离，万里神洲齐奋力：悼念陆先恒博士》，刊于《鹅湖》月刊2006年第1期（总号373）。

② 林安梧：《"道德与思想之意图"的背景理解：以"血缘性纵贯轴"为核心的展开》，《本土心理学研究》1997年第7期。文章后来收入林安梧《道的错置》一书第六章。

以他在深入思考之后和你的交集也格外深入，那是不同的。当然两位先生前辈对我都很好，我总觉得因缘殊胜，但是两个人的风格不同。杜先生是运动型的，他很像一个儒家的使徒，像"使徒保罗"一样，到处宣扬新儒家，并且展开更多交谈与对话。新儒家今天在国际上有这种地位以及种种，是和杜先生有密切关系的，因为他是最早研究熊十力并将现代新儒家思潮引向西方的人。

还有张灏也起一定的作用。张灏虽然也是自由主义者，也是殷海光的学生，和林毓生是师兄弟，但是张灏对新儒家是有更深入的理解的。相对来说，张灏对传统的理解要比林毓生深入些。但是人各有因缘。我和张灏先生没有什么来往，但是跟林毓生先生就来往较多。林先生讨论问题极为认真，我在台湾清华大学提教授升等的时候，有一趣事，中间有些波折。我当时提交的升等论文，就是这部《儒学与中国传统社会之哲学省察》，外审极好。但是投票时，出了些麻烦。老友张维安、颜昆阳鼓励我无论如何要争取。记得，当时许多长辈学者为我推荐，包括李泽厚、林毓生、陈启云、蔡仁厚、唐亦男等。特别是林毓生先生认识当时台湾清华大学的校长沈君山，他直接写了信给校长，就说我这本书如何如何，他看完如何如何，有必要的话，他可以坐飞机回来台湾，当庭作证。这些话真给了我一个定心针，我当下直觉会成功，果然成功了。那一年遇到同样状况的有三个案例，唯独我这案是通过的，听一些朋友说，这事在台湾清华大学应该是极为难得的。据我的经验理解，林先生就是一个中国古代的士君子。所以我在想自由主义的人格，如果以林先生的做法来讲的话，我认为士君子和自由主义者应该都有commitment（许诺），应该是一致的。所以儒家和自由主义应该不是那么遥远。所以后来狄百瑞（William Theodore de Bary）讲儒家的自由主义，我觉得应该是很容易理解的，再读黄宗羲的《明夷待访录》，那就很容易理解，读《孟子》也很容易理解。所以我觉得儒家并不是离西方的主流价值——自由——那么远。我觉得它们很接近，这点是

四、学术评论

肯定的。

刘述先先生（1934—2016）最近刚过世，我写了一篇怀念刘述先的悼念文章——《理一分殊、全球伦理：追忆刘述先先生》[1]。我和刘先生也有独特的交往，在1982年初，当时我还没进台湾大学读研究生，我写了《当代新儒家述评》，在台北联合报系的"《中国论坛》"发表，用了一个词，讲当代新儒学有一种"独我论"的倾向，solipsism（独我论）。他对我用这个词有意见，他向"《中国论坛》"写了一封信。他一方面说这篇文章写得很好，一方面又说这个词用得不准。他的这封信转给我，我就恭恭敬敬给他写了一封信，回应说这个词的意义何在，他又给我回了一封信。因为我和他说我刚考上台大哲学系的硕士班，他一方面鼓励，因为我是他学弟，他以前也在台大毕业，鼓励我好好读书，但是建议我不要用那个词，那个词容易被人误解。我又给他回了一封信，阐明我的理解如何，后来我也接受了刘先生的理解，不再用这个词去评断当代新儒学。

8. 萧萐父、郭齐勇及武大哲学系

尼山学堂问：您与武汉大学的来往较多，您也曾多次提起郭齐勇先生，可以具体谈谈吗？

林安梧答：郭齐勇，我和他在1988年就认识了。郭齐勇的老师萧萐父也可以谈。我和郭齐勇还有他的老师萧萐父之间发生了很多有趣的事情。1991年我到武汉大学要去见萧萐父先生，但是当时学校的对台办不让见。其实我们是做学术交流的，最主要是因为我的研究内容和武汉大学的师友们是最密切的。我研究王夫之，研究熊十力，而全国研究王夫之和熊十力最有

---

① 这篇文章是口述的，由林安梧的博士张雅评笔录成稿，发表于《鹅湖》月刊2016年第1期（总号493）。

成绩的应该就是武汉大学哲学系，当然北京也有一部分，湖南社科院的王兴国是极著名的船山学者，其他地方也有，但是就武汉这里我认识得最多，跟他们来往就特别密切。而且他们是我认识的第一批大陆的学者，1988年就认识了。萧萐父先生，我觉得他长得很像唐君毅先生，讲的口音是四川话。萧先生字也写得很好，诗也写得很好，他常跟李锦全老先生唱和。

我第一次见他是在1988年，之后再见他是在1991年1月，在海南。那时候他心情处于很艰困的状态之下，他有一些在海南教书的朋友请他去散散心，他虽然慢慢放松了一点点，但还是压力很大。当时我正在写博士论文，已经进入最后阶段。1991年的夏天，我写完博士论文，就到了武汉大学，我那个暑假有十几天的时间在大陆，在做一个大陆地区文教状况的研究课题，主要的目的在于促进两岸的交流。促进两岸交流，当然首先要了解对方。这个课题，叫作"四个区域——上海、武汉、福建、北京——文教区域研究"，我做武汉地区的文教研究报告，去了武汉，到了武汉大学。我想拜见萧萐父先生，但是学校不给见，萧先生觉得台湾的年轻学者来访问，他却不能见，感觉很不好意思，他就派郭齐勇先生来找我。郭先生来了，还带了一封信过来。我当然很高兴。这封信是萧萐父先生写的，一方面表示寒暄，一方面表示歉意。老先生对晚辈真好，这就是长者风范。信写得很客气，我看完很感动。第二天郭齐勇就陪我去黄鹤楼游览，看了长江，游了东湖和归元寺，还有伯牙、钟子期的琴台，特别是这个伯牙和钟子期的琴台我格外有感受，高山流水，情志盎然……我现在和郭先生建立了"革命般的友谊"，而萧老师是郭先生的老师，所以就像是我的老师一样。郭先生现在也把这个故事讲给他的朋友听，所以我和他们的关系也格外密切。那回我也拜见了冯天瑜先生，他当时还在湖北大学，他是很好的文化史家，史识史风，都是我敬佩的。

我非常敬重郭先生这个人，他的生命有一种厚度和广度。我常常称赞武汉大学哲学系。我有一个说法叫作"人际三阶论"，这是我自己的人生

　│　四、学术评论

体会。就是说一个团体要好，老一辈人一定要有温情关怀，年轻一辈要有理想冲劲，中壮一辈一定要有胸襟气度，而最难的就是中壮年的这一点。人一到中年，好事功，难免好斗，这就会形成伤害。老一辈人一定要有温情关怀，老一辈人的温情关怀对年轻一辈很重要，要鼓励他们往前冲，冲到中壮年，胸襟气度就出来了，而他们如果有什么做得不好的地方要给予指点。这个太重要了，在这方面，武汉大学哲学系的梯队，老、中、青三代，都很好。以前是萧萐父、唐明邦、刘纲纪、冯天瑜几位老先生，他们做老一辈人，郭齐勇他们是中年梯队，然后是更年轻的学生们，他们都很好。现在郭齐勇先生已升任老一辈的人，他对晚辈很有温情关怀，武汉大学哲学系整个梯队算是挺好的。一个梯队一定要有老、中、青，不能一起年轻一起老。以前我们去台湾清华大学教书的时候都是年轻人，五十岁以下的多，五十岁以上的几乎没有，这样就会一起年轻一起老。这样老的那几个人就很重要了，但老人如果都是清冷孤高之人，那基本上这个团体就完了，那就没有办法了。老一辈有的学问做得很好，但是待人就清清淡淡，孤孤高高，与人来往很少，学生也不多，碰到什么事也不出面，那就完了。这个"人间世"是有学问的。我和武汉大学的朋友来往很多，觉得武汉大学还是不错的。萧萐父先生真的就像我的老师一样，我对他很敬重。郭齐勇先生，我们虽然也不是很常见，但就是最好的朋友。他是非常讲义气、讲道理的，特别能将儒学的真精神体现在日常生活之中，极为难得。后来他的学弟们、学生们也成为我的朋友，这是很自然的。

9. 北大哲学系

尼山学堂问：那请您再谈一下北京大学的中国哲学系？

林安梧答：北京大学我交往也不少，但是北京大学就和武汉大学不同，北京大学是一个一个散开的，它没有组成一个团队，但是北京大学的确也是能人辈出。

老一辈里面，像冯友兰，以前在台湾很多人是对冯友兰有意见的。但是他写的、研究的东西也是相当不错的，他很早的时候用英文写的《中国哲学简史》，反而很好，因为不受意识形态的影响。从他的《中国哲学史》可以看出他的功底是很深厚的，比胡适之、劳思光要深厚多了。至于他的《贞元六书》，他的哲学代表著作，我个人认为太浅了，和熊十力的《新唯识论》不能放在一起相比。我研究生的时候就把他的《贞元六书》统统读懂了并且还有不同的看法，《新唯识论》不是能统统读懂的，这不一样。

关于金岳霖先生，我曾经听我老师牟先生提过，后来我读他的《论道》《知识论》等书，我觉得金岳霖很有理论能力，也相当不容易。

贺麟不只是黑格尔的翻译者，也是黑格尔的诠释者，而且他把黑格尔和朱熹的学问放在一块儿做了诠释，我觉得相当有意思。另外他是最早研究中国当代哲学的，他的当代哲学史的意识非常深厚。把贺麟列为当代新儒家我是非常认可的，而且我认为他的为人比冯友兰精彩。包括贺麟的学生也都很不错，例如王树人。王树人的东西写得很不错，而且都是初学者能懂的。叶秀山是那一辈学者里面我非常尊敬的，尊敬的程度大概和尊敬李泽厚先生的程度一样。但是两个的性质不一样，李泽厚是一个思想家，也是哲学家，叶秀山先生是一个非常好的学者，但他不仅仅是学者，他也是一个非常博学的通人。叶先生能唱戏，能写书法，懂美学，能深入到中国哲学的堂奥，又能深入到古典希腊哲学，能深入到西方当代哲学里，能对西方近现代最重要的核心精神，比如说什么是自由，什么是启蒙这些东西给出非常深入的理解，他对中西哲学的对比研究是相当深入的。我对他是很敬佩的。我曾经两次邀请他到台湾南华大学举办讲座，讲得非常深入。他对晚辈也非常好。

2013年，林安梧访问北京大学哲学系。左起：陈鼓应、王博、林安梧

我还记得汤一介先生。汤先生是位谦谦君子，但是我总觉得他的学问不能和他的父亲放在一块儿。父亲学问太好，儿子就被比下去了，这没办法。他父亲是汤用彤，这你们都知道。我总觉得汤一介先生谈论的东西都是很好的道理，平常心是道，他显现的就是平常，这平常就是道。

我和陈来比较熟悉，我认为陈来是一个很好的学者，他很谨慎，人很好，当然后来去了清华大学。当然像王守常呢，那是比较早就认识的，他年纪比较大一些，为人豪放一点。叶朗我也认识，他做美学做得不错，也常去台湾。王博很有趣，就是有那种道家的打破陈规的趣味，他到的地方就有笑声。他脑袋很好，转得也快，所以他现在比较得众。张学智是很严谨的，我和他来往不多，只是有一次在公开场合我和他两个人讨论，感觉这个人是谦谦君子，学问也做得非常扎实。北大老一辈人，我也认识杨适、楼宇烈等，他们都是很好的学者。

10. 余敦康及陈明、何兆武等

尼山学堂问：您曾提及余敦康先生非常有趣，可不可以具体聊一聊？

林安梧答：余敦康先生和余英时先生有很大不同。余英时先生名满国际、温文尔雅，余敦康先生自然纯朴、真诚动人，令人喜欢。我和余敦康先生的交往是因为和他论战。20世纪80年代末，余先生写了一篇文章《什么是儒家哲学》发表在台湾的"《中国论坛》"，我就写了一篇文章批评他，当时我年纪很轻，二三十岁，我觉得他写的很多东西观点有问题，当时他受到一些意识形态的影响，他是从历史、社会、经济、宗法等种种角度来看这个问题，而我是站在新儒家的立场上。我也不知道这是一位老先生，当时他还在新加坡做访问学者，而我当时在台湾大学念博士。文章刊登出来之后他看到了，也觉得很有趣。

之后1992年左右我在北京的一次会议上见到了他。那是台湾的宗教哲学研究社和淡江大学合办的一个会议。这个研究社对两岸的文化思想交流起到了很大的作用，主要和中国社科院的世界宗教研究所推动这个活动。所以我和中国社科院世界宗教研究所的很多朋友很熟悉，包括余敦康先生，也是那时候认识的。当时他是儒教研究室的，后来他的学生辈像卢国龙、王卡，都是那时候认识的，还有和他同辈但稍微晚一点的马西沙、韩秉芳，包括更年轻一辈的陈明，都是那时候认识的。这些人都是很不错的。

余敦康先生当时见到了我，很亲切地说："批评我的人来了！"那一天我们好像也没有花很多功夫谈论各自的立场，我大概可以了解我们见面的时候祖国大陆更加自由开放了。余先生在写文章的时候还是比较受限制的年代，所以他谈的东西是受到一些影响的。我后来又读了更多的社会哲学和历史哲学的东西，觉得他谈的也是有道理的，只是我原先偏重从新儒家的角度去谈，他更多地从政治、经济、宗法的角度去谈。我后来写《儒学与中国传统社会之哲学省察》，社会哲学、历史哲学、政治哲学等方面考虑的多了，照顾的面就会多一点。以前有意识到，但是还没有这么多。

余先生的有趣在于只要有他在就一定有笑声，那些世俗的格格套套达官贵人什么的他根本不放在眼里，他也不是故意如此，就是很自然很潇洒很有趣，不在乎那些世俗的东西。他酒量也很好，和他一起喝酒，还留下一些一人拿着一瓶二锅头的有趣照片,我很怀念20世纪90年代那段日子。陈来也参加了那些会议,那时候陈来还是年轻学者。陈明也来参与,那时候陈明刚开始办《原道》。陈明是一个非常聪明的年轻小伙子,陈明这个人也很直接。陈明独特的趣味大概和他的老师余敦康是一样的。这种风趣在余敦康那里是一种朴实,到了陈明那里就成了一种野气。陈明是比较野气而锐利的,但是很真诚。他们都很直接,都能突破现实的格格套套。

2005年在友谊宾馆召开第一届"国际儒学高峰论坛",把很多重要的学者聚集在一起,我算是年轻的了。有些不一定会在一块儿见面的学者,比如说成中英、杜维明都来了,一起谈论一些哲学的问题。当时下午的一个会议我是主持,成先生和杜先生都在。成先生其实蛮有成绩的,但是他的际遇没有杜先生好,他的年纪又大一些。这两个人有一些不一样的地方,二人也不常在一块儿。我下午担任会议的主席,成先生让我多介绍他一点,我说没问题,于是我就拿着他的资料,介绍了很多,介绍了以后成先生很高兴。早上的时候格格套套,温文尔雅,大家都很拘谨,余敦康先生下午一来就把格局全部打开了,会场就有笑声,有趣味,人的内在的动能就被开发出来了。这个是余先生的特性,陈明也有这种能力,他们师徒个性非常好。和他们一起吃饭、开会就很有趣。我是没有办法像他们那么有趣味的,但是我也会受他们的感染和影响。

还有一次我到台湾清华大学讲学,到思想与文化研究所,所长是李学勤先生,学勤老先生是谦谦君子、英国绅士,我那次很认真地准备了稿子,演讲完了以后,学勤先生就请我们吃饭,我就邀了陈明一起去。他、廖名春,还有何兆武先生,何先生是我非常钦佩的老前辈,非常有学问,人也非常好。那一天吃饭,陈明来得晚,李学勤先生是一个非常绅士的人,何兆武先生也是,廖名春也是,所以刚开始吃饭的时候大家都很绅士,中规中矩,怪难受的。陈明来了以后,不出十分钟,四座皆春。他是能开创格局的,他能够打破局面。按理李学勤老先生是长辈,大家应该拘谨一点吧,但是陈明就不理会这一套，所以这个就很有趣。人相处也不是每个人都能这样的，但是一定要有这一两个有趣的人。

另外像何兆武先生，待人很谦和，何兆武先生我认识他不算太早，是在新加坡的一个会议上，我和他交流很深入。我发表了一篇文章《明末清初关于"格物致知"的一些问题——以王船山人性史哲学为核心的宏观理解》，他很欣赏，他推荐要在台湾清华大学的学报上登，但是后来因为已经在别处登载了，所以撤了稿①。这都是前辈对晚辈的爱护。他对康德哲学的研究也很深入，翻译了很多东西。他首先注意到一般康德学者较少注意的地方，像《历史理性的批判》，还有他对整个西方文明史是很熟悉的，这些老先生都很不容易。

---

① 林安梧：《明末清初关于"格物致知"的一些问题——以王船山人性史哲学为核心的宏观理解》，台湾《中国文哲研究集刊》，1999年第15卷。

五、社会关怀

（一）国学的根基与复兴

1. 民间讲学历程

尼山学堂问：您是一位学者，也参与了许多民间读经活动，是什么契机让您参与其中？您觉得这与学术研究有何不同？

林安梧答：我并不认为它跟我做学术研究有多大不同，有一些人心里已经有分别相了。有了分别相，误认为民间讲学比较低，学院里的讲学比较高。我大概从20世纪80年代中期起，就开始在民间的书院讲习经典。那个年代大概也就是我的老朋友王财贵教授开启、推动儿童读经的年代，民间的读经运动主要是他主持的，我主要是讲习经典，就是作为教师带领他们讲习经典。王财贵的重点在于教学生，特别是儿童诵读经书，我的重点则在于根据经典文本，展开解读、诠释，让经典的意义显发出来，与生活世界联结在一起，让经典生化、活化。我的重点不在于儿童对于经典的诵读，而是在于青年、成年人对于经典的理解、诠释与体会。当然对于中国文化经典的阐扬，我们的方向是一致的，就是要恢复整个中国文化传统，让它好好生长，那就一定要好好阅读经典，经典才是源头，没有回到经典、源头，一切就不算了。

因为台湾是闽南地区，有些老一辈的人对普通话不熟悉，所以有些地方我就用闽南语跟他们讲，讲习的过程中自己也获益很多。闽南语是我们的母语，在整个汉语历史中来说属于中原古音，我们小时候日常说的话语，就是这样的汉语。虽然我并没有正规地学习过闽南古汉语中原古音的发音，但因为我是中文系出身，学过声韵学，也因为我小时候的母语就是闽南话，带有漳州口音的闽南话，我又喜欢听传统戏剧，自然而然掌握得也八九不离十了，碰到真的有困难的就去查一下闽南语辞典，一查就会了。像当时有一本沈富进编的《汇音宝鉴》，将同样的音汇集在一起，对于我们这些懂得闽南语的来说，使用起来极为方便。当然这样算不算主持民间读经活动呢？广义来讲也算，民间经典诵读、经典诠释都算，我的重点在于诠释，王财贵教授比较侧重于诵读，我则重在青年以上的群体，儿童这一块儿主要是他在做，他后来也做得非常大。

其实我的讲学因缘很独特。在1985年，因为孩子给人家带，保姆家附近有个房子，保姆就说："你来这边买房子吧。"那时候我还没买房子，就买了房子，那个房子就在一个道教的宫庙慈惠堂底下。孩子晚上带回来会吵，孩子吵，我又要读书写作，就跑到宫庙里的图书馆去。我们乡下有个传统，逢到寺院、宫庙就要烧香礼拜，这是一个基本的礼貌。我在那里写论文，那就祈个愿吧，希望硕士一切顺利，并且考上博士，如果考上博士就来讲《论语》十二次。这就开启了我民间讲学的因缘，这是最早的。大概是1986年的10月开讲，到现在一直维系着，除了我外出讲学访问以外，基本上从没间断过。我本想讲《论语》十二次，但讲了第一次以后，有一个来听讲的机动车司机吴育霖送我回家，那时在下雨，他说："林老师，我从来没有听过谁讲《论语》能够让我们完全听懂里面的义理，你一定要继续讲啊，不要只讲十二次嘛。"我说："好吧。"就这样，到现在还在讲。我现在还在讲《易经》，所以儒道佛都在那里讲了，当然也在别的地方讲。于是民间讲学的这个因缘就一直存续着。我觉得这方面完全是顺因缘。除了家教以外，第二次就是在慈惠堂，因为我《论语》讲完了讲《道德经》，《道德经》讲完了就讲《金刚经》。这儒道佛三教的基本经典，就这样一步步在讲学过程中，展开了、深化了。

人生机缘有些不可思议，1986年我去做哲学课程的家教。我念台湾大学哲学研究所博士班一年级的时候，有一个人来我们教室，说你们有没有能够讲中国哲学史、西洋哲学史的人，不过要懂闽南话，因为请家教这个人也顺便想学一点闽南话。我说我可以。每个礼拜五的早上要上四个小时课——两个小时中国哲学史，两个小时西洋哲学史。中国哲学史就讲牟先生那个版本，西洋哲学史就用傅伟勋的《西洋哲学史》去讲。讲给一个珠宝商听。这珠宝商名唤叶博文，很有文化，一个珠宝商居然喜欢中国哲学史、西洋哲学史，不是很奇怪吗？很有趣，他非常喜欢。讲习讲习，我就在讲的过程中，更为深入学习，中国哲学史、西洋哲学史，也就在这一波家教过程中，更为深入了。

　　过了些时日，他又跟我说，有一个建筑商老太太，我还记得她的名字叫林李春金，林李女士她是信佛的，希望有人能够教她《金刚般若波罗蜜经》，基本上她只懂闽南话、日本语，因为她只读过日据时代的书，她比我父亲年纪还大。好吧，我就去教，我以前读过《金刚般若波罗蜜经》，但是没深入，当然也没有讲授过这课程。那现在你要教，你就要把它搞懂。最有趣的是，教课时间是下午，下午一点多上课，我没讲多久，她就进入"涅槃"了，就睡着了。因为她很辛苦，她是一个建筑开发商，跟她先生一起做这个事，处于接近董事长和总经理的位置。我后来发觉，我跟她讲一点儒家的道理，她就很有兴趣；讲佛教，就睡着了。基本上民间搞不清楚儒道佛，它们是融通、混合在一起的。我后来想了一个办法，就是拿出一点时间来讲《阳明传习录》，讲《阳明传习录》时，她就很有兴趣。后来她又邀了一个人，跟她一起来读书。这样比较好，我就教两个学生，都是女士，年纪大概也都是五六十岁。

　　开始了民间讲学，以后接二连三地，就很多了，组织开讲的很多都是道教的团体，是广义的道教，主要是民间的宫庙团体，他们不只是烧香拜拜而已，他们已经慢慢地转型，开始重视经典的认知与讲习。

　　　　　　　　　　　　　　　　　　　五、社会关怀

在20世纪80年代，我因为郑志明的关系，认识了一个朋友，这个朋友叫赖宗贤，他后来接了一个叫"《中华大道》"的刊物，这个刊物是邓文仪创办的，"《中华大道》"其实就是推广中国传统文化的，至于它属于哪一个派别我不是很清楚。赖宗贤原先是一个企业家，事业做得很好，后来他身体出了状况，"神明"指示他，要他去接手"《中华大道》"这个杂志社，他就放弃了他的事业，开始修道。他所谓的"修道"其实包括了儒和道，佛很少，但也会掺杂一点，重点是儒道同源，就是中华大"道"。他后来觉得台湾的民间宗教非常纷杂，应该提升它们，所以就请我们这些认识的朋友去讲习，讲老子，或者讲"什么是宗教"。因为这机缘，我也参与到这中间去了，基本上是按着经典去讲习，也跟他们说些儒道佛三教的基本义理。

须要顺便一提的是，郑志明教授，他是台湾地区道教及民间宗教研究的专家，大学本科低我一届，我结识民间宗教有些是和他一起的，像"中华大道""寻根文化中心"，还有更早一些的"弘化院"。我与郑志明一起共事，他是这方面很好的专家。虽然，我也很有兴趣，但我的专业是哲学，我由哲学来省视这些宗教现象，或者做宗教哲学思考，但我不做人类学的田野研究。

大概就这样，我一步一步地参与进去。对于民间文化人类学式的兴趣，也就愈来愈涨，我认为这是我从事中国哲学研究极好的理解基底与凭依。我以为民间丰厚的文化土壤是不可轻视的，我常说这些东西护育了整个大地母土的生机。

这个过程慢慢累积之后，他们就办了一些讲学的活动。比如他们后来成立了一个"中华大道文教基金会"，是一个民间的企业老板成立的，这个基金会很小，一旦成为正式组织，就得走向公众化、合理化，原先的宗教灵验的向度就会减少些，教化的向度就增加了，讲习经典越来越多，教化的层面也就增加了。当时，赖宗贤、张仁山又办了"寻根文化中心"，还有"灵源讲堂"。我在"灵源讲堂"讲过《易经》《道德经》，在"寻根文化中心"讲过《道德经》，在"中华大道文教基金会"也讲过《道德经》。民间讲学盛讲老子，几乎每个道教民间团体，都宗奉老子，《道德经》这部经书我讲得遍数最多，加起来肯定讲了六十回以上，因为《道德经》只有五千言，很快就循环一遍了。讲的过程我基本上都是合理地、哲学地讲，不采取宗教、神秘地讲，宗教神秘地讲我也讲不来，因为我没有那个体验，偶尔有那个体验多半也可以用哲理解释了。

《鹅湖》月刊办了"鹅湖书院"，"鹅湖书院"就在《鹅湖》月刊设办，原先我们租了一个房子，也换了几个地方，我们轮流讲，但我们在那里主要是讲哲学，牟先生也在那里讲。《鹅湖》月刊基本上还是很学术性的，其他的像"寻根文化中心""灵源讲堂""慈惠堂讲堂""华山讲堂"还有"中华大道文教基金会"基本上都是讲习经典。

我们有时候也应邀到外头去讲，到"三清讲堂"等，在"三清讲堂"我主要讲《老子》和《易经》，都跟道教相关。"三清讲堂"后来叫"三清书院"，它的主持人叫黄胜得，黄胜得先生原来也是企业的大老板，之后因为信奉道教的关系，就不做事业了，专门宏道。他后来成立了一个"三清文教基金会"，我是他们的第一任董事，但因为我太忙碌，他们又喜欢开会，拉很长时间，所以做了两任董事后就不做了，就推荐年轻人去做。陈鼓应也是我们的董事，他现在可能还是，其实就是因为陈鼓应先生所以我们开会拉很长时间，我受不了他就跑掉了，而且因为他是老先生，喜欢讲自己的故事，八十几岁的人，很有趣。黄胜得现在偶尔还会打电话和我聊天。

后来我又应邀到"梅花湖三清宫"，它号称台湾地区"道教总庙"，是个很盛大的庙，很不错，在宜兰罗东。当时这里的主任委员叫陈进富，我去讲过几次，主要讲《道德经》，他很喜欢，希望我能帮忙做一个新的翻译，因为他觉得我对《道德经》的体会比较深，我说好，就帮忙做了翻译，后来叫作《老子道德经新译暨心灵药方》。现在商务印书馆出版的《道可道：老子译评》原先是在台湾那边印的，印出来之后送人，让大家捐款助印，助印一本，人民币十块钱，台币五十块，做成口袋书，现在助印应该已经超过一百万册，实际也应该已经印发三十万册了，很难想象一本书在台湾可以发行那么广。剩下的一些善款就用来做慈善、医疗等。他说很感谢我，因为我没有拿版税，等于为他们做了一点事。我说其实我应该谢谢他们，因为我们在办活动的时候他们也会支持我们一点。他说林教授每年都帮我们挣很多善款如何如何，其实我们自己也做不来，是他们那个庙本身做得很好，组织完全现代化、合理化，大家都是付出的，除了少数固定的职员要做事，需要付薪水，其他很多董事都是在付出的。参与民间活动很多人都在付出，这些付出的过程有时候也很辛苦，要出时间，出力量，有时候还出钱。

我在"慈惠堂"讲学的时候还碰到一件很有趣的事，我讲《道德经》时，来了一个叫马文瑞的人，他是在股市里操盘的人，觉得要以"道库"养他的财库，就越听越起劲，后来一直赚钱，赚了很多钱，从一个一文不值的小子发展到最多时候资产十几亿台币，这是他自己跟我说的，或许有些过，不过现在应该还有几个亿。但是他的信仰比较杂，其中佛教的力量比较大，后来就皈依了中台山的惟觉和尚。他那时候很有心，成立了一个"自然文教公益基金会"，我还担任了第一任董事长，做了两三年，后来我说不行，还给你做，我还是做我的学者，这个董事长就是个名义了，没有什么实际薪资，但是我们也讲学，我们还办了一个有关两岸文化的连续学术演讲，还出了一本书[1]。

林林总总，讲学不断，但是我并没有很刻意地去组织，因为我觉得我比较擅长的还是读书、写作、教书，我对组织结构这些事儿有点不耐烦，觉得自己时间不够，也不太愿意花那么多时间在那里，这很辛苦。大概都是朋友做，希望我们去帮忙，然后就慢慢搭建了这个平台，其实蛮多的，好的说就是

---

① 林安梧主编：《海峡两岸中国文化之未来展望》，明文书局，1992年。

广结善缘，坏的说就是，学界很多人很不能理解我为什么要这样，甚至学界一些学术殿堂级的都会瞧不起这些东西，觉得犯不着，你是一个台湾清华大学的教授，为什么要去宫庙里给他们做讲座，而且还免费。他们觉得往国际什么的走，好像能把自己变得很高尚，而我们做的这些事他们觉得不够高尚。

我跟他们想法不同，可能因为我来自民间，我一直觉得生命要有本有源，在泥土里生长那才是真实的；学术殿堂太多虚假的东西，他们认为哪些人很有学问，我看也不过如此，最有学问的人我都见过了，牟先生是最有学问的，其他人在名目上可能比牟先生还光彩，但是在学问上跟牟先生不能比，我常常说台湾"中央研究院"的院士，人文组十几个人加起来都不如一个牟先生。我在台大读书就听到有些先生们对牟先生进行批评，不是说牟先生不能批评，只是他们不了解他，说的是风凉话，自己也不够用功，差太多了。他们还排挤他，因为牟先生是新传统主义，是新儒家，而台大基本上就两派，一个是自由主义派，一个是天主教派，就是新士林哲学，新儒家派很少。台湾的哲学有三大区块：新儒家、新士林哲学跟自由主义派。自由主义派主要做西方哲学、分析哲学，基本在政治意识上是"独派"，但不是所有的都是，就是"独派"意识比较浓；天主教派跟国民党关系比较密切，因为宋美龄是基督徒嘛；当代新儒家的大方向跟国民党是一样的，就是要恢复中国传统文化，但是他们是不喜欢国民党的体制的，对国民党是有批评的，像徐复观就对它批评很多，牟先生也有。牟先生不是国民党的党员，牟先生应该是"民主同盟"的，他原来是帮助张君劢的"国社党"的，"国社党"后来成为"民社党"。台湾当时有三个党，就是国民党、"青年党"和"民社党"，其他的叫"党外人士"，党外人士后来在1986年创立民进党，民进党原先创党的时候"统""独"都有，创党元老朱高正就是"统派"，林正杰、费希平是"统派"，而黄信介、康宁祥、张俊宏、许信良等是"独派"。后来民进党力量上来了，"民社党"和"青年党"就几乎不见了。后来"党禁"开放，台湾现在有上百个党，但真

五、社会关怀

正有力量的不出五个，最有力量的就两个，一个是国民党，一个是民进党。

国民党跟新儒家的关系应该就是大方向一样，但基本不搭界，"国民党儒学"不是新儒家要提倡的儒学，新儒家哲学在政治社会上还是比较强调民主的，国民党那个时候一党独大，提倡"国民党儒学"，以蒋介石的思想为主导，牟先生、唐先生这些人怎么可能为蒋介石思想做注脚呢？蒋介石也没自己真正的思想啊，对不对？所以他们的关系比较独特。

台大原先有一个黄振华先生，他是牟先生和唐先生以前在中央大学教的学生，后来黄先生大学本科没毕业就到台湾去了，在台湾大学把这个课修完了之后，就到德国去念康德，后来他回台湾大学任教，他是李明辉的老师，也是我的老师。黄振华先生当时经过蒋经国的同意把牟先生、唐先生请到台大来讲学，台大的新儒家也就有一点点苗芽，这个苗芽现在基本上也没了。李明辉先生比我大一些，在德国取得了博士学位，后来回台大教书，因为是以"扩大延揽"的名义聘请，所以两年之后还要被评选，但他因为年少气盛，在台大当助教的时候常常跟一些老师有摩擦，有些老师就不愿意把票投给他，他后来等于被赶出去了。我认为这是很没道理的，我们都为他鸣不平。后来，他转到文化大学哲学系任教，当时黄振华先生在文大担任哲学系系主任，我与万金川在那里兼课，黄振华先生透过王邦雄先生与我们商量将两个人的兼课课时让出来，就可以有一个专任缺，好落实李明辉的职务。后来李明辉又转到"中央研究院"文哲研究所。李明辉这段时间与我交往是很顺畅的，我们是很好的朋友，直到后来因为《自立晚报》王英铭在1997年底做了有关"台湾哲学的革命"之种种访问，对我做了一个专题——"哲学的革命及后新儒学"，我做了些评论，有些评论论及当代新儒学，还有些评议议到李明辉，我们就这样慢慢疏远了，真是可惜，想起来很遗憾。①

---

① 王英铭采访编著：《台湾之哲学革命——终结三重文化危机与廿世纪之告别》，书乡文化事业公司，1998年。

我几乎没有中断过在民间读经、讲习经典这个活动，包括我到美国去做访问学者的时候，还在那里讲老子《道德经》、惠能《六祖坛经》、王阳明《传习录》。我从很年轻的时候就觉得讲习经典是应该的，是很重要的，我的忙碌及各方面也因为讲习经典而得到平衡，用道教的话来说叫"元神本清，人心本静"，就是灵能通于道，心能持平，身能够康健。我深深体会到讲习经典的好处，这个也很独特，我记得有一次，感冒发烧了，我还去讲《金刚般若波罗蜜经》，因为这是在"华山书院"讲，有一些人从中坜、新竹等好远的地方来，有的开车开了七八十公里，我一个礼拜才讲一次，他们又从那么远的地方来，所以我去了，讲完了之后大汗淋漓，回去我就不药而愈了。到底是《金刚经》发生作用了还是当时中间休息时一个师姐帮我做气功的缘故，我就不知道了。

　　所以民间的讲习因缘非常多，其中还有一点，我非常倾慕那些真正有学问而在民间讲学的人，特别是台中莲社李炳南老居士，他虽然成家了，但他基本上过的是清修的生活，长斋茹素。李炳南是济南人，是大陆到台湾的佛学家、宣道者，也是儒家的宣道者。李炳南是孔德成的主任秘书，孔德成是至圣先师孔子的奉祀官，这是台湾地区唯一世袭的"特任官"，他是台湾唯一的贵族，他有办公室和秘书，孔德成有学问，也是台大的教授，教授是兼职，主职是奉祀官。李炳南的学问远远超过孔德成，他对儒家、佛教的经典很熟悉，主要讲习儒家跟佛教的经典。我常称赞他的一本书，叫《论语讲要》，这是他讲习《论语》的过程中，弟子记录下来而成的，他的弟子也非常好，我觉得他的《论语讲要》的功力绝不下于钱穆的《论语新解》，甚至超过了。他也在中兴大学兼一点课，但学界很多人不知道。李炳南在1951年成立了佛教台中莲社，台中莲社对于中部的影响力非常大，这个莲社可以说是台湾佛教净土宗的大本营，但他并不只是教人念佛而已，他也讲经，讲佛经，也讲儒教经典，可以说对民间的影响很大，我的祖母跟我的母亲信佛都是从这个莲社开始的。莲社有许多"布教

五、社会关怀

所"，这个名称跟以前的佛教不太一样，叫"布教"，虽然是净土宗，教人念"南无阿弥陀佛"，但也讲佛教的教义，而且也讲《论语》，讲《华严经》。我有很多朋友，像现在在云南大理的林清炘是李炳南的学生，王财贵应该也听过他的课，王财贵的一些朋友就是台中莲社的。王财贵的儿童读经活动其实深受另外一个长辈的影响，这个人叫掌牧民，我没见过这个老先生，我认识王财贵的时候，掌牧民老先生已经仙逝了。这个老先生在台中市一个叫"大坑"的地方，自称"大坑山人"，看这个名字就知道那个地方比较靠近山。王财贵从台南师专毕业后被分配到台中市大坑那个地方当小学老师，他知道那儿有一位老先生教孩子读经，这个老先生也是大陆过去的，所以这里又要说一下。我记得财贵兄写过几副对联送我，其中一幅是"莫漫道百年大事，且虔颂万世太平"，据说就是掌老先生所作的。这副对联有很深的意义，生命的正向与正能量就是要这样子的。像李炳南老居士的济南话台湾人怎么听得懂呢？他有翻译，翻译把他的话翻译成闽南语，讲一句翻译一句，全部都是义工在做，全部是无偿的，当然也有一些人会奉献、捐款。台中莲社推动了很多的社会改革运动、文教活动，包括建立菩提医院。您想，像李炳南老居士这样的佛学家、大学问家，落实于生活世界之中，他比"中央研究院"院士重要太多了。像"中央研究院"人文组的院士就做一些学究的工作，让洋人认可你、让学者自己认可自己，写出来的书也只有他们自己看而已，别人也不看。你说这些院士怎么可以瞧不起民间这些东西呢！当然，不是所有的院士都这样，但真有些人文组的院士是瞧不起民间这些东西的，这真的不对。我常说，不要把这些都当成无用的，你说他们像杂草，但你可要知道杂草就是护育整个大地母土最重要的功臣。更何况，他们不只是杂草，他们是农作物，有的可是参天大树。这里我又想到了财贵兄书写的另一副对联："天与大文山深川广，人能内省日就月将。"是啊！山川者，天地之大文也，乃天之所与也。而人呢！人可贵的就是一个觉性啊！这觉性能让你内自省察，能内省如此便能与日月合其明，这就是日就月将。天地是自然的，人是自觉的，中国哲学把自觉与自然关联成一个不可分的整体。

刚才说到的王财贵先生受到掌牧民先生的启发，他在那时候背了好多书，师专毕业就等于大学二年级，就是现在讲的大专，我们的师专是初中毕业后考的，念五年，以前叫师范，念三年，念三年出来教书才十八岁，念五年是二十岁，二十岁就可以出来教书了。那时候是记忆力最好的时候，他背了很多书。王财贵跟杜忠诰都是师专毕业的，在小学教书之后才保送回台湾师大读书，就等于再补修三年，他们从二年级读到四年级，我们是从大一开始读，所以他们都跟我是同学。他们大概大我八九岁，已经在小学教过一段时间书了，那个年代已经算比较成熟了。但是王财贵教授还跟我们一起跑去听牟先生的课，他对牟先生非常崇仰，自称"录音派"，一定会提着录音机去听课，那时候的录音机像一个箱子，很大，从台湾师范大学到台湾大学大概走二十分钟，我们一群人边走边聊一起去台湾大学听牟宗三先生的课，而对于师大呢？该逃课也就逃课了。我们还特别跟师大老师讲，要去听牟先生的课，有的老师还故作宽怀，我记得当时有个老师教我们《大学》《中庸》，他的课讲得非常不精彩，我觉得他真的不行，我们跟他说了之后他就说："去啊！去啊！"结果学期末的时候给我打六十分，六十分及格嘛，我觉得我写的考试卷也不错啊，不过反正也不在意。很有趣。

2. 关于王财贵的争议

尼山学堂问：关于王财贵先生争议还挺大？

林安梧答：现在大陆这些媒体把王财贵说成这个样子，我觉得是不当的。应该这么理解，王财贵大概从20世纪80年代中期就开始推动儿童读经了，已经有三十年，少说的话就是二十年。1994年他先在"华山书院"成立"全球读经中心"，2004年成立了"全球读经教育基金会"，到现在也已经有十多年了。他真的非常用心，他就是一心一意要弘扬中华文化，推动整个经典教育的发展，他认为要从小孩抓起，认为小孩记忆力最好，所以就要背经典。他的"六字真言"叫"小朋友，跟我念"，很简单，老师念一句小孩子们跟一句，也因此唤起了很多读经热潮。

但是问题出在哪呢？王财贵先生不是那种世俗精明、善于去组织结构的人，他是不要利不要名的一个人，他德性是很高尚的，但是他做事可能不是很精到，越做越大之后，有一些人就上下其手，没有做好。除了儿童读经以外，对青少年也应该讲习经典的，其实王财贵教授也认为应该开讲，但他的一些弟子就搞错了，就不开讲了，甚至不准别人讲了。王财贵这个人是值得尊敬的，他很真诚很难得，这是肯定的，我跟他交往几十年了，有的人是说变会变的，但至少目前为止我还是肯定他的，这是很不容易的，他就是一心一意地要做这个事，而整个华人世界的读经运动真的是得益于王财贵的经营撒种，他的志向是整个人类的文明汇通，只是这汇通必须从根柢长育起来。他的志业是要迈向全球的，有华人的地方他就去讲，很多人受到感染，所以就慢慢生长起来了。他的"文礼书院"现在在浙江泰顺，我还没去过，他大概这辈子就要做这个终老了，如果能建起来那是一件非常好的事，应该是能够建起来的，祝愿他能快一点建起来。

当然有些批评也不见得就是恶意，因为他们批评的是王财贵所衍生出来的一堆现象，不是王财贵本人，包括一位年轻教授柯小刚的批评，也说自己批评的是这个现象，他没见过王财贵本人但听过他的一些事迹，基本上对王财贵也是有敬意的。2016年9月初，我在武汉"全国书院高峰论坛"上①借那个平台发表了一些看法，表示意见不同可以讨论一下，不要用人身攻击这种方式，后来凤凰网也报道了，发了言之后现在争议就慢慢熄

---

① 指2016年9月10日至11日在武汉召开的"中华国学传统与当代书院建设研讨会暨第二届全国书院高峰论坛"。

了，应该会就此打住。之后王财贵可能也会调整、留意一下，应该还是会慢慢在大陆生长发展，因为他对权力、政治、利益都不感兴趣，他就是一心一意地弘扬儒、道和部分佛的经典，这些中国传统的

2011年，林安梧在南京大学为儿童读经

经典，当然还有一些西方的英文读经，总的还是集中在幼儿到青少年这里。

3.创办元亨书院

尼山学堂问：您也建立了元亨书院，为何要建立这个书院？这个书院是怎样建设和运行的？

林安梧答：其实我原先是想把"鹅湖书院"好好发展的，但"鹅湖书院"发展到一个地步之后路线不太一样了，像我对于我的老师牟先生虽然很尊敬，但我有一些不同想法。我当主编的时候，《鹅湖》月刊变得比较生机蓬勃了，因为拉开了新儒学之后的一个发展路向的可能，随着它力量变得越来越大，原教旨派，就是"护教的新儒学"有些意见，"护教的新儒学"主要以牟先生思维为主导。其实这也涉及年轻人的竞争问题了，年轻人生长到中年的时候会有一个危机：瑜亮情结，这个问题很麻烦。当时这个问题就出现了，他们觉得《鹅湖》月刊再这样做下去的话这个路线就变成我的路线了，这不可接受。

在20世纪90年代末期，《鹅湖》月刊曾经稍微往下滑坡，我觉得不能这样，就跟杨祖汉兄商量重新出来担任职务，那时候我们都当过主编、社长了，我就说我们出来，你当社长我当主编，我们两个一向意见不太一样，我们能合作就代表一种精神，既宽容又能有共同的方向，共同的志业。真的，那几年也做得不错，一共干了五六年，每个月都准时出刊，也办了国际学术会议，达成很多学术交流，并且面向社会发了言，蛮有生机和活力的。但是慢慢地就有分歧了，总而言之，这是涉及学派发展路线的问题，也涉及了些权力的问题。这事让我非常难过，我总觉得应该是可以宽容的，我们是讲良知天理的，怎可以受到外在的力量影响，或者考虑权力呢？我身心大受打击。

后来我就比较了解这些事了，一个学派发展到一定地步是一定会这样的，另外，还有些不是思想方向的问题，这似乎是事物的固定规律。老子《道德经》讲"道生之，德蓄之，物形之，势成之"，一旦落入"物、势"，那是一点办法都没有的。人若能有觉性，可以好些，但也有限，这应该就是人的限制吧！当然，这也涉及人的交友圈子的问题。《鹅湖》月刊内部最原教旨派的就是蔡仁厚先生了，我跟他关系还是挺好的，跟我同辈的最原教旨派的就是王财贵先生了，我跟他关系也很好。我认为两位先生的觉性是很高的，佛教有句话说"不怕念起，就怕觉迟"，果真如此。2006年王财贵成立"全球读经教育基金会"，原来《鹅湖》月刊的同仁中就找了我和王邦雄做董事，王邦雄是我们的老大哥，后来还有杜忠诰等几个人，王财贵也没找李明辉，没找杨祖汉。这就是人的因缘问题。人的问题有时候是没办法的，人是一群一群的，真是各有因缘，各有其位，各成其事。

我为《鹅湖》的事感到难过，后来想想，好吧，那么我们就"道并行不相悖"吧。虽然我不是《鹅湖》月刊的创刊元老，但我是最早的参与者、执行者，很年轻就当了主编、当了社长，王财贵比我参与晚些，我与财贵兄就出去，开展新的可能，这也等于是《鹅湖》力量的扩大嘛！王财贵出去做"全球读经教育基金会"了。《鹅湖》月刊原先就有一个"东方人文学术研究基金会"，我们都是创会的董事，是牟先生希望建立这个会，但真正奔走并且做成的是蔡仁厚、王财贵两位先生，当然起先得到李祖原、余范英两位先生的帮助，还邀请了陈癸淼先生担任董事长。这个基金会很具规模，是1988年成立的。其实"东方人文学术研究基金会"也可以兼办读经，那王财贵为什么要独立出去？这基本上也是人的因素。人总是因缘相聚，一群一群，有时很难打通的，胸襟气度，不是那么容易的。另外，别开天地，再起炉灶，不一定不好，有时候反而得以更强壮。

2008年我与一群更年轻的朋友，正式成立了元亨书院，在体制上挂靠在"中华大道文教基金会"，但所有行事主权是完全独立的。元亨书院基本上宗旨与"东方人文学术研究基金会"并无多大不同，但我们更重视儒道经典的讲习，除了培育学术人才以外，我们更重视讲习经典人才的培育。元亨书院参加者不限于我的学生，但以我的学生作为基础点，原先我也鼓励学生多参加《鹅湖》的活动，但却免不了有隔阂，我的学生参与了却没参与感，这就是人的问题。没参与感，他们就不参与了。那时候我也忙碌，常不在《鹅湖》，《鹅湖》一直带有父权家长的意味，不属这主流系络的，往往会觉得难以畅其言，而主要系络的关键人又因为做事的风格，结果把它越做越小了，现在《鹅湖》的力量变得弱了，这也是难以避免的生命周期。当然，这中间有一些权力的问题，很麻烦，也很难说清楚，也不用去论清楚。我淡出《鹅湖》已经十多年了，许多朋友也都淡出了，《鹅湖》有点后继乏力。像最近这两次的换届，现在换届都没多少人去，松松垮垮不像话。几十年的《鹅湖》生涯，让我看到中国传统文化的生命问题，因为缺乏较强的公共论辩，特别是有关路线以及做事思维的公共论辩，所以很难突破窠臼，很难再造新局。

正因为这些历练，我悟出了所谓"人际三阶论"，老一辈人要有温情

　　　　　　　　　　　　　　五、社会关怀

关怀，年轻一辈要有理想冲劲，中年一辈最重要，要有胸襟气度，中年一辈是骨干，没有胸襟气度，这个团体就很难好起来，中年一辈胸襟气度的获得，很重要的就是老一辈的温情关怀，老一辈人对于年轻一辈的理想冲劲有所关怀，他们慢慢地到中年才会长出胸襟气度。如果他们受到的关怀不足，要长出胸襟气度就要不断地反思，这就是修为，这才是真正的功夫。这三阶没处理好，这团体就很难好。我待过几个地方，他们多半处理得不够，像台湾清华大学也是如此，很可惜。

以上可知，儒学是通内外的，我们说的"内圣"之学应该就是从这里说起的。所以我常说"内圣"的修养之学要和外王的"公共性"连接在一块儿理解。内圣之学不能只是个人脾气修得如何就可以了，脾气很好不见得道德很高，这是两回事。我看到在中国传统文化中，人的群体里面并没有用现代性的组织结构来处理事情，看着好像现代性了，但其实做起来没有那个意识，为什么没这个意识？最主要就是来自"私"，或者有的人不一定想得通，他见识不足，害怕了，就固守了，越固守越小。

一代一代人，要往下传，不能老是老人在位，若更老的人回去接班，这是不对的，应该往下传，我主张应该让四十几岁、五十几岁的人去担重任，若六十好几，七十多了，还担任重任，这就没有生生不息的发展，发展就停滞了。《鹅湖》还好，像台湾的《孔孟月刊》，那更是可笑，让八十多岁的人来担任主编，这怎么可以？现在又让七十多岁的人当，这真是可惜了。生命好像就是这样，学派发展递衍也是这样，走到一个地步就会这样。以后你们碰到了不要难过，我为这种事情难过、痛苦，因为我想法太单纯了，总觉得以前那么好，现在虽然也没有不好，但是疏远了，为什么疏远了？举一个很简单的例子，你现在是我小弟弟，有一天，奇怪了，人家要找小弟弟了，你这个哥哥，这时候要怎么做？这就是人间世的难题了，这个哥哥要推你出去，这样才对，哥哥自己要懂得让开。这就叫作"后其身而身先，外其身而身存"，你退到后头去，他才有机会走向前台；你退到外头去，他才有机会进到里面来。这样的让德是很重要的。周朝就因为泰伯能让，成了周朝。鲍叔因为能让，成就了管仲，也成就了齐桓公的霸业。

历史上的让德，除了尧舜禅让外，最著名的应是商周时代的"泰伯之让"，这一让可不得了，一让让出了周朝八百多年。果真一让就发之又发了。《论语·泰伯》篇记载："子曰：'泰伯，其可谓至德也已矣！三以天下让，民无得而称焉。'"泰伯、仲雍、季历，同为周太王之子，太王迁于岐山，周势渐盛，商道日衰；太王极中意孙子（季历之子姬昌），认为日后唯此人可继周之大统，而一统天下。然而，周当时已行嫡长子继承制，依祖制，并不会传到季历之子姬昌。泰伯知道了，就偕仲雍散逸到荆蛮之地（后来成立了吴国）。如此一来，太王得以将王位传给季历，再传给姬昌（文王），文王再传姬发（武王），武王伐纣，领有天下，武王弟周公姬旦，制礼作乐，教化大行，如此一统天下，八百有余年矣！周是中国古代寿命最长的朝代。

没有泰伯没有仲雍两位兄弟让国，姬昌就不可能成为领导者，哪来文王之德，哪来武王伐纣，哪来周朝的建立？我想跟诸位同学说，胸襟、气度最重要，才华、能力如何那是另一回事。特别到了中年以后，胸襟气度最重要，胸襟的修为要从哪里做起？有胸襟但是有一些坏脾气，不好，我年轻的时候脾气不好，这不对，要能够从容、舒坦、放缓。现在你们看老师我大概蛮从容、舒坦的，以前没有人帮我点化这一点，现在我毕竟已经是六十岁的人了，也体会到了。我跟你们说了，你们以后碰到这样的问题，要想起我曾经跟你们讲过这个道理，要相信没什么，现在之所以碰到这个冲击，就是因为你年纪比较轻，他们比你大一些，但你能力又比他们好，这个时候要想想，要选择，要自信，要宽容，心要平、气要和，或许事情还是一样，结果可能差不了多少。但是你不必那么难过，甚至愤怒。以前我会愤怒，后来研究、讲习《易经》就越来越懂了，在什么时、什么位、角色如何，那是没办法的事，你有才、有能，但没有那个位子，没有那个

2011年，张继禹、学诚法师、林安梧"三教论道"

机会，那就不可能了。以《易经》一个卦六个爻来说，你现在可能是第四爻，那这是非常危险的，第四爻接近第五爻，这是国君旁边、领导旁边最重要的左右手，但你越了份，第五爻代表的是君上、是大领导，你一不小心，一越了分，他可能就把你干掉了。六爻之中，第三爻代表的是原先这格局快结束了，准备进入新的格局，你一定碰到问题了；第四爻代表的是新格局刚开始，"三多凶四多惧"，说的就是这个道理。你一旦懂了这些道理，以后就觉得没什么，默默离开、默默淡出就好了。幸亏我还没有犯下太严重的错误，没有闹到不能见面的程度，我的同辈人中就有人曾经是最好的朋友，结果因为犯了这些大忌，闹到后来不见面，也不能见面了，人生到这个地步，学问不就白讲了，最好的朋友居然没有办法坐在一块儿吃饭了，那不是最惨的事嘛。随着年岁增加，你会慢慢懂啦，懂了以后就放缓，就没什么了。

2008年，那时候我已经从这些事中慢慢淡出来了，有一次我应邀到澳门，参加许嘉璐主持的"首届文明对话暨论坛"，会议于2008年4月18日至20日在澳门举行。该论坛邀请了儒道佛三方的代表人物，就"中华文化与社会和谐"的主题进行对话交流，佛教代表是学诚法师，道教代表是中国道教协会副会长张继禹道长，我一方面代表台湾，也代表新儒家。台湾也有很多学者参加。我们有主要的论坛，也有一些小的分论坛，我们三人在各方面表现得很不错，大家也很称赞我们。回去的时候在飞机上，我碰到一个《鹅湖》的老朋友袁先生，我不知道他来，他以前就如同我的兄长一样，我很高兴，就很自然而然地跟他打招呼，但他对我却非常冷淡，我们已经好多年没见面，他一向对我很好，很照顾，是我的兄长，我很尊敬他。我真不知为何他如此冷淡，我和他也没有任何过节，这是不可思议的，我很震撼。后来想想其实很简单，他原来是一个兄长，现在却在分论坛里面参与发言，我现在在最主要的主论坛里面现场直播，这让他不能适应。你或许会觉得，连你们这个学界的大能人胸襟也这么小啊，我可以告诉你们，真的也是有的，所以你以后碰到也不要难过。当时，我很难过，我回去想一想，因为我原来很敬重他，他对我也蛮好的，但是你会觉得怎么会这样，他还是一个专科学校的校长，带着他两个秘书去的，也可能是我太多心。王财贵这方面比较好，他是有胸襟、有情怀、有理想的人，他这方面修为是不错的，我是很看好他的"文礼书院"的，希望能够好好建立起来，朝向更好的理想发展。

4. 大陆国学热

尼山学堂问：大陆的国学热已经持续了一段时间了，老师您怎么看待这种现象？

林安梧答：我有一篇谈中国大陆国学热的文章，叫作《从"马踢孔子"到"孔子骑马"——对中国大陆"国学热"的哲学诠释与阐析》可供参考。"马踢孔子"是高扬马克思主义，踢翻孔老夫子。"孔子骑马"，是孔夫子骑上马，出城去，不只出城，而且出国、出洋去。总的来讲，国学是人文主义的，它通天、地、人三才，厚重而高明；马克思主义也是人文主义，但是大概它的人文主义比较薄一点。所以我觉得儒学跟马克思主义其实是可以融通的，而且融通以后，马克思主义应该可以在这个过程里面有一个比较好的滋养、发展，因为马克思主义在一些论断上其实应该跟儒学有一些交谈、对话，做一些调整。

我年轻的时候其实曾不自量力地做过这个项目相关的事。因为当时有个有趣的因缘，那是在1982年，我到台湾大学去读硕士研究生，我们当时加了两个必修课，是以前所没有的。这两个必修课，一个叫作"三民主义的哲学"，一个叫作"马列主义批判"，听说是蒋经国要求的。这是因为以前国民党的控制力量很大，但是台湾大学的哲学系，可以这么说，一直跟两蒋作对，跟他们作对的主要是自由派那帮人，其实主要就是殷海光，他连着外头做"《自由中国》"的一批人，他底下也有很多学生，包括陈鼓应、李敖等人，所以台大哲学系，一直有大学本科，有硕士班，但是没有博士班。一直到我们那个年代，台大哲学系跟蒋经国交涉说没有理由只有本科和硕士班。其实台大哲学系是一个从日据时代就有了的非常古老的系。日据时代，台湾大学叫作"台湾帝国大学"，但是因为抗日，台湾大学校史就把前面那段割掉了，而从1945年算起。我觉得这个其实是不对的，历史归历史，政治归政治，应该是有前面那一段路和后面这一段路，它们是连在一块儿的。因为台湾大学去跟蒋经国要求成立博士班，我们耳闻蒋经国希望开设这个课，所以开始开这个课。

课程名叫"马列主义批判"，叫批判就当然要读原典，于是在这个程里面读了很多相关的东西，我们读了马列，列宁主义读的比较少，主要是马克思主义，是马克思1844年的《经济学哲学手稿》，是最没有马列主义色彩的比较早期的著作，即青年马克思主义，是法兰克福学派最重要的依据。

我后来写了一篇文章，叫《"儒家型马克思主义"的一个可能——革命的实践·社会的批判与道德的省察》①，我那时是年轻人，才二十六岁。"革

---

① 该文在1996年首度刊登于《鹅湖》月刊，后来收入林安梧：《儒学革命论：后新儒家的哲学向度》，台湾学生书局，1998年。

命的实践"，就是老马克思主义、马列主义；"社会的批判"，就是法兰克福学派，比如Adorno（阿多诺）、Marcuse（马尔库塞）、Horkheimer（霍克海默）、Habermas（哈贝马斯）等；"道德的省察"，就是儒学，

2010年，林安梧、邓晓芒、欧阳康"中西马对话"

特别是宋明新儒学、当代新儒学。我认为应该建立在道德省察的基础上，才能更恰当地进行社会的批判，才有真正不会过头的革命实践。我认为现在的"国学热"，是跟马克思主义的一种互动融通的过程，如果它能够好好地发展，发展到一定地步，将促使马克思主义有一个新的发展。这个思考其实很早就有了，从我在20世纪80年代思考问题，到我正式在大学教书、当上教授，我还是一直这样认为。我做中西马的对话已经有好几次了，2000年、2005年在武汉大学，2010年在华中科大。都是相同的几个人，代表中国哲学的是我跟郭齐勇，代表西方哲学的是邓晓芒，代表马克思主义的是欧阳康。欧阳康年纪跟我们差不多，是一个非常好的研究马克思主义的学者，我们一起讨论这个问题。因为马克思主义有很多个向度，如果能够适当地调理它的发展，马克思主义和新儒家还是可以融通的。因为我是比较早就发文章肯定这种融通的，所以现在谈新儒家与马克思主义的论题，常常拿我的那篇文章来讨论。但是我的文章是在1983年写的，是在解严之前，所以那个文章当时在台湾不能发，到20世纪90年代初才发表的。

尼山学堂问：现在大陆国学热的一个表现就是像尼山学堂这样的国学

五、社会关怀

实验班，这类的国学班在大陆的许多高校中也有，您觉得像这种国学班在教育上应该有什么需要注意的地方？

2010年，林安梧于厦门筼筜书院讲《论语》

林安梧答：我现在并没有什么特别的建议，主要就是我常说的做学问的五证——历史的考证、典籍的佐证、科学的验证、心性的体证和逻辑的辩证。现在的这个国学院啊，比如说像尼山学堂，如果是在大学本科办，我觉得是很好的。在大学本科阶段学生才能学会一些基本功，基本功很重要，因为你们在大学毕业以后就很难学会，你说你念博士的时候才去读文字、声韵、训诂，很难有那个心读下去。我们以前都不喜欢练这些科目的。我比较迷恋文字，特别不喜欢念声韵，训诂我也不太喜欢。然而现在觉得这些都很有用，你至少要知道这个字怎么用，知道文字的源头是怎么来的，知道怎么去查《经籍纂诂》，知道在查《辞源》《辞海》的时候该怎么判断。其实综合这三者来讲，最有用的应该就是文字，因为广义的文字学就包括形音义了，和训诂连在一块儿，声韵也在里面。大学的基本功是要磨炼的，要考文、要释字，要不只是"训诂明而后义理明"，同时也要"义理明而后训诂明"，这两者是交互的，我在《人文学方法论》里面就提到这个事，这也是唐君毅先生提到的。所以要既能宏观地看事物的整体，又能微观地真正深入到细节里面。要先有建树、进一步才能建林，以上这些都很重要。我认为要培育下一代，就要让他们这样一步一步地真正深入到经典之中，在有深入文字功夫的同时，不拘泥于经典的文字里面，要能够从经典里头把义理释放出来。

5. 台湾“中华文化复兴运动”

尼山学堂问：那我们现在联系一下台湾，谈一谈您如何看待台湾当年的“中华文化复兴运动”？

林安梧答：台湾的“中华文化复兴运动”，其实是针对大陆的“文化大革命”搞的。1966年11月，孙科、王云五、陈立夫、孔德成、张知本等1500人联名向台湾行政主管部门致函，建议发起“中华文化复兴运动”，订定每年11月12日孙中山诞辰日为“中华文化复兴节”。1967年7月28日，台湾各界举行“中华文化复兴运动推行委员会”发起大会，蒋介石任会长，运动随即在台湾展开实践行动。

其实蒋介石的修为基本上是宋明理学，他对自己要求的各方面，是宋明理学的那套东西，不过他认为他是阳明学，我认为他是朱熹的。他的能力、思想基本上较接近于强调外在的客观法则性，不是强调内在的主体性。朱熹的“性即理”，比较偏重强调一个外在的、超越的客观法则性；阳明则偏重强调内在的、根源的一个主体动能。这个是两人的基本区别，大概是这样的。不是说偏重，只是因为教相与教法有些不同，他们彻底来讲，都同意体用一源、显微无间，是内外通贯的。

蒋介石的“中华文化复兴运动”，其实真的也起到了一点作用。因为从小学开始就要读一些中国文化相关内容；到中学古文就比较多了，而且《四书》加重了；到了高中，就要学习“基本教材”，“基本教材”当然配合着“中华文化复兴运动”。

我们其实也都因此获得帮助。我们读古代典籍，就是从中学开始读的。我读“基本教材”的时候，杨德英老师当我们的语文老师，她教得很好，所以我就这样受启发了。如果那时候没有“基本教材”，大概也就没人启发我们这方面，人生道路可能就不一样了。所以蒋介石做的这件事，总的来讲其实还是好的。当然，他这个儒学我们也说是"国民党儒学"，"党"排第一位，儒学排在后面，但是也不错，因为它是真的儒学。

尼山学堂问：我们听台湾有的年轻人说，他认为过去那一段时间的所谓中国传统文化的教育，更多的是一种"白色恐怖"式地喋喋不休，您如何看待这种评论？

林安梧答：我想这个不准确，这个"白色恐怖"式地喋喋不休，不需要通过传统文化的教育。你可以说国民党的体制是通过传统文化教育去润化、柔化大众，让你比较和谐，不去跟他对抗；但是你说他是"白色恐怖"式地喋喋不休，我想还不至于。

尼山学堂问：据说当时"教科书"的逻辑很有意思，先讲蒋介石怎么说，然后才是孔子怎么说，接着讲朱熹怎么说……您怎么看待这个状况？

林安梧答：其实有三年是这样的。躬逢其盛，我是参与者，我们一群年轻教师对此提出了批评，我们反对，而且是反对的主力，也真的把它反了。这是一个莫名其妙的事儿。为什么这么说呢？原先我们读书年代的"基本教材"，是《论语》的文本，里面有皇侃、有邢昺、有朱熹的注解，我认为这样读是对的。

我去台湾师大附中教书的第二年变了，就变成你讲的那样——蒋介石怎么说，孙中山怎么说，然后再孔子怎么说，朱熹就没什么位置了，就放到注解上面了，文本用的是陈立夫的《四书道贯》。陈立夫是国民党元老，以前叫"蒋家天下陈家党"，但他在国民党里面也不是得势者，所以被蒋介石赶到美国去，在美国养鸡，后来蒋介石让他回来。在以前抗日战争时，他当教育部部长，也真做了不少事，后来因为与蒋介石有间隙，来台湾、去美国，又从美国回来台湾以后，权力淡出，但他对文化与教育还是有贡献的，这要肯定。陈立夫当然是一个对中国文化有情怀的人，但他是把中国文化放在国民党里面思考的，他还当了"孔孟学会"当时的会长。当得蛮久的，从1967年到2001年。事实上"孔孟学会"在台湾学界，基本上是有争议的，因为他是国民党的喉舌，许多较为客观的学者，总与他有隔阂。不过，他们也会拉着许多学者，有时因为人情因素，比如对方是师长，但他们做的还好，你就不能拒绝。不过，一般来说，严格的学者，不把这当一回事，我看大陆许多朋友太把它当成一回事了。"孔孟学会"的参与者主要来自台湾政治大学的一些教授。台湾政治大学的概念，相当于大陆这边的中国人民大学，是国民党的党校。以前我听老一辈的老师们说台湾政治大学的中文系主要培育"国民党"要员的秘书，他们也以此为豪；台湾师范大学的中文系主要培养教师，教师比较朴实，而且因为是公费，所以很多民间清寒子弟中最优秀的都去念台湾师范大学了；台湾大学中文系给人的感觉，培育的人才范围比较宽，现代文学等都有，而师大主要是国学。这三所学校的气质是不太一样的。

那为什么会讲到这一段呢？当时中学的"基本教材"只有《论语》《孟子》，没有《大学》《中庸》，其实这个考虑是对的，《大学》《中庸》比较难，中学生不一定能读懂，老师也不一定能教得好。但是中学老师想研究《四书》研究全，就有人写信给台湾教育主管部门提建议。台湾教育主管部门就开了个讨论会，邀请了一群人，就是政大、师大的那一帮人，而我们都没参加这个会，这群人就有几个建议说我们读《四书》要讲全了，因为陈立夫在师大、政大教过书，所以那有一帮陈立夫的学生，他们在会议中提出可以以陈立夫先生的《四书道贯》为依据，这样《四书》就完整了。在华人传统观念里面，如果有人提出这方面的建议，其他人是不会反对的，而且讨论会上的人大概都不会反对，如果我在场，我会反对，跟我同辈的有几个人，也会反对，可惜我们都不在，于是就这样定了。由陈立夫先生做主编，陈立夫的秘书来做这个事儿，但秘书也不是国学出身的，就把陈立夫的人和政大、师大里面几个跟国民党关系密切的教师组织起来做这件事，推出了新的"教材"。推出来之后，大家都傻眼了，不知道怎么教。而且当时整个台湾的民主、自由已经走向相当的地步，这给人的感觉是怎么又走回去了，于是引起了很大的波澜，我们就开始在《鹅湖》月刊或者别的地方批评了。《鹅湖》月刊不是"国民党儒学"，我们对"国民党儒学"这帮人基本上是批评的，跟他们也不太来往，因为他们是依靠着党的势力的，主要是政大的那一帮人，有的年纪比较大一些。现在两岸有时候有些不太了解彼此的情况，大陆这边就很重视他们，把他们捧起来了，比如大陆这边的学校到台湾政治大学举办了一个"海峡两岸儒学高峰论坛"，它这不是"高"，是非常可笑的，结果颜炳罡老师还不了解，去了说："奇怪，怎么我们认为应该参加的人都没参加啊？"

这个事情基本上是误解造成的，不是国民党有意而为的，国民党不会愚蠢到这个地步。我们后来开始反对，但是因为那时候应该是在正式解严前、有"白色恐怖"之余，"白色恐怖"就是学校里面都设有安全组织，所以大家还是怕的。其实现在你如果把国民党的体制放在一个发展历程里看，它是有一定道理的，但是对于我们这些年轻的小伙子来说已经受不了了。我当时是《鹅湖》月刊的主编，又是《思与言》的常务编辑，《思与言》是一个比较倾向自由派、开放派的刊物，做的是社会科学、人文科学。我当时就觉得这个事应该做，我们就举行了一个座谈，召集了《鹅湖》月刊和《思与言》两个单位，我争取了《思与言》的主编一起合办了一个"涉及现行高中'基本教材'检讨座谈会"，那是1987年的12月12号，办得很隆重。办会的时候《鹅湖》内部有些人还是觉得不行，因为有"白色恐怖"很担心。我们有些先生那天就不来了，比如有一位先生接了个很远的地方的讲座。另外，我的好友，鹅湖学派的杨先生也曾很用心地写些文章批评过这些"新教材"。那一天开会的时候，他在会场上绕了三圈，然后回家去了，所以这个"白色恐怖"很可怕。但是我的判断是，这不是事儿。那个座谈会的影响力很大，把这个事儿基本上讨论开了，主要意见就是让后来的"中学教材"回到本位。

　　其实在前一个月，台湾"《国文天地》"就已经先办了一个专号。为什么这个专号会先于我们办呢？"《国文天地》"当时的主编叫傅武光，大我十二岁，刚好一轮，后来他当了台师大中文系的系主任，这个人很有才气，是客家人，有一种客家人的硬颈精神，是我的老朋友。他有一次和《思与言》当时的主编吴文星打桌球，文星说他建议办个关于"基本教材"的座谈会，傅武光说这个很好，他们就抢先在"《国文天地》"做了，我也邀请傅武光来参与我们的座谈。

　　前面提到我的判断说这不是事儿，我为什么判定国民党无意把"教材"改成"国民党儒学"的形式呢？因为座谈之后的第二天在国民党的党报"《中央日报》"上，以最主要的一版的半版报道我们那个活动，那个活动是批评当时现行"基本教材"的。"《中央日报》"是国民党的喉舌，第二天拿了半版来报道，这也就是说，国民党内部认为我们这个批评是有道理的。但是，陈立夫当然认为他是对的，就托人来找我谈，我就选了一天约王财贵一起去找他。陈立夫先生是位老先生，他对我们这些年轻人很客气，跟我们讲话的时候也非常谦让、温文。他说："这个'教材'就是对的嘛，没什么错啊，因为它是以《大学》来编的，就从格物、致知、诚意、正心、修身、齐家、治国、平天下入手，然后把《论语》《孟子》《大学》《中庸》统统打散放进去，再以蒋公的话做主导，我想这是因为现在大家不习惯，习惯了就好了。"我说："立夫先生啊，那个手臂这样合着就习惯了（小臂朝内弯内旋），这样反着就是不习惯（小臂朝外用力外旋），习惯不习惯，不是久了就好的啊。"我一边说着，一边用手势做动作，他不信，要调查，于是他就做了一个问卷调查，结果中学老师中有87%反对那个"教材"。他还是不死心，这种以前搞革命的先生都是很有革命意志的，他就写了一个对于这个事件的声明，这个声明在台湾当时号称比较自由的党外报纸《自立晚报》上发表。这不是很奇怪吗？国民党不在"《中央日报》"发表，反而在比较

五、社会关怀

民间的跟国民党不一样的《自立晚报》上发表，因为《自立晚报》的社长吴三连跟陈立夫先生有交情，当然他们的意识形态是不同的。我觉得这根本没道理，就很生气，写了一篇对他的回应文章。一般来说办报纸，和你不同的意见你要接受，结果当时在台湾号称最自由的报纸登了一个"国民党大老"的文章，然后对站在自由派、批评者的立场的文章却不登。我认为那些报纸声称自己是什么立场、什么主义，都是假的，这不是报纸的立场，是人的立场。我是《鹅湖》的主编，后来这篇文章就在《鹅湖》登了。

于是这个事就这样拖了没多久，从12月12号我们办活动延续到来年的2月至3月间，这事进一步发酵，后来到新的学年开始，就有了一个较为良善的结果。这"教材"又回到原来的"教材"了，也就是新进来的高一不用争论的这套"教材"了。但因为当时已经实行了三年，高一到高三都用的这套"教材"，如果要把它拖完，大概要六年的时间。这是我大力参与有关"教科书"的一个重要事件。

从这件事里也可以看到整个社会的进步。我认为中文系的有一些老一辈的人，他们误解了孔老夫子所说的"温良恭俭让"，他们这是"乡愿"，孔老夫子对于"乡愿"是非常难过的，所以孔老夫子讲，"乡愿，德之贼也"，他是非常无奈的，"乡愿"真的是伤害人最深的。并且台湾已经走到了那个阶段，是不可能倒退回去的。我常说看问题，要从大趋势看，在台湾发展的过程里面，国民党的某些体制不是那么不好，它就是个发展历程，他们内部也在调整。所以有的人，一讲起蒋介石就把他讲得一文不值，这并不是恰当的。台湾在这个发展过程中怎么走的是很清楚的，如果没有蒋介石和陈诚，台湾的农民能够"三七五减租、耕者有其田"吗？"土改"能成功吗？"土改"如果不成功，台湾能够经济转型吗？台湾的"土改"使得台湾的生产力整个上来了，基本上没有什么后遗症，好处很多。这一点算是蒋介石从共产党身上学到的一个新的东西，很有趣。台湾从农业转型到工商业，这是一个重要的历程。

（二）台湾宗教

1.台湾宗教目前的状况

尼山学堂问：您在宗教方面也有所涉及，能否谈一谈您对台湾宗教目前状况的一些看法？

林安梧答：我曾经在20世纪90年代初写过一篇叫作《台湾宗教的昌盛与猖獗》的小短文在报上发表。我的意思是，台湾宗教有一些很昌盛，但也有些太猖獗了。譬如有些宗教宣传"反智"，常常动不动就用"不可思议"这个说法去搪塞，凡遇到它不会的事，就认为是不可思议的，经常会讲凡是高深的道理就是不可思议的，要不就说你不要执着，要你不要心生分别相，告诉你受苦是有福的，顺从是上天的安排。想以此引人入信，这是不对的。我当时那个小文章对这些现象有一些批评。我觉得到现在为止，台湾宗教的发展总的来讲，除了有些过头了，还算是恰当而合理的。因为在台湾发展的过程里，宗教的发展配合着台湾经济、社会的发展以及各方面，是在一个轨道之内的，所以它不可能闹腾出不好的事儿，如果有的话，大多是小事，不可能闹腾出大事。因为台湾的社会理性已经成长到了相当的地步，台湾的有关规定在这方面也比较完善，所以宗教其实是自然而然地受到了规范。

另外台湾宗教学系已经发展了二三十年了，应该算是比较成熟。宗教学的研究已经成为一个非常重要的学问领域，在这个过程中，宗教学研究无形中跟整个宗教界慢慢有了一些接触。当然有一些纯做宗教学术、学理讨论的宗教学学者，同时也有很多学者不只停留在宗教学学术讨论层面，也跨级到实际的宗教事务上去研究，于是宗教人类学、宗教社会学、宗教哲学的深层探索就慢慢多了。台湾宗教学的发展过程是这样的，在还没有宗教学系以前，就有一群人成立了"东方宗教讨论会"，大概是我在念研究生的时候开始成立的，我也是参与者，主要是大我们十岁左右的一群青年教师发起的，因为我是比较早就参与到学界的，所以他们大概也不把我们这些硕士生当学生，都视为青年学者一起参与。我主要是从哲学角度参与，属宗教哲学，在其中讲习经典。记得常出席参加的有李丰楙、郑志明、江灿腾、林保尧、王开府、胡其德、林美容，等等。"东方宗教讨论会"对于台湾宗教研究起了非常大的促进、推动力量。后来，"东方宗教讨论会"转型了，成立了"台湾宗教学会"，主要成员是从"东方宗教讨论会"移过去的。一方面我在台湾参与了几个学会，另外一方面就是关于科学史成为学术建制、体制里面一部分的那个研究，我们原先有一个讨论会，当然我是做文史的，所以只是参与者而已，他们有一些做科学的把科学跟历史连在一块儿，后来在历史系里面就设有科学史。所以很多的相关宗教就从台湾民间慢慢导向出来。台湾目前宗教的情况大概就是这样的。

2. 台湾的佛教

尼山学堂问：您能否进一步具体到台湾各个宗教的层面，比如谈谈佛教的发展状况？

林安梧答：台湾的传统宗教其实在日据时代就一直存留着，有佛教、道教、儒教，佛教虽然并不是很兴盛，但它确实存在。总的来讲，这三教混合在民间的民俗信仰中，佛教相对比较纯粹。佛教跟道教有所结合号称

"斋教"，有的还有名号，比如"龙华教"，"龙华教"作为斋教的一种是设有斋堂一类的。

这种情况一直持续到1945年"台湾光复"，大陆很多跟国民党关系密切的宗教人士都到台湾去了，比如"中国佛教会""中国道教会"的这些人就到台湾了。佛教包括太虚大师的弟子们，像印顺法师、慈航法师、白圣法师等很多人，但是他们不喜欢被政治上的事情限制太多，于是他们在内部就开始产生矛盾，"中国佛教会"中跟国民党关系密切的人，就想排除异己，被排除的主要是以学问见长的人，其中著名的就是印顺法师。国民党的处理还是不错的，查明白了以后，印顺法师就没事了，之后印顺法师就放下这些纷争，只做学问。

另外有一些年轻法师，能力强、信仰坚定，但因锋芒太露，与有权力的其他长者有些隔阂，就独自"开山"去了，其中一位就是现在赫赫有名的星云法师。星云法师原来是"中国佛教会"的，但是和他们处不来，就自己出去了。现在的星云法师法相庄严，年轻的时候是个美男子，帅、高，还打篮球，很开朗、很有才华。人生有些缘分是不可思议的，他离开"中国佛教会"到宜兰礁溪讲经说法，他的开基便是从这里开始的，这是我所知的。当时有一块地，在高雄大树乡，很荒芜，结果后来被星云建设成了现在非常著名的佛光山。我常鼓励很多朋友说："山不在高，有仙则名；水不在深，有龙则灵；斯是陋室，惟吾德馨。"佛光山便有"陋室铭"的意味，不过他可不是陋室，星云法师可是把他打造成佛教胜境，虽然那个地方仍是很偏僻的，但是佛光山现在是全世界最著名的佛教圣地。起先，星云法师就在那里，一步一步做到现在。他的宏愿就是"佛光普照三千界，法水长流五大洲"，现在果真普照三千界，长流五大洲了，真是十分了不得的。佛光山在这个建设过程中，星云大师也遭受过批评，甚至是中伤，而且是接二连三地，你能够想象的有关人的攻击中伤他统统都遭受过。他也不在乎，慢慢就做大了，星云大师的胸襟气度、见识眼光、理想信念都

　　　　　　　　　　　五、社会关怀

是很了不起的。

　　台湾的佛教界像星云法师这样了不起的，还有证严法师。证严法师今年八十一岁，小星云法师十岁。证严法师虽然是一个女法师，但是长得十分英挺。她年轻的时候，是人家的养女，家境不错，是台中丰原人。她读佛书的时候受到了很大的启发，就有向佛的心思。后来因为养父过世，她很孝顺地开始茹素，之后便想出家，但妈妈不准，她就逃家了，到了台东那儿结庐然后自己剃度出家了。她自己读书，读佛经，有很多书是印顺法师解经及阐述佛教义理的。她后来到了花莲，现在的慈济精舍那里，经过了竹筒岁月，展开她的慈善义举，她就是这样发迹的。后来她被西方基督宗教的救济跟医疗事业所感染，并且深感台湾东部医疗资源的匮乏，于是从那时开始，就想要做医院。一开始的时候是"竹筒岁月"，就是用竹筒一天存一块钱，一些主妇们和她一起推广这个观念，以真诚动人；于是越来越多的人都参与进去，她就从这个念头开始做到现在，志业已经遍及全世界了，号称"四大志业、八大法印"，指的就是她的医疗、人文、教育和环保，然后再扩大出去，这个很了不起。

　　证严法师受他的老师印顺长老"人间佛教"观念影响，导师叮嘱她要时时刻刻为"为佛教、为众生"，将佛教精神人间化、生活化。1966年证严法师开展了她的志业，在花莲普明寺成立慈济功德会。慈济初期成立时由花莲当地三十名成员组成，推动社会救助和慈善工作。早期工作主要是募款及济贫，以"教富济贫"为目标，推广无缘大慈、同体大悲精神，要求其成员"以佛心为己心，以师志为己志"，遂衍生"四大志业，八大法印"理念，希望建立慈济社会、慈济家庭，推动慈济人文。慈济推展其"四大志业、八大法印"理念时，普遍以其负责人证严法师认为的"普天三无"为原则，推动所谓"佛法人间化"理想。而在此原则下，慈济之慈善事业运作不分种族、不分宗教、不分国度，团体中也不乏其他宗教、种族的志工。慈济的主要事业即"慈善""医疗""教育""人文""国际赈灾""骨髓捐赠""环保""小区志工"。

　　要说她与印顺法师的因缘，十分有趣。她到了花莲以后，有一次到台北参加佛教的僧伽法会。我们华人很注重系谱，于是就有人问她是跟谁出家的，证严法师说是自己出家的。因为是自己剃度所以没有度牒，也没有点香疤，所以不能参加那个法会。那时候台北佛教界，有一些居士和一些高僧成立了慧日讲堂，意在"智慧如日"，我年少的时候跟慧日讲堂是有点因缘的，在我大一的时候，曾经参加过慧日讲堂举办的佛学演讲比赛，得了名次，他们送了我十几本书。证严法师因没有正式的度牒，就没有参加法会，她去了"慧日讲堂"买书。据说，那天印顺法师刚好就在"慧日讲堂"，就问她为什么来。她说本来要来台北参加法会，但因为没有出家的度牒，所以无法参加，她就问能不能拜印顺法师为导师，请求他作为剃度师，印顺法师就同意了。印顺法师的佛学思想原先想的是回复佛陀的时代，而对于中国佛教是有些意见的，他不同于太虚大师的人生佛教，特别标举人间佛教。证严法师的佛教是她自己读书、自己体悟、自己开创的，可以说是转益多师。但是因为在台北的因缘，拜他为老师，所以现在她心心念念的是她是印顺的弟子，也就是不忘师恩。因为慈济有医院，所以印顺法师的晚年也都是慈济来照顾的，在慈济经舍还有印顺法师的纪念堂。这个因缘是很有趣的，实际上证严法师应该说完全是自己读书悟道的。证严法师这个人是非常明达、非常严格的，做事非常有条理，她受的正式教育程度并不高，主要是她自己读，但她对事理、人物的透悟能力极高，对于佛教的信仰十分坚定，她主张做中学、学中觉，力行实践。真非常人能及。

　　证严法师做的跟佛光山的方向不太一样，佛光山主要是做文化传播、教育和学术，佛光山的佛教学说特别多；慈济虽然教育也包括在内，但重点在救灾、慈善、医疗以及环保领域。两者各自努力，他们好像形成了某种分工，虽然彼此来往不多，有时也有些竞争，但你可以看到在佛教的同体大悲下，他们互敬互重，有着包容和关怀。

我从2008年转到慈济大学教书，担任慈济大学宗教与人文研究所及东方与文学系的合聘教授，做了8年所长，我当然对慈济有些理解，也关心慈济。但慈济大学是大学，在台湾教育主管部门注册的名称叫作"慈济学校财团法人慈济大学"，由财团法人台湾"佛教慈济慈善事业基金会"捐助设立，以医学院闻名，1994年起先只设立了医学院，1998年又增设了人文社会学院，那时开始有了宗教与文化研究所，我则在10年后，从2008年8月起，从台北转到这里来任教。慈济大学虽然是证严法师设立的基金会建立的，但校务行政与基金会是独立的。其实它与证严法师没有直接关系，证严法师当然也关心这所大学，不过她要关心的事太多了，基本上学校是独立的，遵守着一般大学的客观性与学术性，它是全面开放的。慈济的证严法师也很尊重学者，我的研究室里面摆了一尊孔子像，并没有摆释迦牟尼佛像，她也没管，她对孔老夫子也是很尊敬的。我每次回到我的研究室一定要对着孔子像焚香礼拜一番。其实，我所居所处，或者我工作的地方一定会摆设孔老夫子像，我在台中的元亨书院有孔子像，台北的象山居有孔子像，以前在台湾师大的研究室有孔子像，现在的慈济大学研究室有孔子像，孔老夫子的形容样貌栩栩如生地参与到我的生活世界之中。

2016年，慈济大学宗教所所长室

台湾的佛教界，创山头的几位法师：佛光山的星云法师、中台山的惟觉法师、慈济功德会的证严法师、法鼓山的圣严法师、灵鹫山的心道法师，我都认得，有的还一起共事过，真是因缘殊胜。说说惟觉法师，我跟惟觉法师平时并没有什么很特别的交情来往，但是，有过几次接触。惟觉法师现在也圆寂了。起先，我是因为我的老朋友李祖原建筑师而认识他的。李祖原也是牟宗三先生的学生，他在20世纪80年代中叶末，开始来听牟先生的课，他对牟先生的志业很钦佩很支持，他游走于三教之间，后来他皈依了惟觉法师。李祖原是一个很喜欢学中国传统文化的人，他除了儒家以外，他还学道，也学佛，也吃斋茹素。他现在已经八十岁了，但还是非常有活力，还在他的建筑师事务所工作，精神体力都很不错。他曾经是世界最高大楼的建设者，一提起台北的101大楼，没有不知道那是李祖原建筑师建的，他与贝聿铭、汉宝德等齐名，可以说是国际上最著名的华人建筑师之一吧！他皈依了惟觉法师后，有一次他问我能不能来给惟觉师父的弟子们上课，那时候中台山还没建，我就在惟觉法师的开山处万里灵泉寺给他们上课。上课很有意思，讲哲学概论就讲到宗教，讲到佛教出家的道理，讲出家的殊胜意义，我告诉他们出家这件袈裟可是极为神圣的，要担得起，不能担不起，如果觉得担不起，那就诚实地放下，放下还俗也是可以的。我的陈意可能太高了，我认为不是出家就好，必要时也可还俗，心地明白，是很重要的。不知道是否我讲了这个话的关系，因为他们当时都有录音，做了那一连串的讲座之后，我就再没有被邀请去他们那里做讲座了。

信惟觉的还有陈履安，陈履安是陈诚的儿子，我去万里讲课时，遇见了陈履安，他一直跟我提要有真正的实证，真实的体证才可以。另外，还有一些其他人，像马文瑞就是其中之一，就是成立"自然文教公益基金会"的那个马文瑞先生，他也是惟觉的弟子。有一次马先生刚好碰到惟觉，我那时正在惟觉法师的万里灵泉寺讲课，讲完了一起下山，马先生开车载着我，我们就聊了一下，他人其实也还不错的。

我跟法鼓山农禅寺的圣严法师，也有一个有趣的故事。圣严法师其实是个学者，他是日本立正大学的博士，所以他基本上对学者也是尊重的。

因为他了解学问，就办了法鼓大学。起先筹备法鼓大学的时候，办了个学术研讨会①，他找了杨国枢教授来筹备。杨先生是个心理学家，他因为我写的《中国宗教与意义治疗》，希望我这个年轻学者参加，于是我就写了一篇文章，叫《"天地有道"与"回念一几"——以"人的素质"之提升为核心》。我们在台北开这个会议，会议的规格很高，我那时候很年轻，他们对我也都很好。圣严法师忘掉了我们其实原先在"东方宗教讨论会"的时候就见过，他那时候以一个学者身份参加，现在在这个地方，他是东道主，他听我这个年轻人在台上讲，讲得很好，等我讲完以后，就把我招去了。招去了第一件事情就问我老师是谁，我说我的老师是牟宗三牟先生，之后就没下文了。为什么呢？因为牟先生对佛教有些批评，圣严法师认为牟先生是儒家，那就不用说了嘛。这个是很有趣的因缘啊，他可能本来希望我能帮忙做些什么，后来就没了。我当时已经在台湾清华大学教书，正担任台湾清华大学通识教育中心主任。这是非常有趣的故事了，他刚开始跟我谈笑风生，问了之后马上就没话说了。我的老师是很有威力的，基督教对他有意见，佛教界对他有意见，学界对他也有意见，因为牟先生是一个魏晋人物啊，他这个也批评，那个也批评，所以我们做他弟子，有时候也会"受灾"。其实我现在想想都是好事，因为这样的话，你更能够"直方大，不习无不利"，如《易经》"坤卦"六二那一爻，直，是直契根源；方，是方正合义；大，是宽广无涯；不习，不受世俗习染；无不利，利益众生。顺便再讲一点，在台大我也遇到过这种事儿，国民党觉得台大既然成立了哲学系博士班，博士班的学生就应该帮忙做一点事儿吧，就找了教授来主持这个事儿，他们就列了一个名单，因为我是牟先生的学生，被归到新儒学派，因为主其事的教授可归到天主教派，就主动把我划掉了，就不让我参加了。这很好啊，因为我们那时候对所谓国民党的威权也有意见，

---

① 即1999年在台北举办的"人的素质——人文关怀与社会实践"国际学术研讨会。

所以这样反而省事，省得麻烦。

另外还有一位心道法师。台湾灵鹫山无生道场住持，也是世界宗教博物馆与国际非政府组织"爱与和平地球家"（Global Family for Love and Peace）之创办人。心道法师年纪比前面几位法师小一些，他祖籍云南，1948年出生在缅甸，现在还不到七十。他25岁时在佛光山从星云法师剃度出家，进入佛光山丛林大学就读。后来因倾心祖德苦行操履，于是离开佛光山僧团，独自专志禅修。他26岁开始独修，面对孤寂，每日禅修18小时以上，日中一食、夜不倒单。经过许多历练，他在1984年创立了灵鹫山无生道场。他以禅门心法为体，秉持"工作即修行，生活即福田"的现代生活禅理念，开启弘法教化。心道法师很有才，思考方式很有创意，他到了灵鹫山。灵鹫山很漂亮，在台湾东北海岸的海角上，这里面原来是一大片的坟场，他就在那打坐，然后有一些传奇故事，后来他就盖了一个道场。那个山因为有灵鹫样就叫"灵鹫山"。原来这座山也叫"猫狸山"，这里有一个道教的庙，我有一个朋友张仁山对那个道教庙很熟悉，但是道教没兴盛，佛教反而兴盛了。我跟心道法师的主要因缘又是怎样呢？先在20世纪80年代末90年代初，他成立了一个"国际佛学研究中心"，那时候发行学刊，我还在上面写过些文章。像吴汝钧翻译的久松真一跟Paul Tillich（保罗·田立克）的对话就在上面[1]，我们都读过。那时候佛教有关学问这方面跟学界的互动慢慢多了，就是佛学之为佛学，它和宗教学领域、哲学领域的互动比较多，像佛光山在这方面做了很多，法鼓山在做，灵鹫山也在做，证严法师这边比较少，惟觉那边也比较少，惟觉主要是做中学的教育、心灵环保和禅修。后来心道法师又想了解整个台湾民众的心灵意识状态如何，然后想做一些对台湾民众有所帮助的事，就找了我的一个朋友余德慧。余德慧是杨国枢的学生，也是个心理学家，思维非常丰富，受西方思想影响

---

[1] 指《东方与西方的对话——保罗·田立克与久松真一的会谈》，梁万如、吴汝钧合译，《国际佛学译粹》1992年第2辑。

很多，对东方的也有深入，在心理学方面很有造诣。他找了我，我们两个一起成为他们这个项目的顾问，然后就展开调查，做了三年，这三年就很自然地跟他交往多了。现在我和心道法师也偶尔还有来往，因为他和我年纪比较接近，性格比较豪放，像兄弟一样。

但是，有一次他闭关出来，他的弟子给我们打电话说师父想见见我们这些老朋友，那天也是一个很有趣的体验。他的弟子们不会安排，把我们安排在弟子队列里面，结果师父闭关出来，弟子全部跪在地上，迎接师傅出关，但是我们不是他的弟子，是他的朋友呀，我们不知道怎么办，我这跪也不是站也不是，要怎么办呢？我就先离开了。当然我有一些朋友，他们就不好意思，就这么待在那里也跟着跪了，跪着大概也觉得很难受。这有的人能适应，有的人不能适应，像我是不能适应随便跪一个法师的，我们讲跪天地、跪父母、跪圣贤，你一个法师，我又不是你的弟子怎么能跪呢？而且我们是朋友啊！于是我就托故走了，走了以后，弟子就打电话，说："师父已经出关了，现在在大厅，请大家喝茶，林教授你在哪？"我说："不好意思，家里有紧急的事儿，我就先走了。"其实也没什么紧急事儿吧。这也是很多佛教界人士的问题——不懂要如礼，如礼就是对人要有恰当的尊重，不能认为敬佛最大，师父最大。这方面谁做得最好？其实，心道法师挺好的，只有那次他的弟子疏忽了。另外，老一辈的法师，就我所知，星云做得最好，他能像我们这样聊天聚会，很多大师级的法师大概都很难，因为他们习惯了人家对他们五体投地。这方面我主张他们佛教改革用拱手作揖就好，不要动不动就跪拜，否则很麻烦，弄得人很尴尬。其实师父没那个意思，就是因为那几个徒弟的意思，然后这个师父进来，全部人都跪下去，你怎么办？你不好站着的，所以只好蹲着，因为人有不同的态度嘛，所以基本上我的习惯就是这些场合，尽量不参加，这些事儿是我在意的，如果不是平等相待，那就少来往，不然挺麻烦的。

台湾佛教这几大山头在宗派问题上，惟觉法师是禅宗，星云法师是禅宗，法鼓山农禅寺的圣严法师是禅宗，还有灵鹫山也是禅宗，慈济是自立的慈济宗，但慈济最主要的思想，是受天台的《法华经》影响的。我觉得他们彼此分工，各自努力，来往并不多，有竞争，尽管有些不同的意见，但是口不出恶言，彼此有相互支持的时候，但是不多，因为他们的方向各有不同，信徒有重叠，但是他们基本上也无所谓。这是我觉得非常好的、可供参考的一个方式。广的来讲，他们都叫"人间佛教"，也就是把彼岸净土变成此岸净土的意思。

3. 台湾的基督教

尼山学堂问： 那么请问您是如何看待台湾基督宗教的呢？

林安梧答： 我对台湾的佛教状况理解比较多，但对台湾总体的基督宗教理解不是非常多，这里就我所知的说一说。

基督宗教一般分旧教跟新教，台湾的旧教跟大陆一样叫"天主教"，新教就叫"基督教"。旧教有神父、修士、修女，新教是牧师，牧师是可结婚的，神父、修士、修女是不能结婚的，当然退职后也可以结婚。

我因为中学念的是卫道中学，是天主教教会的学校，所以也在那时候，刚开始感受到这个宗教的庄严，天主教望弥撒，非常庄严肃穆。我觉得那种肃穆平和非常好，我并不排斥，但是我并没有要成为所谓的教徒的想法，后来上了高中读了很多传统文化的书，从心底佩服孔老夫子，自诩为儒教教徒，更不可能成为基督教徒了。

到大一的时候，我入台湾师大中文系读书，我们寝室有两个香港同学，他们是基督徒，那时候葛理翰（Billy Graham）到台北来，开布道大会，他就请我们一定要去听，我们整个寝室都去了，寝室一共六个人，其他四个不是基督徒。听完后，很奇怪，葛理翰布道真的能感染人，他用英文讲，然后有中文翻译，他说要成为教徒的就往前走，结果很多人往前走。我就坐在那里细想，这怎么可能呢，这怎么会呢？还好我们寝室都没有，大概因为我们平常都已经在谈中国文化了嘛。我心里在想，这号称文化古国的中国华人世界，怎么可以这样呢？我就一直反思我们的灵魂何在，我们的信仰何在，觉得这个是基督教的力量太大。其实也没有很大，台湾的基督宗教包括旧教、新教的总信仰人口一直不超过10%。他们其实做了很多好事，后来我也认识了很多基督徒以及天主教的教士，大家来往很多、感情很好，他们也都非常尊重人、对人很好。

天主教大学最著名的是台湾辅仁大学，台湾辅仁大学跟我来往比较密切的就是陆达诚神父。陆达诚神父，他们家是天主教世家，兄弟中有好几个去当神父的，他们是上海人。陆达诚神父人非常好，长得帅，温文尔雅，每个人都奇怪他怎么可能成为神父呢，怎么可能不还俗了呢？我们都觉得很奇怪，因为一定会有女生喜欢他嘛，他在法国读的博士，研究存在主义神学，研究 Gabriel Marcel（加布里埃尔·马塞尔），对人也非常好，现在八十出头了，当然还是神父。我们认识的很多神父都退职了，结婚了，以前卫道中学，很多神父也都退职了，现在哲学界很多人是神父修士，有的是准备去当修士，后来就马上迷途知返了。其中一个非常著名的叫傅佩荣，他中学的时候，家里准备送他去当修士，念恒毅中学，以后继续走天主教的修道之路，但是听说他后来因为碰到了他的女朋友，所以他就没走这个路，他不算退职啦。还有郑昆如先生，以前台大哲学系系主任，他是因为碰到他的学生，就从神父退职了，后来就跟学生结婚，另外还有项退结神父和其他很多神父也是嘛。但是我觉得他们其实对天主教信仰都还蛮真诚的，所以我常说，其实你在生命中做一些决定的时候并不意味着你背弃什么，比如说这不是背弃上帝吧，你是很明白地跟上帝做一个告解、做一个区别，我现在还俗而已嘛，还俗不是罪嘛。所以这个地方我倒是对他们不会有不好的想法，我觉得挺好。陆达诚神父没有退职，我跟他熟嘛，就问他："陆神父你年轻的时候，难道不会有女学生给你写信吗？"他说会啊，只要打开知道是情书了他就马上不看了，再后来又有来信，如果发现这字迹和原来那一份一样，就是后来那个女生又继续寄了，他连打开都没打开。我就跟陆老师说："是我的话一定打开看，仔细看。"他就笑。我说："我们是凡人凡心啊，你是圣人圣心啊。"所以这些人基本上是很好的，像陆达诚神父，他虽然是天主教教徒，但对儒家很尊重，而且是深入理解的，他以前在香港的时候，曾经听过唐君毅先生的课，是唐君毅先生的学生，所以他对唐先生也非常尊敬，因为他做的存在主义神学，其实跟儒学是很接近的，像Paul Tillich（保罗·田立克）、Gabriel Marcel（加布里埃尔·马塞尔）、Martin Buber（马丁·布伯），这些大宗教学家，骨子里都透露着和儒学很接近的气息，都重视到我与你的主体际性。

台湾比较早的基督教教会，就是"基督教长老会"。它跟政治关系密切，主张台湾"独立"。它有两个神学院，一个是"北神"，台北的"台湾神学院"；一个是"南神"，台南的"台南神学院"。一般来讲，"台南神学院"政治倾向特别强势，里面有一个非常著名的牧师，他的"台独"意识很强，从那里训练出来的牧师，很多都是"独派"。台湾的这些"基督教长老会"很明显地是"台独"，很早就是了，到现在为止仍然是。

我跟他们几乎没有什么来往接触，唯一一次，应该是我在大学三、四年级的时候，因为我的朋友台大的黄崇宪而接触的。黄崇宪喜欢结交很多朋友，而他家又很宽敞，所以常常会办沙龙。有一次我住在他家，一个"基督教长老会"的人来跟我们聊天，"基督教长老会"的牧师的独特性就是他的闽南语好得不得了，他们上课全部用闽南语，"南神"是百分之百用闽南语上课的，所以他们这方面很强，我以为闽南语要比我说得溜的不多了，但他们讲学术完全用闽南语啊。我那天跟他对辩台湾问题，我认为整个中国应该是统一的整体，两岸虽然暂时分离，但过去、未来都应该是统一的整体，他就跟我辩论了整整一个晚上。所以后来就自然而然注意到

"长老教会"的一些信息，大概就这样而已。

他们这些人有自己的理念和观点，和你、我可能截然不同，这是因为他们受到的训练不同，但是他们作为一个"人"，据我所知，基本上做事、为人处世也是相当好的，学问也是很好的。但是比较可惜的就是他对中国文化传统了解太少，我常觉得如果他们读了中国文化经典，大概就不会那样主张，也不会那么狭隘。

另外就我所知像"基督教世界展望会"，它在台湾也是作为一个慈善组织存在的，大家还是会捐款的。也就是说，捐款给"基督教世界展望会"的不一定是基督徒，但是因为它做了很多事儿也就捐了，就好像捐给慈济功德会的不一定是慈济的信徒、不一定是佛教徒，但是因为慈济做了很多慈善的事儿所以捐款。台湾基本上在这方面对宗教是很开放的，宗教只是你的身份标志的一部分，而且它是可以重叠的，这很清楚。台湾应该算是少有的宗教比较自由的地方，而且它不出乱子，这不容易，这代表着一个社会已经发展到相当成熟的地步，它的基本的人文教养也到了相当程度，可以这样理解。

另外，台湾的基督宗教的本土神学，在理论上也是有些创获的，像张春申、房志荣等都有着相当的贡献。像林治平教授对于中国近代以来基督宗教的研究及台湾基督宗教的传扬，也有相当大的贡献。这里来不及——细说了。他们很多虽然是基督徒，但对中国文化也有很深的情怀的。

4.台湾的民间信仰

尼山学堂问：老师，那台湾的民间信仰或说民间宗教状况如何？

林安梧答：其实民间信仰都是跟三教密切相关的，它就是三教结合在一块儿。民间信仰就是像妈祖信仰、关公信仰、太上老君信仰、哪吒信仰之类的，像我们那个村落最重要的两尊神，一个是哪吒，一个是妈祖。在台湾中部，凡是靠海的地方一定有妈祖，靠山的地方一定有哪吒，这跟你的家乡在哪儿有关系。我们是从福建漳州来的，主要到了台湾中部；至于靠海的，有些是从泉州来的，可能有妈祖，有王爷信仰，另外还有别的一些，可以说琳琅满目，我不是这方面专家，说不全。

台湾的宗教信仰非常非常多，一个村落，里面一定有宫庙，如果是佛教就叫寺院，但里面主要是道教的宫庙，像我们村落最重要的就是哪吒信仰。神明跟我们生活关系密切，比方说如果孩子不好带，就给神明做"契子"，就是做义子，神明给你一个符令，然后大概挂一个东西在脖子上，用来保平安，这种平安符，闽南语叫"贯挂"，大概我们家兄弟姐妹每个人都挂过。逢年过节要酬神演戏，每年有人出资酬神感恩。除此之外，每年唱戏祭祀，大家要捐款，捐款额度的分配是按照你家的丁口数，以男生为主，男子为丁，女子算口，这就叫"丁口钱"。譬如三月十二轮到我们那个村落妈祖绕境，也就是所谓的"迎妈祖"的日子。我的家乡，"迎妈祖"，从初巡到回銮，一共要迎十八天，从农历三月初一到三月十八，要走十八庄。这期间是济贫之日，所有的乞丐都出来了，今天在这吃，明天到那吃，今天在这要粮食，明天到那要粮食之类的，大概他这一年最重要的就是这十八天嘛，这十八天要的粮食听说就可以吃半年了。然后从三月十八隔五天就是妈祖林默娘的生日三月二十三，那天在台中是一个大庆典。当然免不了要酬神演戏，大办宴席，这在台湾民间非常热闹，特别是妈祖、关圣帝君的民间信仰非常旺盛。

（三）生死学教育

尼山学堂问：您在生死学教育上也颇有研究，能不能跟我们谈一谈您进入这个领域的来龙去脉？

林安梧答：生死学教育这方面其实要感恩傅伟勋教授。

傅伟勋教授是新竹人，他因为患了癌症就写了一本书，叫《学问的生命与生命的学问》[①]，经由这本书谈他的生命历程，思考了很多生与死的问题。傅伟勋先生早先就把弗兰克的意义治疗学传播到台湾来，后来我受了意义治疗学的启发，就写了很多关于儒家、道家、佛教的东西，结集出版，叫作《中国宗教与意义治疗学》。

他谈生死学的问题，认为西方的"死亡学"在中国应该用"生死学"这个词来概括，《论语》有"未知生焉知死"的句子，可见中国文化传统更重视生死两端，而且很能重视生，视死犹生，他配合着杨国枢先生，杨国枢先生也非常注重心理学和生死学的问题。在20世纪90年代初，他从美国到台湾，就开始推动这个事了，开了风气之先，一时间，大家就留意到这个事情了。正因为傅伟勋的关系，后来龚鹏程先生在担任台湾南华大学校长的时候就准备成立"生死学研究所"，而且想成立一个"殡葬学系"，当时大家觉得非常奇怪，后来还是没有叫这名字，叫"生死学系"，殡葬管理各方面都纳入这里面去讨论、研究了。现在，整个台湾的殡葬业水平

---

① 傅伟勋：《学问的生命与生命的学问》，正中书局，1993年。

提高了很多，人的丧葬仪式都比以前庄严，意义感也深了，做得相当不错。这真得力于台湾南华大学的启动，当然最先创始者在于傅伟勋先生。

感恩傅伟勋教授，他真的有感受到这个东西的重要性；也要感谢星云法师，他能够看重这个东西。当时星云法师以重金礼聘傅伟勋教授，十年的薪资一次性都付了，希望傅伟勋先生能在六十岁到七十岁的时候做他们的终身教授，结果他一堂课没讲就过世了，主要不是因为癌症，而是癌症的并发症，他在加州就过世了，1996年10月15日过世的，很是可惜。不过，他的遗愿——成立生死学系，实现了。他的心思后来由他的第二任太太Sandra A.Wawrytko（华珊嘉）继承，她是一个美国人，也是研究中国哲学的，成立了"傅伟勋基金会"，帮助了一些年轻博士，现在情况怎么样我不知道。傅先生很可惜，他如果能够多留几年就完全不一样了，那是他学识最好的时候。六十岁应该是做人文学问过程中能够好好地静下来写东西、讲东西的年龄，因为这大概是人最成熟的时候，当然不是继续发展之时，因为已经发展得差不多到底了。傅伟勋先生学问好、精神好，酒量也很高，在这最好的时候，人居然就这样走了，我们真的很怀念他。

我跟傅先生的交往很深，关系也很好，他这个人性情很豪放，知识很渊博，思想很敏捷，他是台湾南华大学哲学研究所的讲座教授，我那时候是台湾南华大学哲学研究所的创所所长，还不到四十岁，傅先生就用闽南语称呼我为"少年头家"（年轻老板）。

1993年下半年，我在美国威斯康辛大学访学期间，曾到他的天普大学去，他请我吃饭，和一群大陆的学者一起，大部分都是博士生，他好酒，就把我们全部都灌倒了。那天晚上一群人打地铺，就睡在他家，第二天他是最早起来的，喊我们去吃早餐。那时候他正在癌症的化疗期间，他说他太愉快了，去检查的时候都说"我没事了"。

他很有意思，年纪五六十岁，但童言无忌，胡说八道一堆，有时候胡说到简直让你觉得不可思议，他学问好成这个样子，却胡说八道成那个样子，喝了酒就完全忘了。但他讲的是真话。他讲释迦牟尼佛为什么都"如如不动"了？因为王子已经享尽所有的艳福了，对他来讲这些事都已经厌倦了。傅伟勋说如果是他自己的话，厌倦了也可以开悟成道了。有次在香港开会，他旁边坐了一群法师，他仍然在那这样高谈阔论，我们都觉得很好笑。但他无所谓，那些法师也知道他的个性。傅伟勋对佛学的研究很深，他研究日本道元禅师并写了一本专著①，他是台湾研究佛教的人里面少有的既懂日文、德文又懂一些巴利文的学者，他英文和闽南语也很好。他是一个非常优秀的哲学研究者，三十多岁就写了《西洋哲学史》，我们以前考研究生的时候就读这书，是非常好的启蒙书，也很深入，这很了不起。

现在台湾南华大学仍继续做生死学研究。另外，我的研究所——宗教与人文研究所，有关生命疗愈的部分跟生死学某些部分有一个关联，这主要是我的老朋友余德慧教授从心理学角度做。慈济在这方面也做得非常好，他大大地改变了华人的生命观和身体观，比如骨髓捐赠、大体捐赠。慈济的大体捐赠真的让人感动，大体捐赠的过程，大体被医疗使用、教学生如何使用以及使用完之后大体安葬的过程，这些非常感人。什么叫尊重生命？所以它叫"大体老师"，过世的体叫"大体"，它是一个无言的老师，不会说话，但是是一个真正的好老师。因此慈济在医疗技术、医疗伦理、医疗人文方面应该是台湾最好的，这非常难得。所以证严上人了不起，我常常称赞她是当今之圣者，但现在因为家大业大，有时候出一些事就有很多人批评她，这个批评其实有时候太过头了，这是不对的，这不是她的问题，这样庞大组织里面有一些小小问题，有的人却要把它扩大。日本核电泄漏事件时，慈济救灾买了很多小的U盘，其实里面是录了一些音乐之类的安抚人心的东西，就有的人通过媒体来批评她，说这怎么可能，买U盘根本是乱报。事实上是因为她财务公开，大家才知道U盘的事。在台湾做

---

① 傅伟勋：《道元》，东大图书公司，1996年。

好事有时候也会受到很多批评。

生死学教育后来不只讨论死亡的问题，还做了许多有关生命教育的探讨。台湾在资本主义商业化、现代性的发展过程里面，由于工具理性的高涨，人成为工具性的存在。如此一来，年轻人有心理疾病的也愈来愈多了，甚至有些人想不开而自杀，自杀率攀高了，或者其他的问题多了，就有一些学者考虑到生命教育很重要，就强化了这个生命教育，台湾教育主管部门也认为大学、高中应该有生命教育的课，所以生命教育变成一个新设在高中的课程，成了一个正式的课程。这个也很好，就是教育你怎么样维护自己的生命，维护他人的生命，要人们好好尊重生命。

这个事情，其中有一部分主要是由台大哲学系教授孙效智参与促成的。孙效智的夫人原来是一个新闻主播，后来患了罕见疾病，不能行走。他很有爱心地推动这个事，其他的也就慢慢配合起来，有关生命教育、生命疗愈、生死学变成一个很大的区块，在学术上也慢慢发展起来。据我所知，这都还在发展中，也发展得不错。所以，你看一个好的善念、好的想法，真正去做了，它能慢慢延伸，就是这样。从这里我们看到了什么是生命，什么是生命教育。

（四）台湾日本殖民历史与台湾族群问题

尼山学堂问：台湾的历史进程非常复杂，譬如台湾曾被日本殖民五十年，这对台湾有什么影响呢？而这多元的历史进程，造就了当下台湾复杂的族群关系，您是如何看待这个问题的？

林安梧答：日本跟台湾的关系很独特。回顾世界近现代历史，一般来讲，是西方殖民东方，东方殖民东方的唯独日本，日本的第一个殖民地就是台湾，但台湾是中华的故土，日本的文化来自中华，所以日本居然殖民台湾，这个事不可思议啊。一般来讲，所谓"殖民"就是殖民一个很落后的地方，然后那个地方来提供一些支撑你的材料，你通过政治控制着，当然最重要的是经济商业利益。日本也一样，在政治上控制着台湾，也做商业经济的各项盘剥，盘剥种种利益。

起先，我们要问日本为什么居然打胜了中国？要不是清朝腐败，这根本不可能。日本原本是不可能打赢中国的，但甲午战争居然打赢了，而且促使他做起了要做"东亚第一强国"的美梦，并且希望搞出一个所谓"大东亚共荣圈"去对抗西方，日本居然有这样一个"崇高"的理想。这个"大东亚共荣圈"是文人的思考，跟武人的思考不一样，武人思考就是霸权，文人思考真的还是有些王道想法的。正因为这样，当时也真迷惑了郑孝胥、胡兰成等一批人，还包括更早的汪精卫，当然汪精卫可能还有其他各种考虑。从这个地方，我们可以看到整个中国文化道统，还是有天命在焉的，我是这样认为的，日本原以为他三月可以亡华，没有想到搞了八年，最后日本终于战败，无条件投降。

虽然我们有时候批评蒋介石，但是光领导对日抗战胜利，这一点他就足以长留青史。在整个中国的20世纪，蒋介石一定算是个巨人，他对中华民族的贡献很大：第一是领导对日抗战，第二是守住台湾没有被分裂出去。

我认为所谓"天道之报偿"，上苍对台湾人最大的报偿，就是1949年大批大陆同胞到台湾。而这么多的大陆同胞到台湾，这么多的文物到台湾，这么多了不得的大学者、大艺术家、大书法家、大政治学家、大经营学家到台湾去，然后使得台湾政治、经济、社会、文化、艺术、书法整个往上提升，这个是报偿什么呢？报偿台湾人在日本殖民统治下的五十年，仍然承天命，继道统，立人伦，传斯文，仍然坚持作为一个中国文化的孝子贤孙，我认为这就是历史、天道的奥秘所在。我真的是这样体会的，因为我的乡先辈就是抗日的，他们跟日本政府周旋，这个你只要了解一下雾峰林家——我的乡先辈林献堂先生他们怎么样做这些事，台湾文化协会怎么做这些事，我的母校台中一中是怎么建立的就知道了。

台湾的知识分子当然也受到日本的控制，但是台湾的知识分子基本上思维能力及各方面也都到相当的程度了。台湾的抗日过程中有一个关键点，就是我的乡先辈林献堂先生跟梁启超先生的相遇。因为那时候"保皇党"逃到日本，林献堂先生就在日本奈良，见了梁启超先生，跟他请教台湾当如何自处。梁启超是广东新会人，讲的是客家话，林献堂是台湾台中阿罩雾人，讲的是闽南语，两人语言不通，就用笔谈，梁启超告诉林献堂说，"这个啊，中国现在根本自顾不暇，没有办法帮助台湾同胞，所以台湾同胞要改变一下那个策略，以前是用武装抗日嘛，牺牲很多，无用，所以现在要用柔性的方式，可以学习爱尔兰的方式"。爱尔兰当时是英国的殖民地，他们的一些士绅阶层结交了英国当权派中的开明派，来周旋对抗爱尔兰总督。梁启超给出了这样的一个方案，从此之后，台湾的抗日就慢慢走向一种政治的、和平的、有程序的、有理性的抗日，这也累积了台湾的民主化

　　　　　　　　　　　　　　　　　五、社会关怀 ————

的能力。可以这么说，台湾的士绅阶层结交了日本上层权贵的开明派，来跟"台湾总督"周旋，"台湾总督"是由日本人做的。在这样的过程中，因为日本已经发展到一个现代化的法治国家，所以当时碰到很多很有趣的案件，那么，日本只能退让，这包括我的母校台中一中的建立，日本基本上都是采取怀柔跟退让的态度了。本来是台湾人集结台湾人的力量，办一个台湾人的私立中学，日本人"恩威并济"，把它收为公立，并且给它一中这个名分。那么以前一中的名分是什么概念呢？凡是各县市最好的，就是北、中、南最好的一中都是给日本人读的，因为那时候日本人在台湾也开始慢慢多了，二中才是给台湾人读的。唯独台中一中是给台湾人读的，所以台中一中就很自豪，我们是这个学校毕业的就很自豪啊，而且是我们的乡先辈们联合了台湾的士绅力量，这个台湾的士绅力量中有抗日的、亲日的；包括辜振甫的尊翁辜显荣，他是亲日派的，但是大家为了自己的传统文化，基本上是合作的，这一点可以看到我们中华儿女在为了自己的传统文化的时候，胸襟都很宽广。

所以台湾虽然受日本殖民影响，但是她的文化立场是很清楚的，就是这些知识分子认为我们中华民族的文化是最好的。当然有没有一些是亲日的知识分子？有的。医生亲日，因为医生多半到日本留学了；警察亲日，因为是日本培育的；小学教师亲日，台湾的小学教育完全是日本式的。哪些亲中呢？农民亲中，农民讲的是天地君亲师嘛；农业型的知识分子亲中，就是从民间学堂、民间书院读汉塾出来的亲中；雾峰林家亲中，他们以前跟左宗棠一起打太平天国、打法国军，一直是整个中国近代发展历程中，在台湾的后盾与参与者。台湾人基本上在那时候是要搞独立的，这个独立的意义是什么？这一定要搞清楚——叫独立于日本国之外，不要搞错了。所以那时候的"台独"跟现在"台独"是两回事儿，那时候的"台独"叫独立于日本国之外，要归回中国，现在"台独"是要从中国分离出去，这是两个不同的思路。但是现在"台独"论者就胡搞，把那些人都讲成跟他们一样的，譬如张深切，我们台中的一个知识分子，他也有"台独"的思想，日据时代他对着日本讲"台独"，然后他跑到中国来了——他"台独"是要回到中国。结果现在这个"台独"论者，把他讲成跟他们同路的人，这个是胡扯，我曾经写过一篇文章，讨论过这个问题。台湾人基本上那时候在民间有个说法，说台湾人叫"两只脚"的，日本叫"四只脚"的，买办叫"三只脚"的，两只脚就是人，四只脚就是兽，然后三只脚就是半人半兽，能够这样讲很了不起啊，你是被统治者，你是弱势，在民间，一直到现在都还残存着这个说法，所以台湾人的中国文化意识是很强的，这是事实，应该好好重视。

但是国民党到台湾之后，没有好好地跟台湾的这一群士绅阶层合作，士绅阶层抗日也很久了，也很有力量，那你来跟他们合作要跟他们分权啊！结果呢！你居然专权，而不愿把权力分给他们，就闹得台湾动荡不安了！国民党那时候只剩下这块土地，所以他对这批人不是极力地压抑，就是消灭，要不然就放逐了！1947年后，"二二八事件"的"白色恐怖"，一直延续到解除戒严之前。我们以前懂事以后被告诫的最大一点，"不要参与政治活动"，就是这样来的。所以现在为什么台湾人也有很多那么反对国民党，其实就是国民党自己造成的。你看他极力压抑嘛，然后这一群人有的逃到外面变成"台独"了，那时候的"台独"就不是日据时代的"台独"了，它是要独立于蒋介石的控制，然后希望台湾能够成为一个所谓的"独立"的"国家"，是这样的思考角度。但是台湾大多数的朴实百姓，基本上中国文化意识是非常浓厚的，他们是儒家、道家、佛家的守护者，他们的生命基本上是按照儒道佛的轨道来实践与行动的，这个是值得肯定的。

因为日本要控制台湾，所以要丈量全台湾的土地，包括山坡地等各方面；再来就是日本兴铁道，要运甘蔗做蔗糖之类的，运到日本去，还有其他方面；还有把阿里山最好的桧木砍伐运到日本，以为日本房舍木器之用。日本现在神社的木头基本上是台湾的桧木，那几千年的桧木，现在都在日

五、社会关怀 ————————

本神社。所以日本"开发"台湾，它的目的是要掠夺台湾，现在这些搞"独派"的人都不谈这个事儿了，都只讲日本"开发"，不讲掠夺的部分了。日本是要掠夺台湾，他们认为台湾人是"二等公民"，他不是把你当"一等公民"看的，所以当日本讲"皇民化运动"的时候，有一些人就很高兴啊，从此之后他们就跟"日本内地"人是一样的了，所以"皇民文学"在讲到成为"皇民"的时候他们是如何激动，真是天呐！这些人不是丧心病狂吗？其实这是有时代背景的，也就是你从"二等公民"变成"一等公民"了嘛。但是另外一批人，他们不是这样的，我们为什么去当你日本的"一等公民"？我们是中华儿女啊，所以我们跟你日本是不一样的，除非你真正地好好正视我们！要成为日本的"一等公民"，就要改姓，改信仰，台湾大部分人在这个事情上是做不到的，大部分人绝不甘心，不改日本姓，不改信仰，不信你日本的"神樣"（かみさま），我们是拜祖先、拜天地、拜神明、拜圣贤的，这是不一样的。所以台湾人的中国文化意识是很浓厚的，这个是听我父亲谈前辈先生时常说到的。抗日战争胜利时，1945年，我父亲年纪也不大，但是他听前辈先生说了，或者是听我外祖父说的，因为我的祖父很早就过世了，我能亲近的只有外祖父，从他那里可以体会到台湾人是非常爱台湾、非常爱中国的，爱那古老的华夏中国。

蒋介石有功于整个中华民族，但蒋介石有些事处理错了。但是也没办法，因为如果他没有用强力的手段，大概台湾也稳不住，所以历史很吊诡。到蒋介石的儿子蒋经国时就慢慢开放，可惜的是蒋经国找错了接班人，蒋经国如果找另外一个我的本家林洋港做接班人的话，大概今天的局面就不是这样了，所以接班人很重要。那时候有林洋港跟李登辉这两个接班人人选，而且林洋港在前，他出道比较早，声望也很高。但奇怪的是，蒋经国居然找了李登辉。听说李登辉见到蒋经国是毕恭毕敬，坐板凳只坐三分之一，所以蒋经国被他骗了；林洋港比较自然，而且喝酒的时候还可以喝满杯，还喝醉过。其实你看蒋经国这个地方一定是中国的历史史论读得太少了，他如果中国历史史论读得够多，知人论世，就能知道哪一个是真的，哪一个是假的，对不对？被骗了，这也是一个命数，很麻烦的。林洋港先生我认得他，他那时候有一些儒家的政治理想——老者安之，朋友信之，少者怀之。他跟李登辉竞选台湾地区领导人的时候，我年纪正轻，对政治有热情，所以义务地为他辅选。他还拍了一个短片，短片里面的很多文稿是我写的。可惜呀！林洋港没选上，因为他没有国民党的支持，国民党基本上已经被李登辉掌握了，他没办法。

至于族群问题，在台湾来讲，其实原先已经不是问题了，族群问题都是李登辉挑起的。原先当然汉族是主体，而且汉族文化，汉族的力量都是主体。现在的话不一样，虽然也是汉族是主体，但是少数民族会随时感受到我是被你欺负的，所以你现在要对我好一点。其实以前，已经同化地差不多了，现在全部又回去了。就是民族、种族这个概念，其实它是可大可小的，松开它可以随着一个好的文化继续发展，它是往上走的。但是现在呢，变成我要固守我的民族，所以为了选票就开始分裂了，因为我要给你利益，你投我。现在连闽南跟客家都分开了，以前闽南跟客家根本就是一个宗统，你说我们的先世是闽南还是客家？在漳州是福佬客，那你到底是闽南人，还是客家人？已经杂居在一块儿了。有很多客家人不会讲客家话只会讲闽南语，因为闽南力量大，它就同化。而现在去做区隔，区隔的结果看起来对文化的差异性有保存作用，但严重的就造成了另外的权力斗争。这真是个麻烦的难题：你怎么样才能既重视文化的差异性，又好好地守住它发展它？

我觉得台湾在现代化的过程中，日本给了台湾很多启示和启发，所以台湾人的现代化基本上比较早。但蒋介石痛恨日本，所以他去的时候，当然就把这个彻底都否定掉，没有正视这一段历史，也没有好好安顿台湾人的心，所以才惹了这么大麻烦。但是也没办法，现在整个慢慢来，重新收拾旧山河，一步一步啦。两岸最好的方式就是文化的力量要够，文化像一个湖泊一样，它可以调节，调节好了，也就好了。

附 录

对话林安梧先生：观照存有，安顿精神，象在形先，同归于道①

文/曾繁田②

笔者有幸在山东大学旁听林安梧先生讲学，听讲过程中即非常期望向林先生求教一些问题以促成访谈，而林先生爽快地答应了。采访当天，我与司机到山东大学中心校区接林先生来到编辑部参观指导，从早上一直聊到中午，林先生的讲解醍醐灌顶，闻之满心畅快。过后整理录音过程中，我的一个明显感受是，林先生之思想，着实有一个"论"在那里。这个"论"融通了儒释道等思想源流，形成一个总体之观念，非常有见地，并且非常有意味。

曾繁田：林先生讲，人的精神安顿依赖于三个脉络：天地、先祖、君师。请您分别谈一谈，此三者如何安顿我们的心灵？

林安梧：一般来讲会谈到荀子讲"礼有三本"，所谓"天地者，生之本也；先祖者，类之本也；君师者，治之本也"。这就是天地亲君师，其中天地是自然的脉络，或者叫"自然的共同体"；先祖是血缘的脉络，或者叫"血缘的共同体"；君跟师呢，就是政治社会人文的共同体，君代表

---

① 发表于《儒风大家》第32辑。
② 曾繁田，1984年生，山东济南人，孔子基金会《儒风大家》执行主编。

社会政治，师代表人文化成。在我们华人的思考中，人离不开这三个共同体，所以我们的精神安顿也就放在这里，自然共同体、血缘共同体、文化共同体，对应着天道、家庭、道统。

我们心里必须存着这些共同体，而不能违背它们，这样我们就会觉察到自己跟这些共同体有着密切的关系，人跟天地的关系、人跟祖先的关系、跟君和师的关系，这些都很重要。这里面，师讲的是圣贤、前辈，君讲的是在一个群体里面管理事务、发号施令的人。荀子说："君者，何也？曰：'能群也'。能群也者，何也？曰：'善生养人者也，善班治人者也，善显设人者也，善藩饰人者也。'"

在儒家看来，人的生命的安顿处是很多元的，织成一个非常宽广的脉络。可能有各种不同的表述方式，但是终归离不开"天地亲君师"。或者说，离不开孟子所讲的"君子有三乐，而王天下不与存焉。父母俱存，兄弟无故，一乐也；仰不愧于天，俯不怍于人，二乐也；得天下英才而教育之，三乐也"。天道、人伦、社会、文化都在其中了。我认为儒家一定要把握住这几个共同体。

现在有人主张"君"这个字要有所改变，这当然有我们所同情的理由，但是我觉得也没有必要。君，其实就是人们一起合作的时候，应当尊重群体中的领导者。相应地，领导者也要尊重群体中的每个成员。君，不必理解成君主专制的那个君。因为我们看君这个字，它从尹、从口，尹就是管理事务，口就是发号施令，君原来的意思也就是这样而已。

儒家讲精神安顿基本上是很实在的，但它也不是只有此生此世。孔子说："生，事之以礼；死，葬之以礼，祭之以礼。"儒家应该讲"视死如生"，它不是只有此岸世界，它是通生死幽明于此岸，但并不是只有此岸，因为我们的生命有过去、现在、未来。现在很多讲儒家的把它讲得太窄了，好像儒家只有此岸没有彼岸，实际上它是通彼岸于此岸。儒家也有三世啊，但是它的三世并不像佛教讲的三世因果。儒家的三世，过去、现在、未来，是放在一个群体的脉络里面，天地的脉络、血缘的脉络、文化的脉络。所以我们华人会这样讲："我是林姓人家，我是福建漳州的林姓人家。"这就是要关联到地域，我们的思考一直是这样，接地气，但是又通天道。

曾繁田：道家讲"名以定形"和"言以成物"，似乎主体的言说决定了万物的存在。请林先生就此谈一谈"语言"与"存在"的关联。

林安梧：道家如果顺着王弼讲下来，就会讲到"名以定形""文以成物"。人类用语言去论定这个世界，可能会产生什么效应、后果乃至流弊，道家在这方面的反省是最深的。因为人不可能不使用话语，不可能不使用文字，不可能不使用某种表达去言说这个世界。唯有经过语言符号去说这个世界，这个世界才能成为一个世界，但是在说的过程中，当我们说定了对象，那就开始成为一个问题了。这时候该怎么办？《道德经》就讲："道生之，德蓄之，物形之，势成之。"道就根源说，德就本性说，物呢，就是经过话语去说了，就要使用语言、文字、符号等。"物形之"这个形，就要具体落实了，这个"物"不只是一个对象物，而是器物、结构、制度等等都包括，这样汇总起来最终形成一个势。

如果"物"往"势"走，就要出问题，所以要回到"道"跟"德"，回到根源和本性，"尊道而贵德"。老子认为任何事物一定要回到根源、回到本性才不会出问题，所以《道德经》讲"道生之，德蓄之，物形之，势成之"，又讲"万物莫不尊道而贵德，冲气以为和"。这是在告诉我们，人通过语言而论定存在，但是这个论定的存在，是人们所论所说的存在，它是存在的对象物，而不是存在本身。所以面对这样的存在，一定要有另外一种心境，就是我们要认识到，人的话语是可以解开的，当话语解开了，存在才能够彰显它自己。所以譬如读书，我们说："读书要读入字里行间，而不要死在字上。"我们不能执着在语言上，要思考言背后的意是什么，所以庄子主张得意忘言、得意忘象、得鱼忘筌。不能执着在言，而要真正进

附 录 ——

入意，而意又要上溯到道的层面去体会。道家在这方面反省很深，提示不要在话语、文字上争执，而必须回到存在去面对。

曾繁田：林先生曾经加以比较：中国哲学主张"象在形先"，西方哲学强调"形在象先"。请先生展开讲一讲"形"与"象"的关系。

林安梧：这就牵涉到一个很有趣的问题，因为我们中国的文字是图像性文字，图像是最接近存在本身的，而我们很清楚地知道这个形之为形，它是由话语去论定才成立的，所谓"名以定形"。一个名在未定形以前，它实际是一个象；而象如果没有经过名来论定，它就还没有确定。中国哲学基本上主张"象在形先"，所以对我们来说就很清楚，当一个文字、一个图像出现在那里，它就是一个形象，它表意一个象，而它的形我们基本上可以忽略。这是汉字的特点，我们基本上不执着于这个形，而是知道这个形是在表达一个象。所以特别重要的就是：如果象在形之先，象就不被形所拘；而如果象在形之后，象就被形所拘了。

也就是说，这个形，它是经由话语、文字去论定的一个对象化的形体，也就是具体化的形体、形器。而象呢，它当然也可以连在这个形体、形器上，成为体象、器象，但是象之为象，它可以浮出来，浮出来就不为形所限制了。这是华夏文明很独特的地方。西方起初也有一些图像文字，譬如埃及的古文字，但是到后来都废弃了，变成一种拼音文字。因为图像性文字没有办法表达比较高超的、抽象的、普遍的概念。之所以会这样，就牵扯到象在形先、形在象先的区别，象在形先，象不被形拘束，形在象先，象就被形拘束了。

譬如西方的风景画，它讲究定点透视，要合乎比例，而中国的山水画是多点透视，所以在写生上就很不一样。西洋画家是固定在一个地方按照比例画，端视这个世界把它画出来。而中国画山水画的这些先生们，他们是出去游玩，在各处做记录，然后回来重组为一个象。他们画的时候讲究写意，因意而把象彰显出来，基本上是象在形先，意又在象先，而最重要的仍然是道。所以我一直讲，"道、意、象、形、言"，这是非常有意思的。

我们说中国的图像性文字，它最接近存在本身，所以它的语义表达方式，就跟拼音文字很不一样。拼音文字严格来说并没有文字，它是通过符号去记录语音而构成文字，文字连着语言，在语言之下。而我们的文字独立于语言，它跟语言有密切关系，但是它在语言之上。譬如说某人的名字用普通话怎么念，用方言怎么念，这就很不一样，所谓方言其实就是古汉语啊。比如念我的名字，用广东话、闽南话、客家话、普通话来念，那差得很远。所以中国的文字跟语言是"一统而多元"的关系，汉字的特点在于表象其意义，非常独特。文字表象意义，它就很接近存在。中华民族重视的是生命情志之感通融合，就是说我们的表意系统有一种生息互动在那里。

西方的语音中心就不同了。语音中心的话语系统，跟图像中心的表意系统，那就很不一样。图像是回到存在本身嘛，而语音就很重视逻辑、语法、结构。所以西方有非常严格的文法，而中国重视的是章法，因为汉字最贴近存在。一篇文章、一首诗作，我们获取意义的方法，都跟西方获取意义的方法不同。所以我经常说，要理解中国古代经典，要读古诗文，就一定要感其意味、体其意蕴，然后才能明其意义。觉知到了意味，进一步体会意蕴，最终才能够明了意义。如果把古文当外文，用文法分析，那分析来分析去，它就死掉了。这一点，我想对于语文的教学也很重要，希望能引起重视。

象在形先、形在象先，这个区别非常重要。譬如中国山水画，它不是定点透视，不符合物理比例。一幅画里面，山上面那个亭子，显然太大了嘛，亭子里面的人，头几乎顶到梁上了。为什么可以这样？因为它是多点透视，画家走到景象里面去了，透视点是动的。这对我们来讲很容易理解，感到很自然，一看就懂。洋人就觉得很奇怪，你跟他说，走入画中去观画，他不能理解。但是你对任何一个中国人说，走入画中去观画，他依稀就懂。这就是中西文明很不一样的地方。应该怎样去体会中国文化，这很重要，要不然就领会不了，就会拿西方的框架来"格"中国的传统。我把这叫"逆格义"，刘笑敢先生称之为"反向格义"。我常这样比喻，如果以用叉子的方式来用筷子，那筷子当然是非常糟糕的叉子。可是筷子是筷子啊，它有筷子的使法。

对于人类文明的发展来说，不同文明的原型应该拿出来进行对话，这当中就包括"象在形先"还是"形在象先"。基本上中国画都是写意画，写实也是写意。你看顾恺之的《女史箴图》是写实，但它最重要的还是写意，意境如果没出来，那就不算上品。西方画基本上是写实，就连抽象画也是写实，抽象画所写的实不是现实经验之实，而是写一个抽象之实。中国画非常重视留白，那里面有一种生命的律动。西方画尤其是油画，它要填满，在这个空间里通过色块等来彰显它后面的本质和意义。而中国画是要彰显生命的律动。这很有意思。所以，如果用我的说法，西方重在"话语的论定"，而中国重在"气的感通"。"气"是一种生命的流动。

曾繁田：林先生刚才谈到"话语"和"气"的区别，请先生详细说一说。

林安梧："气的感通"是在"话语之前"的，它是无言的。西方追一个东西追到最后就是logos，逻各斯，中国呢，是"道"。"道"跟"logos"也接近，但道是回到存在本身，logos则是一切话语之源。对他们来讲，话语之源也就是存在之源。对我而言不是这样，比话语之源更高的是存在之源，而存在之源是不可说的，把不可说作为一切可说之源，道隐于无言。这个世界是如何造就的？是由气的感通运化而造就的。孔子说："天何言哉？四时行焉，百物生焉，天何言哉？"天默运造化，而人默契道妙。所以在"言"之上有个"默"，默的传统就是气之感通的传统。而在西方不是，到最高处是一个话语的发言者。所以《旧约·创世纪》一打开，"上帝说，有光。就有了光"。"说"是一个主体的对象化活动，一说就分出白昼与黑夜；而中国的默运造化不同，"一阴一阳之谓道"，宇宙万有皆从气的运化中来，禀天地阴阳之气而生。

在我们的文化传统里面，没有一个绝对的人格神来造就这个世界，认为这个世界是由"恍兮惚兮"的道所生。这个道，用老子的话说："有物混成，先天地生。寂兮寥兮，独立不改，周行而不殆，可以为天地母。吾不知其名，强字之曰道……"而西方是一个话语的论定，说而分万物。所以，西方有一个对象化的倾向，把对象物当成我之所造；中国则是默运其中、默契其间，而有所生发。所以我说，中国讲的是"存在的连续观"，西方是"存在的断裂观"。上帝是一个超绝的、唯一的存在，而道在天地万物中间。以前我们也用"上帝"这个字眼，但那是一个至高的、至上的宇宙造化的生命之源，其实就是一个总体的、根源的生发。所以你看上古神话，像盘古开天地，他就在这个世界之中。盘古的头发成为森林，盘古的血液成为江河，隆起来的地方是山，凹下去的地方是湖泊，他的整个身体就是这个世界。在中国的传统里面，道跟天地是一体的，道无所不在。西方一神论则认为上帝在这个世界之外、之上，来造这个世界。这是两套不同的传统，神学如此，科学、哲学也是如此。这是一个很重要也很明白的区别，我经常从这里来谈中西文明的差异。

所以，我们的宗教跟西方不一样，我们的整个话语系统、表达系统跟西方不一样，我们图像性的文字也跟西方不一样，中国的传统跟西方的传统有很多东西不一样。人类文明众多不同的传统中间，如果要去论的话，我们这样一个传统其实比较合乎人的实存状况。西方的哲学突破本身是把人带离出来，再反回去控制、驾驭这个世界。而我们是融通在世界之中，人跟物是"一气之感通"，人跟天是"天人合德"，人跟人是"一体之仁"。西方就不一样，人跟神是断裂的，所以必须有个中介者来连接，就是耶稣基督以及后来的教会。人跟人之间呢，西方用契约法律的关系来连接。人跟物，他们是用概念话语系统来连接。而中国是一个气的感通传统，是一个情的连接传统，是一个德性的超越传统，所以说天人合德、物我一气、人我一体。

我们现在如果不了解中西传统的这些不同，就会有一些误解。比如说我们可能会认为，中国传统没有宗教，其实不是这样，只是我们的教跟他们的不一样。我们不是那种一神论的崇拜，而是一种内在觉性的宗教。孔子讲"朝闻道，夕死可矣"，佛教讲"如是我闻"，是从听闻来讲。而西方是由上帝来说，来发话。所以我就说，一个是"听的宗教"，一个是"说的宗教"，有很大不同。我们现在时常忽略了种种不同，而拿着西方的标准来框陷我们自己，那就会出大问题。

曾繁田：林先生讲解佛教观念说："存在之所以为存在，是因为心灵意识活动及于物，使得事物能够成为事物。"请先生详细讲一下，意识使事物成为存在的过程。

林安梧：这基本上是从唯识的角度来说的，佛教基本上认为万法皆空，所以唯识学讲"三界唯心，万法唯识"，其实目的也是要讲万法皆空。所以它并不是要说明，存在之所以为存在，是心灵意识创造出事物。但是它又告诉你，心灵意识的活动涉及一个对象物，就使得存在方为存在。当我们言及一个存在，一定是跟我们的心灵意识相关联，意识涉及于这个事物，这个事物才会存在。要不然，视若无睹，你心里没有它，它就不存在嘛。存在，一定是当下的意识之所及、话语之所说，这样才论定了存在。

所以存在必然有一个意识历程、话语历程，但是这样一个存在，并不是存在之本身，佛教认为存在本身是空无。存在是空无，因为你的意识不及，这就叫"存在意识"，所谓"我法二空"。也就是说，我的心灵意识跟一个外在的对象物，二者渺不相涉，我法二空嘛。当这二者有了相互交涉的过程，它才开始有。如果用我的说法来讲，这就是从"境识俱泯"到"境识俱起而未分"，再进一步，就是"以识执境"。也就是说，本来外境跟内心两不相涉，泯除一切的分别而回到空无的境地，这是"境识俱泯"。然后"境识俱起而未分"，这时候还没有分别，接下来到了"境识俱起而已分""以识执境"，就是用我的心灵意识去执着于这个境。

粗略而言这大抵就是佛教唯识学的观念。在这样一个过程里面，意识跟存在密切结合在一起，如果把它解开了，你就没有烦恼了，烦恼只是因为你在意嘛。烦恼来源于意识跟存在两两相涉，有所涉着，有所执定，有所执着。而佛教要帮助你解脱，意思就是这样。就这个道理来讲，儒家也认为一切的存在不能离开人的心灵意识。但是儒家基本上依据建构论，而佛教依据解构论，回到空无。儒家既然是建构，它就要成就一套人文。所以，儒家重点在"生"，佛家重点在"灭"。儒家讲"生生之德""天地之大德曰生"，佛家讲"刹那生灭""缘起性空"就在这里。佛家认为如果了解了"灭"，你就不会有烦恼；而儒家认为如果能致力于"生"，你就会有承担。佛家注重苦业之解脱，儒家注重生生之成全，路向不同。

儒、佛两家路向不同，可是两者居然还能够融通。其实二者差得很远，为什么还能够融通呢？就是因为儒家本来就宽容开放，而佛教也愿意放宽胸怀，就是我愿意倾听你，让你我相融、相通。所以佛教用它的"无生法"，包蕴了儒家的"生生法"。儒家这个生生法，如果佛教把它看低了，说你这是世间法，我这是出世间法，那就不太好。其实儒家的生生法既是世间法，同时也是出世间法，只是侧重点不同。所以经常有些朋友会问："儒家跟基督教能不能融通？"我说："当然可以啊，儒佛能会通，儒耶就能会通，但是如果儒耶不能会通，那重点就在于你们基督教嘛，这就看是不是傲慢嘛。"我们不能说一定要信哪个唯一的人格神，但如果能把它柔化、软化一下，就可以了。比如存在主义神学就说，上帝就是你的心，上帝就是爱，这就可以通了啊。如果坚持说上帝是超越的、绝对的、唯一的人格神，其他都是异端，那就不行了。是不是抱有沟通的心态，是不是愿意倾听，这很关键。

曾繁田： *存在与空无，这很吸引人，请林先生再讲一讲。*

林安梧： 佛教讲"缘起性空"，一切存在都是空无的，它通过缘起法来说明，一切由生回到无生。无生的意思就是空无，但是，空无并不是说不存在，佛教也讲"真空妙有"。所谓"我法二空"就是说，我的心灵意识跟一个对象物两不相涉，这种状况就叫空无。两不相涉，也就"无有恐怖，无有畏惧；远离颠倒梦想"。之所以如此，就是因为这两不相涉的空。佛教告诉我们，世间一切存在（包括现在）都如幻如化，都是要灭的。那么一切都回到存在的空无，就不会有烦恼了。佛教的重点在苦业解脱嘛，比如说我这个手表丢掉了，我很难过。但是这块手表早晚都要消失，早晚会不复存在啊，存在只是现在而已。"一切有为法，如梦幻泡影"，一切世间存在事物，都是心灵造作之所现，"如露亦如电，应作如是观"。作如是观，就是空，就是两不相涉。

佛教重点在"苦之解脱"，基督宗教重点在"罪之救赎"，儒家重点在"生之成全"。就这一点来讲，儒家最合乎人的常道。佛教大概因为受到儒家的挑战，在中华大地上，它除了讲"缘起性空"，也常讲"真空妙有"，就是在心灵不执着的状况下，一切存在都是妙有。妙有之有，不痛苦。心灵执着的话，有就变成了执着之有，于是就会痛苦。譬如友情之有，常常是妙有，因而不会痛苦；但是爱情之有就是执着之有，它不妙啊，就会痛苦。你看李清照怎么写，"才下眉头，却上心头"。写得很真切啊，很执着，不执着怎么算爱情呢。这个没有办法，它就是如此。朋友之间的感情基本上就比较从容、比较开放。佛的爱是大爱，无执着，男女之间的爱情是小爱，它肯定就有执着。

曾繁田：林先生概括儒释道三家的基本精神：在儒家，"我，就在这里"而主张"挑起"；在道家，"我，归返天地"而主张"看开"；在佛家，"我，当下空无"而主张"放下"。在先生看来，儒释道三家的基本精神如何互补、相融、共长？

林安梧：有时候我讲儒道佛三教，会用一些比较简单的话语，用一些比较生活化的表达，这里其实也受到了前辈的启发。因为当时受到我的老学长台湾大学傅伟勋先生（其实他高我一辈）影响，他把弗兰克（Viktor Emil Frankl, 1905—1997）的意义治疗学传到了台湾。那时候我读了以后很感动。弗兰克是一位犹太人，是个心理学家，二战时他被关在集中营里，是二战幸存者。因为在集中营里很多人被赶进煤气室就那样死了，所以他的体会很深，写了一本书《从集中营到存在主义》，把他的心理学的一些思考构成了一套心理疗法，就是"Logotherapy"，意义治疗学。

后来我重新读唐君毅先生的《人生之体验续编》，结合弗兰克的意义治疗学来思考，就感到唐先生这里隐含着一套儒家型的意义治疗学。唐先生就说，儒家主张"我，就在这里"。后来我又讲习道家、讲习佛教，所以逐渐就这样总结：儒家，"我，就在这里"；道家，"我，归返天地"；佛家，"我，当下空无"。由此我继续讲道家这样一套治疗学，我称为"存在治疗学"或者"存有治疗学"，就是一种回到存有之道的疗愈方式。佛教呢，我就借用佛教的语汇，称为"般若治疗学"。

关于儒道佛这三种治疗学，后来我就这样总结：儒家主张"挑起"，道家主张"看开"，佛家主张"放下"。通过这样勉强来说三家的异同，以及他们在功夫做法上的差别。再进一步，儒家主"敬"，"敬而无妄"；道家主"静"，"静为躁君"；佛家主"净"，"净而不染"。还有就是，儒家强调"自觉"，道家强调"自然"，佛家强调"自在"。那么我认为，儒道佛三家这些基本精神，在我们民族的心灵里面，已经成为一个"集体无意识"。当下都有了，而且是人人共有。所以我当初尝试去建构这样一种生命疗愈方式，一是受到了傅伟勋先生启发，一是从唐君毅先生的见解推而论之。后来我把相关文章汇集起来出了一本书《中国宗教与意义治疗》，后来可能更多研究者包括研究心理学的也逐渐关注这个问题，其实还是蛮有效用的。

曾繁田：林先生早年受教于多位现代新儒家，后来师从牟宗三先生。请林先生讲一讲牟先生的气象风采，以及您本人的求学经历。

林安梧：这个可能要讲很久啦，简要来说吧。其实原先我最好的科目不是文科，而是数学。因为我高一的时候遇见蔡仁厚先生的夫人蔡师母，杨德英老师，她是我高一的语文老师，给我们讲《论语》，我一下子就喜欢上《论语》了，后来就走了文科的路。我也因为杨德英先生的关系而亲近蔡仁厚先生，所以很早就了解到当代新儒家，读到许多当代新儒家的书。大致就是这样走上了这条路。

后来受教于牟先生，就很幸运。在我上大学一年级的时候，唐君毅先生开始到台湾大学讲学，虽然我当时在台湾师范大学念书，但是两所学校距离很近，我们就去旁听。台湾师范大学中文系有个优点，就是她是一个国学院的架构，所以我们的训练很全面，文字、声韵、训诂啊，作诗填词啊，四书五经啊，先秦诸子啊，所有这些都要学，徜徉其中。当时唐先生来上课，讲了一个学期，发现身体有癌症，就去治疗，所以后来由牟先生讲课。因此，我们大一听唐先生讲宋明理学，之后三年就听牟先生讲课，主要也是宋明理学，还有魏晋玄学、隋唐佛学。这样一路听下来，到我读硕士的时候，牟先生还在台大教书，所以当时我就在台大作为学生修了他的课。

实际上我们一直都有往来。因为从我认识蔡仁厚先生到台湾师大读书的时候，《鹅湖》月刊就创办了，创刊第一年我就参与了编校工作。那时候我是小老弟啦，他们几个是老大哥。我才本科一年级，他们有人已经大学毕业在念硕士了。我们都是义务的，大家一起奉献心力来做。在那个过程中我跟着学长们一起读书，因此就了解更多新儒家的人物，也读了挺多书。后来成为牟先生的弟子，来往当然就多一些。

用蔡仁厚先生的话说，牟先生是"高狂俊逸的哲人"。牟先生整个人有一种魏晋风姿，他是山东人，个子不算高，但是很潇洒。牟先生讲课非常精彩，理路特别清楚。他这个人是真正聪明锐利富有智慧，而性情又非常洒脱。但是他批判性也很强，对于他认为不行的人，他要直接讲出来，甚至口无遮拦。牟先生有一种道家人物的率真，他根本不是那种规规小儒。他身上道家气味比较重，他在生活上是道家，但是大关节处，他一定是个儒家。这一点对我影响很大。我性格里面道家的气质少一些，但是后来我向他学习，基本上理想还是儒家的理想，但是在心态上要学习道家，特别在生活上是道家。

牟先生对我算是很宽容的。我很多想法跟他不一样，而且他在世的时候就知道我的想法跟他不一样，但是他还是很关心我。比如我对朱熹的看法就跟他不一样，整个架构也跟他不一样。也可能在牟先生的学生里面，我算是有一个成系统的"论"，可是我这一套"论"，显然也跟牟先生不一样。还有比如说，对道家的理解，对民主政治的理解，我都跟他不一样。但是之所以跟他不一样，也是因为我们得益于他的教导。我们跟牟先生的关系是老师跟学生的关系，而不是教主跟信徒的关系。如果是教主跟信徒的关系，那思想怎么可能不一样嘛。我始终很喜欢教师跟学生的关系，你看孔子跟子贡、子路他们的关系，那真是美好啊。牟先生学问很高，他是一位非常好的学者，也是一位非常好的教师，他从来都不想当教主。

有人说，当代新儒家三位代表人物是唐、牟、徐，刚好对应着仁、智、勇。唐君毅先生是仁者型，牟先生是智者型，徐复观先生是勇者型，因为唐先生的言行展现出仁者的胸怀，牟先生的思考最清明，而徐先生最用力批判当下的社会。

曾繁田：请林先生介绍一下牟宗三先生提出的"一心开二门"，以及您在此基础上提出的"存有三态论"立意。

林安梧：这个部分大概比较复杂，我自己写过一些文章，另外河北大学的程志华教授也写过文章，谈从"一心开二门"到"存有三态论"，以及从"意义治疗学"到"存有治疗学"。程志华教授研究当代新儒学最为用力，他对于我的思想的研究下了很多功夫，理解比较深入。

牟先生提出"一心开二门"，他主要是致力于融通儒道佛三家跟康德哲学。在康德哲学的结构里，他认为隐藏了一个现象与物自身的超越区分。在牟先生看来，现象与物自身的超越区分，现象就是"现象界"或者叫"经验世界"，物自身呢牟先生称为"睿智界"。睿智界用康德的话来讲，就是"智性直观"，牟先生称为"智的直觉"。上帝经由智的直觉之所造，而成就一个物自身的世界。而人只有感触的直觉，所以人之所及的这个世界是个现象的世界。那么基于康德哲学，人的认知及于现象之间，物自身界对人来说是不可知的。这就是为什么在知识论上康德被认为属于不可知论，他认为人的知识只能及于现象，而不能及于物自身。

那么牟先生认为，在儒道佛三教的修养功夫论里面，可以看到那么一个东西，它相应于上帝的智性直观或者说智的直觉，所以牟先生写过一本书《智的直觉与中国哲学》。牟先生以儒家的性智、道家的玄智、佛家的空智，来对应康德所讲的智性直观或者叫"智的直觉"。这样的话，人就不只有感性的直觉，人还有智的直觉，感性的直觉对应现象，智的直觉对应物自身，这就叫"一心开二门"。这个结构其实是借助于《大乘起信论》，本心开真如门，识心开生灭门，真如门就是物自体界，生灭门就是现象界。

"一心开二门"这样一个提法，我认为它的主体主义倾向太浓了，而对于整个中国哲学其他不同的流派就很难安排。所以牟先生做判教的时候，很多不同的流派就被分判下去了。我觉得这就不太合乎整个中国哲学的原型，整个中国哲学的原型我觉得比较接近于牟先生的老师熊十力先生在《新唯识论》里面所讲的"体用一如""即用显体"这样一种体用哲学。熊先生讲，"即用而言，体在用；即体而言，用在体"以及"承体达用，即用显体"。熊先生这样一套哲学，我在做诠释的时候对它进行开掘，得出我所谓的"存有三态论"。

"存有三态论"，就是从"存有的根源"，到"存有的开显"，到"存有的执定"。这刚好可以配合唯识学从"境识俱泯"，到"境识俱显而未分"，到"境识俱显而已分"即"以识执境"。最上的"境识俱泯"就是存有的根源，"境识俱显"就是存有的彰显，"以识执境"就是以主涉客，是存有的执定。佛家可以这样来讲，道家怎么讲呢，就是从道的本体生起论来说，所谓"道生一，一生二，二生三，三生万物"，其所对应的是："道本为不可说，不可说而可说，可说而说，说而说出对象。"道，是就根源说，即存在的根源，此存在的根源还是一个整体，所以"道生一"。那么"一生二"，就是那个整体之彰显展开。"二生三"，就是从存有的彰显而落实成为对象。"三生万物"呢，就是对象要有一个对象化的过程才能成为"物"，这样一来就是"存有的执定"。如果再把它区隔开来，道是根源，一是整体，二是对偶性，三是对象化，物就是对象物。根源性、整体性、对偶性、对象化、对象物一路下来，其中就隐含着隐、显、分、定、执。道，隐而未显；一，显而未分；二，分而未定；三，定而未执；物，执之已矣。这隐、显、分、定、执，刚好又配合着道、意、象、构、言，就是我所讲的那个"诠释五阶论"。

道家如此，儒家呢，儒家最上头也是讲道，《易经·系辞上》所谓"一阴一阳之谓道，继之者善也，成之者性也"。因为儒道本是同源而互补的，所以"范围天地之化而不过，曲成万物而不遗"。最上头是"寂然不动"，由"寂然不动，感而遂通"往下就是"范围天地之化而不过，曲成万物而不遗"。这里我就讲"三阶"——"寂然不动"是说存有的根源，"感而遂通""范围天地之化而不过"是说存有的彰显,"曲成万物而不遗"是说存有的执定。如此"三阶",就比较能够把儒道佛三家思想放在一起讲。而且,比较重要的就是,它可以免除那个主体主义的倾向。主体主义的倾向太重视人,太重视人的心灵,譬如康德讲"智性直观"("智的直觉")。牟先生顺此而讲,只是康德认为只有上帝具有智性直观,牟先生依据儒道佛的义理,肯定人具有智性直观的能力。我所重视的是,回到天地人我万物通而为一的整体,注重生命之气。

如果以宋明理学之道学、理学、心学来讲的话,那么牟先生比较接近心学,而我这个理解就比较接近道学,当然也有心学的底子。那么像冯友兰先生就偏重于理学,熊十力先生主要是心学又包含着道学。我其实比较接近于牟先生的老师熊十力先生,他是我的师公。所以我有一个呼吁就是说,当代新儒学进一步的发展要从牟先生回到熊先生,再从熊先生回到王夫之。王夫之非常重视历史存在与人性的辩证关联,用我的话来说,此中隐含着一套"人性史的哲学"。

曾繁田: 刚才林先生谈到主体主义的倾向,因为我也挺关心这个问题,隐约感到有些当代哲学家的主体主义倾向比较浓重,而我好像与林先生一样,有点疏离于主体主义。

林安梧: 这基本上是每个人自己的选择,而且它也跟时代有关系,因为在牟先生那个年代,他们基本上是基于心学的修养功夫论,通过一种形而上的理论化的方式,把本民族心灵意识的核心固守住,以此克服整个民族心灵意识的危机。所谓整个民族陷入心灵意识的危机,通俗来说就是,人都已经快要不成其为人了。人连对自己的认知都成问题,人的灵魂丧失了,就如同鲁迅笔下的阿Q一样。阿Q不知道他姓什么、叫什么,不知道他家住什么地方,只是因为他拖着长长的辫子远远地看像一个Q字,所以叫他"阿Q"。这是鲁迅对于当时的国民性做出的一个文学性的表达,但是非常显著地反映出那个时代整个民族陷入心灵意识危机的状况。

那么怎么办呢？菩提、良知、本心，上溯到一个超越的天理，天理本心通而为一，这是一种很强的主体主义，通过一个修养功夫论连着形而上学建构来把它稳住。所以我说，他们做了非常重要的"形而上的保存"工作，但是，它必须落实到人间来，而人间是非常丰富的。所以从心学再返回来，开启一个以气的感通为主导的生活世界，它后面、它上面是一个道，道是就根源说，气是就总体的流动说，就这样连在一起。大概就是这样，前辈学人代表了他们所处时代的发展脉络。

曾繁田：林先生刚才还提到了，牟先生讲"一心开二门"受到了康德的影响，注意现象与物自体的分别，包括"智的直觉"也是来解决关于物自体的认识。而我们知道，后来西方现代哲学自己发展出了所谓"现象背后一无所有"。

林安梧：这一路哲学，它的基本论据和整个论点，都跟康德不一样。康德基本上是通过区隔来谈这个问题，而到了现象学这里，完全不再这样看了。现象学认为，现象的直观本身就是本质，通过一个现象学直观就可以观其本质。现象学就不再分作两层来论了，现象与物自身的区分没有了，就在现象中去确定、去理解、去把握。这时候整个哲学的形态不同了，人作为一个实存者进入这个世界，它在这个地方就跟原先康德整套知识论的设想、实践哲学的设想完全不同了。

从康德哲学往下翻了几番，到存在主义的时候，已经有很大不同了。这是19世纪末到20世纪以来最重要的两个运动，一个是存在主义运动，一个是现象学运动。存在主义对于人跟这个世界的关系给出了一个新的突破，人作为一个实存者进入这个世界，如何观看这个世界。而在方法论上，现象学给出了一个很大的突破，怎么样通过一个现象学直观而入于本质，继而有一个确定的掌握。所以整体上就有如此大的不同。

康德哲学后来到费西特、到谢林，都已经隐含了一个变化，到黑格尔则隐含了一个更大的变化。但是，后来又整个翻了一番。从德国观念论的传统到黑格尔绝对唯心论，再翻过来，从费尔巴哈到卡尔·马克思、恩格斯，这又是唯物论的传统。另外一路就是，它重新去反溯，反溯到笛卡尔，反溯到经验论，从更深的传统中开启新东西，这就是胡塞尔（E. Husserl）所开启的现象学。威廉·詹姆斯（William James）上升到更深的大卫·休莫（David Hume）的思想，开启出彻底的经验论，而威廉·詹姆斯就隐含着一套现象学。

所以现象学很有趣啊，你透入理性主义的源头笛卡尔，走这一条路，或者你走彻底的经验论这条路，两个会相遇。其实到最后之所以相遇，至关重要的就是人活生生地进入这个世界去觉知。这个有趣就是，那么丰富的区别，那么大的不同，但是会相遇，相遇之后就不再主客对立。现象学运动、存在主义运动连在一块儿，很重要的一点就在这里，就是说不再主客对立地想问题了，知识论的构造方式不同了。但不是说整个西方变化很大，它原来的阵营仍然固守着，比如分析哲学，主客还是分开的、对立的。当然到日常语言分析学派又加以柔化。

曾繁田：我能不能问得跳跃一点，林先生怎样看待"良知"与"存有"的关联或者次第？

林安梧：或者先这么说吧，价值跟存在的关系是怎样的。我常说中国哲学如果追本溯源，就是讨论"存在与价值的和合性"。存在跟价值和合为一，我们基本上是这样思考问题的，表现在《中庸》《易传》里面都是这样。而从西方来讲，从巴门尼德、柏拉图以来，主题就是"存在与思维的一致性"，这是一个分野。也就是说，人通过思维本身去确定存在，而思维又必须通过话语。所以我说，西方是一个"以言代知，以知代思，以思代在"的传统。话语取代认知，认知取代思考，思考取代存在。所以存在的结构、思考的结构、认知的结构、话语的结构，也就是一个机构。因此，分析语法本身最后就可以知道那个存在结构。

而中国不是这个路向，我们的路向是"存在与价值的和合性"。在这中间很重要的是图像，图像所显豁出来的，同时有价值的意味和存在的意义生发出来。"天行健，君子以自强不行。"天体运行刚健，你怎么知道它是刚健的呢？因为存在与价值和合在一块儿。并不是说，我们把主观的情感投射上去。现在都喜欢这么解释，其实不是。而是说，我们跟天体的运行本来就连在一块儿，就在这个生活世界中，我们所觉知到的就是如此啊。"天行健"和"君子以自强不息"，是连着的。对我们来讲，存在的律动就隐含着价值的意涵。春、夏、秋、冬，元、亨、利、贞，东、西、南、北，仁、义、礼、智，一一对应而脉络关联。这非常有趣，我们就是这样来想问题的。

西方重在思维与存在的一致性，那是一个强控制系统，而中国重在存在与价值的和合性，是弱控制系统，所以汉语言的逻辑比较松。语言松没有关系啊，因为存在是事实，而存在胜过言说，"相视而笑，莫逆于心"（《庄子·大宗师》）。存在的律动，存在的相遇，多么美妙。《周易·系辞上》讲："一阴一阳之谓道，继之者善也，成之者性也。"这里，"一阴一阳"是存在的律动，"继之者善"是人的参赞跟实践，"成之者性"是教养、修习、传承。我们这个民族非常重视这些，主张所有的事物回返到存在之律动。这当中美学的情调是很浓的，而美学跟实践是结合在一块儿的，并且宗教信仰也连在一块儿。孔子讲："兴于诗，立于礼，成于乐。"（《论语·泰伯》）诗，兴发情志，传承着温柔敦厚的教化。礼，分寸节度，以至于跟整个宇宙的次序相呼应。乐，堪称最高境界。《礼记·乐记》说："大乐与天地同和，大礼与天地同节。"

存在跟价值和合在一块儿，这是我们民族的思想特质。譬如说水，有"山下有泉，蒙。君子以果行育德"，有"上善若水"，还有"源泉滚滚，沛然莫之能御"。我们是一个诗的民族，政治也要跟诗连在一块儿，还要跟道德连在一块儿。《论语·为政》第一章就说："为政以德，譬如北辰，居其所而众星拱之。"第二章马上就是："诗三百，一言以蔽之，思无邪。"《为政》篇先讲道德，接着讲诗，这是什么意思？就是告诉我们，政治从根源上讲必须让本性好好生长，而这就要从温柔敦厚的诗教开始。这太有意思啦！我们理解了这些，就希望赶快让我们的传统恢复过来、生长起来。同时也希望跟西方有更多交流融通，最终对人类文明有所贡献。

曾繁田：基于"存在与价值的和合性"，请林先生再谈一谈道与人的关联。

林安梧：道跟人是连在一块儿不分的。道讲的是总体、根源，而人就在这总体里面，并且人扮演一个很重要的角色，就是触动者、参赞者，所谓"人能弘道"。上苍赐给人一个非常重要的主动能力，就是"参赞天地之化育"。道是就存有的根源说，天地人我万物通而为一，那是"境识俱泯"的状态，而其中就隐含了人。人去触动、去参赞，于是存有得以彰显。存有开始彰显，人又使用话语，由此令存有执定。执定势必带来问题，所以必须时时回到存有的根源。人使得道彰显，天地万物通过人的话语诠释而落实，而人必须经由一个归返的活动，回到天地，回到道。

这个过程循环往复，人在其中非常重要。《周易·贲卦》讲"人文化成"："刚柔交错，天文也；文明以止，人文也。"中华文明非常重视"知止"，《大学》讲："知止而后有定，定而后能静，静而后能安，安而后能虑，虑而后能得。""止"是艮卦，艮卦以后才有震卦，震是动，是生长。人之所以重要，就是因为人是参赞的核心。《中庸》讲："喜、怒、哀、乐之未发，谓之中。发而皆中节，谓之和。中也者，天下之大本也。和也者，天下之达道也。致中和，天地位焉，万物育焉。"谁"致中和"？人嘛。《中庸》还说："诚者，天之道也。诚之者，人之道也。"谁"择善而固执之？"人嘛。所谓"天人合德"，所谓"交与为体"，那就是说，由人的触动而天有所动，天既有所动，人就随之而动。

曾繁田：听林先生讲解有一个感触，就是中国哲学里面讲人的"参赞"，是对人的极大重视，当然它并不是人类中心。而我们再回过头想想康德对于现象和物自体的区分，以及人不能够了解物自体世界的那种判断，似乎就感觉到，中国传统对于人之参赞有着非常充分的肯定，而西方传统则对于世界开显之前的物自体，有着一种非常深远的敬畏之情。

林安梧：那个部分西方把它让给上帝了，而在中国哲学里，上天与我们同在。这是很大的不同。我常说"万有在道"，就是说，道跟天人万物通而为一。西方并不是贯通的、合一的，而是区隔的、分裂的，他们把关于物自身的认识归于上帝，人无法了解现象后面的那个部分，用牟先生的话就是那个部分"暗而不明"。所以牟先生才会基于儒道佛三家的修养功夫论来讲"智的直觉"，这样才会明，明也就能够从知识上确立。知识上确立起来，才能走出暗而不明的境况。那么，最后这个知识确立在哪里呢？确立在我的心里。

刚才你讲得很好，这是一种敬畏之心。康德是基督宗教当中敬虔派的教徒。但是在这个地方康德有他的不足，就是不能确立。不能确立怎么办？那就是康德哲学本身的限制，所以，牟先生想通过他的"两层存有论"去疏通、解决这个问题。但是这样又带来另外一个问题，就是说太过高扬人的主体性，把人等同于上帝了，所以有人就从这方面批评牟先生。

曾繁田：能否这样说，中国偏重对人的肯定，西方偏重对上帝的敬畏。

林安梧：中国对天也有敬畏啊！

曾繁田：但是既然天人能够和合，这种敬畏之情相对而言可能就没有那么深远。

林安梧：那其实不是程度的问题，而是一个质的问题。孔子说："君子有三畏：畏天命，畏大人，畏圣人之言。"（《论语·季氏》）"圣人之言"是就文化传统说，"大人"是就政治社会共同体说，"天命"是就天道说。这三个连接起来，就是我们的畏。因为中国是存在的连续观，西方是存在的断裂观。这种区隔是很大的不同，这个没办法。而西方有一个严重的问题，就是最上面是不可知的，也是不可说的。

曾繁田：因为之前了解得很少，今天听林先生讲解，一个粗疏的感觉是，好像他们走到了那样一个层面，再往上走，想要解决问题，其实就诉诸一种敬畏之情了。

林安梧：西方有各种流派，敬虔派是这样。而比如说基督宗教中的新教，就有一种预定论的说法。而在路德教派，就有calling这个说法。康德的知识论只是其中一套，这里头有很多问题。所以到费西特，到谢林，就不用这种方式来解决了，黑格尔也不用这种方式。不同系统有不同方式，康德是其中之一。但是，西方哲学家处理这个问题，都是在一个主客对立的格局下处理。而到了现象学，一下翻过来，彻底打破了主客对立。从胡塞尔到海德格尔、伽达默尔，完全是另外一套思路，这是整个西方的学问在变动。

康德哲学肯定有不足之处，牟先生也看到这一点，但是他仍然在康德哲学的架构当中通过儒道佛的方式来解决问题。其实这后面还是一个西方的enlightenment spirit，启蒙精神。那我认为，这个启蒙精神还是在现代性底下的，而今天是在现代性之后，以一个新的方式来理解这个世界。这个现代性之后，其实与原先的前现代却可以有些关联。中国在这个时候，又刚好回到了前现代。所以我常说，牟先生的学问基本上是针对西方所谓现代性而展开的，他的老师熊十力先生是前现代的，但却隐含了一个后现代的可能。熊先生的论法，如果从现代性观点看，他不及牟先生，但是如果从后现代观点看，他反而有新的可能。这是很有趣的。

曾繁田：林先生讲过："言外有知，知外有思，思外有在。"我们感到这十二个字是近乎诗的语言，并且非常触动人心。

林安梧：这个意思其实挺明白。话语之外有认识，认知之外有思想，思想之外有存在，也就是说，话语小于认知，认知小于思想，思想小于存在。大概在1996年，我受邀参与台湾南华大学的校务工作。星云法师建立了两所大学，就是台湾南华大学跟佛光大学，台湾南华大学是先建立的。我们在台湾南华大学创立了哲学研究所，我是创所的所长。1996年9月底，研究所有一个启教仪式，当时祭祀孔老夫子，然后就让我讲了一段，所讲的内容是我提前写好的一篇《道言论》。我用八句话、三十二个字大体概括了自己的讲学宗旨，这三十二个字是："道显为象，象以为形，言以定形，言业相随；言本无言，业乃非业，同归于道，一本空明。"对我而言这可能是更重要的，主要的知识论、本体论乃至实践论都在里面了。

刚刚我们已经讲过一些，道、意、象、形、言，所以"道显为象"；象在形先，所以"象以为形"；形通过话语来落定，所以"言以定形"。一旦有言，就有业，业力的业。佛教讲业力，就是人的趋向、欲望、利害，像是贪嗔痴三毒、身口意三业都在里面。因为话语不可能是客观整全的，当人们在一个实存的情境里把话语说出来，它就必然带有业力，所以说"言业相随"。言最后要回到无言，所以"言本无言"。业本来是虚空的，它随着言而产生，感之即有，息之即无，所以"业乃非业"。如此种种，无一不回到那个道，所谓"同归于道"。而道是一个整体，是一个根源，一即整体，本即根源，这就是一本，它是境识俱泯的状态，不可说，但是它却隐含了人的明觉之性，所以就说"一本空明"。

这三十二个字，当初我把它写下来，至今我仍然把它作为自己讲学的宗旨。台湾南华大学哲学所有一本刊物《揭谛学刊》，发刊词就用了我写的这段《道与言》。后来我把它扩充起来，写成一篇比较长的文字，在1997年的国际中国哲学会上发表。我出过一本书《道的错置》，谈论中国政治与文化传统中的一些根本困结，这篇文章就作为第一章的总论。

儒学与科学

——林安梧先生访谈录

苗建荣　张春光①

在儒学复兴深入人心的今天，儒学与科学的关系受到了学界的普遍关注。针对这一话题，笔者于2016年12月29日上午，在山东大学中心校区知新楼A座1912室，就儒学与科学关系研究中的一些关键问题，采访了林安梧教授。

问：尊敬的林先生，您好。我们是山东大学儒学高等研究院科技哲学专业的博士研究生，主要研究儒学与科学的关系。之所以致力于这个领域的研究：一是因为我们觉得儒学的现代化必然要回应科学的问题；二是就过去的一些观点来看，有人认为儒学阻碍了科学在中国的发展，我们以为这样的观点似乎有些偏颇，也不利于儒学的现代化。作为现代新儒家的重要代表人物，您的观点举足轻重。您能否简单谈一下您对这一研究领域的看法。

① 苗建荣，1983年生，山西河曲人，山东大学儒学高等研究院2015级博士研究生。研究方向：儒学及其与科学的关系、中国哲学、科学技术哲学。

张春光，1989年生，内蒙古呼伦贝尔市人，山东大学儒学高等研究院2016级博士研究生。研究方向：中国近现代思想史、科学技术哲学。

答：其实这个部分是很有意思的。但目前来讲，儒学界基本上很少有人碰，也不太有能力去碰，主要因为老师们互动来往少嘛！有一点圈地政策的味道，圈起来然后我搞这个，其他不碰。你们能搞这一块儿很好啊！因为台湾现在做这一块儿科学史的是很少的。

问：朱熹当年强调"今日格一物，明日格一物"，最后达到"豁然贯通"。用今天的话讲，通过接触事与物，最后体认出一个至善的天理来。可是王阳明通过格竹子，却怎么也体认不出一个天理来。有人认为，这是朱子自身的理论困境所造成的，因为他混淆了存在物与价值物，而王阳明正是看出了这个理论困境。是否有这样一种可能：王阳明对于朱子格物的方法理解不够全面？程朱不仅一再强调格物的途径包括求诸文字、应接事物、索之讲论、察之念虑等多种方式；同时也一贯重视分析和比较方法。而王阳明仅仅静坐默思，这是不够的。关于这个问题，您怎么看？

答：先说朱熹的格竹子，朱熹不一定是格竹子，他当然还包括求诸文字、应接事物、索之讲论、察之念虑。阳明当时也就二十岁左右嘛！格竹子，他问娄谅（娄一斋），娄谅是当时朱子学的重要学者。但我怀疑娄谅可能没讲清楚，王阳明也没听明白。所以阳明格物的时候，就去格竹子，这个时候我们会想，娄谅是怎么跟他说的呢？我在想，娄谅跟他说，一定要将这个物当成物理世界的物，然后去格这个物理世界之理。但是阳明难道只想到这些吗？这真的很难说。这也就牵涉到，他理解的限度。所以我们暂且不放在阳明来说了，我们先回到朱熹来说。

朱熹《格物补传》那一段讲到，"今日格一物，明日格一物，格之既久，一旦豁然贯通焉，则众物之表里精粗无不到，吾心之全体大用无不明"。那我们再想这个问题就是，今天格一物，明天格一物，然后格到豁然贯通，那这个意思背后是说它不是一个个别事物之理，是诸多个事事物物之理。这诸多个事物之理都能上升到一个太极之理。朱熹讲"物物一太极，统体一太极"。每一个事物之理都可以通到太极之理，然后这些具体事物总体也是那个太极之理。所以这牵涉到一个事物的总体的宏观以及面对事物的具体的微观，这微观宏观最后都通到那个总体的源头上去，所以一旦豁然贯通焉，则众物之表里精粗无不到。我们就想，众物之表里精粗，表是一种表象，里是它的内在本质，精粗，粗是粗略，概括而说，精是入其本质，精也可以说是细腻。那么这个众物之表里精粗无不到，如何无不到呢？最后是吾心之全体大用无不明，也就是说他把物跟心关联在一块儿了。朱熹基本上是对外在事物的了别以及对诸多事物的了别或者对总体诸多事物的了别，他是朝向总体根源走。如果认识论是一个横摄的主客关系，用我的说法就是横摄而归纵。也就是说朱熹是从横摄而归到这个纵贯系统的。牟宗三先生说朱子属于横摄的静涵静摄系统。我认为追溯到底，他们有一个道德的创生的动源。我认为牟宗三先生这个分判判重了而且判得不准，朱子应该归属横摄归纵的系统，所以横摄归纵的系统就是对于一个外在事物的清楚了别。回溯到这个主体，认知主体上通到这个造化之源的总体根源。

我用了三个字来区别：一个是"识"，认识的识；一个是"知"，知是我们讲知识的知；然后再就是"明"，明白的那个明。所以这也就是三个层次："识"是"了别于物"，"知"是"定止于心"，而"明"是"通达于道"。我认为朱熹的学问是有见道的。他是从一个事物之理，回到主体的确认进而一直到道体的通体透明。所以他那首诗有深刻体现："半亩方塘一鉴开，天光云影共徘徊。问渠哪得清如许？为有源头活水来。"我认为朱熹是悟道的，他悟道了，他从"识"而"知"而"明"，这也就牵涉到中国人知识论的独特性。中国人的知识论是一定要牵涉到人的心性修养功夫的。这个部分我觉得是通的。也就是说，当我们现在去说，现在我们常常一区别就是实然的层面跟应然的层面，应然是属于道德的，实然是属于知识的，而且是把两者割开的。但就中国哲学总体来讲，就儒学来讲，应把这两个连在一块儿，连在一块儿，并不叫混淆。它们其实原先就应连在一块儿的，但是我们可以把它们区别开来。比如我现在把它们区别开了，我现在要检讨的就是一个知识所及的对象物，而这个对象物，我现在要让它跟所谓的价值判定做一个适度的区隔，而适度的区隔基本上就是通过主体的对象化活动，使得那个对象物成为一个被决定了的对象物，而就此去分判它。而这个时候我的主体其实是经由这个过程，用这个"名以定形，文以成物"的方式去论定这个存在的对象物。所以我是去了别它是什么。但是后头并不代表我的价值观，我的主体并不起作用，这个作用就是说我有一个价值定向，但是我现在基本上在处理的就是我这个客观事物的结构。就客观事物的结构性而言，我可以清楚明白地了解它，譬如这水是H_2O，我是通过它的这个物质的分解程序了解它是什么，它是由两氢一氧构成的，但是你不能说H_2O就等于水了。说到水我们马上会有一些觉知，譬如水可以有湿的感觉，可以有润泽的感觉，还有我看到水是什么感觉？在我生活的世界我所亲近到的水是什么感觉？所以水可以源泉滚滚，沛然莫之能御；水可以是上善若水，水利万物而不争；水可以清斯濯缨，浊斯濯足。关于水我们可以有各种描述，而各种描述代表着我们可以拿它进行各种不同的关联。在这种状况之下，于是有各种不同学问的向度，但它们原先是连在一块儿的。在我们实际的思考里面，或者在我们的实存状态下，它们是连在一块儿的。用我的说法就是我们强调"存在与价值的和合性"；而不是依据西方从巴曼尼德（Parmanides）以来的那个"存在与思维的一致性"原则。

问：谢谢林先生的深刻解读。现在我们开始第二个问题。刚才林先生谈到存在与价值的和合性，但是第二个问题的前提恰好是存在与价值的不和合。问题是这样的：我们知道，朱子格物从外物入手，"今日格一物，明日格一物"，而这个物呢，它是包括客观外物的。也就是说为什么在朱熹这里认识客观外物有助于认识道德意义上的天理？那么他的根据在哪里？

朱子主张格物，那么这个物包括了客观外物。既然是客观外物，它应该是一个存在之理，那么这样一个存在之理怎么能格出一个什么太极之理那样一个价值之理来？就是这样一个问题想请教林先生。

答： 这个问题是因为你已经预先设置了一个前提，比如说这个物一定是客观外物，但是把这个物理解成客观外物是不足的。今日格一物，明日格一物，你说"客观外物"，那意思就是说它跟你的主观心灵无关了。客观外物，它是可以跟你心灵的意识活动，跟它的价值，跟它的种种活动区隔开来的。你是这样想的，但是可能朱熹想的就不是这样。因为在中国讲，物这个时候其实并不是一个被给予的being，它不是一个被给予的摆在那里的存在，它其实讲的是一个"名以定形，文以成物"，也就是经由一个主体的对象化活动，使得它成为一个被决定了的定象物。至少我们可以用一个名言概念去称谓它是什么，这就叫作物。所以这个物之为物，它是人们的主体对象化活动以后所做成的一个决定，一个论定，这里头隐含着一个logical determination，一个逻辑的论定，论定它是什么。论定它是什么，这个你可以用话语去论定，所以"有名万物之母""无名天地之始"。"无名天地之始"只提供了一个场域，有名万物之母，因为有名而名之，名之才成为定名。王弼在一两千年前就讲了，名以定形，就是顺着老子说的。"名以定形，文以成物"，就是人们通过名言、概念、文字对我们的主体对象化活动进行论定，给它一个名称去定住它，但是格物的过程是什么，它有很多，第一个就是我要了解这个东西是什么，之后我去了解这个过程是什么。或者我现在了解的是我跟它的关系，我想朱熹的重点就在于我跟它的关系。而且在中文语境中讲的这个物，它其实包括事，包括人，所以物可以是对象，可以是事物，也可以是人物。所以它都包括了，所以格物包括什么，格物其实就是穷理，就是对我们生活周遭所面对的各种事物，这些理的一种把握、掌握和理解。我们现在用纸杯做个比喻，这个纸杯有纸杯的限制，我们现在用纸杯装一种很热的液体，这时候这样做不适合，其实这就是一个基本道理，所以你就不要这么做嘛，那请问这个时候的格物穷理跟我们的道德实践有没有密切的关系？有。就是说清楚认知的目的是要我们恰当地实践，所以我们对一个事物的清楚认知其实在后头。譬如 H_2O，跟我的这个主体心灵可以暂时无关，但其实它们终究有关，其实不应该说暂时无关。间接虽然不是直接相关，但是还是有关的，比如我现在知道这个 H_2O 是这样，但是如果我加上一个什么东西，根据化学方程式，它就变成别的什么。这个就是我们所关心的那个理，它不是跟我们心灵完全无关的理，它们是密切相关的，我想朱熹这个事情你们可以去想一想。宋代那个时候的科学发展到了什么程度，这可能已经影响了朱熹，因为我一直觉得朱熹的学问其实代表着宋代那时一个很重要的发展，代表着那时对客观法则性的确立与要求，所以朱熹的判断很可能跟当时科学进展的程度有关。我不是这方面的行家，你们倒是可以看一看，看一看宋代的中国科学史，可能有帮助。另外就是整个宋代的政治社会共同体的建立，朱熹在寻求新的客观法则性，这是我揣摩的。所以他很强调这个理，所以朱熹讲的这个理并不是一个 natural world，并不是一种自然世界的自然物理之理。这个理是人进入这个生活周遭，进入自然世界来说的理。而这个理有一个事物的结构之理，但是也有人跟这个事物之间的关系之理，我想后边这个是很重要的。

问：谢谢林先生的精彩解答，下面我们开始第三个问题。朱熹有这么一段话："……虽草木亦有理存焉。一草一木，岂不可以格。如麻麦稻粱，甚时种，甚时收，地之肥，地之硗，厚薄不同，此宜植某物，亦皆有理。"在谈到"合内外之理"时，他又说："目前事事物物，皆有至理。如一草一木，一禽一兽，皆有理。草木春生秋杀，好生恶死。'仲夏斩阳木，仲冬斩阴木'皆是阴阳道理。自家知得万物均气同体'见生不忍见死，闻声不忍食肉'，非其时不伐一木，不杀一兽，'不杀胎，不殀夭，不复窠'，此便是合内外之理。"是否可以这样认为：在这里，朱熹不仅把事事物物之理所包含的事物的性质和规律说得明明白白，而且已经进一步涉及要尊重外物的客观规律了？

答： 就这两段材料来讲的话，其实已经很清楚了。就是一草一木皆有理存在，当然可以格，请问这一草一木之理何在？他说了嘛，比如这个麻麦稻粱，什么时候种？什么时候收？地是肥了，是硗了，后果不同。那么这个地方适合种什么作物？它有一定的理，你去了解这个地到底是肥沃了还是贫瘠了，你去了解什么时候种，什么时候收，然后它适合种什么物，这就是它的理。这个意思牵涉到的重点在于我了解它是什么，我关联着展开我的实践行为，这是有密切关系的。也就是说他关心的问题在于，我要了解这个事物是什么，然后我为什么要去了解，我要去了解的目的是我要去恰当地展开行动，我恰当地展开行动，于是如何如何⋯⋯

所以，他的重点不在于跟实践无关的纯物理世界之理，因为这个物理世界之理和人的世界之理是密切关联的。所以，对客观事物之理的理解跟掌握，其实是有助于人跟它的关系的，人要找寻跟它的恰当关系，特别是怎么展开实践的关系。所以朱熹讲事事物物都有至理，这个至理就是太极之理，至理，至高之理。一草一木，一禽一兽当然有它的理；那草木春生秋杀，好生恶死也包含了理⋯⋯然后再合内外之理，合内外之理就是合内外之道。所以说，物跟心，心是内，物是外，但最开始它们是不分内外的。所以，物跟我的心是密切相关的，我的心跟物也是密切相关的。

只是物之为物有一个客观之理，心之为心有我的这个知觉，即知觉的能力，而知觉能力可以去了解这个客观的事物之理，而且可进一步了解客观的事物之理跟我应该有一个怎样的恰当关系。其实这两个活动是同时展开的，也就是说我客观了解它是什么，之后，我要如何展开这个活动，跟我的了解是密切相关的。为什么密切相关，因为当我了解的时候就已经把我的期待，把我想要处理的问题投射进去了。比如我为什么要了解这个土地贫瘠、肥沃与否，那是因为我要种植物必须适合土地的肥沃程度。所以，这个过程就会使得我展开行动的时候，提前在心里做个判断。所以，这就是合内外之道。合内外之道已经很清楚地告诉我们，物之为物是一个暂时设置的物之理。而暂时设置的物之理其实有一种跟心灵内在的关联，这个关联才使得我们能够格物致知。

那么，如果用我那个说法，合内外之道就是横摄归纵，从外而内，从内而上，所以，是众物之表里精粗无不至，众物之表而里，精而粗，粗而精，表里精粗无不到；而吾心呢，你就马上关联到吾心是全体大用，全体大用无不明，既上溯到太极之理，又怎么办呢？所以，朱熹的《格物补传》其实已经很清楚地说明，他的整个知识论跟他的整套实践哲学都包括在里面了。这里头必须引来一套天道天理，即太极之理。

问： 谢谢林先生的深刻解答，下面我们开始第四个问题。从格物致知包含认知因素能否说得出以下几个结论：第一个是说人的道德规则和客观外物的发展规则具有一定的同构性，认识后者有助于认识前者，也就是说认识客观外物有助于认识道德，甚或说，认识后者是认识前者的重要途径；第二个结论是说知识与道德并非截然二分，人类对于道德的追求离不开知识的参与；第三个，人类认识真理的活动也有机地包含道德成分，人类认识自然不应也不能拒斥道德，相反，应当把追求真理与追求崇高的道德境界结合起来融为一体，这一点为现代科技发展充分利用儒学的文化资源提供了相当的理论依据。林先生您怎么看待这些问题？

答： 大概从我刚才那些提法讲下来，大概就可以关联到你们的这样一种呼吁。但是可能在基本的设置上跟你们呼吁所要达到的东西并不是那么顺畅地连接在一块儿，但是如果我们把"存在与价值的和合性"很清楚地摆在前头，接下去，我们就可以区别"存在与价值的和合性"与"存在与思维的一致性"有何差别。这两者所说的"存在"是什么意思？那我们下面说道德与价值的这个实践的一致性，最上头是存在与价值的合和性，存在与价值的和合性基本上就可以把这些东西都包括了。所以人的道德规则跟客观外物的发展规则具有一定限度的同构性，这个说法是可以讲通的。但是这个说法容易被误解，因为你先把它分成了两个，分成两个就是说，你自己的道德法则跟客观外物的发展规则一分为二，再进一步去说它们具有一定限度的同构性，这就有些问题了。你若讲客观外物，它显然就是一个natural world，physical world/being，当然它们很难说有什么关系，但其实它们不会是这样的，它们若溯其源头应该说就是一个东西。

有这样的客观外物，没有错。但不要忘了，若这个客观外物被设置成某一个层面的，它就不能够作为，那这个道德的规则当然就很难与它相关了。但这个道德的规则是怎么来的，我们要有更多精细的思考，用朱熹的说法，其实就是由格物穷理而来，当然我们要问"格物穷理以致其知"如何可能？因为他讲得很清楚，"今日格一物，明日格一物"，然后"格之既久，一旦豁然贯通焉"。众物表里精粗，万物的表里精粗无不到，吾心之全体大用无不明，这就是我所说的横摄归纵的活动。也就是说我们对一个存在事物的客观了别，它反馈回来之后我们可以有一个对客观事物的清楚了别。反馈会让我们的主体有一个真实的确定，因而能够上通到那个道，获得一个整体的了解。这个过程大概就是这样，就是一旦豁然贯通焉才有可能，要不然怎么可能？我们要帮朱熹把这个话讲通了，用现代的话语应该这么说，对于某个人的道德法则跟客观外在物的发展规则，如果你把它们分别开来的时候，它们仍有一定限度的同构性，但彻底来说，这二者本来是合二为一的。合二为一的时候，其实是从对一个外在事物的客观了别而回到那个内在主体的真实确认，而在这样的过程中会形成一个对于我们道德实践的确定。其实这里面还隐含着上通之道，道是怎么上通的？一个是从主体的确认这里上去；另外一个大概也隐含着从外在客观事物那边上去。这个部分可能需要更多的论证才能够去说明。那么这样说的话，知识跟道德本来就是和合为一的，只是我们在学科分化上必须做区别，知识是涉及所谓客观对象物的清楚掌握；所以道德重点在于回到本性根源的价值确认。知识指向一个客观之理的确认，而道德指向一个价值之理的确认，这两个要区别。其实很有趣，"知识"跟"道德"这两个字用起来还蛮好的，"识"是了别，"知"是定止，"德"是本性，"道"是根源。道德跟知识如果这么一说的话，那不就是"道德知识"吗？"道"是根源，"德"是本性，"知"是定止，"识"是了别，那这就是四个层面。其实是三层，因为也可以说是一个总体，总体谓之"道"嘛，本性谓之"德"嘛。那么落在人的本性和事物本性不同，人的本性是"觉"，因为它有心体之觉；事物的本性是作为一个"存在的"事物的本质，但人的德性在能觉，事物的德性在于它的本质是什么。人若了解存在事物之为何，其实对于我们的德性是有帮助的，所有我们现在讲客观的报道。客观的报道一定要隐含一个价值定向，而且是以价值正向为定向的客观报道，我不能说我这个报道跟价值无关，它们一定密切相关。因为这里有一个东西就在那个地方，作为它的一个依托参与到那里面。比如报道一个杀人事件。那我报道这个的时候并没有谴责，我只是客观报道，而且我要叙述他/她怎么杀人，叙述得清清楚楚，那你说这跟价值无关吗？其实，这里面已经隐含了一个东西，因为当你听说这个东西的时候，用佛教的话说你的"贪嗔痴"三毒都在起作用，或者说你的"善业""恶业"都在产生作用。

在这个部分朱熹留意的可能是你这个东西跟它的作用是什么。我对它"确知"，了解是什么了，比如我现在确知这个车子是什么，我知道这个车的性能如何，然后现在应该怎么开，现在我确知这个车是安全的。但是重要点是：我怎么开。不只如此，我还要去了解这个车的整个车况，了解交通规则是什么，了解如果出现堵车状况人家是怎么处理的，了解各种情况。这个是"众物之表里精粗无不到，吾心之全体大用无不明"。只能这样了，要不然怎么办？我昨天从北京回来，坐高铁的时间就是我从济南西站回到学校的时间，因为那也坐了一个小时四十分钟，这一段也坐了一个小时四十分钟。这不是很荒谬吗？那现在怎么办？你说我了解了，了解第一个，当前情况下我只能从容，我不能怎么样，我生气没用。但是这并不代表我不展开我的行动，我觉得我们应该提一个建议，我们济南真的可能到了要限号的时候了。而且全国的公共交通能力应该要提高了，私家轿车的数量应该要减少了。那么你要提供一个可能性，私家轿车数量如何减少，公共交通能力如何提升。

这个很简单，因为如果公共交通非常方便的话，大家就不会开私家车。这里有一个基本的趋利避害。所以，有个朋友说伦理学是彻底的功利主义，伦理学讲的是功利主义嘛，就是说伦理学一定涉及利害，那我们认识论有没有涉及利害？当然有，人一定趋利避害，利害，利跟害的权衡其实就有道理，道理是用来权衡利害的嘛。从这个角度看朱熹关心的是这样的问题，即道理跟事物的状况如何？人跟它的关系利害如何？然后从个体到整体是什么关系？他所要格物格的就是这样一个物。

问：谢谢林先生的深刻解读，下面我们开始第五个问题。在中国哲学史上，汉学重文字训诂，宋学重义理阐发，到了清代，考据学兴盛。最典型的就是"乾嘉学派"的朴学。明末清初西方自然科学开始传入中国，并逐渐被许多儒家士人接受。西方自然科学重实证，这似乎与考据学的精神气质不谋而合。梁启超说："乾嘉间学者，实自成一种学风，和近世科学的研究法极相近，我们可以给他一个特别的名称，叫作'科学的古典学派'。"[1]胡适先生也讲："这是一种实证主义的方法，他的要点只是'拿证据来'。"[2]我似乎觉得，这种学风的转向并非偶然，其间，自然科学的

---

① 梁启超：《中国近三百年学术史》，《饮冰室合集》第10册，中华书局，1989年影印本，第22页。

② 胡适：《清代思想史》，《胡适遗稿及秘藏书信》第7册，黄山书社，1994年，第49页。

影响应该是一个重要的原因。请问，林先生您是否同意这个观点？如果您同意的话，您认为西方自然科学在哪些方面影响了朴学？

答：我有一些并不完全能够回答，比如说西方自然科学在哪些方面影响了朴学，我不一定能够回应。我顺着这个问题说，汉学重文字训诂，对，用一个重字。汉学重文字训诂但不限于文字训诂；宋学重义理阐发，但是它也有一定的文字训诂。那么，这个地方重要的就是汉学，汉学基本上在汉代，它以文字训诂回溯到经典之理，而这个经典之理基本上跟这个大帝国的建立是密切关联的。同样，宋代重义理阐发跟宋朝的建立是密切关联的，或者说跟宋朝整个政治社会共同体的确立是有关系的。

我们不要说"帝国"这个词，因为帝国好像马上会让大家想到国君，但跟国君还是有关系的，汉学跟当时政治社会共同体的确立也是有关系的。那么宋代为什么不循顺汉唐，而要自己去阐发这个义理，比如说朱熹的《四书章句集注》就是要确立道统，他直契三代，上追尧舜，跨过汉唐。他跨过汉唐，就表示对汉唐不满意，他有更高的期许，这从张载以来就可以看到。宋代的读书人口气都很大，因为他们不畏死，因为赵匡胤立下"不杀士大夫"的规矩，所以他们有底气了！

那么到了清代，考据学兴盛。为什么考据学兴盛？我们现在说乾嘉学派，这个朴学，它其实不让脑袋多思考。因为清朝以几十万之众入驻中原，要控制全中国，所以在整个政治体制上已经做了很多设计。比如说"汉不封王"，所以刚开始封王的三个汉人都没得好下场。所以上层要找寻一套更适合我这个专制王朝的意识形态。

我觉得牟先生、徐先生、唐先生他们讲得很简单，这就是"清客之学"。什么叫作"清客"呐？就是这种学问跟国计民生没有真正搭上关系。这个"清客"就是说这个东西你不能做啊，没有办法真正落实一些东西。

文献的目的，在顾炎武看来希望是什么？他是要落实到经世致用的，这就很荒谬了。原来心性学的目的是要指向社会实践嘛，后来心性学往精神境界追求，然后到最后只能袖手谈心性了。那这个训诂考据有什么作用，我要搞清楚然后用来做事的嘛。然后要怎么办呢？然后，其他的你不要发表意见，因为发表意见会断头嘛！这已经背离了顾炎武原先实学的主张了。到最后训诂考据你一辈子也搞不完了。

这跟西方的自然科学会一样吗？西方自然科学怎么来的，西方自然科学会怀疑，这个事物是这样子吗？那你说我们考据之学有没有怀疑，有，当然有怀疑。但它是有限度的怀疑。你有没有觉察考据之学的主观意识，考据之学的人的主观意识，清朝那一代像戴震与章学诚，你看他们可真有趣，他们斗争也特别厉害。

问：非常感谢林先生今天给我们的精彩解读，我们深受启发。在访谈即将结束的时候，还有一个问题想请教林先生。您刚才谈到存在与价值不可分离的问题，您中间有这样一个观点，希望您能把这个问题再简单地给我们介绍一下。

答：存在与价值，应该这么说，它们是不即不离的。它们起先是通而为一的。之后人们经由一个认知的活动，一个主体的对象化活动去安立那个对象，而安立这个对象时我们做了区隔，把它视为一个存在的对象物。但是这并不意味着你的价值就跟它无关了，它是价值的中立，不是价值的漠然，它是有关的，不是漠然无关的。比如说，我说水是H_2O，这时当然不涉及我喜欢不喜欢水，我跟水的实践活动应该怎么样，水跟人有没有真正的关联，我想这很复杂。所以，先从存在与价值的和合性出发，那么当我们去理解存在，如果我们着重于通过"思维与存在一致性"的方式去理解它，然后把它理解成一个客观自然世界的物理，那么它就可以区隔。如果涉及其他的，它们就会很密切地联系在一块儿。所以那个部分就牵涉到朱熹所说的"众物之表里精粗无不到"，合内外之道，合内外之理。

后新儒学与现代性问题

——林安梧教授访谈录

采访人：张小星[①]

一

张小星（以下简称"张"）：林老师，您好！欢迎您来到山东大学，很感谢您能在百忙之中接受我的采访。对于此次访谈，我想围绕着"后新儒学与现代性问题"这一话题展开，向您请教一些关于后新儒学以及儒学现代化等方面的问题。我想通过这样一种类似于"对话"的"问——答"方式能够更切实地了解您的学思历程，相信从您的话语中能获得更多的启示。

就我所知，在您提出"后新儒学"构想之前，您是研究传统儒学比如像王夫之的人性论哲学以及现当代新儒学的，并师从于牟宗三先生。那么请问，促使您提出"后新儒学"构想的原因有哪些？这跟您之前的研究有着怎样的思想关联？以及您如何看待牟先生对您学问上的影响？还有一个重要的问题就是，您为什么会选择如此耐人寻味的"后新儒学"作为新儒学形态的一种标识呢？其中的"后"字该怎样理解？

---

① 张小星，1992年生，山西长治人，山东大学儒学高等研究院硕士研究生。研究方向：儒家哲学。

林安梧（以下简称"林"）：好，先说这个"后"，我想主要是有一个"后继者""后起者"的意思，所以它跟新儒学的关系，我认为连续的关系比较强，而不是断裂的关系。但一般来讲"现代""后现代"，这个"后"字，好像认为"现代"跟"后现代"是断裂的关系，所以有人问过我，我认为我承继的关系多于断裂的关系，应该是承继中带有批评和发展，用傅伟勋先生的话来讲就是"批判地继承""创造地诠释"跟"创造地发展"，就是这样的。

这个主要原因就是，我发现到牟先生他们——当然以牟先生为主了，包括唐先生和徐先生——我觉得他们一直在响应的问题是"如何从中国文化传统开出现代化"，特别是牟先生在响应这个问题的时候他有一套说法，比如说"良知的自我坎陷，开出知性主体，开出民主科学"。我觉得他这个说法基本上只有诠释学意义上的一个"理论的逻辑次序"的安排，它并没有办法真正涉及作为一个"历史的发生次序"的发生历程，也不是一个"实践的学习次序"的实践学习历程。所谓"现代化"，我发觉它是一个"实践的学习次序"，它跟牟先生这一套构想当然不违背，但是其实也可以说不相干。也就是说，我们是在一个现代化的学习过程里，再去看你这个儒学、道学或者佛学能起什么作用？我基本上并不认为只有儒学，而是儒、道、佛三教在现代化过程里面共同起一定的作用，那我觉得在这个时候，它其实应该有一个很不同的转向，这个不同的转向就不同于原先新儒学问的"如何返本开新""如何从旧内圣开出新外王"，而是"在一个新外王的学习过程里如何重新调节内圣以及如何重新调节外王"，所以这样的话整个思路就不再是原先牟先生那样的思路，这大概就是整个时代的变迁史。

另外就是我从师问学的过程，譬如说我很喜欢陆王心学，但是我对程朱理学的理解，我就觉得跟牟先生的理解不太一样，特别在对王夫之的理解上，我深深地喜欢王夫之，王夫之似乎解决了宋明理学的很多问题，但我觉得牟先生并没有真正正视王夫之，那我们在理解上当然就慢慢地有些不同。另外就是对熊十力的理解，我也觉得对熊十力"体用哲学"的理解跟牟先生所理解的——像他所建构的"两层存有论"——其实是不一样的，所以诸种原因加在一块儿，我就开始思考这些问题的不同。当然还有其他的因素，我当然也阅读了很多西方哲学的东西，包括西方契约论的传统、历史哲学的传统。在阅读的时候我回过头来思考，譬如契约论传统视角下的民主政治、社会构造，如果它们跟儒学连接在一块儿会有什么可能，这些思考我觉得都会让我重新反思，原先牟先生他们所构造的系统还有哪些调节的余地。当然我也读钱穆的书，也会读余英时的书，包括余英时的《反智论与中国政治传统》，我觉得他的提法很有意思，但是有些问题。这些都是我在反思的过程里面慢慢去构想，所以后来我会写《儒学与中国传统社会之哲学省察》，会提出"道的错置"这些概念，会继续去想有些什么新的可能。

之所以用"后"字只是因为在现代化之后、在新儒学之后，而开启这个"后新儒学"的思考其实是在牟先生过世之前。1994年2月，当时我在美国威斯康辛大学访问，写了一个《后新儒学论纲》，所以，有人说我在牟先生过世之后就背叛师门了，如果这样叫背叛师门的话，那应该是在牟先生过世之前而不是过世之后。其实在更早的时候，我在写一篇文章，可能是1991年、1992年的时候吧，在东海大学写一个有关新儒学的反思，那篇文章牟先生看到了，牟先生对那篇文章基本上还是蛮赞许的，那时候我其实对当代新儒学已经提出了一些不同的看法跟批评。更早是在写《当代新儒家述评》的时候吧，那个文章是在1982年的春天写的，其实那篇文章牟先生他们也都看到了，后来那篇文章也收到我最早的那本书《现代儒学论衡》里，牟先生也都看到了，因为那个书都送给牟先生了，那牟先生也不以为忤，他觉得年轻人要有自己的思考。我也不太了解为什么很多人认为这就很严重了，我觉得这个基本上是人的关系，不是学派意识的关系。譬如吴汝钧对熊先生、牟先生批评也很严重啊，吴汝钧在"中研院"，所以这个其实是人的关系，而且吴汝钧很多文章后来也在《鹅湖》月刊登啊，后来反而我很多文章没在《鹅湖》登，这个就是牵涉到人的——其实说透了就是人的斗争问题、同辈跟不同辈的问题。以前牟先生也经常跟我们说，同辈就是竞争，竞争没处理好就变成了斗争，我是深深感受到了，后来我就提出一个说法"人际三阶论"，我说老一辈要有温情关怀，年轻一辈要有理想冲劲，冲劲到中年的时候要有胸襟气度，但往往这是最难的，中年这一难就没办法。

所以"后新儒学"的提出，其实原先前辈先生包括蔡仁厚先生也觉得是可以的，你可以有自己的想法，其实前辈先生中蔡先生是最"护教"的，大家都知道，但蔡先生也对我爱护有加。所以有时候我自己回头就去想，这学派之争嘛，你说真正意义之争有那么多吗？我看多半都是意气之争。比如说蔡先生的想法跟我有很大不同，但是他对我是很爱护的，那你说我跟李明辉的想法会有那么大不同吗？我看也未必，我们很多也是一样的，但是他一定弄得很严重，这个很严重我其实很不愿意你知道吗？所以面对这些事情我就想，我也曾经"行有不得，反求诸己"过，后来想一想就"缺憾还诸天地"，因为你"反求诸己"会痛苦，那该怎么办呢？"缺憾还诸天地"就不痛苦了，所以我觉得道家还是比较好的。

张：《儒学革命论：后新儒家哲学的问题向度》与《儒学转向：从"新儒学"到"后新儒学"》这两部著作都主张将"当代新儒学"推进到"后新儒学"阶段。请问您当时为什么会先选择使用"儒学革命"，而后又提出"儒学转向"呢？二者之间有什么区别？

林：你是很仔细地想过这个问题的。这其实是一个偶然，因为原先题目已经叫作"儒学革命论"了嘛，后来我又收集了大约十年间的一些讲稿，那要出来怎么办呢？叫"儒学革命"，"革命"都已经用到了，那怎么办呢？这个"革命"是一个什么样的革命呢，其实是个"转向"了，所以后来就用"转向"这个名称了。其实这个"转向"也是"革命",这个"革命"也是"转向",并没有说原先那个是"革命"而后来是"转向",是不是因为被批评了所以调整成"转向"了,其实不是。因为"革命"就是"转向","转向"就是"革命",只是前面先用了"革命"这个语汇,后来只好用"转向",免得又重复了,就是这样。

张:在大陆出版的《儒学革命:从"新儒学"到"后新儒学"》一书的序言中,您将儒学史归结为"儒学的三波革命"。当然像"儒学几期"的提法有很多,包括三期、四期这些说法挺多的。那能否请您详细谈谈您的"儒学三波革命"呢?

林:对,是这样。我认为第一波革命是孔老夫子,然后第二波革命是从秦汉"大统一"开始一直到清朝末年,第三波革命是从民国初年一直到现在,我认为是这样的。第一波革命相应的是一个宗法封建社会,宗法封建社会有一个转型,但我认为并没有成功;落到第二波就进入帝皇专制年代;第三波革命就是民主社会年代。我们这个三纲的儒学,其实还是蛮强的,但是三纲儒学从秦汉大帝国建立一直到清朝末年都算,我认为这个最长,这里面其实还可以区分很多形态,比如说宋明跟汉唐就有很大不同,其实这个部分还有很多可以说,所以我那个其实只是概括地说。因为我觉得这个宗法封建、帝皇专制、民主社会是有很大不同的三个阶段,必须重新好好去调节它。

张:其实我当时在读您这本书的时候,我把"儒学三波革命"做成了一个表格[①],我觉得这样一个表格更清晰一些,能够更直观地解读您的"儒学三波革命"。

林:可以,好!

---

① 参见《儒学革命:从"新儒学"到"后新儒学"》,第10–12页。表格明示如下:(转下)

张：您的"儒学三波革命"的提法让我想起了牟宗三先生在《道德的理想主义》里面所提出的"儒学的三期形态"，我觉得您跟牟先生的提法有一定的区别。那么请问您如何看待牟先生的"儒学三期形态"的提法呢？

林：其实牟先生的"儒学三期形态"首先是先秦，然后宋明，最后是当代。其实他这个是继承了宋明理学家们的一个道统意识，宋明理学家认为他们是直契三代嘛，那现在牟先生认为我们是直契宋明，他特别又把心学拿出来，认为这是正宗嫡传，然后把程朱放旁边去。

张：可能牟先生继承阳明心学的部分多一些。

林：对，心学他主要继承的就是阳明，当然象山、明道也有，但他总的来讲以阳明为重。牟先生的这个提法在某种意义上是一种"超越继承法"，这个"超越继承法"基本上就是要把整个民族文化的精神象征通过一种心学的修养功夫，并且通过一套"道德形而上学"的确立来给予一理论上的确立，将这个道德实践的功夫放到牟先生那里成为一种理论上的确立，然后通过确立这个来确立那个道统，这是我的理解，所以我说他做了一个形而上的保存工夫，然后他接下来就要落实为形而下的开启，牟先生

（接上）

儒学革命	第一波		第二波		第三波
历史时期	夏商周三代	春秋——		秦汉——	清末——
开启人物		孔子		董仲舒	当代新儒家
历史时代		家族宗法时代		帝皇专制时代	民主法治时代
主体转变	君子	圣王		王圣	公民
链接模式	血缘性自然联结	人格性道德联结		宰制性政治联结	委托性政治联结 契约性社会联结
伦理转制		五伦		三纲	（新）责任伦理
社会转型	小康之治（家天下）	春秋大一统（大同之治：公天下）		帝国大统一	现代民族国家 现代公民社会
儒学形态		君子儒学（含荀子儒学）		帝制儒学（含宋明儒学）	公民儒学（含当代新儒学）
儒学主题		王道理想、人格完善		帝皇专制、人格服从	民主科学、社会正义
实践向度		社会实践		道德实践	政治实践

375

有个呼吁就是开启民主和科学，但我觉得他的呼吁要落实的话还有很多东西要变化。

张：刚才您也谈到了，牟先生的"第三期形态"主要强调民族国家的建立以及吸纳西方的民主和科学，但是您的"第三期革命"则是强调"公民社会之下社会正义何以可能"，这是您重点强调的一个问题。

林：对。

张：其实在我看来，您提出的"儒学转向"实际上是要把整个"当代新儒学"的思想进路，也就是将"如何从旧内圣开出新外王"的路径转换为"如何从外王调节内圣"的进路，而这一"转换"实则是由您所强调的"公民社会之下社会正义如何可能"的问题所引发的。

林：可以这么说，就是说在台湾社会转型的过程里面，你会发觉这个"社会正义"慢慢怎么生长起来。这个生长你要说它是"本内圣而开外王"，这其实也没有错。但是它是怎么样长出来的？因为我重视历史的发生原因，而不是形而上理由的追溯。牟先生大概就是经由一个形而上理由的追溯给出了一个理据，这个理据是建立在他的良知学系统、道统上说的，这个并无不可。但是我认为你必须要去看的是在历史发生的历程里面它怎么生长出来，而它怎么生长出来其实就是要回头去看，这个理据可以是你说的那样，但它也可以不是，用王夫之的话表达就是"两端而一致""道器合一"。形而上理由的追溯可以追溯到天道、追溯到本心，但在现实上它是很具体的，这个具体就是利害的问题，也就是人之为人有几个层面，他作为一个natural being，作为一个social being，作为moral being，作为一个自然的存在，作为一个社群的存在，作为一个道德的存在，是不太一样的。你可以上溯到道德存在去说，但他首先是作为一个自然的存在，然后他进一步作为社会的存在，而在这个过程里面你怎样去成就一个道德的存在，这是很复杂的过程，其实也是历来就有的两套不同思路。但是我觉得，如果我们现在要去看整个儒学在当代的发展历程，我们应该更重视的是怎么"调节"。

张：也就是在您著作当中说的"调适"。

林：对。

张：在《儒学转向》中，您指出牟先生的"道德形而上学"是把整全的人单纯地看成了一个道德的存在者，也就是说他把这个"人"进行了一种"理论的纯化"，对它进行了一种超绝的解释；而且您还指出"两层存有论"的最高支柱其实是一个"形式之我"。

林：对，"人"在他那里变成了最为理论的纯化。也就是先把"人"做成圣人再往下掉，然后把人做成佛，然后再菩萨、众生，最后到世间来，他有这个倾向，所以他要"良知的自我坎陷"开出"知性主体"，佛修为圆满了然后落实到人间成为菩萨。他这个其实是不得已，因为那个年代被顶到最后只能这样，就是"形而上的保存"。"形而上的保存"提到最高，然后再告诉你，我要怎么下来。但是这样的话，如何接地气呢？马上就会被批评的，因为你是高高在上指点江山嘛。

张：在《后新儒学论纲》中，您指出以往儒学实践观念上的一些缺失，认为它是一种"境界型"的形态，并提出"后新儒学"的"如其型"的实践概念。在我看来，这里其实牵涉两个问题：一是实践主体究竟该如何理解，二是主体的实践如何展开或者用您的话来说就是"内圣"和"外王"应该如何安置的问题。这些跟您上面谈到的对"人"的整体性的规定是相关的。不知道这样的理解是否合适？在您看来，儒家的实践观念该怎么理解呢？

林：其实我并不反对"内圣学对外王学是有很大帮助的，外王学对内圣学也是有帮助的"这种说法，而且我基本上认为"内圣"和"外王"是交与为一体的，它是一个不可分的整体，所以有的人说宋明理学只有内圣学，其实我是不赞成的，它的内圣学与外王学是连在一起的。朱熹那么强调地去谈《大学》，谈《中庸》，《大学》的"在明明德，在亲民，在止于至善""三纲八目"是很明白的，"格物致知、诚意正心、修身齐家治国平天下"，当然是有外王学的，他们对经学都很了解。但是这样来讲的话，他为什么要强化内圣学部分？以儒家来讲的话，政治社会共同体的确立，它后头必须有一个更稳固的人伦共同体的确立，人伦共同体的确立往内去问需要一个更内在的心性共同体。

张：它是需要一个根基的。

林：对，心性的根基。他就是对心性根基做出了一个非常深入的理解——宋明理学的最大贡献就是对于人的、很内部的心性的理解，这个深层的理解调理之后如何确立起来，这就是"仁者人也"的转化。你原来讲"仁者人也"，现在把它倒过来就是"人者仁也"，这一转就把它内化，内化了就可以接着"天命之谓性"这个传统、"致中和、天地位、万物育"这个传统、"大学之道，在明明德"这个传统。就是说心性之学确立好了，人伦共同体才可以做好，然后政治社会共同体也可以做好，最后它关联到的就是整个天地的自然共同体的确立。那么这里它隐含着一套——我现在用一个新的概念叫作"自然的生态链"，然后是政治社会共同体的生态链，人伦共同体的生态链，内在心灵的生态链，所以你必须思考怎么去调理，而这个生态链调理就是一套修养功夫论，这个修养功夫论到人伦世界有一套功夫，到社会政治实践也是一套功夫，但它有一个很重要的东西一直存在，就是德。德是什么呢？德是本性。"道是根源、德是本性"，我一直用这个方式来说，"道德"就是怎么样如其根源、合其本性地生长。怎么样把"德"培育起来？"为政以德"马上点出来，然后接下来"诗三百一言以蔽之，曰思无邪"——性情之教。"为政以德"，然后"道之以政，齐之以刑，民免而无耻"，进一步"道之以德，齐之以礼，有耻且格"。接下来讲孝道，这个是什么意思？就是你基本上要疏通自己生命的源头，孝是生命源头的一个崇敬和唤醒，这样就是"养生丧死无憾"。

我们以前谈儒学的时候，是谈儒学要走向民主政治，而去说它的缺失何在。我现在则开始慢慢有一些新的理解，我以前也一直在谈如何开出、如何转化、如何从"血缘性的纵贯轴"变成"人际性的互动轴"。但是其实现在在转出之后我们可以有机会重新面对以后，其实政治是需要讲道德的，政治不能不肯定道德，"徒法不足以自行，徒善不足以为政"，这样一来整个调整都会有不同。所以君子儒、公民儒，其实君子儒还是非常重要的，没有君子儒的话很难开新，所以这也是整个时代不同，就会有一些新的不同。

张：其实在这里，我是想请您谈一下儒家的实践观念，尤其是您在《后新儒学论纲》中提出的"如其型"实践观。我们如何对之有一个切实的理解？

林：作为一个普通人，你一定有一些基本的生理需求，进一步你在社会上会有安顿的需求。人是需要自我保存的，从这个地方开始谈起，而人也因此有感触的直觉，有了感触的直觉进一步会有知性的构造，然后进一步会有更高的道德的追求。这就是说，我们重视它的发生次序。而"如其型"是说，我们要重视它具体的发生次序，怎么样一步一步来，而不是你拉得很高，说我现在怎么样。比如说良知的自我坎陷开出知性主体，其实牟先生是从上往下说，我现在是从下往上说，牟先生从内往外说，我现在是从外往内说。我也不是不赞成由内往外说的重要性、由上往下说的重要性，其实我都很重视，但是我只是觉得你忽略了由外往内说、忽略了由下往上说，到最后就变成了封闭在一个内心的超越的形式世界里面。其实牟先生是一套形而上理由的追溯，我觉得这是一个诠释学上的理论逻辑次序的安排，而非实践的学习次序的历程，但我认为应该重视实践的学习历程，因为你唯有重视实践的学习历程，这些东西才会比较好把握，像我所说的"如其型"，你才可以真正地看着它是怎么生长的。

张：也就是"主体如其主体，对象如其对象"。
林：对，是这样。

张：在"如其型"实践观中，您提出一个"自为主体"的概念，我觉得这是您对儒家"主体"观念的一种理解。虽然这一"自为主体"包含"道德主体"的意思，但它更多地则是继承了《中庸》所说的"天地位、万物育、致中和"的传统。
林：对，对，可以这样说。

张：在"后新儒学"的建构过程中，您对牟先生的"两层存有论"与"良知坎陷论"做了比较深刻的反思与批判，您提出"存有三态论"来试图修正和取代牟先生的"两层存有论"，并指出"良知坎陷论"是为了克服近代民族义危机而做出的心学诠释系统。那么请问您如何看待牟先生的儒学体系？您为什么会做出这样的评判或者论断？"存有三态论"对"两层存有论"的"矫正"具体体现在哪些方面？
林：其实这个也不能叫"矫正"，它只是整个系统上的一些转化。牟先生基本上是心学系统，我认为马一浮有理学系统的倾向，而且比较重；冯友兰也是理学系统，倾向也比较重；熊十力基本上心学的倾向比较重，但是他后头隐含着一种"道学"的思想脉络，就是他的体用哲学，就是"体用一源，显微无间"。当然"体用一源，显微无间"在宋明理学家看来不管是在道学、心学还是气学当中，基本都是同意的。但是我觉得以"道学"来谈的话，这个意味就特别强。那"存有三态论"基本上是以"道学""气"这个概念为主导的。为什么要这么讲呢？因为我觉得牟先生这样的一个系统，这个"两层存有论"最终在事实上变成了独尊心学，我觉得对理学、对道学都是蛮遗憾的。但如果是"存有三态论"的话，其实我认为都是能安顿的。都能安顿就是说，我认为这个理学、心学、气学其实只是三套不太一样的诠释系统，而且我并不认为谁是嫡传、谁是别子为宗。

张：其实您是要批评"本质主义"的。

林：对。

张：但这就产生了一个问题，就是您批评牟先生的方法论是一种"本质主义"，也就是过于强调心学传统，那么当您提出"气"传统的时候，这是否也是一种"本质主义"呢？

林：不会！因为在方法论上我基本比较接近"约定论"者，因为"气"在方法论上比较倾向"约定论"，它不是一个物质性的"气"。"气"这个概念其实是有功能性意义的，用唐君毅的话说就是它既是一个"流行的存在"，也是一个"存在的流行"，"being"与"becoming"其实是连在一块儿说的。"气"这个概念本身，我常说它既是精神的又是物质的，它是介乎精神和物质所成的一个辩证性的概念，是介乎"理""气"这两端所成的一个更高的概念，或者用"道"这个字，因为"道"所说的是总体、是根源。

我在做"存有三态论"构造的时候，基本上是我在读熊先生《新唯识论》的时候，当时在写他的哲学诠释，用这样的语汇去说一个可能的结构，那时候其实已经做了一些创造性的诠释，后来我做道家的一些思考，觉得都能够放在一块儿说。这也就是说，一切归到一个存在本身，就是"存在的根源"，进而讲"存在的彰显"，再讲"存在的执定"，就是从"寂然不动"到"感而遂通"到"曲成万物";从"境识俱泯"到"境识俱显而未分"到"境识俱显而两分""以识执境",这个过程基本上可以免除"主体主义"的倾向。因为牟先生有这个"主体主义"的倾向,他借用《大乘起信论》的"一心开二门"——心开真如门、心开生灭门,然后"心真如门"对应"睿智界","心生灭门"对应"现象界","睿智界"所开的是"无执的存有论",底下是"执的存有论",它基本上最重要的在"心",这是其基础。而我现在所说的是要回到"道体"本身,回到"道体"本身的话,就是天地人我万物通我为一,这个叫"道体",所以道体是无所不包的,"至大无外、至小无内",中国传统讲"道"也是这样讲。这个"道"里头当然包括了天地人我万物跟人的独特性,人是其中一个参赞的起点,因为人的参赞,所以道必彰显,所以当我们讲道之彰显的时候,是人的参赞在里面,人必然参赞。在彰显的过程中,人会使用话语、语言,这是主体的对象化活动,就是话语的介入,"名以定形、文以成物",这就构成了我讲的"存有的执定"环节。

那么后来我在诠释道家的时候,刚好可以把这些一一对应,"道生一,一生二,二生三,三生万物",从道的根源性讲起,到总体性、到对偶性、到对象化、到成为对象物,也就是"隐而未显、显而未分、分而未定、定而未执、执之已矣","隐、显、分、定、执"刚好又可以跟"道、意、象、构、言"对应起来。这样的一个话语,既可以诠释道家,也可以诠释儒家和佛教。佛教讲,从"境识俱泯"到"境识俱起"到"以识执境";那儒家讲,连着《易传》讲,从最原初的"寂然不动"到"感而遂通","感而遂通"相当于"范围天地之化而不过",到"曲成万物而不遗",这个"曲成万物"的过程是一个很复杂的过程。这当然是放在自己的诠释脉络系统中去说,但这么去说的话,儒道佛三教就都可以回溯到"存在的源头"去说,就是从"道"来说。这个思考大概在我写《熊十力体用哲学之诠释与重建》博士论文的时候初具规模,而真正开启是在1996年去台湾南华大学办哲学研究所的时候，就是后来我写的："道显为象，象以为形，言以定形，言意相随，言本无言，业乃非业，同归于道，一本空明。"那是为我们哲学所开启而写的一个颂言，其实就是谈"道"与"言"，后来就把它铺展成一个比较长的文章，后来放在了《道的错置》的第一篇，讲学宗旨大概初步就是那样定的，我现在所说的大概也不出那个范围。因为我这个比较是在整个本体论、知识论上的一个总体构造，至于"公民儒学"在那里面当时还没谈。

"公民儒学"大概是在1996年、1997年之后。但其实"公民儒学"之前也已经思考了，像在写《儒学与中国传统社会之哲学省察》的时候就已经在思考这些问题了。这些部分因为台湾本身有一个民主的进程，所以我们看到台湾的民主进程对于我们的学问是很有帮助的，反而儒家对于民主没什么贡献，你谈了一套理论，但其实人家长这个东西不是你这样讲才长出来的。

张：像张君劢先生、徐复观先生他们当时也主张推行民主与自由。徐先生、牟先生他们在台湾待了很多年，难道儒学对台湾的民主化过程没有产生作用吗？

林：其实应该这么说，因为我觉得"当代新儒学"一直受到一个很大的冲击，就是因为反传统主义者认为中国文化传统是妨碍现代化的，因此"当代新儒学"研究者一直主张中国文化传统不妨碍现代化。那当然像张君劢、徐复观、牟宗三、唐君毅这些先生也都参与到整个政治社会共同体、新的构造历程里面，他们也都尽了言责，对一些事情做了批评，也都站在民主自由的立场上说了很多话，我觉得这个很不错了，但是这跟他们的理论应该只是一个遥契的关系，并不是没关系，但只是遥契的关系，我们应该把它们放下来，让它们有更大的关系，要不然的话，是你在那里指点江山，但落实下来其实不是那样。

儒学、道学、佛教可能作为一套文化的治疗学、社会的批判学、心灵的意义治疗参与到这个社会里面，关键是要怎么落实下来，至于要怎么办，别人要问的话，牟先生就说你们要怎么办就怎么办吧。比如说人家从事民主政治运动的人或者从事民主政治理论建构的人就会觉得，你谈的那个东西好像只能指导我们而已，那请问这个关联是怎么关联的？我觉得要把这个关联说清楚，这就要正视人作为一个自然存在、社会存在、道德存在的事实，正视这几个层面是怎么关联在一块儿的。牟先生是从上面往下讲，我觉得应该从下面往上讲。

张：谈到"存有三态论"，那我们能不能把"存有的本源"与"存有的开显"，跟牟先生的"无执的存有论"也就是"本体界存有论"相对应，而"存有的执定"跟"执的存有论"，也就是"现象界存有论"相对应呢？

林：它们有一个比较大的不同，牟先生后头是以道德主体、道德本心为重的主体主义，而我不是。

张：但是您这里也是要强调"人"的。

林：但是"人"在其中只作为一个触动者。

张：应该就是您说的"存有的本源"的"道"，就是天地万物人我通而为一的那种状态。

林：对，是这样。但牟先生是全都收到本心，本心其实可以这样，也可以那样，就是如康德所说的"智性直观"，或叫作"智的直觉"，就是人如同上帝一样，然后再由人作为众人，作为一般世俗人，即"感触直觉"，而上面是"智的直觉"。我的安排则不是这样，我的安排是一个整体的，而且我对知识跟道德的理解也跟牟先生不一样。我不认为知识对应的是实然。认为所谓的实然是人们所做的一个区隔，实然并不是一个被给予的存在摆在你面前，它是人们经过一套"名以定形，文以成物"的过程而构造出来的。

张：它是被建构出来的，就跟观念性的东西一样。

林：对，它也是观念性的东西，它就是构造的，所以任何描述性的其实也是规范性的，我们以为它是 descriptive，实际上它是 normative，也就是说它只是某个层次意义下的 normative，它跟道德规范的 normative 不一样。所以这个地方就是实然跟应然的问题，这可能是知识论上必须重新去思考的一个问题，我们现在常常接受休谟（David Hume）的观点，认为这个好像可以这样区隔。

比如我们讲"天行健，君子以自强不息"，我们会说，是人们把我们主观的情感投射上去，我觉得这是一种现代人的说法。其实，原先人跟它的关系本来就是连在一块儿的。连在一块儿之后，我们再去讨论它是什么。比如庄子与惠施的鱼乐之辩，你为什么知道愉快的不是"你"，因为是你真正体会到它是快乐的，而它的快乐跟你的快乐是一体的，一体之后，我再说它快乐。但是如果你抓着我说，说它快乐的时候你可以问我，这就有"other mind"的问题，你怎么可以了解对方？如果这个世界不是一个整体，我们是不可能了解对方的。如果是区隔的，如果是主客分离的，你这个"主"怎么去摄"客"？主客是合一的，是合一再被掰开的，并不是说掰开两个摆在那里。

张：我觉得这个跟您（后面还会提到这个问题）说的"存在的觉知"是相关的，也就是整个的"天地万物人我通而为一"其实是一个"存在的觉知"，而当我们下落到要以"名以定形"的执定方式来说它的时候，这应该就是您说的"概念的思考"。

附 录 ——

林：对的。当进行"概念的思考"的时候，它可以分很多类型。这个"概念的思考"，比如说我现在谈的这个事实如何，它后头已经隐含了一个价值判断在那里，它不是没有价值判断。所以我不认为有一种叫作"纯粹客观"的跟价值无关的报道，就是说我对它做一个报道，是一个客观报道，但是这里是有一个价值定向的，这个不可逃避，它一定有的。但是，至于这个价值定向是怎么一回事，很难讲清楚，它有一个基本的东西，这个东西叫"common sense"，就是共同感知。这个共同感知可能根据不同的东西会有变化，比如说，我们认为一个家庭的关系怎么构造？我们现在有一个common sense，家庭由男女夫妇两方构造而成，那么现在这个同性恋者搞的这个什么就很难办。就是说你以后想这个问题的common sense是不同的，所以你的报道后头一定有一个horizon，就是horizon of understanding，所谓"理解的视域"。所以这个部分很困难，我暂时说不清楚，但它不是一般所想的那么简单。

张：在"存有三态论"中，其实刚才您也谈到了，就是"人"作为一个参与者去开显这个存有，其实我觉得这是您对儒家主体性的一种考察。而且"存有"作为一种本源之道，它应该是对"道的误置"的开解，或者就像您说的"解咒"，就是对原先那种道德的形上学"解咒"或者"开显"。不知道这样的理解是否合适？

林：我想是可以的。

张：那么如何从"血缘型的纵贯轴"转为平面的"人际性的互动轴"呢？

林：我认为这就是历史的一个发生过程，实践学习次序中的一个历史发生过程，慢慢地应该可以看到，而这个慢慢看到是说，我们现在去做一个理论的工作，我有一定的思考，我参与进去了，我表述出来了，我的诠释是这样的，然后大家再去重新理解，其实原来是可以这样的。所以很多东西，你认为它可能是一个很大的妨碍，但其实不是的。

譬如你认为儒家的孝道妨碍人权、民主，其实不会的，只是因为以前儒家这个孝道被不恰当地扩张了，就是相对于现在来讲，那个年代可能不一定叫"不恰当"，相对于现在来讲的话，因为整个时代变化了，你这个扩张了，扩张以后，它就出问题了，本来是父亲、父道，但是最后变成了"父权"，父权高压是很严重的问题。这个问题我们现在知道是一个"血缘性的自然联结"，而要跨出去的时候它不能够一直跨出去啊，"血缘性的自然联结"可能必须长出一个"契约性的社会联结"，那"血缘性的自然联结"是不是要毁掉？绝不是的。"血缘性的自然联结"需要受到限制，以前你是从"血缘性的自然联结"扩大到整个社会，而后头是一个"宰制性的政治联结"控御着。现在这个"宰制性的政治联结"被瓦解掉了，那"血缘性的自然联结"扩大出去就有一个"契约性的社会联结"，人的生活世界就在这长出了一个"委托性的政治联结"。而原先在这里边你有没有发觉到，因为在这三个的变化中有一个最核心的东西，它其实在现实落实的时候也会有不同，这就是"人格性的道德联结"，它既是最原初的最根源性的根据，同时它的内涵也在落实的过程里面被调整。以我为例，"仁义之道"落实为孝道，落实在我跟我父亲之间的关系，跟落实在我儿子跟我之间的关系，已经不一样了，但都叫孝道。孝道成就了"孝子"的概念，但我父亲思考的孝子跟我思考的孝子概念是不同的，那我儿子作为所谓的一个孝子跟我作为一个孝子表现出来的也不一样，也不可能一样。这里有很多的调整，所以儒家实际落实下来的实践规约也就与时俱进，一直处在变化中。

因此我的意思是说，你看这时候的"内圣"是不是需要调节，怎么调节？因为整个制度结构在变化，你非调节不可。你说以前我们约一个人是怎么约的，现在不一样了，以前我们跟一个人写信是怎么写的，现在也不一样了，整个都不一样。这个其实我受王夫之影响很深，王夫之有一个说法叫"无其器则无其道"，他从具体的发生历程来强调那个"道"的发生，但是他也很注意这个发生后头的形而上的隐然未显之则。所以我看王夫之的那套方法论，我认为他既有形而上的追溯，又有历史发生原因的考察，他重视这两方面。王夫之影响我最多的应该就是这个地方的思考，因为他既重视历史发生原因的考察，又重视形而上理由的追溯。所以你看他的书里头，你会发现，《周易外传》其实很重视历史发生原因，但《周易内传》比较重视形而上理由的追溯，但他两端都有，就是"两端而一致"，他年轻的时候比较重视历史发生原因，年老的时候比较重视形而上理由的追溯，有人说王夫之的体系大概可以分为前后期，其实并不应该分前后期，应该是一个总体。

二

张：接下来是有关"现代性"的一些问题，您可以多谈一下。就整个20世纪来说，包括儒家知识分子在内以及现在的很多人都始终在探讨"中国的现代化"这个话题。而且"存有三态论"其实也隐含了一种对现代性问题的回应方式。那请问林老师，您是如何看待"现代性"或者"现代化"的？在您看来，"现代性"应该包含哪些基本特征呢？

林：我觉得现代性、现代化是我们绕不开的，我们就在里头。我的理解大概主要是受韦伯的影响，譬如我读韦伯（Max Weber）的书，看怎么理解这个问题，我也读其他，譬如密尔（J.S.Mill）等，这些都有助于我对现代性的理解。现代性其实非常强调工具性的合理性，非常强调人的现世，强调面对现世生命的一种合理性的安排。但是它强化的结果就会忽略工具性、合理性后头那个更为根本的实体性的理性，它往往太重视现世的身、心灵在现世上合理性的问题；功利性太强，就会忽略人的过去跟未来的一种生生不息。这个是我一直觉得非常可惜的。现代的人为什么成为单向度的人？为什么人会在现代性的合理支配下变成工具性的存在？这都必须反思。怎么反思？必须思考整个现代性的制度结构本身的问题，它为什么会导致人在里面的疏离、异化？就是要这样拓展。

张：这应该跟您在《儒学革命论》中提出的"人的异化和疏离及其复归的可能"这个问题有关，您说这是您一直思考的哲学问题。

林：对。我们怎么样从这里，从这个疏离、异化里头回到"人"，使"人"之为"人"，有居宅可住，有正路可走，其实就是孟子的话——"居天下之广居，立天下之正位，行天下之达道"。人必须居于仁，立于礼，行其义。那么在一个现代性的社会里面，这个"人"连"养生丧死"都出了问题，那这个时候该怎么办呢？这是一个非常庞大而复杂的难题，该怎么办呢？老实说我现在也没有良方，我们现在所说的都是一个大原则，但实际上你马上就会碰到，人需要这么忙碌吗？不需要。人该怎么过日子才像个人？现代人看上去过得很优渥，其实在精神上很贫困，过得非常辛苦。人们用高度的消费方式、以强烈的欲望满足的方式不断消耗自己，也不断消耗大自然的资源，使之陷入非常匮乏的境地，你有理由去斥责这种行为。现代性其实使人的精神变得很匮乏，为什么？因为它太以人们所构造的东西为主。人为构造的东西为什么会坏？因为"物交物，则引之而已矣"。为什么人们对"物交物，则引之而已矣"的现代性反思那么弱呢？我觉得是因为人的自大。人从什么时候开始自大？就是从笛卡尔（R. Descartes）讲的"我思故我在"，弗朗西斯·培根（Francis Beacon）讲的"知识就是力量"开始的。人们以为点燃了知性的亮光就能够理解这个世界、控驭这个世界，从此就可以"戡天役物"、就可以在这世界里面不断地耗损。人类现在在不断地耗损，并且一直认为这是在成长。

我常举一个例子，我们需要那么多手机吗？不需要，但是它已经使得你不得不这样，我们需要用这个方式来耗损整个宇宙的资源。因为整个现代性是一个"一往而不复"的思考，它跟我们以前思考"天地人我万物通而为一"的circular thinking不同，它是"lineal thinking"。我觉得这个问题必须要花更多功夫去诠释，而我认为"存有三态论"里头谈到的"存有的回归"，其实就是对"存有的执定"可能导致的种种问题的反思。我认为这个部分在中国古代里面反思最多的就是道家，"道生之，德蓄之，物形之，势成之"，所以万物要"莫不尊道而贵德，冲气以为和"，要不然你就会出问题，我一直觉得整个中国文明能够生生不息主要得益于道家的护养。

张：谈到"现代性"，有一些学者——也包括我们黄老师——认为中国的现代化历程在明清之际甚至更早在宋朝随着市民阶级的兴起，就产生了一种"内生现代性"。但在您的著作中，您好像更强调一种外来的或者说我们通过学习、通过一种历史实践发生的过程来实现这个现代化，不知道是不是这样？

林：因为我个人没有很在意"内生现代性"跟"外来现代性"，我认为文化本来就是互动和学习的，这没什么。当然我认为，如果要说的话从宋开始，这是一个非常重要的发展历程，宋发展到明，其实到阳明，甚至到黄宗羲，我觉得这都是非常了不起的，但在清朝是一个顿挫。清朝这个顿挫就是看似是回到了朱熹，其实是误解了朱熹，或者说它利用了朱熹，因为朱熹要通过寻求超越的形式性、客观的法则性来确立一个新的政治社会共同体，从内在心性的功夫确立这个政治社会共同体，我觉得朱熹是代表这一部分，这是理学。到了心学，阳明代表的一个社会阶层已经在流动，如何强化人的内在主体性成为一个新社会的实践。但是因为明朝后期表现太差了，政治稳不住了，吴三桂引清兵入关，就被冲垮了。垮了以后，清朝以几十万之众要统治这么大的地方，所以就要想尽各种办法利用高压，而所有的哲学里面，如果以宋明理学来说，最适合高压的哲学就是朱熹的体系，就把朱熹的超越——用我的说法就是把朱熹强调的客观法则性、超越的形式性跟绝对的专制性连在一块儿，然后这个就形成了清朝康、雍、乾三朝的励精图治，但是到最后就变成了"以理杀人"，这么一来问题就一塌糊涂了。所以我觉得这个现代性，我们现在不必去追问。甚至现在有一种观点认为战国末期进入秦，当权者寻求的不是以前的贵族制而是一个新的政治社会共同体的确立，这里面正视到了人的平等性的问题，但问题是它最后形成了"皇权高压"。我觉得如果要去正视现代性，这个"皇权高压"问题一定要拿掉。

张：那您怎么看待现代性本身所强调的个体精神呢？

林：现代性的个体精神是一定要肯定的，我觉得就是要正视人的individuality，个体性。我认为这也是"当代新儒学"已经重视到但谈得不是太多的地方。因为你重视人的个体性也就是重视人的实存性、具体性，你重视人的实存性、具体性的话，一定要重视"存在的觉知"，你不能只讲道德的存在。

张：您的"后新儒学"其实可以归结为四大核心：社会正义、意义治疗、文化批判以及文明对话；尤其是您主张的"社会正义论"，提出要重视公民的优先性以及社会正义的优先性。请问在您看来，儒学可以为公民社会的建立提供哪些有益的资源呢？

林：在我的想法里面，不一定要从哪里获得资源，就是说在实践过程里面自然会有一种水乳交融式的互动。譬如我们现代的有关儒学经典，我们诠释了，那么你现在去实践，实践的时候并不是说我本着儒学的什么目的去实践，而是我碰到问题了我自然就去行动，去行动的时候，这个资源就跑进去了。"士以天下为己任"这个概念在一个公民社会的实践里面有没有意义呢？有啊。那你说"百姓日用而不知"，他为什么"日用而不知"呢？那现在的百姓是不是"日用而有知"呢？可以问这个问题，因为他作为公民，可能一个很大的问题就是关于"义利之辨"的争论。"义利之辨"这个问题的重要性何在？譬如我们以前讲"利者，义之和也"，这是比较合理的。但是为什么讲"明其道不计其功，正其谊不谋其利"呢？是否可以是"明其道计其功，正其谊谋其利"呢？为什么那么强调？这里头牵扯到后头的一个权利的变化。其实这个就是说，一个大帝国建立的时候，一直在告诉老百姓，你们应该"明其道不计其功，正其谊不谋其利"。但是我们现在就要问，那谁"谋利"？谁"计功"呢？

也就是说要正视每一个人个体性的权利跟义务之间的恰当配称关系，这个部分我觉得是"当代新儒学"所忽略的，这应该是需要被正视的，如果正视这个的话，那很多就有变化了。因为中国以前的儒学有一个很独特的教养，就是认为如果牵涉到我的利益，那我做个君子，尽量回避。那现在呢？依照权利与义务的关系，我们是应该争的。这个问题牵涉到"无私"跟"私"的问题。也就是说"私"这个概念应该作为个体性被恰当地理解，而不应该一直把它当成"偏私"，大公一定要有"私"，这样一来，才能"公私分明"。这在整个现代性中很重要，因其众人之私，而能成其大公也，也因其大公所以能够成就众人之私，这两个都是要说的，不能只讲一端。所以，个人利益要被保护，而个人利益被保护的时候，就是公众利益被保护，而公众利益被保护就是个人利益被保护。

张：您指出"当代新儒学"侧重于形而上的保存，但却忽略了历史发生原因的考察，也就是说"当代新儒学"没有详细考察传统儒学所依凭的那个社会基础。在您提出"后新儒学"的过程中，其实您是将"公民社会"作为其依靠的社会基础。那么请问，"公民社会"与"委托性政治联结"以及"契约性社会联结"之间是一种什么样的逻辑关系？

林：我觉得是一个"二而一、一而二"的关系，它基本上必然要顺这个趋势走。因为已经不是这种农业经济、家庭、宗族的制度了，它是一个公民社会的建构，它的现代经济的规模、整个劳动的形式都在变化，人的自我概念也在变化，所以它必然要转化，而这个转化必须要朝向一个合理的社会，而这个合理的社会跟你的家庭、宗族伦理是有所区隔的，所以你通过家庭、宗族、伦理并没有办法进入这个现代公民社会。

张：因为公民是作为独立个体来参与这个社会运作的吗？

林：对。用费孝通的话说，它已经不再是一个"波纹型"的结构了，它现在必须进入一个"捆柴型"的结构，就像是用东西把一根根柴火捆起来，现在要用一个恰当的社会契约把它们连接在一块儿，这个连接体整个都不一样了，所以你如果去考察它的话就要去重新思考。譬如宋明理学家的一些语句，他们说如何如何，但是你在一个现代的公民社会里面，它们的意义何在？包括《论语》里面讲的句子，在现代公民社会里头，哪些是适应的，哪些是不适应的？或者说哪些是需要被调整的？比方说调整，就是说在诠释上有没有可调整性，如果没有可调整性，有些部分就必须给出恰当的处理或者批评，这还是需要的。

张：您在诠释过程中特别地标出了儒学中的"忠信"观念，尤其是曾子一系的"忠信"传统，并由此来发挥一种"责任伦理"的意义。那么请问在您看来，"忠信"传统如何跟现代的"责任伦理"进行连接呢？

林：我认为"忠信"这个概念基本上比较有抽象度、普遍性。但是曾子在说的时候，他的"忠信"很显然跟我们后来讲的"君要臣死，臣不得不死，不死谓之不忠"这个"忠"的概念是不同的。譬如《论语》里讲"为人谋而不忠乎""令尹子文三仕为令尹，无喜色；三已之，无愠色。旧令尹之政，必以告新令尹。何如？"孔老夫子说"忠矣"，就是"忠于职守"。"忠于职守"这个概念其实很重要，接下来我们可以去问，以前他们为什么忠于职守？现在我们为什么忠于职守？它们可能有些部分不太一样，但它们有联结点。譬如老师为什么一定要认真教书？这是很复杂的问题，在西方不一定只是那么简单的权利与义务的关系，或者说权利、义务要怎样去诠释也是很复杂的。譬如做义工和做"志工"，义工一般是有空就去做、没空就不用去了，但是"志工"是立志发愿要去做的，所以就一定要去做。"志工"内心的那种责任概念往往比作为公司体制下的一个职员的责任概念还强，因为这后头有一套神圣性。在中国古代就有这个神圣性或者历史传承性，不能到我们这里断了，这个跟我们讲的"生生之德""生生不息"这种理解是有密切关系的，因为我们以前就觉得这个人间世确实是要这样生长下去的。

这个部分可能必须要花更多功夫去做厘清，所以并不是说我们儒学的"忠信伦理"就可以在现代这么用了。我一直是主张多元、互动、融通的，而不是说我们有什么就可以直接拿过来用，但是回过头去看看，显然曾子跟有子不一样，我把《论语》调出来，把曾子跟有子的言论做对比，真的有很大不同，曾子比较重视社会责任、文化传承及整个社群的确定等，而有子则比较重视家庭人伦。

张：您最近参加了"尼山世界文明论坛"，包括您这次来山大讲学也在谈一些关于"文明对话"的问题，您强调儒学要作为世界文明对话系统中的一个参与者来面对现代化。那么请问，您怎么看待"文明对话"或者说您认为儒学对于文明对话来说有哪些促进？

林：因为我一直觉得近100年来，这个世界的话语权是不均衡的，世界的话语权基本上以欧美为中心，欧美话语权几乎吞没了我们整个学界。但是中国现在经济发展起来了，各方面都发展起来了，这个世界已经慢慢到了一个必须调节的年代，进入21世纪，我常常呼吁21世纪是一个人类文明重新交谈跟对话的年代，而中国文明也必须多参与一些，而多参与一些也是在尽我们的责任，某种意义下你参与文明对话就是尽责任。而这个对话并不是设限的，就是我尽可能地把我们所知道的我们的传统，从经典的意涵一直到系统的建构等各方面，跟对方所要交谈的相关联的议题谈论出来，在这个过程里面，就会有一些新的可能。譬如他们谈基督教的原罪概念，我们仔细倾听，但是我们谈"性善"概念的时候，他们也仔细倾听。我们是很多元的，他们也很多元。在这个多元互动融通里面，在方法论上的一个"约定论"的思考底下，设定是很宽的，所以"文明对话"之所以可能，就是因为它是建立在方法论上的约定论者而不是建立在方法论的本质论者，如果问西方文化的本质是什么、东方文化的本质是什么，那就没的说了嘛；如果我们用一个idea type的概念去说，西方文化可能比较接近什么，东方文化可能比较接近什么，展开更多的交谈，这样就可以了。"本质"（essence）这个字不是不能用，但是不要变成"本质主义"（essentialism），在方法论上我反对本质主义，而较强调约定论的向度。

张：您当时在反思"当代新儒学"的时候就曾经指出儒家面向现代性的重要性，但它却没能深切地开出一个具有现代性的儒学向度。请问林老师，您是如何理解或看待"现代儒学"的，或者说您所认为的"现代性的儒学向度"究竟是什么样的形态？

林：我觉得整个"现代新儒学"基本花了太多工夫去回应一些假问题，比如说中国传统文化是否妨碍现代化，这个问题被问得十分莫名其妙，中国文化是否妨碍现代化，就好比你问我今天中午是否吃饭。我可以妨碍也可以不妨碍啊。那我现在如何不妨碍，我去学习现代化，当我学习现代化的时候我自然会拿出我的本事来实现现代化，而这个时候不必特别强调我是用哪一家来开出现代化，因为我是要学习现代化，既然是学习那有儒家资源我当然会用，有道家资源、佛教资源我也会用。就好像我现在到这儿来，我会使用人民币，如果我没有人民币，手头有什么币就用什么币，因为都是货币的概念，都可以拿来用啊，为什么不可以用，我直接交换嘛，其实"交换"就相当于"交谈"嘛。那对方如果说我就不收你的其他货币，我就不跟你交换，那你就没辙了，所以我觉得这个就是要有一种尊重。

张：可能"现代新儒家"过于强调儒学的主体优越性了。

林：对。可能原先只需要对它做一个形而上理由的追溯，就是要确立这个内圣之学，特别是以心学为主导的这个东西，认为它万世不迁而且基本上可以开出现代化，它其实是通过一个"抽象的继承法"而得到的一个选择，通过诠释的一种转折来和现代化连接在一块儿。因为"现化新儒家"要告诉那些彻底反传统主义者，说你们搞错了，你们说的中国文化与我们说的不一样，我们中国文化的优点就是这个，缺点当然是我们有很多没有的东西，所以我们现在要开出来，但是他们承认了太多不是缺点的缺点，那是被彻底反传统主义者逼迫着的，刀子架在你的颈上逼着你，你能怎么样？到最后就承认了。比如说中国有"治道"而没"政道"，这个理解本身就是很有问题的，中国有"科技"没"科学"，这理解也有问题。中国没有西方近现代意义上的科学，但中国古代也有一套科学，中国没有近现代西方民主宪政意义下的政道，中国以前照样有它的那一套政道啊。中国有没有一套注重架构的精神、架构的表现呢？当然有，但是那个不是西方现代意义的。中国有没有一套理论的构造呢？也有，但不是现代西方意义的。比如说现代我们写哲学论文的方式，那也不是西方哲学论文啊，西方哲学论文你看康德、黑格尔他们都不是这么写，洛克也不是这么写的，你不能说这个才是，以前都不是。我觉得我们现在有这个倾向，拿着一个东西，这么一抓就认为是这样了，譬如说哲学。那天我看余英时受访问那篇文章还提到了，就是说他们把哲学弄得很窄了，哲学为什么不能弄宽一点呢？一样可以弄宽一点啊。西方哲学的意义其实也是很宽的，它不是那么窄。但他们现在抓着一个东西就说，因为陈寅恪也这么说，所以这就叫作"中国思想史""中国学术史"，不叫"中国哲学史"，他们做的这叫什么？这样不就混淆了很多东西嘛。所以我觉得有一些语汇"宁取其宽"，进而进行融通，而可融通的时候你做出这个品牌，你做出的行了，这就对了。

张：接下来是比较现实的问题，大陆有学者指出要严格区分"现代新儒学"跟"当代新儒学"，请问您怎么看这个问题？您怎么看待现在大陆的"儒学复兴运动"以及"大陆新儒学"的现状呢？

林：我的想法里面，大陆新儒家其实是很宽的，他跟台湾的"现代新儒家"一样，也是很宽的，所以我认为这个区分不是很必要。因为两岸的互动、关联也很多，并不是说铁板一块儿，台湾新儒家是怎么样，大陆新儒家是怎么样。当然也可以看到有一些偏重，大陆新儒家很显然涉及整个政治社会共同体建立的问题。我觉得最近这些年来关心的比较多，其实先前还有"心性儒学"与"政治儒学"的争论，类似这样的很多。但是并不能说台湾的儒学就是心性儒学，大陆的儒学就是政治儒学。

那现在哪些叫"大陆新儒家"呢？并不包括像现在有些人说的"康党"这些人，我个人是不赞成"康党"这个概念的。第一个我对康有为这个人基本上就不那么欣赏，第二就是康有为其实是处在一个过渡时期中的人物，这个人本身的思想就很纠结、很复杂、很矛盾。你硬要去做一个诠释当然也可以，但是我觉得不必要。那如果再说到他个人的各方面，他很多地方并不是很好，不管公、私，各方面我觉得其实不必回到他去强调什么。

张：现在有一种语调，说要把康有为当作现代儒学的开端，还提出要"回到康有为"。

林：对，但就我个人认为这并不能代表大陆新儒家，他们只是大陆新儒家的一些人。那请问郭齐勇算不算大陆新儒家？当然是啊。景海峰算不算？当然是啊。你不能够说陈明、秋风他们才是。陈来是不是？当然是啊。黄玉顺是不是？郭沂是不是？颜炳罡是不是？当然是啊。当然还有很多人了，所以大陆新儒家代表着非常蓬勃的一个现象，那台湾新儒家也是，他们是互动融通的。

张：其实这里说的"区分"主要指的是从梁漱溟先生、熊十力先生到牟先生这一批，跟现在的新儒家进行区分。

林：但是接下去他也不是大陆新儒家，台湾还是继续有新儒家，而且在牟先生之后，我们很多也一样还在发展，当然发展也不限于台湾了。

张：对，对，就像您一样。

林：还有像李明辉也常到大陆来。所以我一直认为这个用地域去区分并不是很好，然后变成好像"现代新儒家"之后就是"大陆新儒家"了，那"台湾新儒家"呢？台湾没新儒家了吗？我看台湾新儒家还是很多的，而大陆新儒家也不是他们几个而已，所以我基本上并不是很赞成他们做这样简单的区分。或者说他们本来也无意这样的简单区分，但是在整个话语、语境上就慢慢变成这样了，这个会让人家错认为有占山头的意味。但是我个人认为也无所谓，所谓无所谓并不是我不去管它，也就是说所谓"无所谓"的意思，会有很多人去管这个事，很多人参与了以后就热闹了，讨论之后，很多东西就慢慢清楚了。所以"大陆新儒家"这个提法不是不可以，但是提了之后要继续讨论。

就好像于丹，你不能说于丹不能讲《论语》，于丹那样讲《论语》讲得不错嘛，但是问题是——不是这样就够了，于丹讲《论语》问题很多的，问题很多那没关系，你去参与讨论啊，可能以后于丹也不可能那么红了，而且她讲的时候也会谨慎一点。我的提法都是比较波普尔（K. Popper）式的点滴工程，你参与这一点，它就会变化一点，变化一点，然后积沙成塔、汇流成河，你参与了，它就会有影响啊，你一时间可能看不到，以后它可能就有了，而且也不必急着把那个名字提出来。因为在我的想法里面，这个历史的洪流中这些所谓的著名人物，他就是一些标志、一些浮木，就是浮在上头的一些标志而已，这并不代表这个人果真那么伟大，他只是代表而已。

三

张：您曾经提出说"存在的觉知"优先于"概念的思考"，并以"存有的连续观"与"存有的断裂观"来概括中西文化的不同。那么能否请您谈一谈这对于我们学习和进入哲学来说有着怎样的方法论意义？

林：我教一个课教了很多年，这个课叫"哲学概论"，是对大学本科讲的，而且又非哲学系，因为它只有两个学分，两个学分很少，那我怎么样让学生对哲学产生兴趣，然后真正进入哲学思考呢？其实思考一定是从"存在的觉知"来的，然后必须经过从"概念的反思"到"理论的建构"的过程。

我常让他们做一些很有趣的事情。你从一个很具体的事件着手，之后经由"概念的反思"你用一个比较抽象性的语汇去概括这个具体事件，这个过程就慢慢培育你的一个能力——用我的说法就是——从一个思考的爬虫类变成一个有思想的人类，因为爬虫类是爬着，人类是站着，思考了之后你就不是这样往上看而已，你能够站起来看。我曾经给他们布置过一些作业，譬如利用成语故事，一个成语四个字，那你把这四个字用现代的哲学话语表达出来，比如"刻舟求剑"，"刻舟求剑"涉及什么？涉及你这个记号的有效性，涉及时间的流动性，然后在时间的流动过程里面，记号有效性的恒定点在哪儿？那你就用这些语汇表达，说出一个道理来。譬如"守株待兔"，涉及偶然性跟必然性的问题。那么这个过程就不同了，就包括我会使用一些有趣的比喻，会说筷子跟叉子的不同，你翻译成哲学语句：使用叉子是主体通过一个中介者，强力侵入客体，控制客体；而使用筷子是主体通过一个中介者去连接一个客体，构成整体，达到均衡和谐，才能举起客体，这两者颇为不同。那你就可以发现其实这个哲学不断地在我们的生活周遭发生。那我们如果能够用哲学思考，就可以不断地思索我们周遭的各种事物，而在思索的过程中，我们就可以参与到所谓高深的哲学理论里面去了，也就是说那些高深的哲学理论其实就发生在我们生活周遭中，你一直能够碰到，所以你从"存在的觉知"到"概念的反思"到"理论的建构"。

这时候你为什么会讲"此心即是天"？"此心即是天"就是我这个"心"跟"天"，"天"讲的是什么呢？"天"讲的是超越，所谓超越意义是什么呢？你去思考"此心即是天"的话，可能有不同的诠释，它可以让你读到的东西跟你的生活世界密切结合。我一直在做这个事，就是要让我的学生知道，我们读的很理论性的东西其实不断地在生活中发生，只是我们忽略了。譬如西方为什么有"共相之争"？争的那样要死不活的，到底是先有三角形的idea你才能认识三角形呢？还是我去看了那么多不同的三角形，我用"三角形"这个语汇去总结？这个是realism与nominalism的区别，就是实在论与唯名论的区别，这个问题是一个要命的问题啊。怎么要命呢？这就是上帝，上帝是个共名还是真实？上帝如果是个共名的话，那权力就不可能是唯一的，教会只是代表着一个大共名嘛；那上帝如果是真实的，那不得了啊，教会就不一样了，这是个权力的问题，那我们就可以这样去重新思考很多东西。你讲"人人心中有仲尼"跟每个人都应该"存天理、去人欲"，在阳明学讲人人要"存天理、去人欲"跟在朱子学讲人人要"存天理、去人欲"的强度不一样，谈的重点不同，这必须要恰当区分，要慢慢地让它们回复过来。

"存有的连续观"跟"存有的断裂观"最主要是谈天人、物我、人己的关系。因为我们是连续的，西方是断裂的，是神人、人己、物我的断裂。神人的断裂要有一个中介者联结，就是耶稣基督到后来的教会；物我的断裂必须要有一个话语系统，就是希腊的学问性传统，后来发展成科学；人己断裂必须要有契约法律——罗马法；所以希伯来宗教、罗马法跟这个古希腊哲学是西方文明的三个源头。相对来说，在中国我们是讲"天人合德""物我感通""人己为一"——"一体之仁"，那么这就是连续观。连续观里面有一个很重要的东西，就是它背后的原则、原理——"存在与价值的和合性"。在断裂观那边，比较偏巴门尼德（Parmanides）"存在与思维的一致性"，"存在与思维的一致性"推出去的过程，用我的说法叫"言以代知、知以代思、思以代在"，即用你的话语、认知、思考、存在把它拉在一起。所以他们非常注重存在的结构，也就是思维的结构、认知的结构和话语的结构，所以他们非常重视逻辑、重视理性。我们不是，我们是"言外有知、知外有思、思外有在"。那么"在之为在"的时候，人我万物天人整个都连在一块儿了，那里有没有情感？有，什么都在里面，所以这个"在"本身是一个无所不在、无所不有、无所不包的东西，这就是我讲的"存有的根源"，然后你在彰显的过程里，慢慢区隔划分出来。我认为人参与整个世界是很重要的，人必然参与这个世界，参赞，参而赞之。参者，参与也；赞者，助成也，这个参与助成就有很大的不同。所以"存在的觉知"是最优先的。

譬如阅读《传习录》或者其他什么，我会尽量地还原到它那里面去理解。譬如牟先生在谈这些问题的时候他已经有一套架构了，他一定有自己的理解，但是我不会只顺着牟先生的架构去理解，我一定要还原到《传习录》本身去理解，然后回过头来对比牟先生的架构，然后可能我的理解跟他不同，而不同的时候调整一下，也可能他的理解对我很有启发，但是我不一定接受，比如有的人觉得怪怪的，那先摆一边。这个部分就是要看实际的状况，但"存在的觉知"我认为是最重要的。

张：对于学习和研究中国哲学而言，您特别强调"经典诠释"，所以最后想请您谈一谈对我们来说如何来进行或展开"经典诠释"呢？以及如何跟您提出的"道、意、象、构、言"五层级方法论进行贯通呢？

林：其实我是非常重视"经典诠释"的，那怎么诠释呢？你首先需要读懂汉文、读懂汉字嘛，对汉字要有语感，所以我一直不断地呼吁大家对汉语、对汉字要有语感。因为我们基本处在西方语言霸权的压迫底下，我们不自觉地慢慢丧失了我们的语感，然后我们也曾经处于现代白话文的宣扬之下，这个跟文言文是做断裂处理的，所以使得我们对文言文失去了语感，同样地对白话文的语感也就变得非常贫乏，这个很严重。所以我就不断地说中文读法、汉语读法其实是要"感其意味、体其意蕴"，才能"明其意义"的，这是我不断在强调的。那什么叫"感其意味"？就是你喝茶时你要知道这个茶的味道，你要识得个中滋味，识得个中滋味你就要熟悉它，我觉得主要就是对古典的熟悉，那如何熟悉？当然首先要熟读。所以我主张要让古典的话语仍然存在于现代社会中，我也主张要有适度的文言文的写作练习、诗词的写作练习，我认为如果要做一个专业的研究者一定要有这个过程，这是一个必备的技能，要不然的话很难进入。因为文言文并不是简单地翻译白话文，文言文的写作不一样，它自成一套，语法和章法跟"现代汉语"都不同。你要怎么样去学习？其实就是熟读和练习。在这个过程里面连着你的"存在的觉知"——你生活世界的"存在的觉知"，这样生活世界与"存在的觉知"才能联结在一块儿，所以我一直强调经典的话语、现代的生活话语、现代的学术话语三者之间要互动融通，这三者之间的互动融通做好了，你才可能把中国的学问做好。现在比较严重的问题就是，你这个古典没读懂、没真懂，是顺着前辈先生怎么说，或者顺着洋汉学家的观点，其实洋汉学家本来就没懂，但是因为他观点比较新颖，提了个东西大家就趋之若鹜好像能抓住什么，其实不是那么一回事。所以我一直强调，经典的诠释要不离生活世界、不离你整个实践的"存在的觉知"。

张：好的，谢谢林老师，谢谢您接受我的采访！

承明师志业笃行求索　继往圣绝学传道弘德

——记杰出访问学者林安梧教授[①]

王冰雅　　张　贝[②]

2016年10月，台湾著名哲学家、宗教学家、儒学大家林安梧教授正式与儒家文明协同创新中心签约。林安梧将在2016至2017学年内担任儒家文明协同创新中心杰出访问学者及山东大学儒学高等研究院客座教授。

林安梧和山大的缘分要从他的老师，当代新儒家的代表人物牟宗三先生说起。牟先生是山东栖霞人。在林安梧的印象里，齐鲁大地人杰地灵，历史文化源远流长。1998年，林安梧第一次来济南，参加有关牟宗三及当代新儒学的国际会议，与山大的联系由此建立。林安梧对山大笃实的学风印象深刻，在他眼里，山大学子一直有"天行健，君子以自强不息；地势坤，君子以厚德载物"的稳健气质。他一直非常希望能够在山东做长期交流。

---

①　发表于《山东大学报》2042期第二版。

②　王冰雅，1994年生，甘肃兰州人，山东大学儒学高等研究院2016级硕士研究生。研究方向：唐宋文学。

张贝，1991年生，湖北武汉人，山东大学儒学高等研究院2016级硕士研究生。研究方向：中国哲学。

大师身影：恩师牟宗三

提起老师，林安梧笑着说："说无出其右可能会有人不高兴。"他顿了顿，"但在我听过的前辈先生的课里，确实无出其右"。能成为牟先生的弟子，林安梧一直觉得自己很幸运。高中时，林安梧受到语文老师杨德英的影响，本来理科成绩更好的他选择了学习文科。杨德英是牟先生的大弟子蔡仁厚的夫人，因此林安梧有机会认识牟先生。

林安梧在台湾师范大学就读时，正赶上牟先生到台师大隔壁的台湾大学讲学。林安梧很感兴趣，有时甚至逃课去听牟先生讲课。"牟先生讲课分解力很强，主题非常明晰，深入而有机趣，像一场精彩的交响乐。讲座总是座无虚席，一直有很多外面的人去听。"他的视线投向远方，追忆起当年听课的场景，"牟先生讲课很潇洒，不带书，也没有Power Point，讲完一堂课三小时，中间可能会休息一次，讲下来就是一篇很好的论文。例如《中国哲学十九讲》《中西哲学之会通十四讲》等书，就是牟先生上课的讲稿"。听老师讲课，林安梧偶尔会带着羡慕的心情暗想："什么时候能像老师讲课这样讲得行云流水？"后来他做到了，《人文学方法论》《教育哲学讲论》两本书就是他的课堂讲稿。林安梧用《老残游记》中王小玉说书的故事类比牟先生讲课。"那一代人里讲课最清楚最有魅力的就是牟先生。当时台湾的课堂可以抽烟，牟先生总是抽根烟，喝口茶，再吃几块学生备好的饼干，构思构思、想一想，然后开始讲，刚开始声音不大，慢慢就讲得很好，听他上课真是一种享受。"林安梧认为听课有三个层次：上焉者，听理论；其次者，听例子；再次者，感受气氛。他认为上课的三个层次牟先生都照顾到了，并且自己上课也会考虑到这三个层次。老师像火种，先进者像容易燃烧的柴火，而其他后进者则像湿湿硬硬的柴火。初学者一定要跟前辈学习，在逐步学习的过程中有所进益。他笑言，当年正是从感受气氛，过渡到听例子，再过渡到听懂理论。

蔡仁厚给牟先生写小传，用"高狂骏逸"形容老师。在学生眼中，牟先生是"望之俨然，即之也温，听其言也厉"的夫子形象。林安梧讲到先生的处世态度和生活方式，"牟先生思考问题在大关节处是儒家，在生活细节处是道家"。有人批评牟先生没有修养功夫，牟先生回应："是，我没有什么修养功夫，如果有，那就是开朗、心无挂碍。"而林安梧认为这是最高的修养功夫。生活中的牟先生喜欢下围棋、听戏。牟先生为人有魏晋之风，不会被俗务妨碍而能专心志业。林安梧笑谈："牟先生能为青白眼。"大学时期，林安梧和学长们一起去看望先生，但牟先生只和年轻学生交谈，因为他觉得老学生不够认真，庸俗化了。据林安梧回忆，有一年教师节，国民党人来送礼，牟先生面对这些言谈无趣的人转身进了书房。后来送礼的人走了，牟先生这才从书房里探身问道："刚才送礼的人走了吗？"

牟先生治学孜孜不倦。据牟先生自己说，除上课时间之外，年轻时读书每日至少早中晚三班，每班至少三小时；到中年每日至少两班，共六小时；到晚年则只读一班，三小时。但林安梧认为牟先生讲得很保守，因为他看到先生晚年的时候每日读书也不只三小时。牟先生的时间基本都用在读书、写作和教学上。

成长之路：求学到治学

中学毕业后，林安梧考入台湾师范大学中文系，接受了丰富而系统的国学训练，教学内容从文字、训诂、文学、哲学到历史无所不包。这为林安梧以后的哲学学习打下了坚实的基础。牟先生有些弟子在台师大任教，因而台师大也成为一个可以窥见当代新儒学思想的窗口。受牟先生思想的感发而重视中国哲学及其义理的学习与探求，学生们由此自发形成一个读书群体并届届相传。当时有一本重要的刊物——《鹅湖》月刊创刊，创刊者是刚毕业的高年级学生，初入学的林安梧也成为最早的参与者之一。他从帮忙校对文章、给杂志装封套、做寄送工作到后来担任主编、社长。一年一年，《鹅湖》月刊伴随着林安梧的成长，也见证着林安梧的成长。《鹅湖》月刊定期举办读书会，他至今想起来仍然情感激越："那是最好的年代！同学们都很认真！"他很怀念一群人一起学习的时光。《鹅湖》月刊培育了很多中国哲学的人才。从1975年创刊到现在，这个民间学术团体已经发展了40多年，也成为学术史上的独特奇迹。牟宗三、唐君毅、徐复观都曾在《鹅湖》月刊上发表文章。围绕《鹅湖》月刊的一批学者被称为"鹅湖学派"，其中以牟先生的弟子为主。

硕士毕业后，博士生三年级时，林安梧到台湾清华大学通识教育中心教书。在攻读博士学位时，林安梧请牟先生做指导教授，正式成为牟先生门下的弟子。2008年，元亨书院正式建立，书院以民间力量为基础，以儒者士的自觉为核心精神，坚持以学术为本位从事社会文化教育活动，这正是林安梧将所学付诸实践的成果。

谈及如何学习，特别是初学者如何学习哲学，林安梧结合多年求学、治学的体会，给出了中肯的建议。他认为首先要熟悉经典，注重体会生活的经验，学会从生活的经验上升到生命的体验；从存在的觉知，到概念的反思，进一步有理论地构造；还要学会融通古典话语与现代学术话语。林安梧翻出随身携带的黑皮笔记本，潇洒盈逸的钢笔字流溢而出，这些字句是他对日常思想的捕捉。他认为写笔记是一种有效的学习方式，因为写作的过程本身就是剖析、思考的过程。他建议同学们养成当下做笔记的习惯，常动笔、勤思考，思路就会通畅，知识就会内化成自己的积淀。读书有压力也有趣味。林安梧认为，当压力减轻到可承受的范围内就会有趣味。他提出，轮流替换相关的不同工作，大脑可以在交替中获得休息。"从A到B，

A就得到休息，从B到C，B就得到休息。比如今天早上读《论语》，下午可以读《老子》。"他把这种方法称为"追担的智慧"。一个农夫先挑着A担走了50米，放下A担，利用休息的时间走回出发地，再挑着B担走100米，放下B担，再回来挑A担。通过运用"追担的智慧"，人们可以在忙碌的状态下获得休息，在从容蕴藉中把事情做好。这是交通不发达时，他从农业生活中汲取的智慧。对于很多因知识匮乏而感到焦虑的同学，林安梧认为有匮乏感是好事，因为匮乏感是知识的动能。"有时候，丝瓜叶长得很旺盛，丝瓜生长反而会受到抑制，这时用刀片破坏丝瓜的根部组织，水分、养分的运输会因此减缓，藤蔓因为有危机感会把握最后的机会长出丝瓜。"为学之道也是如此，信息的堆积不等于知识的丰富，知识的丰富不等于有智慧和创造力。

儒道复兴：责任与信心

林安梧在谈及复兴中国传统文化时强调，除了儒家思想外，人们还应该充分认识道家思想的作用，重视道家经典的阅读。道家重视归根复命，强调回到根源、本性；儒家重视根据本性建立人伦共同体。儒道同源而互补，儒家是生生之成全的开启，道家是生生的归复。道家的重要作用在于调节、反思、批判、疗愈，因为道家对权力、欲望、制度、结构的反思最为深刻。林安梧认为，中国历史悠久，幅员辽阔，智慧也非常深厚，中华文明能够绵延不断，其中道家思想发挥了重要的作用。道家认为活着本身就是意义，只要活着就有希望，生命再苦都可以悠游。一百多年来，很多汉学家都对中国的发展持悲观态度，但事实并非如此，特别是改革开放后，中国发展迅猛。今天这个巨大的国家又面临转型的挑战，但是我们不必沮丧，应该抱有审慎的乐观。

针对中国文化发展现状，林安梧认为应该强化儒、道两家思想的教育。今天的中国社会基督文化发展日益兴盛，在其强劲势力的影响下，儒道应该有所戒慎。基于文化共生共长共存共荣的理念，一方面儒道思想需要稳固根基、发展壮大；另一方面，也需要更多人参与以促进不同文化之间的交流、融通。1998年，林安梧到山东栖霞牟氏庄园参观，发现当地受外来宗教的冲击较大，而在台湾农村，人们的信仰还是以传统的儒、道、佛为主。林安梧对原因进行反思，人们信仰的空虚源于传统文化的断代。改革开放后人们的自我观念发生变化，精神需要有所依托，此时传统文化尚未恢复而西方的传教势力乘虚而入。在西方现代化进程中，基督教强控制系统和霸权主义息息相关。进入21世纪，人类应该告别20世纪欧美霸权，继续谋求世界的和平发展。中国的文化传统是一统而多元的，中国的文明具有极大的包容差异的力量。

　　最后，谈及大陆近年来的文化发展，林安梧持乐观态度。他认为，现在年轻一代的学者奋勉而优秀，他们受到较为完善的古典训练，对古典文化理解深入同时又具有国际眼光。至于青年，在好的时代面前则更有机会和希望。"中国文化从花果飘零、在海外灵根自植的年代开始老水还潮、返本开新，文化的育苗重新回到本土生长，而且生长得很苗壮。大陆的发展从文化搭台、经济唱戏到了一个经济发展、文化生根的新阶段。经济实力和军事实力都在增强，整个国家都在往上走。"中国综合国力的提升与文化的发展相辅相成，近年来国人越来越重视传统文化，这是一个好的讯号。中国文化的发展，既要继承优秀传统，又要参与世界文明对话，从而释放出更大的能量。

从外王到内圣：仁以为本、返本开新

——林安梧教授访谈录[1]

王冰雅[2]

　　林安梧教授，台湾台中人。著名儒学家、宗教学家，台湾大学第一位哲学博士，儒学大师牟宗三先生高足。现任山东大学儒家文明协同创新中心杰出访问学者及儒学高等研究院客座教授。林安梧是当代新儒家中极具创造力的哲学家，主要研究领域涉及中国哲学、宗教哲学、比较哲学、人文学方法论等，多年来致力于挖掘传统儒、道、佛思想的资源来解决当下社会问题。本次采访围绕"全球化·中国化·我们"主题，就当前大学教育和社会问题征求了林安梧教授的观点和建议。

一、儒家教育思想对山东大学建设
成为世界一流大学的启示

　　对于山东大学建设世界一流大学的目标，林安梧教授给予了肯定。他

---

　　① 发表于《山东大学报》2045期第三版。
　　② 王冰雅，1994年生，甘肃兰州人，山东大学儒学高等研究院2016级硕士研究生。研究方向：唐宋文学。

认为，要把山东大学建设成为世界一流大学，首先要认识到自然科学、人文科学和社会科学的学科特点不同，因而建设方式有别。他主要就人文学科的建设提出了几点看法。

首先，林安梧认为人文学问的长成，最重要的是回到"仁"。"君子以文会友，以友辅仁。""仁者，人也。"仁和人，两个概念基本可以互训。人文学问要回到"仁"，即要回到德性、道德。《论语》中讲"道"："志于道，据于德，依于仁，游于艺。"其中，"道"是根源，"德"是本性，"仁"是感通，"艺"是指整个生活世界。《大学》有云："大学之道，在明明德，在新民，在止于至善。""明明德"，指明其明德本心；"新民"，是进入整个生活世界、整个社群里面；"止于至善"，是高远的理想和目标。因为儒学是活生生的学问，所以儒学必须关联到整个政治社会共同体、人伦共同体、自然共同体。荀子提出"礼有三本"："天地者，生之本也；先祖者，类之本也；君师者，治之本也。""天地"，指自然共同体；"先祖"指血缘共同体；"君师"，指政治社会人文共同体。所以林安梧认为建设一流大学，应该基于整个政治社会共同体、人伦共同体、自然共同体，朝着内明本心、上溯天道的目标去努力。

其次，林安梧从人文学科研究方法的角度对建设世界一流大学提出了建议。他认为，建设世界一流大学具体落实在研究、教学、服务三个层面上。就研究层面来说，研究应当是"活"的，要和整个活生生的世界结合起来。同时要重视文献的研究，因为文献的研究是基础。林安梧提到做学问有"五证"：典籍的佐证、历史的考证、科学的验证、心性的体证、逻辑的辩证。从科学的验证到心性的体证离不开生活，再向上到逻辑的辩证需要有学问的依据，即典籍的佐证和历史的考证。要做好研究，林安梧指出应该从本土出发，从本土跨越到国际。在国际交流中，文化主体性非常重要。树立自身的文化主体性，不仅需要做好本土研究，释放出经典的意义，更重要的是在理论上提出自己核心性的概念范畴，这需要学者自本自根地从生活世界中创造出自己的思想，再提炼出一个更高的、抽象的、普遍意义的概念去展开研究，同时在研究中也要对这些概念范畴进行验证，也就是从存在的觉知到概念的反思，再到理论的建构。在这个过程中，汉语语感起着非常重要的作用。

再次，林安梧强调不应该以各种数据作为评价世界一流大学的指标。以人文科学来说，人文科学的建设需要一个过程，很难在短时间内奏效。盲目以市场竞争的标准对其进行评价将会对学科成长带来伤害。他认为教育是一种生长。教育不是工厂制造产品，而应该是一块田地，可以悠游生长出各种各样好的作物、好的人才。十年树木，百年树人。学校应该真正投入精力去培养学生。年轻的教师努力培育自己、带领学生，资深的教师带领年轻的教师，这样花费二三十年的功夫，世界一流大学可能会真正长育起来。"夫唯不争，故天下莫能与之争。"此外，林安梧指出人文科学也要不断加强与外界的互动，积极开展国际交流，具有主体性面向全世界发言。

最后，林安梧强调创造力对于建设世界一流大学至关重要，而创造力离不开自己的文化、哲学、精神。他举例说明学术文化的自殖民律，就像工人按照既定的模子来组装出成品赚取劳务费，学术文化的自殖民律也是按照他人的指标来展开研究。但是人文的学问、科学的学问不能如此。一流的大学要有创造力，从自己的本土中真正自本自根地长出自己的学问。他反对揠苗助长、急于求成，认为不能以别人已经达到的指标作为自身的指标，而是应该结合自身实际情况定一个合理的发展指标，从而逐渐完成学问生长的历程。否则就像国际球赛，虽然球队是本国的代表队，但是里面的球员都是洋将。林安梧一再强调做学问不是按照别人的方式来研究就可以了，也不是别人把成果带来就算自己的成果。人文学问一定离不开自己的传统。

二、反对方法论上的本质主义，
强调恢复原儒的精神

　　在东西方教育的比较中，有一种观点认为，儒家教育传统只重视学生的学习态度和道德教育，而轻视学生的发现能力和思辨能力。对于这类声音，林安梧认为儒家教育传统并没有轻视学生的发现能力和思辨能力，并且反对以一种方法论上的本质主义将现代教育问题归咎于儒家。林安梧以《论语》为例，举出儒家思想中丰富多元的思考方式。"视其所以，观其所由，察其所安。""视"是平视，"视其所以"，表示一种现象学上的如其本原的事物的彰显；"观"，表示宏观，观其原因和理由；"察其所安"，人文重在心安与否。"视、观、察"，隐含着对发现能力和思辨能力的重视。"子贡闻一知二，颜回闻一知十。""闻一知二"是对比性的思考，"闻一知十"是整体性的思考。"举一反三"，是脉络性的思考；"一以贯之"，是通贯性的思考；"一言以蔽之"，是概括性的思考。所以儒家的教育传统并没有轻视学生的发现能力和思辨能力。但是，在现在的教育中，学生为什么会欠缺发现能力和思辨能力呢？林安梧认为，并不是因为儒家以威仪俨然的面貌压迫学生，所以使得学生不敢发问，后来丧失了发现能力和思辨能力，而是两千年的历史业力使然。整个中国传统经过两千年的君主专制、父权高压、男性中心，将三纲极端化后造成君臣、父子、夫妇的一种上下长幼尊卑的从属关系、隶属关系，甚至严重化到主奴关系。两千年的君主专制在利用孔子的过程中造成了一些缺失，所以给教育带来了消极的影响。林安梧强调回到原儒、原道中去，恢复经典中可贵的东西，而不是用一种方法论上的本质主义将当下的现象直接挂靠到文化本质上。从《论语》中可以看出儒家教育要求学生合其道、如其德，依其根源、顺其本性地学习。譬如孔子和宰我辩论三年之丧，子见南子而子路不悦，从中都可以看出孔子与学生的关系不是宗教主与徒众的关系，而是一种师友之间的关系。

与时俱进与恢复原儒的精神并不矛盾。对于原儒中一些不适应现代社会的内容，人们应该持批评的态度。"圣之时者也。""苟日新，日日新，又日新。""温故而知新。"儒家思想不是要求人们守旧不变，而是要求人们与时俱进。对于儒家思想，后人应该恰当地理解、如理地解读。林安梧以《论语·乡党》为例。《乡党》篇讲到一个人在不同身份下的行为举止该当如何。"礼仪三百，威仪三千"，皆本乎性情，因此要重视每一个人在人伦中的个别差异性，这其中有一个分寸节度，而不是硬性要求。在乡邻中讲话要谦退，是强调人应该保持同情心、有同理心，而朝廷是以公义、公理为主的领域，所以应该当仁不让。

人们经常把传统和现代对立起来，认为选择现代就要摒弃传统，选择传统就要排斥现代。然而"逝者如斯夫"，人们处在一个变动不停的历史进程中，处在一个变动不停的政治社会场域里面。所以林安梧认为，不必纠结传统文化是否妨碍现代化，而应该思考在现代化的过程中，中国传统文化能够发挥什么作用。所谓开出现代化，其实是在现代化的学习过程中。在这个学习过程中，传统文化的内涵得以释放，能够参与交谈和对话，不断调适，得到新生。在调适的过程中，人们需要思虑抉择，需要虚壹而静、知通统类，由此能够分别、选择。林安梧以君子和公民为例解说之。古代人们聚村而居、聚族而居，构成一个传统的农业社会，但是现在的人们不可能固守原来的农业社会，必须转到公民社会。君子和公民是两个不同的概念，但是这并不代表不可融通。君子周而不比，照顾到整体。公民是公共群体中的一分子，重视个体性（individuality）以及个体在社群中的公共性。恰当而均衡地安排公民的个体性与公共性之间的张力，发挥君子在现代社会中的领导作用，能够更好地促进公民社会的建设。所以传统与现代，东方与西方，不存在绝对的矛盾，但也不存在不必过问就可以发生的融通，而一定是在不断地冲突、选择和交谈中获得发展的。

三、教育是安身立命，人伦教化自然平常

谈及目前评价体系对人的异化和伤害，林安梧提倡评价多元化。他认为，在社群中很难避免评价，但是评价不能过于单向度。林安梧以古代科举为例进行说明，在宋代、明代和清代，虽然科举制度仍然是最主要的评价系统，但是因为社会还有其他可活络的空间，很多读书人不一定选择科举仕途之路。譬如吴敬梓在科场上失意，却写出了传世之作《儒林外史》。今天人们记得伟大的小说家吴敬梓，却不记得与吴敬梓同时代的状元是哪些人。林安梧强调不能够只看一时的成就，他希望通过大众传播媒体让更多家长和孩子了解，教育最重要的是自己人格的生长、智识的生长、才能的生长、德行的生长，而不是追求外在的评价。一个良善的政治社会共同体要求每个人都能够各得其所。人们对于各种评价能够坦然待之，而不是认为从名校毕业的人生才是有意义、有成就的。台湾现在最著名的企业家郭台铭，他的母校并不是台湾的著名高校，所以人的能力是自己培养的，而不是来自于出身门第。林安梧认为，在社会向前推进的过程中，信息不断交流，这些误解会逐渐改变。

"空心病"是2016年教育界的一个热门话题，主要反映了名校学生感觉学习和生活失去意义的现象。北京大学徐凯文博士将"空心病"定义为价值观缺陷导致的意义缺失。对于"空心病"，林安梧教授认为可以从内外两个方面入手解决。首先，从外环境来说，社会要走向良性的多元互动融通。"物之不齐，物之性也。"天下的人、事、物本来就是非常多元的，应当"物各付物"，人在世间应该如其本性、安身立命地生长，而不是在

社会上追求排比。当然，人们会思考为什么这个社会如此重视排比，这可能提示整个政治社会共同体的建设到了一个必须重新调节的年代了。其次，就内在来说，教育应该引导学生了解人的生命有一个觉知、本性，人需要如其根源顺其本性地生长，这样才能够幸福。林安梧常常鼓励一些年轻的朋友将来去二线、三线城市工作。他希望这些有才能、有德行、有视野的朋友去那里创造更多新的可能。如果政府同时也有相应的举措，那么社会就会进步很快。

林安梧对社会的发展持乐观态度，他讲到台湾曾经一度重视派系、出身，但逐渐转变为重视个人的成长和能力，而且权位和利益的关系已经逐渐解开。人们在工作中，彼此相互尊重，职业无贵贱，人格有品级。人格的品级不是由收入和权位来决定，而是由文化教养来决定。因此，人们会不断追求人格的自我完善和生长，而不只是薪资高低。例如一个普通的上班族，收入一般，但是他在社会公益方面投入很多时间，并且从中获得价值感、祝福和尊敬。教育是要教人们如何安身立命，而不是如何出人头地。一个人有更大的能力服务更多大众，并不因此而握有更高的权位和利益。他笑言，在台北可能会看到这样的情况，一个留洋的博士，开了一家旧书店，收入并不多，但是他很欢迎大家去他那里喝咖啡，而且买书、卖书都是自助，没有人惨淡经营，也没有摄像头监控。也许会有人质疑是否有人偷书，但是这无所谓。世间事并不以权位利益为重，而是以人与人之间的真诚交往为重。教育要教出平常、歌颂平常，而不是歌颂伟大，这样社会就会逐渐走向合理。而且，这样的社会自有一种从容的、悠久无疆的动力。他补充道，当然这是一个社会发展进程，不必呼吁太快。

四、社会发展需要民间力量

针对目前大陆东西部地区发展差距过大的现象，林安梧认为，除了政府发挥领导力量之外，需要有更多高瞻远瞩的有识之士进入二线、三线城市中，参与社会建设。他以台湾为例，最初台湾东部地区缺乏医疗资源，于是佛教慈济发心，希望在台湾东部地区建立一座医院。建医院需要培养医师，需要建立学校。医师不仅需要医科教育还需要人文教育，所以不仅盖了医院，建立了医学院，而且还建立了人文学院，这一地区就逐渐发展起来了。这代表台湾在发展过程中的一个转化，社会的动能发生流动使得一切的建立成为可能。林安梧提到二十多年前写过的一篇专栏文章《从农业文化到文化农业》，农业文化是指从前以农业耕作所得而有的一种文化。在社会转型过程中，农业所得越来越少，那么这时，农业就可以改换一种方式，譬如农业和文化、休闲、教养相结合变成一种文化农业。过去提出的一个概念现在已经变成现实，农业转型成为文化休闲产业，又重新得到发展。这一切的转变在于有人参与、投入。社会的发展需要两方配合，不能只依靠政治领导，还需要更多有识之士进入民间。

林安梧认为当前儒学该重视的是社会儒学而不是政治儒学。在他看来，儒学是在民间生长的，"人人亲其亲、长其长而天下平。""君子有三乐，而王天下不与存焉"，君子有三件快乐的事而统治天下不在其中。儒学更重视人伦共同体，重视天理良知，重视社群整体，重视文化教养，而不是政治的统治。儒学认为，大丈夫要"居天下之广居，立天下之正位，行天下之大道"。"广居，仁也；正位，礼也；大道，义也。"林安梧认为儒家或者道家非常重视民间的资源，并不是一定要挂靠在政治上，他希望在探索民主政治的发展过程中，儒学能够发挥作用。因此，林安梧呼吁，社会要鼓励更多优秀人才去民间创造新的可能。在不断调理下，社会自身能够解决问题，获得生长。

五、儒、道、佛三家如何面对现代性的异化现象

异化，是现代社会人们面临的严峻问题。所谓"异化"，是人类文明进程特别是现代化所造成的一种效应，是指人在外驰、追逐对象化的势用时，不断地离开自己的价值根源而成为"扭曲"的存在样态。针对异化问题，林安梧在弗兰克"意义治疗"思想的启发下，充分汲取中国哲学的资源，在"存有三态论"的理论框架下，对异化的形成和治疗提出了新的思考。

林安梧对异化问题的思考受到奥地利心理学家维克多·弗兰克的影响。弗兰克提出"意义治疗"的概念，其核心是协助病人找到生命的意义，从而唤起其责任感，进而确立正确的生活道路。受到弗兰克的启发，林安梧认为"意义治疗"的理念可以适用于"社会疾病"的治疗，即人类实践过程中的"异化"治疗。

同时，林安梧认为中国传统哲学中蕴含着丰富的"意义治疗"资源。就儒家而言，林安梧认为人的精神安顿依赖于三个脉络：良知、天道、道统。这三个脉络紧密相连，表现为不同的层次，"良知"是内在的心灵力量，"道统"是历史的根源性力量，"天道"是宇宙造化根源的力量。从心灵的力量到历史"道统"的力量再到宇宙造化根源的力量是贯通的，它们之间构成一个共同体。在儒家看来，人的精神如果脱离这三个脉络，就会产生"异化"现象。因此，对于"异化"的治疗，也须放在这三个脉络下进行思考。而道家的思路与儒家相反相成。道家认为，"文饰"太过造成了

人类实践的"异化",故必须去除"文饰"而回到"自然无为"的状态,"异化"才能得以治疗。因此,人最重要的不是在世间建构什么伟业,而是应该回归自然,真实地生活。佛教的思考不同于儒、道两家,它从"意识分析"入手,认为任何一个存在之为存在都和心灵意识有密切关系。事物之成为"存在"经由"境识俱泯"到"境识俱起"再到"以识执境"的过程。因此,人们可以经由修行的工夫使意识活动回溯到本身,即经由"以识执境"回到"境识俱起"再回到"境识俱泯"的状态;由此"存在"便不会再被欲求、贪婪及烦恼控制,"异化"便可被彻底地治疗。

在林安梧看来,儒、释、道三家的视角是不同的。儒家强调"主体自觉"的承担,基本精神是"我,就在这里"。道家对儒家"主体自觉的承担"的"勉强"提出儆示,认为整个场域有一个和谐共生的可能,它不应该被破坏,而是应该去顺成,其基本精神是"我,归返天地"。佛教强调意识回到意识本身,存在自如其存在,如此方能去掉执着与染污,从而达到烦恼如其烦恼、智能如其智慧的"自在",其基本精神是"我,当下空无"。由于视角不同,三家"意义治疗"的主张便不相同:儒家强调"承担",道家强调"看开",而佛教强调"放下"。三家的主张并非完全对立而是可以互相补充、融通的。

关于"异化"问题的思考,林安梧是以其"存有三态论"为理论基础的。所谓"存有三态论",是指"道"开显为三态,具体包括"存有的根源""存有的开显"和"存有的执定"三种形态。"存有三态论"的核心概念是"存有",是指天地人我万物通而为一的、不可分的"总体的根源",也就是中国哲学所谓之"道"。在林安梧看来,"道"作为"总体的根源"具有生发一切的功能,故它存在一个经由"纵贯的创生"到"横面的执定"的发展过程。所谓"纵贯的创生",是指由"存有的根源"到"存有的开显";所谓"横面的执定",则是由"存有的开显"到"存有的执定"。在林安梧看来,"异化"就产生于"存有的根源"到"存有的开显"

再到"存有的执定"的过程当中。

语言的建构是导致"异化"的原因。所谓"人类文明"本来应是"因文而明",即人通过一套语言、符号去理解、诠释和把握世界。但是,一旦形成一套话语系统,在"因文而明"的同时就会造成一种新的"遮蔽";此为与"因文而明"伴生的"因文而蔽","因文而弊"即"异化"。在林安梧看来,要克服"异化",就要回到"如其所如""物各付物"或"万物并作,吾以观复"的本来的"存有"状态,即"道"。

林安梧强调,对于"异化"问题,不能只作为理论探讨,更重要的是将思考落实为实践,使理论在生活世界中切实发挥作用。

六、从"君子儒学"到"公民儒学"

林安梧关心中国政治哲学的论题已逾四十年。他指出中国传统政治的根本困结在于"道的错置"(Misplaced Tao)。所谓"道的错置",可以从两个方面来理解:"时间性的道的错置"和"结构性的道的错置"。"时间性的道的错置"是指历史退化论者将逻辑上道的源头转变为时间上道的根源,认为道有个历史的起源,而历史的起源即道的源头。"结构性的道的错置"则认为政治制度结构中愈高的阶层愈接近于道,而君主即道在人间的化身,依次递降而有君子与小人之别。

在中国历史传统中,政治社会共同体是以"宰制性的政治联结"为核心,以"血缘性的自然联结"为背景,以"人格性的道德联结"为工具而形成的一个庞大的总体。由于"君"成为"圣君""君父",成为人们心灵的金字塔顶尖,成为一切价值的根源及一切判断的最后依准,一旦形势异变,就使得现实的权力吞没了原先的理想,圣王的理想就被异化扭曲了,中国政治传统落入严重的"道的错置"的境遇中。

现代社会已经从原来的"血缘性纵贯轴"所成的宗法家族社会转向"契约性社会联结"的现代公民社会。因此，儒家道德哲学应以此作为理解和实践的基底，调整"内圣——外王"的结构，转化为"外王——内圣"，即提倡以"社会公义"为优位的道德哲学，而不是以"心性修养"为优位的道德哲学。

林安梧认为，要从"道的错置"归返为"道的正置"，需要将"圣王"和"王圣"做区隔，将"君父"做区隔，保留"父"与"圣"，瓦解专制的"君"，当专制的"君"被瓦解后，"君"这个字便被放在与"臣"相依待的关系上，"君臣"不再是父子关系，而成了朋友伙伴的关系，从而开启"公民社会"。也就是瓦解了"宰制性的政治联结"，开启了"契约性的社会联结"（公民社会），缔结了"委托性的政治联结"，重新调节"血缘性的自然联结"的人伦次序，并长养"人格性的道德联结"的德性生长。如此一来，儒学不再是传统社会中以血缘亲情为主导的"君子儒学"，而是以契约正义公民社会为主导的"公民儒学"。这也正是由"新儒学"迈向"后新儒学"的发展历程。

林安梧先生学行年表（1957—2016）^①

1957年　出生

生于台湾省台中县大里乡一农民家庭。祖籍福建漳州（父系，母系则来自福建泉州同安），自18世纪中叶由漳州平和迁至台湾彰化，后迁徙至台中阿罩雾（雾峰），为第八代。父母皆事农业，膝下二子四女，先生排行第一。

1963年　六岁

9月，入台中县大里乡草湖小学。

1969年　十二岁

9月，入私立天主教卫道中学。

1972年　十五岁

9月，入台中第一高级中学，因语文教师杨德英先生而接触新儒家，并渐进中国哲学之门。

1973年　十六岁

年底，由自然组转入社会组。

1974年　十七岁

秋，办缪思社（文学社团），专事古代文学部分。

---

① 制表人：赵婷婷。该表经由林安梧先生修改审定。

1975年　十八岁

4月，加入国民党。

7月，参加大学联考。

9月，入台湾师范大学中文系。参加台湾师范大学南芦吟社（古典诗社）、中道社（佛学社）、喷泉诗社等。

10月，至台湾大学旁听唐君毅先生讲学。

4月，蒋介石逝世。7月，《鹅湖》月刊创刊。

1976年　十九岁

春夏之交，与林若蕙女士初识。

夏，正式加入《鹅湖》月刊社，后任执行编辑。

秋，任中文系学会会长，创办并主持生命哲学讲座（后作《生命哲学讲座二年记》收氏著《现代儒学论衡》，是书后于1987年由业强出版社出版）。

是年起，与王财贵、杜忠诰、陈文章等人至台湾大学旁听牟宗三先生授课。

1977年　二十岁

秋，与蔡灼明、黄崇宪等创办"新少年中国学会"。后因成员意识形态分歧及其他原因解散。

1978年　二十一岁

是年起，着手搜集《当代儒佛之争》资料，是书于1981年出版。此为先生首部正式出版书籍。

2月，唐君毅先生病逝。

1979年　二十二岁

6月，从台湾师范大学中文系毕业。大学期间，常于《台湾师范大学校刊》《鹅湖》《文风》《昆仑》《师铎》等发表文章。

9月，前往苗栗县竹南高级中学任教。翻译科林伍德（R.G.Collingwood）

《历史哲学概说》，发表《中国政治传统中主智、超智与反智的纠结：环绕先秦儒道二家政治思想的试探与考察》，对余英时所提《反智论与中国政治传统》提出深一层的反思。准备报考哲学研究所硕士班。

秋冬之交，与刘君祖、吕学海、罗财荣等创办"夏学会"。

1月，美台"断交"。

1980年　二十三岁

春，参加台湾大学和文化大学哲学系硕士班考试，考取文大，未入学。

1981年　二十四岁

利用余暇，写成《梁漱溟与文化三期重现说：梁著〈东西文化及其哲学〉的省察与试探》。

1982年　二十五岁

冬春之交，陷于精神困境，致信蔡仁厚先生、史作柽先生，蔡氏、史氏复信鼓励。

春，参加科学史读书会。

3月，赴台湾大学附属医院拜访徐复观先生。

4月，参加台湾大学哲学系硕士班入学考试，次月被录取。

5月，至台北求职，于8月入台湾师范大学附属高级中学执教。

夏，返乡探亲，首闻李炳南居士讲解《华严经》于台中慈光图书馆。

发表《当代新儒家述评》《旧内圣却开不出新外王》，并翻译《史宾格勒及历史循环论》《历史的相对主义》。

9月，入台湾大学哲学系硕士班。师从牟宗三、黄振华、张永俊、叶阿月、郭博文、林正弘、史作柽、关永中等先生。

11月，与林若蕙女士完婚。

是年，参加"东方宗教讨论会"。

4月，徐复观先生病逝。

1983年　二十六岁

10月，长子林垦出生。

1984年　二十七岁

是年，为《观念史大辞典》翻译《必然性》《存有的系列》《神学决定论：预定论》《历史中的因果》四个词条（是书后由幼狮出版社于1987年出版）。

1985年　二十八岁

是年，获台湾教育主管部门青年研究著作奖。

1986年　二十九岁

夏，在张永俊、郭博文先生指导下完成硕士论文《王船山人性史哲学之研究》。

6月，从台湾大学哲学系硕士班毕业。

9月，入台湾大学哲学系博士班。又赴文化大学哲学系兼课，为大学部学生讲解"中国当代哲学"。次子林耕出生。

10月，至慈惠堂还愿，讲解《论语》，又被聘为家教讲授《金刚经》、阳明《传习录》，此为先生民间讲学之始。

是年，任《鹅湖》主编。对《鹅湖》提出诸多兴革意见，觉中国传统君子之道的限制。

9月，民进党成立。

1987年　三十岁

9月，离开台湾师范大学附中，至铭传商专任教，又赴台湾清华大学兼课，为大学部学生讲解《史记》。

12月组织《鹅湖》月刊社及《思与言》杂志社召开"现行高中'基本教材'检讨座谈会"（1983年，台湾教育主管部门采用以陈立夫《四书道贯》为依据而编定的"基本教材"，引发诸多争议），引起强烈反响。

是年，硕士论文《王船山人性史哲学之研究》获台湾新闻主管部门第一届重要学术著作奖助，是书由东大图书公司出版。《现代儒学论衡》一书由业强出版社出版。

1988年　三十一岁

秋，正式至台湾清华大学通识教育中心担任专任讲师，为大学部学生开设"哲学概论""中国哲学名著选读"。

12月，赴香港，参加香港中文大学及法住文化书院举办的"首届唐君毅思想国际会议"，是为首次离岛，参加国际学术会议。结识萧萐父、李锦全、方克立、周辅成、郭齐勇、李宗桂、景海峰、李晨阳、罗义俊等大陆学者。

是年，获台湾教育主管部门青年研究著作奖。担任"东方人文学术基金会"董事。

1月，蒋经国逝世，李登辉继任台湾地区领导人。

1989年　三十二岁

12月，《当代新儒家述评》收入罗义俊编《评新儒家》，由上海人民出版社出版。是年，复获台湾教育主管部门青年研究著作奖，并于此年起至2000年续获八次台湾科技主管部门奖励。

1990年　三十三岁

4月，至云南昆明参加"海峡两岸中华文化研讨会"，为首次赴大陆与会。

6月，让出文化大学兼课教职，连同万金川之兼职，凑足一正式缺，是年李明辉由台湾大学改至文化大学专任。

8月，主编之《现代儒佛之争》由明文书局出版。

9月，赴台湾辅仁大学兼课，讲授"当代儒佛论争与清代哲学"。

8月，钱穆先生过世。

1991年　三十四岁

1月，通识著作《问心——我读孟子》首度由汉艺色研文化事业公司出版。

夏，在牟宗三、张永俊先生指导下完成博士论文《熊十力体用哲学之诠释与重建》（是文后以《存有·意识与实践：熊十力体用哲学之诠释与重建》为名于1993年5月由东大图书公司出版）。

6月，从台湾大学哲学系博士班毕业。后赴大陆，调研武汉地区文教状况。

7月，开始在华山书院讲解《金刚经》，至次年完成。讲经内容收录于《金刚般若与生命疗愈：〈金刚经〉华山九一讲记》，于2014年由台北万卷楼图书股份有限公司发行。

是年，任台湾清华大学副教授。始至"中央大学"兼课，讲解《论语》《老子》等经典。获台湾地区斐陶斐荣誉学会会员（台湾大学分会）。

1992年　三十五岁

5月，于花莲吉安函园，与傅佩荣对谈先秦孔孟儒学人性论之问题，后以《人性"善向"论VS.人性"向善"论：关于先秦儒家人性论的论辩》，分别刊于《哲学杂志》《鹅湖》月刊。

8月，主编之《海峡两岸中国文化之未来展望》一书由明文书局出版。

是年，任《思与言》主编。

1993年　三十六岁

5月，《存有·意识与实践：熊十力体用哲学之诠释与重建》一书由东大图书公司出版。

6月，结束台湾辅仁大学兼课。

8月，获富布莱特基金会（Fulbright Foundation）资助至美国中北部威斯康辛大学麦迪逊校区（Wisconsin University at Madison）访学。期间为华人学生讲解《老子》《六祖坛经》《传习录》，完成《儒学与中国传统社会之哲学省察：以"血缘性纵贯轴"为核心的理解与诠释》一书（是书后由幼狮出版公司于1996年3月出版），常与陆先恒、郑同僚、黄崇宪、王远益等朋友讲论，向周策纵、李泽厚、傅伟勋、林毓生、郑再发、杜维明、金春峰等诸位先生请教。

是年，出版《武汉地区文教概况报告》。

1994年　三十七岁

2月，完成《后新儒家哲学论纲》，并于4月间在哈佛大学由杜维明教授主持的"儒学讨论会"首次讲述。

是年，出版《儒家思想与通识教育》。

1995年　三十八岁

5月，通识著作《论语——走向生活世界的儒学》一书由明文书局出版。

8月，协助星云法师筹办佛光大学，与龚鹏程先生赴欧洲，于英国、德国、法国，与汉学界交流。

9月，《中国近现代思想观念史论》一书由台湾学生书局出版。

4月，牟宗三先生过世。

1996年　三十九岁

1月，《当代新儒家哲学史论》一书由明文书局出版；《契约、自由与历史性思惟》由幼狮出版公司出版。

3月，《中国宗教与意义治疗》一书由明文书局出版；《儒学与中国传统社会之哲学省察：以"血缘性纵贯轴"为核心的理解与诠释》一书由幼狮出版公司出版。

是年，任台湾清华大学教授。受龚鹏程先生邀请借调至台湾南华大学哲学研究所担任创所所长。出版《以中国文化为本的大学通识教育内涵之研究（一）：〈论语〉的通识内涵与教学设计》。

台湾清华大学、台湾师范大学与"中央大学"主办海峡两岸暨香港澳门"通识教育学术研讨会"，担任会议总召集人。

列名于《国际传记字典》第27版 *Dictionary of International Biography* （*twenty-seven edition*）一书。

于第四届当代新儒学国际会议（台北）发表《牟宗三先生之后："护教

的新儒学"与"批判的新儒学"》，引起鹅湖学派内部诸多讨论与争议。

5月蒋年丰先生、10月傅伟勋先生相继过世。

1997年 四十岁

6月，于台湾南华大学哲学研究所学刊《揭谛学刊》发表《"揭谛"发刊词："道"与"言"》，此文可见其"存有三态论"的基础论点已经清楚，收入《道的错置——中国政治哲学的根本困结》一书（是书于2003年8月由台湾学生书局出版）。

12月，《儒学革命论：后新儒家哲学的问题向度》一书由台湾学生书局出版。

是年，返回台湾清华大学担任通识教育中心主任，并继续在台湾南华大学兼课。出版《以中国文化为本的大学通识教育内涵之研究（二）：〈金刚经〉课程的通识内涵与教学设计》。

列名《世界华人名人录》第四卷。

1998年 四十一岁

9月，于山东济南参加"牟宗三与当代新儒学国际学术会议"（第五届当代新儒学国际会议），是为首次来鲁。顺道拜访牟先生家乡栖霞，并登泰山，下曲阜，礼拜孔子。

是年，出版《当代新儒学与京都学派：以熊十力〈新唯识论〉与西田几多郎〈善之研究〉为核心的对比展开》。

1999年 四十二岁

1月，通识著作《台湾文化治疗：通识教育现象学引论》一书由黎明文化事业公司出版。

5月，主持"1999年海峡两岸通识教育与公民养成学术研讨会"，会议内容后收于《一九九九海峡两岸通识教育与公民养成学术研讨会论文集》，由台湾清华大学通识教育中心出版。

9月，台湾"九二一"大地震，旧宅损毁，手稿、资料有所遗失。

是年，结束在台湾南华大学兼课，赴中兴大学兼课。

2000年　四十三岁

4月，访问广州、武汉、北京、上海、厦门多地，围绕中国哲学未来发展诸问题做了23场演讲。期间赴武汉大学参加"中国哲学的未来——中国哲学、西方哲学与马克思主义哲学的交流与互动"会议，与欧阳康、郭齐勇、邓晓芒教授对谈。对谈记录，后来收入《两岸哲学对话》一书。

7月，赴台湾师范大学兼课，为暑期部研究生讲授"思想与方法"一课，共八次，记录成稿为《人文学方法论：诠释的存有学探源》，该书首度于2003年7月由读册文化事业公司正式出版。

9月，《教育哲学讲论》一书由读册文化事业公司出版。

10月，通识著作《老子道德经新译》一书由读册文化事业公司出版。

冬，赴日本，并作《旅日手札》，回台后决定离开台湾清华大学，到台湾师范大学任教。

是年，出版《熊十力〈新唯识论〉理论架构的变迁以及儒佛融摄的相关问题》。

2001年　四十四岁

2月，正式担任台湾师范大学中文系教授，台湾清华大学转为兼职。又同时继续在"中央大学"、中兴大学研究生院授课。

4月，任国际儒学联合会理事暨台湾地区通识教育学会理事。

7月，赴北京参加国际中国哲学大会，做大会主题发言，并作冠顶诗，与李锦全先生、成中英教授、李绍昆教授唱和。

9月，于武汉大学参加"熊十力与中国传统文化国际学术会议"，与萧萐父、方克立、郭齐勇、陈来等先生对谈。

是年，出版《熊十力体用哲学及牟宗三无执的存有论"儒佛融摄"之比较研究》及《林连玉、族魂与意义治疗》。

2002 年　四十五岁

上半年，多次往访马来西亚，展开学术交流暨专题演讲。

11 月，赴中南大学、湘潭大学，做多场儒学及哲学演讲，并担任中南大学兼职教授。

2003 年　四十六岁

2 月，往访马来西亚，并赴马六甲拜访沈慕羽先生，访谈海外儒学与华文教育的关系。

7 月，《人文学方法论：诠释的存有学探源》一书由读册文化事业公司出版。

8 月，《道的错置——中国政治哲学的根本困结》一书由台湾学生书局出版。

11 月，编著之《两岸哲学对话：廿一世纪中国哲学之未来》一书由台湾学生书局出版。

12 月，参加由武汉大学哲学学院暨哈佛大学哈佛燕京学社主办之"徐复观思想学术国际会议"，并前往湖北浠水祭祀徐复观先生。

是年，参加台湾师范大学校长选举，虽未当选，然所提之理念多为后继者所采纳。

2004 年　四十七岁

1 月，通识著作《台湾·解咒：克服"主奴意识"建立"公民社会"》一书由黎明文化事业公司出版。

5 月，参加"民主行动联盟"，于中正纪念堂发起设置"广场大学"，对陈水扁当局的政策提出批评。

10 月，赴韩国大邱启明大学参加第一届道家思想国际学术研讨会。

11 月，赴北京参加第四届海峡两岸伦理学术会议，并于闭幕做总结报告。

是年起，参加由灵鹫山佛教教团主办的一些活动，与余德慧担任总顾问。

2005年　四十八岁

3月，继续担任台湾地区通识教育学会理事。

8月，接任台湾师范大学教师会理事长。

9月，赴武汉大学参加第七届当代新儒学国际学术会议，并与郭齐勇、欧阳康、邓晓芒教授做第二次"中国哲学、西方哲学、马克思主义哲学对谈"，对谈记录刊于上海《学术月刊》及《台北大学中文系学报》。

10月，《儒家伦理与社会正义》一书由言实出版社出版。出席参加"中国哲学的现代化与世界化"座谈，与刘述先、林义正、成中英等先生对谈。

月底赴北京参加"第一届国际儒学高峰论坛"。

11月赴马来西亚演讲，主讲"老子《道德经》的现代智慧"，听者踊跃。

是年，出版《沈慕羽、华教与大马儒家：海外儒家人物（Ⅱ）》及《后新儒学的意义治疗学之基本构造》。

2006年　四十九岁

2月，《儒学转向：从"新儒学"到"后新儒学"的过渡》一书由台湾学生书局出版。

4月，被成功大学授予"法鼓讲座学人金质奖章"。

6月，访问香港中文大学中国哲学与中国文化中心。卸任《鹅湖》月刊社主编。

首都师范大学陈鹏教授于"二十世纪中国人文社会学科学术研究史丛书·哲学专辑"《现代新儒学研究》第九章《林安梧：后新儒家哲学》专章讨论林安梧哲学。

7月，中国社科院研究生院方红姣哲学博士论文《新儒家的船山学》第四章《回到船山：一种批判的新儒学》对林安梧之船山学及其后新儒学思想展开研究。

8月，《新道家与治疗学：老子的智慧》一书由台湾"商务印书馆"

出版。

9月，担任"海峡两岸暨香港联合祭孔典礼"央视现场转播客座访谈嘉宾。

12月，赴北京参加"唐君毅思想与当今世界国际学术研讨会"，担任会议主席团主席。

2007年 五十岁

1月，担任"全球读经教育基金会"董事。

4月，作为"国际《道德经》论坛"凤凰卫视直播"儒、道、佛三教对谈"唯一儒家学者代表参与座谈。

6月，赴武汉参加第十五届国际中国哲学会国际会议。

8月，离开台湾师范大学专职，任玄奘大学中国语文系专职教授并担任通识教育中心主任。赴宜兰罗东梅花湖"中华道教总庙"讲解《易经》《道德经》。

2008年 五十一岁

4月，参加由许嘉璐先生主持之"首届文明对话论坛（澳门）"，代表儒家立场与佛教协会副理事长学诚法师、道教协会副理事长张继禹道长对谈。

8月，离开玄奘大学专职，转为兼任，受许木柱、余德慧邀请赴慈济大学宗教与人文研究所任教授兼所长。

9月，正式创立元亨书院。

10月，尼山圣源书院揭牌成立，受聘为副院长。

John Makeham 之专著 *Lost Soul: "Confucianism" in Contemporary Chinese Academic Discourse* 第八章 "Lin Anwu's Post-New Confucianism" 专章讨论林安梧的思想（哈佛大学出版社出版）。

黄玉顺教授主编之《现代新儒学的现代性哲学：现代新儒家的产生、发展与影响研究》第八章《从"血缘性纵贯轴"到"道的错置"：林安梧后新儒学的切入点》专章讨论林安梧的思想（杨生照著，中央文献出版社出版）。

9月，萧萐父先生过世。

2009年　五十二岁

2月，参与余德慧、余安邦教授主持之"人文临床与疗愈"研究室研究计划，于次年结案。

5月，参加"中国哲学研究之新方向——唐君毅百岁冥寿暨新亚书院六十周年院庆国际学术研讨会"，于会中主持会议，并发表演讲。

7月，于台湾辅仁大学参加第十六届国际中国哲学会会议。

10月，《中国人文诠释学》一书由台湾学生书局出版。

2010年　五十三岁

6月，参加"近三十年来中国哲学的发展：回顾与展望"国际学术研讨会。于华中科技大学，与欧阳康、邓晓芒、张廷国教授参加"海峡两岸第三次哲学高端对话：哲学视野下的当代中国文化转型问题"。

10月，第一期《元亨学刊》由元亨书院正式出版。

是年，完成《志工服务与生命转化》报告。

2011年　五十四岁

1月，元亨书院花莲分院正式成立。元亨书院总院迁至台中。

3月，通识著作《佛心流泉》一书由当代中国出版社出版。

4月，《儒学革命：从"新儒学"到"后新儒学"》一书由商务印书馆出版。

5月，任"台湾宗教学会"常务理事。

9月，《牟宗三前后：当代新儒家哲学思想史论》一书由台湾学生书局出版。

10月，赴湖南衡山参加道教国际论坛，作为儒教代表与张继禹道长、学诚法师展开儒道佛三教会谈。

11月，于《文史哲》发表《孔子思想与"公民儒学"》，首次在大陆公开宣扬"公民儒学"。

12月，参加第九届当代新儒学国际学术会议。

2012年　五十五岁

6月，河北大学哲学系张旭恺完成硕士论文《林安梧存有三态论思想之研究》，由程志华教授指导。

2013年　五十六岁

1月，赴南京，于南京大学、东南大学讲学。

3月，参加第三届读经教育国际学术研讨会，发表演讲。通识著作《道可道:〈老子〉译评》一书由商务印书馆出版。

4月，应邀在中山大学哲学系主讲"道、经典与生活世界——中国传统文化的价值与主体"、人类学系主讲"东西宗教的异同"。

2014年　五十七岁

1月，元亨书院台南新营分院成立。

5月，参加第三届尼山世界文明论坛。

8月，《老子道德经新译暨心灵药方》《金刚般若与生命疗愈:〈金刚经〉华山九一讲记》二书由台北万卷楼图书股份有限公司出版。

9月，前往福州参与祭孔活动。

11月，参加第三届国际道教论坛电视论坛"天人合一"专场的座谈与录像。

12月，参加第十二届海峡两岸传统文化与道德教化学术研讨会。

3月，台湾爆发"太阳花学运"。

2015年　五十八岁

5月，赴天台山参加"天台山及和合文化学术研讨会"。

6月，赴马来西亚讲学。

9月，赴山东曲阜参加第七届世界儒学会议。

12月，参加"2015年第六届华夏母亲：瑶池金母（西王母）信俗文化国际论坛"，担任论坛主持人。继续担任台湾地区哲学会理事。

2016年　五十九岁

1月，《血缘性纵贯轴：解开帝制·重建儒学》一书由台湾学生书局出版。通识著作《问心：我读孟子》由商务印书馆出版。

5月，赴韩国首尔参加"生活儒教、儒生精神与现代文明对策"学术研讨会，发表演讲，并代表台湾学者于闭幕式致辞。《人文学方法论：诠释的存有学探源》由上海人民出版社出版。

10月，受聘为山东大学访问学者。

6月，刘述先先生过世。

林安梧教授著作简目

甲、学术专著

［1］林安梧：《现代儒学论衡》，业强出版社1987年版。

［2］林安梧：《王船山人性史哲学之研究》，东大图书公司1987年版。

［3］林安梧：《存有·意识与实践：熊十力体用哲学之诠释与重建》，
东大图书公司1993年版。

［4］林安梧：《中国近现代思想观念史论》，台湾学生书局1995版。

［5］林安梧：《当代新儒家哲学史论》，明文书局1996年版。

［6］林安梧：《契约、自由与历史性思惟》，幼狮出版公司1996年版。

［7］林安梧：《中国宗教与意义治疗》，明文书局1996年版。

［8］林安梧：《儒学与中国传统社会之哲学省察：以"血缘性纵贯轴"
为核心的理解与诠释》，幼狮出版公司1996年版。

［9］林安梧：《儒学革命论：后新儒家哲学的问题向度》，台湾学生书
局1997年版。

［10］林安梧：《教育哲学讲论》，读册文化事业公司2000年版。

［11］林安梧：《人文学方法论：诠释的存有学探源》，读册文化事业
公司2003年版。

［12］林安梧：《道的错置——中国政治哲学的根本困结》，台湾学生
书局2003年版。

［13］林安梧：《两岸哲学对话：廿一世纪中国哲学之未来》，台湾学

生书局2003年版。

[14] 林安梧：《儒家伦理与社会正义》，言实出版社2005年版。

[15] 林安梧：《儒学转向：从"新儒学"到"后新儒学"的过渡》，台湾学生书局2006年版。

[16] 林安梧：《新道家与治疗学：老子的智慧》，台湾商务印书馆2006年版。

[17] 林安梧：《中国人文诠释学》，台湾学生书局2009年版。

[18] 林安梧：《儒学革命：从"新儒学"到"后新儒学"》，商务印书馆2011年版。

[19] 林安梧：《牟宗三前后：当代新儒家哲学思想史论》，台湾学生书局2011年版。

[20] 林安梧：《血缘性纵贯轴：解开帝制·重建儒学》，台湾学生书局2016年版。

乙、通识著作

[21] 林安梧：《问心——我读孟子》，汉艺色研文化事业公司1991年版。

[22] 林安梧：《论语——走向生活世界的儒学》，明文书局1995年版。

[23] 林安梧：《台湾文化治疗：通识教育现象学引论》，黎明文化事业公司1999年版。

[24] 林安梧：《老子道德经新译》，读册文化事业公司2000年版。

[25] 林安梧：《台湾·解咒：克服"主奴意识"建立"公民社会"》，黎明文化事业公司2004年版。

[26] 林安梧：《佛心流泉》，当代中国出版社2011年版。

[27] 林安梧：《道可道：〈老子〉译评》，商务印书馆2013年版。

[28] 林安梧：《金刚般若与生命疗愈：〈金刚经〉华山九一讲记》，台北万卷楼2014年版。

［29］林安梧：《老子道德经新译暨心灵药方》，台北万卷楼2014年版。

［30］林安梧：《问心：我读孟子》，商务印书馆2016年版。

丙、主编之书本著作

［31］林安梧主编：《现代儒佛之争》（论文集），明文书局1990年版。

［32］林安梧主编：《海峡两岸中国文化之未来展望》（演讲论文集），
明文书局1992年版。

［33］林安梧主编：《一九九九海峡两岸"通识教育"与"公民养成"
学术研讨会论文集》，台湾清华大学通识教育中心2000年版。

后记：缘逢山大，恩越两岸

2016年10月，林安梧先生正式从台湾来山东大学儒家文明协同创新中心做为期一年的访问学者。尼山学堂主持、儒家文明协同创新中心主任杜泽逊老师安排我做林老师的助理。在林老师到来前夕，我从协同创新中心办公室秘书于晓雨老师那里获知这一消息，当时我正在安徽、江西一带徒步游学，心里颇为兴奋，因为我自幼求知好学，喜爱向前辈请教学习。

当我回到学校时，林老师已预先到达三四天。在协同创新中心办公室，我初次见到林老师：举止从容，言谈智慧，和蔼宽怀。自此，我时时伴林老师左右受教，获益良多。林老师通常在周三晚上开讲《儒道佛三教经典智慧与二十一世纪的人类文明》，我帮忙处理相关事务，每次讲座后送林老师回公寓亦得以额外受教。

10月底，杜泽逊老师向我提出为林安梧老师做系统访谈的想法，并由我主持该事，这亦是我大量拜读林老师著作的契机。在这个过程中体味林老师的原创思想，我自己的头脑也时时被激发，按以往习惯记录成册。后来有一次与林老师交流时，老师问我是否有随时记录思想的习惯，我十分惊喜连连点头，并由此得知老师数十年如一日地记录，亦为老师早年手稿毁于地震感到可惜。

随后，我形成了系统的访谈提纲，并召集了17位同学共同合作完成访谈与后期整理工作。林老师十分忙碌，但在访谈过程中处处照顾我们，为了配合我们的访谈进程，林老师外出开会时甚至当天连夜赶回。经过集中访谈和整理,《林安梧先生访谈录》初稿顺利形成。访谈结束后,林老师多次提到:"也要感谢你们,勾起了我非常多的回忆,帮助我把很多东西都关联起来了。"寒假期间,林老师又对初稿进行了认真修订补充,《林安梧先生访谈录》于2017年春正式定稿,交付山东人民出版社进入出版流程。

于我而言,重要的是在此过程中与林老师的接触,让我如沐春风。此前我对于中国近现代的思想文化,没有自己的阅读体会,且往往受一些流行观点左右。记得林老师有一次在讲座上提到,面对"中华民族之花果飘零",近代新儒家们努力对中华文化做了形而上的保存工作。我当时听了非常震撼,文化的薪尽火传是令人感动的,但是薪尽了,火也没传,文化是否还能接续下去?人类精神还有一伟大的层面:形而上。林老师继而又说,"今天我们要把这样一种传统落实地讲出来,古典要转译为现代学术话语,曾经活生生的思想仍要落实进我们今天真实的生活实践中去"。我更加意识到思想、学问不能唯古是从,不能轻视近代以来学人们的成果。

比照林老师这样一种宏观的学术宗旨,访谈录学术部分这样展开:首先探讨中国哲学一些整体性问题,作为老师原创思想的背景;然后进入老师学术思想的核心——"后新儒学",而"后新儒学"的核心是对应牟宗三先生"两层存有论"而讲的"存有三态论",同时在外王层面,主要表现为"公民儒学";接下来讨论宗教与意义治疗,如何使得意义治疗接于中国儒道佛等本土思想以更适恰于中国人的心理;最后是老师近年来用力颇多的诠释学领域。另外,对近现代种种学术思潮和学术人物的评论也体现着老师的学术思想,经年之后,老师的学术评论亦会对学术史研究产生价值。老师的学术思潮评论通常首先介绍该思潮的主要内容及特点,然后加以精到评论,其中包含很多鲜为人知的名人轶事。

当然林老师对我的教诲不止于此。2016年11月老师让我阅读熊十力《新唯识论》,我读后感到其中的"翕辟成变"理论极为精妙。2017年初本科毕业论文选题,我便以《熊十力"翕辟论"研究》为题,并请林老师做我的指导老师。写作过程中拜读了老师的博士论文《存有·意识与实践：熊十力体用哲学之诠释与重建》一书，形成初稿后，老师又与我两次当面长谈，论及此文得失、"论"的方法、学术论文写作、治学方法、中国学问发展趋势等种种问题，我获益非凡。林老师年已花甲，仍兢兢业业，我作为学生内心深受感动，想如能在中国文化传承上可堪一薪，必勉而行之。

　　四年来在山东大学历经种种，如茶浮沉，苦后回甘。谁知是后会有期，还是一期一会。如林老师所说："人生有种种不可期之际遇。"我与老师，缘逢山大；老师于我，恩越两岸。

孔维鑫

2017年6月10日

于济南山东大学中心校区